MANUALES

Manual de Derecho Civil

Director

Eugenio Llamas Pombo

Volumen VI. Derecho de sucesiones

2.ª Edición

Coordinador

Andrés Domínguez Luelmo

Autores

Andrés Domínguez Luelmo y Henar M. Álvarez Álvarez

ARANZADI LA LEY

LA LEY Soluciones Legales, S.A.U.
C/ Collado Mediano, 9
28231 Las Rozas (Madrid)
Tel: 91 602 01 82
e-mail: clienteslaley@aranzadilaley.es
https://www.aranzadilaley.es

Segunda edición: Septiembre 2024

Depósito Legal: M-17139-2024
ISBN versión impresa: 978-84-19905-62-8

Diseño, Preimpresión e Impresión: LA LEY Soluciones Legales, S.A.U.
Printed in Spain

MANUAL DE DERECHO CIVIL

2.ª Edición

Director

Eugenio Llamas Pombo

VOLUMEN VI

Derecho de sucesiones

Coordinador

Andrés Domínguez Luelmo

Autores

Andrés Domínguez Luelmo

Henar Álvarez Álvarez

MANUAL DE DERECHO CIVIL

Director

Eugenio Llamas Pombo

Coordinador

Andrés Domínguez Luelmo

Autores

Andrés Domínguez Luelmo

Henar Álvarez Álvarez

PLAN GENERAL DE LA OBRA

Volumen I. Parte General de Derecho Civil. Derecho de la persona

Coord.: Elena Vicente Domingo

Volumen II. Derecho de obligaciones y contratos. Teoría general

Coord.: Ignacio Gallego Domínguez

Volumen III. Derecho de obligaciones y contratos. Contratos civiles

Coord.: Ignacio Gallego Domínguez

Volumen IV. Derecho de bienes

Coord.: Ignacio Diaz de Lezcano Sevillano

Volumen V. Derecho de familia

Coord.: María José Santos Morón

Volumen VI. Derecho de sucesiones

Coord.: Andrés Domínguez Luelmo

Volumen VII. Derecho de daños

Eugenio Llamas Pombo

ÍNDICE SISTEMÁTICO

NOTA

Los autores agradecen al Prof. Juan Pablo Pérez Velázquez, de la Universidad Pablo de Olavide, y al Prof. Fernando Toribios Fuentes, de la Universidad de Valladolid, todas las correcciones, sugerencias y aportaciones realizadas para llevar a cabo la segunda edición de este Manual.

I.

LA SUCESIÓN *MORTIS CAUSA*. TEORÍA GENERAL

LECCIÓN 1

DERECHO DE SUCESIONES Y SUCESIÓN *MORTIS CAUSA*

Andrés DOMÍNGUEZ LUELMO
Catedrático de Derecho civil
Universidad de Valladolid

Henar ÁLVAREZ ÁLVAREZ
Catedrática de Derecho civil
Universidad de Valladolid

1. LA SUCESIÓN *MORTIS CAUSA*

Cuando una persona fallece, el ordenamiento jurídico organiza su sucesión, estableciendo unas reglas para determinar qué persona o personas van a ocupar el lugar del fallecido en la titularidad de sus bienes y deudas, y quién se va a encargar de la administración y gestión de su patrimonio y de sus intereses.

Se denomina *causante* al difunto o finado, que es de quien proceden los bienes que van a ser objeto de reparto entre los sucesores. Se utiliza igualmente la expresión *de cujus,* que son las primeras palabras de la locución latina «de cujus successiones agitur» (aquel de cuya sucesión de trata). Se denominan *causahabientes* a quienes van a suceder *mortis causa* al fallecido, que pueden recibir los bienes como herederos o legatarios.

En realidad ante el fallecimiento de una persona, los ordenamientos reaccionan de manera diferente para determinar el destino de sus derechos y obligaciones, y evitar la aparición de derechos sin sujeto. Para solventar este problema caben dos soluciones: a) *Liquidar las relaciones jurídicas del fallecido,* pasando a sus sucesores el remanente líquido (pagadas las deudas) de los bienes. Este es el sistema del *common law,* en el que existe un *executor* que, con carácter fiduciario, liquida la herencia y entrega los bienes a los sucesores determinados por la ley o el testamento. b) Ordenar una *sucesión universal* en la que una o varias personas se colocan en el lugar que ocupaba el fallecido, subrogándose en sus derechos y obligaciones. Es el sistema de Derecho común (y el de nuestro CC), caracterizado porque los sucesores ocupan la misma posición del fallecido en cuanto a sus relaciones jurídicas, tanto en su aspecto activo como pasivo. Indudablemente la posición de los acreedores del fallecido en uno y otro sistema es muy diferente.

El carácter *universal* de la sucesión o la transmisión en bloque del patrimonio del difunto no deriva del carácter unitario del conjunto de bienes en sí mismo considerado, sino de realizarse por un solo título, de un solo golpe

(LACRUZ). No hace falta, por tanto, cumplir la formalidades necesarias para la transmisión de cada uno de los bienes singulares, o de cada uno de los derechos y deudas que componen la herencia. Esta sucesión en bloque se produce al margen de las reglas generales aplicables a la transmisión de los bienes, derechos y obligaciones. Lo que caracteriza, pues, a la sucesión universal frente a la particular es que no se apoya en la existencia de una pluralidad de elementos, sino en el carácter unitario de la transmisión.

El fenómeno de la sucesión universal no sólo se produce a favor de los herederos en caso de fallecimiento de una persona, sino también en el ámbito del Derecho Mercantil en los casos de fusión, a favor de la sociedad absorbente o la de nueva creación. Lo que une a ambas figuras es que las dos tienen por objeto un patrimonio considerado en su conjunto. Por eso, al regular la fusión, el art. 22 de la Ley 3/2009, de 3 de abril, sobre modificaciones estructurales de las sociedades mercantiles, se refiere a la transmisión en bloque de los patrimonios de dos o más sociedades mercantiles (ÁLVAREZ ROYO-VILLANOVA).

Centrándonos en la sucesión *mortis causa,* el patrimonio hereditario en su conjunto pasa a los herederos aunque estos no tengan conocimiento exacto de los bienes, derechos y obligaciones que componen dicho patrimonio. Y además, los adquieren en la misma situación jurídica en que se encontraban cuando el patrimonio pertenecía al causante. Muy gráficamente nos dice LACRUZ que la sucesión universal viene a ser como el ingreso en un cargo: el designado se encuentra con una serie de asuntos en marcha, que no se han interrumpido por el cese de quien antes lo desempeñaba. De la misma manera, con la muerte del causante se produce un cambio en la titularidad del patrimonio hereditario en su conjunto, en bloque. Por ello no es necesario transmitir de manera individual cada uno de los bienes y derechos al heredero, al igual que ocurre con las deudas. Todas las relaciones jurídicas de las que era titular al causante (con las excepciones que veremos) pasan al heredero, que subentra o se coloca en el lugar que ocupaba el causante, permaneciendo inalteradas aquellas relaciones jurídicas. Las relaciones jurídicas, por tanto, no se extinguen y se crean otras nuevas, sino que permanecen como eran, apareciendo un nuevo titular. Y dicho cambio de titularidad se produce en un solo acto, en bloque, sin necesidad de un acto que transmita cada una de las relaciones jurídicas individuales. Por ello, en cuanto a las deudas del causante, aunque se dice que el heredero responde de las mismas, lo que sucede es que en sentido propio se convierte en deudor.

La sucesión universal es, por tanto, ajena a las reglas que deberían aplicarse a la transmisión de cada una de las relaciones jurídicas consideradas individualmente. Es consustancial a la sucesión universal la no aplicación de este principio de especialidad, en el sentido de que cada derecho y cada obligación tenga que cumplir su normativa específica para ser transmitido. Se caracteriza más bien por lo contrario, porque se puede prescindir de la normativa concreta prevista para cada una de las transmisiones individualizadas, precisamente porque existe una normativa específica para la transmisión en bloque del patrimonio hereditario. En este sentido se distingue entre sucesión universal y sucesión particular.

2. EL DERECHO DE SUCESIONES

El Derecho de sucesiones es la parte del Derecho privado que se ocupa de la sucesión *mortis causa*, es decir, del destino de la titularidad de los bienes, derechos y deudas de una persona después de su muerte. Técnicamente es una de las partes más complejas del Derecho privado, ya que el fallecimiento de una persona hace florecer prácticamente todas las demás instituciones del Derecho civil, contempladas ahora desde la perspectiva del cambio de titularidad que se produce. Conviene aclarar que el fallecimiento de una persona puede provocar también el nacimiento de nuevos derechos, algunos ajenos al Derecho civil, y que es igualmente tenido en cuenta para desencadenar determinadas consecuencias jurídicas al margen de la sucesión *mortis causa*.

Así, en cuanto a lo primero, los arts. 219 y ss. del Texto Refundido de la Ley General de la Seguridad Social, aprobado por Real Decreto Legislativo 8/2015, de 30 de octubre, regulan el derecho a la pensión de viudedad a favor del cónyuge o pareja de hecho del fallecido, incluyendo el régimen aplicable en los supuestos de separación, divorcio o nulidad matrimonial.

En cuanto a otras posibles consecuencias del fallecimiento, destaca la regulación de los seguros de vida en los arts. 83 y ss. de la Ley 50/1980, de 8 de octubre, de Contrato de Seguro. En la medida en que la designación de los beneficiarios guarda íntima relación con la sucesión *mortis causa*, la cuestión será abordada en diferentes lecciones de este Manual.

Por otro lado, conviene igualmente poner de relieve la estrecha relación del Derecho de sucesiones con el Derecho de familia y, en particular, en caso de matrimonio, con el régimen económico matrimonial. En los regímenes de tipo comunidad el fallecimiento de uno de los cónyuges produce la extinción del régimen y la necesidad de proceder al reparto del patrimonio común. Así, para el régimen supletorio previsto en el CC, su art. 1392 dispone que la sociedad de gananciales concluye de pleno derecho «cuando se disuelva el matrimonio», expresión que incluye la *muerte* de uno de los cónyuges (art. 85 CC). En tal caso la liquidación de los bienes gananciales debe hacerse en consonancia con lo previsto en los artículos 1344 y 1404 del CC. Es decir, liquidada la sociedad de gananciales conforme se establece en los artículos 1396 y ss. (con el pago de las deudas comunes, los reembolsos y reintegros que procedan y las deducciones a que alude el artículo 1404 CC), el remanente se divide por mitad entre el cónyuge sobreviviente y los herederos del fallecido. No hay que olvidar tampoco que cabe la disposición testamentaria de bienes gananciales (arts. 1379 y 1380 CC). Todo ello puede complicar las operaciones divisorias, como tendremos ocasión de analizar.

En este Manual se va a insistir igualmente en la necesidad de analizar los problemas de Derecho sucesorio desde una perspectiva procesal y tributaria. El Derecho procesal resulta esencial para el ejercicio de los derechos. Nuestra LEC incorpora además en su Libro IV, dentro de los procesos especiales, un Título II sobre la división judicial de patrimonios, ocupándose de la división de la herencia en los arts. 782 a 805. Hay que tener en cuenta, además, la regulación de la sucesión procesal por muerte (art. 16 LEC), la tramitación de las demandas que pretendan la posesión de bienes a quien los hubiere adquirido por herencia (arts. 250.1.3° y 441.1 LEC), o la solicitud de exhibición del acto de última voluntad del causante de la herencia o legado (art. 256.1.3° LEC).

Acaso lo que resulta más sorprendente es la escasa importancia que se concede al Derecho tributario en relación con el Derecho de sucesiones, cuando la imbricación entre ambas ramas del Derecho resulta transcendental para enfocar adecuadamente numerosos problemas, especialmente desde una perspectiva práctica. No debe olvidarse que, entre las primeras obligaciones que van a encontrarse los herederos, están las de pagar el impuesto de sucesiones y la denominada plusvalía municipal si existen en la sucesión inmuebles de naturaleza urbana (dentro de los seis meses siguientes al fallecimiento del causante). Además, los sucesores del fallecido deberán presentar la declaración de IRPF del fallecido (arts. 39 y 177 LGT). En esta situación, al realizarse el inventario de bienes, derechos y deudas del causante debe incluirse, si fuera el caso, la cuota a devolver de IRPF, por cuanto es un derecho con contenido económico. Además, dependiendo de que el importe a devolver sea superior o inferior a 2.000 €, los requisitos exigibles a los herederos son diferentes (v.gr. en cuanto a si deben o no relacionar en el inventario de bienes de la herencia el importe de la devolución y, en su caso, haber declarado en el impuesto de sucesiones dicho importe).

Nos vamos a encontrar también con que los criterios de la Administración Tributaria no coinciden muchas veces con los del Derecho civil, como sucede con el concepto de ajuar doméstico a los efectos del art. 1321 CC y su valoración en la liquidación del impuesto de sucesiones. En último lugar, y directamente relacionado con la manera de practicar la partición de la herencia, está el problema de la tributación de los excesos de adjudicación, que sin duda va a condicionar la manera de enfocar la formación de lotes.

3. FUNDAMENTO DE LA SUCESIÓN *MORTIS CAUSA:* LA FUNCIÓN SOCIAL DE LA HERENCIA

El derecho a la propiedad privada y a la herencia se reconoce en el art. 33 CE. El mismo precepto dispone que «la función social de estos derechos delimitará su contenido, de acuerdo con las leyes». Siguiendo la opinión de López y López, por herencia se debe entender en el art. 33 CE la entera consideración del Derecho sucesorio *mortis causa*. Para analizar su función social hay que tener en cuenta los intereses en conflicto: a) Interés *individual* (referido al fallecido, y a su posibilidad de determinar más allá de la muerte el destino de sus bienes, junto al correspondiente a sus acreedores para su oportuna satisfacción). b) Interés *familiar* (referido al que tienen los familiares en la distribución del patrimonio del fallecido dentro un círculo más o menos amplio). c) Interés *colectivo* (correspondiente a la sociedad en la que el *de cujus* ha desenvuelto su existencia, que también acredita ese interés en la distribución del patrimonio, que no ha podido ser acumulado sin su mayor o menor concurso, en la mayor cantidad de los casos, y nunca sin su protección).

Para analizar el contenido del Derecho de sucesiones y la garantía institucional de la herencia no podemos acudir a planteamientos apriorísticos ni detenernos en las diversas soluciones que ofrece la legislación ordinaria. Para llenar el contenido de ese reconocimiento constitucional se hace necesario apelar a la particular finalidad de las normas sucesorias, desde la perspectiva de su *ratio* jurídica y sociológica, identificando la misma y los órdenes en que debe desenvolver su eficacia. En este sentido, el Derecho de sucesiones no es algo inmutable, sino algo que ha ido cambiando a lo largo de los tiempos, en función de la correlación material de fuerzas en la sociedad, pero que actualmente hay que hacer compatible con los postulados del Estado Social que dibujan la mayor parte de las Constituciones en materia de organización económica y social. Se trata, pues, de tener en cuenta la *realidad social del tiempo en que han de ser aplicadas las normas*.

Desde esta perspectiva cabe afirmar que el art. 33.1 CE garantiza la herencia como institución, lo que significa enfocarla no desde la perspectiva de las facultades individuales del causante, sino desde la del conjunto de normas que se ocupan del derecho a suceder *mortis causa*. Como tal garantía institucional está dirigida principalmente al legislador. Y la decisión acerca de qué reglas fundamentales del Derecho hereditario gozan actualmente de un aseguramiento constitucional tiene que ser tomada con utilización, por un lado, de un estricto contexto valorativo de la institución sucesoria, y por otro, en referencia a la garantía constitucional de otras instituciones del Derecho privado, que son esencialmente la propiedad privada y la familia.

Aparte de ello, la función social de la herencia se manifiesta desde el punto de vista tributario en el Impuesto de Sucesiones. La propia LISD destaca en su Exposición de Motivos la necesidad de «una mejor distribución de la carga fiscal, acentuándose de esta forma la función social que persigue este Impuesto». La carga impositiva es más elevada cuanto mayor sea el importe de la herencia, y cuanto más alejado sea el grado de parentesco del beneficiario respecto al causante. No obstante, se trata de un tributo con muchos detractores, hasta el punto de afirmarse que estamos ante un impuesto injusto, con argumentos muy endebles.

No es cierto que el ISD obligue a pagar dos veces por lo mismo. La doble tributación supone tributar una misma renta en un mismo sujeto pasivo por impuestos similares. Pero en el ISD, el sujeto es diferente y la adquisición por quien hereda es una operación distinta de la previa adquisición por el fallecido. Según el art. 1 LISD lo que grava este impuesto son los incrementos patrimoniales obtenidos a título gratuito desde una perspectiva dinámica. No existe la denominada «plusvalía del muerto», por lo que no hay que declararlo como ganancia patrimonial en el IRPF: el art. 33.3.b) de la Ley 35/2006, de 28 de noviembre, dispone claramente que se estimará que no existe ganancia o pérdida patrimonial «con ocasión de transmisiones lucrativas por causa de muerte del contribuyente». En el ISD estamos ante un impuesto directo que sólo grava patrimonio desde el punto de vista de su adquisición, y no renta, aunque su objeto se defina en la ley como «incremento patrimonial».

El problema del ISD es que, aunque se trata de un impuesto estatal, está cedido a las Comunidades Autónomas (art. 32 de la Ley 22/2009, de 18 de diciembre). Y ha terminado transformándose en un instrumento en manos de políticos, de cualquier signo, más pendientes de sus intereses partidistas que de la redistribución de la riqueza. Aparecen así diferencias territoriales importantes entre los grupos de parientes gravados por el impuesto (sobre todo, descendientes, ascendientes y cónyuge), a través de deducciones y bonificaciones, que en ocasiones alcanzan el 99% de la cuota tributaria. La cuestión no tiene nada que ver con la vecindad civil, porque el impuesto se exige como obligación personal en función de la residencia habitual del causante a la fecha del devengo.

Lo más sorprendente es que desde posiciones progresistas, y de izquierdas, se defienda sin ningún sonrojo bajar el ISD, e incluso suprimirlo. De este manera la distribución desigual de la riqueza no sólo tiende a perpetuarse, sino a aumentar. Y una sociedad más desigual es una sociedad con menor igualdad de oportunidades y, por ello, con menor calidad democrática. A nuestro juicio, el ISD es una herramienta fundamental para combatir precisamente la desigualdad.

4. SISTEMAS SUCESORIOS EN EL ORDENAMIENTO ESPAÑOL

La situación del Derecho civil español es plurilegislativa, y conviven dentro del territorio diferentes sistemas sucesorios. Junto al Código civil hay normas civiles de determinadas Comunidades Autónomas con competencia para «conservar, modificar y desarrollar» su Derecho civil (art. 149.1.8ª CE), en las que el Código civil funciona como derecho supletorio (art. 149.3 CE). El Derecho sucesorio y el Derecho de familia han sido tradicionalmente las partes del Derecho civil que más divergencias suscitan entre el Derecho general del Estado y el de estas Comunidades Autónomas (Galicia, País Vasco, Navarra, Aragón, Cataluña y las Islas Baleares, muchos de ellos con instituciones propias, como los pactos sucesorios o el testamento mancomunado). No se trata ahora de poner de relieve cada una de las diferencias y similitudes entre unos y otros sistemas, pero sí hay que destacar que, desde la perspectiva de la libertad de disposición *mortis causa*, podemos encontrarnos con sistemas en los que rige una absoluta libertar de testar, frente a otros en los que es preceptivo destinar una porcentaje de la herencia, mayor o menor, a favor determinados parientes del causante.

El criterio para determinar la ley aplicable en estos casos es el de la *vecindad civil*. La ley que va a regir la sucesión de una persona es la correspondiente a su vecindad civil en el momento del fallecimiento.

5. LEY APLICABLE A LA SUCESIÓN *MORTIS CAUSA*: EL REGLAMENTO N.º 650/2012, DEL PARLAMENTO EUROPEO Y DEL CONSEJO, DE 4 DE JULIO DE 2012

Desde la perspectiva del Derecho internacional privado, las normas de conflicto son las destinadas a determinar la ley aplicable en aquellas situaciones que, por tener relación con dos o más ordenamientos, pueden calificarse de internacionales. Las normas de conflicto determinan, de entre los distintos ordenamientos vinculados con el supuesto, cuál de ellos debe regular la situación en función de unos puntos de conexión.

El art. 9.8 CC dispone que «la sucesión por causa de muerte se regirá por la Ley nacional del causante en el momento de su fallecimiento, cualesquiera que sean la naturaleza de los bienes y el país donde se encuentren». Pero esta norma de conflicto ha quedado desplazada por el Reglamento (UE) núm. 650/2012 del Parlamento Europeo y del Consejo, de 4 de julio de 2012, relativo a la competencia, la ley aplicable, el reconocimiento y la ejecución de las resoluciones, a la aceptación y la ejecución de los documentos públicos en materia de sucesiones *mortis causa* y a la creación de un certificado sucesorio europeo. Para las sucesiones abiertas a partir del 17 de agosto de 2015, la ley aplicable con carácter general para regir las sucesiones con repercusiones transfronterizas será la del Estado en el que el causante tuviera su residencia habitual en el momento de su fallecimiento.

El Reglamento contempla una diversidad de leyes aplicables, pero somete la totalidad de la sucesión a una misma ley, sin distinguir entre la sucesión de bienes muebles e inmuebles. Como regla general, la ley aplicable a la totalidad de la sucesión será la del Estado en el que el causante tuviera su residencia habitual en el momento del fallecimiento, u otra derivada de la cláusula de excepción (art. 21). No obstante, la ley sucesoria puede ser diferente a la de la residencia habitual del causante si éste eligió como ley rectora de la sucesión su ley nacional (*professio iuris*). Se prevé expresamente que dicha ley nacional puede ser apreciada tanto en el momento de realizar la elección como en el momento del fallecimiento (art. 22).

Por lo que se refiere a los conflictos de leyes internos, debe tenerse en cuenta que el art. 38 no obliga a los Estados miembros a aplicar el Reglamento a los conflictos de leyes que se planteen exclusivamente entre unidades territoriales con normas sucesorias propias. En el caso español, los conflictos sucesorios internos quedan sometidos al art. 9.8 CC (en relación con el art. 16.1ª CC), determinándose la ley sucesoria en función de la *vecindad civil* del causante. La elección de ley prevista en el art. 22 del Reglamento únicamente puede dirigirse a la ley nacional del causante, y dicha elección no puede utilizarse para internacionalizar una situación puramente interna (Rodríguez Mateos).

No obstante, si se trata del fallecimiento de un extranjero (después del 17 de agosto de 2015), residente en España (v.gr., en Navarra), que no ha hecho testamento, hay que tener en cuenta que dicha residencia se tenía en un país con un sistema plurilegislativo. Debe aplicarse entonces la norma de funcionamiento del art. 36 del Reglamento. En este caso, las «normas internas sobre conflicto de leyes» del ordenamiento español no nos solucionan el problema, porque un extranjero carece de vecindad civil. Habrá que aplicar entonces el art. 36.2.a) del Reglamento, que se refiere a «la ley de la unidad territorial en la que este (*el causante*) hubiera tenido su residencia habitual en el momento del fallecimiento». Por tanto, en nuestro ejemplo, sería aplicable la ley foral navarra (no se tiene en cuenta ni su ley nacional, ni la del lugar donde haya fallecido). En cambio, si el fallecido en un español, con vecindad civil común, que residía en Navarra, se aplicaría a su sucesión el CC, por la remisión que el art. 36.1 del Reglamento realiza al art. 9.8 CC, es decir, a ley de su vecindad civil en el momento del fallecimiento (Álvarez González).

BIBLIOGRAFÍA

Álvarez González, S., «El Reglamento 650/2012, sobre sucesiones, y la remisión a un sistema plurilegislativo: algunos casos difíciles o, simplemente, llamativos», *Revista de Derecho Civil*, núm. 4, 2015, págs. 7-28 (*https://www.nreg.es/ojs/index.php/RDC/article/view/175*).

Álvarez Royo-Villanova, S., *La sucesión universal en las modificaciones estructurales*, Dykinson, Madrid, 2017.

Arrébola Blanco, Adrián (Dir.), *Retos del Derecho de Sucesiones en el siglo XXI*, Reus, Madrid, 2023.

Durán Rivacoba, R.; Rodríguez Mateos, P., *Conflicto interno e internacional en materia hereditaria*, Bosch, Barcelona, 2012.

Lacruz Berdejo, J.L., *Derecho de Sucesiones. Parte General*, en Lacruz Berdejo, J.L.; Albaladejo, M., *Tratado teórico-practico del Derecho civil*, V-1°, Librería Bosch, Barcelona, 1961.

López y López, Á., «La garantía institucional de la herencia», *Derecho Privado y Constitución*, núm. 3, 1994, págs. 29-62.

Rodríguez Mateos, P., «La sucesión por causa de muerte en el Derecho de la Unión Europea», *Revista Electrónica de Estudios Internacionales*, núm. 27, 2014, págs. 1-59.

Rogel Vide, C., *El derecho a la herencia en la constitución*, Reus, Madrid, 2017.

Rubio Garrido, Tomás, *Fundamentos del Derecho de Sucesiones*, Fundación Notariado, Madrid, 2022.

LECCIÓN 2

FASES DEL FENÓMENO SUCESORIO

Andrés Domínguez Luelmo
Catedrático de Derecho civil
Universidad de Valladolid

Henar Álvarez Álvarez
Catedrática de Derecho civil
Universidad de Valladolid

1. APERTURA DE LA SUCESIÓN

La apertura de la sucesión se produce necesariamente con el fallecimiento de la persona. Ese es el momento clave de todo el fenómeno sucesorio. La apertura de la sucesión significa que todas las relaciones jurídicas transmisibles, que en vida se atribuían al causante, pasan a convertirse en *herencia,* hasta que pasen a un sucesor (heredero y, en ocasiones también, legatario). Esto es lo que quiere decir el art. 657 CC cuando dispone que los derechos a la sucesión de una persona «se trasmiten desde el momento de su muerte». Hasta ese momento los parientes que eventualmente pudieran convertirse en sucesores abintestato, y los designados como sucesores en el testamento, tienen una mera expectativa, y ningún derecho en relación con bienes que puedan llegar a integrar el caudal hereditario. Ese es también el momento clave para calificar la capacidad del heredero o legatario del fallecido (art. 758 CC), y para determinar qué bienes integraban el patrimonio hereditario.

Los derechos inherentes a la persona, no transmisibles, se extinguen en el momento del fallecimiento (v.gr., los derechos de uso y habitación se extinguen con la muerte de sus titulares). No obstante, hay acciones personales, como las de filiación, que son transmisibles en determinadas circunstancias a los herederos (arts. 132, 133, 136 y 137 CC). En definitiva, de acuerdo con el art. 659 CC, la herencia «comprende todos los bienes, derechos y obligaciones de una persona, que *no se extingan por su muerte*».

Según el art. 32 CC: «La personalidad civil se extingue por la muerte de las personas». Además, el cuerpo del fallecido se convierte en *cadáver* y, como tal, se considera cosa mueble, sometido a una normativa especial: la legislación de sanidad mortuoria, que entra dentro del marco competencial de las Comunidades Autónomas (a excepción del traslado internacional de cadáveres, en cuyo caso se aplican los arts. 34 a 39 del Decreto 2263/1974, de 20 de julio, por el que se aprueba el Reglamento de Policía Sanitaria Mortuoria (https://www.boe.es/eli/es/d/1974/07/20/2263/con), en relación con el instrumento de ratificación del Acuerdo sobre el traslado de cadáveres, hecho en Estrasburgo el 26 de octubre de 1973 (https://www.boe.es/diario_boe/txt.php?id=BOE-A-1992-10411), y otros textos internacionales).

1.1. La muerte de la persona

El momento de la muerte de la persona marca el de la apertura de la sucesión. Según el art. 62 LRC «la inscripción hace fe de la muerte de una persona y de la *fecha, hora y lugar en que se produce*». Solo una vez practicada la inscripción, el Encargado expedirá la licencia para el entierro o incineración en el plazo que reglamentariamente se establezca (art. 62.3 LRC) [el art. 83 LRC/1957 establecía que se debían dejar transcurrir al menos veinticuatro horas desde el momento de la muerte]. No obstante, si existen indicios de muerte violenta o en cualquier caso en que deban incoarse diligencias judiciales, la inscripción de la defunción no supone por sí misma la concesión de licencia de enterramiento o incineración. Dicha licencia se expedirá cuando se autorice por el órgano judicial competente (arts. 66 y 67 LRC).

Durante la crisis sanitaria provocada por el COVID-19 algunas de estas disposiciones dejaron de aplicarse con carácter excepcional, en especial en lo relativo a la posibilidad de proceder al enterramiento o incineración sin que tuvieran que transcurrir veinticuatro horas desde el fallecimiento (Orden SND/272/2020, de 21 de marzo, por la que se establecen medidas excepcionales para expedir la licencia de enterramiento y el destino final de los cadáveres ante la situación de crisis sanitaria ocasionada por el COVID-19).

La determinación de la fecha y del momento exacto del fallecimiento es esencial a los efectos de desencadenar el fenómeno sucesorio. Según el art. 62.2 LRC la inscripción de la defunción se practicará en virtud de declaración documentada en el formulario oficial, acompañado del certificado médico de la defunción, a que se refiere el art. 66 LRC. En defecto de certificado, cuando éste sea incompleto o si, a juicio del Encargado, debe complementarse la documentación acreditativa del fallecimiento, se requerirá dictamen médico del facultativo (el art. 274 RRC sigue hablando de la necesidad de que existan señales inequívocas de muerte). Debe tenerse presente que, a otros efectos, pueden existir criterios diferentes (muerte cerebral) para determinar el fallecimiento de una persona, como ocurre para la extracción de órganos u otras piezas anatómicas de fallecidos. En estos casos se aplica la Ley 30/1979, de 27 octubre, sobre extracción y trasplante de órganos, desarrollada por el RD 1723/2012, de 28 de diciembre.

1.2. La declaración de fallecimiento

De acuerdo con los arts. 196 CC y 74.3 LJV, al igual que la muerte, la declaración de fallecimiento produce la apertura de la sucesión, si bien se adoptan una serie de cautelas para el caso de que se presente o se pruebe la existencia del declarado fallecido (ya que se trata de una presunción *iuris tantum* de fallecimiento). Según el art. 195 CC toda declaración de fallecimiento debe expresar la fecha a partir de la cual se entiende sucedida la muerte, con arreglo a lo preceptuado en la regulación que corresponda aplicar, salvo prueba en contrario. No obstante, *es la firmeza de la declaración de fallecimiento la que produce la apertura de la sucesión.*

En este caso, los herederos no pueden disponer a título gratuito de los bienes de la herencia hasta cinco años después de la declaración del fallecimiento. Y además, durante ese mismo plazo tampoco se pueden entregar los legados, si los hubiese, ni tienen derecho a exigirlos los legatarios, salvo las mandas piadosas en sufragio del alma del testador o los legados en favor de instituciones de beneficencia. Es obligación ineludible de los sucesores, aunque por tratarse de uno solo no sea necesario practicar la partición, la de formar notarialmente un inventario detallado de los bienes muebles y una descripción de los inmuebles. Se trata con ello de proteger la situación del declarado fallecido, por si reaparece o se tienen noticias de su supuesta existencia en paradero conocido. Pero también se protege la situación de aquellos sucesores que no lleguen a heredar en función de la fecha de la declaración de fallecimiento (art. 758 CC), si posteriormente se confirma la certeza de la muerte en fecha anterior, cuando esas mismas personas sí tenían derecho a heredar y a transmitir su derecho a sus sucesores (art. 1006 CC).

Esta situación de interinidad desaparece cuando se tiene noticia cierta de la muerte del desaparecido después de la declaración de fallecimiento. En este caso el Letrado de la Administración de Justicia, previa celebración de comparecencia a la que se citará a los interesados y al Ministerio Fiscal y en la que se practicarán las pruebas pertinentes para la comprobación del fallecimiento, resolverá sobre la revocación de la resolución en los tres días siguientes (art. 75.4 LJV). De darse el caso, cesan las limitaciones a los herederos de disponer a título gratuito durante cinco años, y se puede proceder a entregar los legados. Por otro lado, cabe que la fecha probada del fallecimiento sea distinta a la fijada en la declaración de fallecimiento, lo que puede provocar que sean otras las personas con derecho a suceder. Por ejemplo, se declara fallecido al causante el día 30 de junio, y el 10 de junio del mismo año había fallecido el heredero designado en el testamento, por lo que no llega a heredar ni transmite su derecho. Si se tiene por cierta como fecha de la muerte del causante la del día 1 de junio, el designado habría sobrevivido al causante, y tendría derecho a heredar, trasmitiendo su derecho a sus sucesores conforme al art. 1006 CC.

De acuerdo con el art. 72.2 LJV (aplicable también a la declaración de fallecimiento, en virtud del art. 67 LJV), el Letrado de la Administración de Justicia puede adoptar antes o durante la tramitación del expediente, algunas de las medidas previstas en el CC ante la desaparición de una persona. No obstante, si en cualquier momento se comprueba el efectivo fallecimiento de la persona, el expediente se archiva y quedan sin efecto las medidas que se hubieran adoptado (art. 76 LJV).

1.3. La incertidumbre sobre el momento exacto del fallecimiento de dos personas llamadas a sucederse: la presunción de conmoriencia del art. 33 CC

Dispone el art. 33 CC que cuando se duda, entre dos o más personas llamadas a sucederse, quién de ellas ha muerto primero, el que sostenga la muerte anterior de una o de otra, debe probarla. A falta de prueba, se presumen muertas al mismo tiempo y no tiene lugar la transmisión de derechos de uno a otro.

El precepto supone que no ha sido posible demostrar cuál de las muertes es anterior a la otra. Para ello es necesario:

a) Que las personas fallecidas estén llamadas a sucederse entre sí (y ello porque es esencial que el heredero sobreviva al causante para heredar).

b) Que se dude sobre quién ha muerto primero.

Es entonces cuando se aplica la denominada *presunción de conmoriencia*, tanto si dos o más personas han fallecido en un mismo suceso, como en cualquier otra circunstancia: muerte en diferentes lugares, e incluso en circunstancias diferentes [STS (1ª) 4 diciembre 1948 (ECLI:ES:TS:1948:866)].

Los plazos de diez y cinco años para la declaración de fallecimiento, a que se refiere el art. 193 CC, se computan «desde la expiración del año natural en que se tuvieron las últimas noticias, o, en su defecto, del en que ocurrió la desaparición». La posibilidad de pedir la declaración comienza, por tanto, el 1º de enero siguiente. Por ello los autos de declaración de fallecimiento (actualmente, decretos del Letrado de la Administración de Justicia, por aplicación del art. 74 LJV) entienden que la muerte debe entenderse sucedida el día 1 de enero del año que corresponda. Ello tiene su importancia a los efectos de la aplicación de la presunción de conmoriencia entre dos personas declaradas fallecidas llamadas a sucederse.

La misma situación, con la correspondiente aplicación del art. 33 CC, se producirá cuando se trate de los supuestos contemplados en los núm. 2 y 3 del art. 194 CC, es decir, cuando existe constancia de que las personas se encontraban a bordo de la nave naufragada, o de la aeronave siniestrada, así como del naufragio o siniestro. Los arts. 68 y 74 LJV regulan un procedimiento colectivo que permite declarar fallecidos a todos los ocupantes de la nave o aeronave, mediante un único expediente. Para su incoación está legitimado exclusivamente el Ministerio Fiscal, y su tramitación se atribuye a un único órgano judicial. Con ello se garantiza una única resolución no contradictoria, que inevitablemente conducirá a la aplicación del art. 33 CC si entre los declarados fallecidos había personas llamadas a sucederse entre sí.

Desde la perspectiva del Derecho internacional privado la situación se contempla en sentido similar en el art. 32 del Reglamento (UE) núm. 650/2012 del Parlamento Europeo y del Consejo, de 4 de julio de 2012 (al que nos hemos referido en la Lección 1). Según este precepto: «Si dos o más personas cuya sucesión se rija por leyes diferentes falleciesen en circunstancias que impidan conocer el orden en que se produjo su muerte, y dichas leyes regularan tal situación mediante disposiciones diferentes o no la regularan en absoluto, ninguna de las personas fallecidas tendrá derecho alguno a la sucesión de la otra u otras».

1.4. Certificado de defunción y del Registro General de Actos de Última Voluntad

Cuando fallece una persona, a efectos sucesorios, el primer trámite que se debe realizar es la solicitud del certificado de defunción al Registro Civil. Se puede solicitar de manera presencial (acudiendo personalmente el interesado al Registro Civil donde esté inscrito el fallecimiento), por correo ordinario, o vía telemática.

Teniendo en cuenta la situación sanitaria generada por el COVID-19, con carácter extraordinario, mientras duró esa situación, sólo se podían expedir certificados de últimas voluntades y seguros de vida a través de la sede electrónica del Ministerio, y nunca de modo presencial (se tuviera o no cita previa).

Existen muchas *webs* de pago para realizar la solicitud. Pero se puede tramitar gratuitamente a través de la web del Ministerio de Justicia (sección de trámites). Las empresas de servicios funerarios acostumbran a ofrecer, dentro de sus servicios, la tramitación de la solicitud. En el certificado consta la identificación del fallecido, así como la identidad de sus padres, el motivo y causa de muerte y el lugar, fecha y hora del fallecimiento. Conviene solicitar más de un ejemplar ya que va a ser necesario presentar el certificado original para la solicitud dirigida al Registro de Actos de Última Voluntad, para la liquidación del Impuesto de Sucesiones, para presentar en los Bancos y desbloquear cuentas del finado, para tramitar en la notaría la partición hereditaria, y para acreditar la defunción, en su caso, ante organismos como el Catastro, el Ayuntamiento, el Juzgado, etc.

Una vez que se dispone del certificado de defunción original, procede solicitar el certificado de últimas voluntades, con el objeto de conocer si el fallecido hizo o no testamento y cuál es el último testamento válido (Lección 10, § 2.2). La solicitud no se puede presentar hasta que hayan transcurrido quince días hábiles a partir del día siguiente al del fallecimiento. Dicha solicitud se dirige al Registro General de Actos de Última Voluntad (regulado en el Anexo II del RN) a través del Modelo 790, que se puede obtener gratuitamente en las Gerencias Territoriales del Ministerio de Justicia, o bien en la web del Ministerio de Justicia.

Si se dispone de certificado digital lo más rápido es tramitarla a través de la web del Ministerio de Justicia. Para su obtención es preciso abonar la tasa correspondiente (3,86 €). [La regulación se contiene en la RDGRN 13 enero 2011 (BOE núm. 15, de 18 de enero, págs. 5610-5617)].

El plazo de emisión de estos certificados es de diez días hábiles desde su recepción si se solicita por correo postal. Este plazo se reduce a la mitad cuando lasolicitud es telemática.

En caso de no existir testamento, se debe tramitar la declaración de herederos abintestato, que tiene por objeto declarar quiénes están llamados por la ley a suceder a una persona fallecida. Desde la LJV la competencia para tramitar esta declaración es exclusivamente notarial (arts. 55 y 56 LN).

El certificado puede también acreditar que una persona ha otorgado testamento/s y ante qué Notario/s. Los llamados a la herencia pueden dirigirse al Notario autorizante del último testamento y obtener una copia (autorizada) del mismo. Este documento se precisa para la realización de cualquier acto posterior de naturaleza sucesoria. No sirve la copia simple del testamento que se entrega por el Notario al testador en vida y que los herederos pueden tener en su poder. A efectos sucesorios se requiere la copia autorizada a que hemos hecho referencia.

Existe además el Registro de Contratos de Seguros de cobertura de fallecimiento, que es un registro público, dependiente del Ministerio de Justicia cuya finalidad es suministrar la información necesaria para que pueda conocerse por los posibles interesados si una persona fallecida tenía contratado un seguro para caso de fallecimiento, así como la entidad aseguradora con la que lo hubiese suscrito, a fin de permitir a los posibles beneficiarios dirigirse a ésta para constatar si figuran como beneficiarios y, en su caso, reclamar de la entidad aseguradora la prestación derivada del contrato. Su regulación se contiene en la Ley 20/2005, de 14 de noviembre, desarrollada por RD 398/2007, de 23 de marzo. El acceso a este Registro sólo puede realizarse una vez fallecido el asegurado, previa acreditación de esa circunstancia, y siempre que hayan transcurrido quince días desde la fecha de la defunción. La tramitación se puede realizar en el mismo Modelo 790 o bien digitalmente, en ambos casos de manera conjunta con la solicitud del certificado de últimas voluntades. Si se solicitan ambos certificados se paga doble tasa (7,72 €).

1.5. La liquidación del Impuesto de Sucesiones y del Impuesto sobre el incremento de valor de los terrenos de naturaleza urbana

El fallecimiento de una persona y la transmisión *mortis causa* de sus bienes, determina la posibilidad de cobrar dos tipos de tributos que los sucesores, como contribuyentes, deben afrontar: el Impuesto de sucesiones y el Impuesto sobre el incremento de valor de los terrenos de naturaleza urbana.

a) Impuesto de sucesiones

La normativa fiscal no espera a que los contribuyentes realicen la partición de sus bienes. A efectos del Impuesto de Sucesiones, el hecho imponible es «la adquisición de bienes y derechos por herencia, legado o cualquier otro título sucesorio», y están obligados al pago del impuesto a título de contribuyentes «los causahabientes» [arts. 3.1.a) y 5.a) LISD]. El plazo para presentar la declaración del impuesto es de seis meses contados desde la fecha del devengo, es decir, desde el día del fallecimiento del causante o desde aquel en que adquiera firmeza la declaración de fallecimiento. No obstante, los herederos, albaceas o administradores del caudal relicto pueden pedir una prórroga de otros seis meses, siempre que presenten la solicitud dentro de los cinco primeros meses del plazo de presentación [arts. 67.1.a) y 68.2 RISD].

La Administración Tributaria es muy rigurosa en cuanto a la fijación del momento del devengo del impuesto en la fecha del fallecimiento del causante. No obstante, el art. 24.3 LISD prevé que cuando la adquisición de los bienes «se halle suspendida por la existencia de una condición, un término, un fideicomiso o cualquier otra limitación», habrá que estar al día en que dichas limitaciones desaparezcan (Lección 11, § 2.4.1.2, y Lección 10, § 4). La STS (3ª) 19 febrero 2024 (ECLI:ES:TS:2024:1115) considera que no está dentro de las excepciones del art. 24.3 LISD el supuesto en que la adquisición de la condición de legitimario se produce como consecuencia del reconocimiento de una filiación por sentencia firme dictada con posterioridad al óbito del progenitor y causante, por lo que la fecha del devengo es también en este caso, la del «fallecimiento del causante y no la fecha de la firmeza de la sentencia que declaró la filiación». En cambio, la STS (3ª) 13 marzo 2024 (ECLI:ES:TS:2024:1585) ha establecido como criterio que «la existencia de un litigo civil sobre la herencia, con incidencia directa en la determinación de los elementos esenciales del tributo, suspende el procedimiento de recaudación».

El ISD está cedido a las Comunidades Autónomas (art. 32 de la Ley 22/2009, de 28 de diciembre). Según el art. 70 RISD los documentos y declaraciones deben presentarse en la oficina correspondiente al territorio donde el causante hubiese tenido su residencia habitual. A efectos de determinar la Comunidad Autónoma en que debe liquidarse el impuesto, según el art. 28.1.1º.b) de la Ley 22/2009 se considera que las personas físicas residen en la misma cuando permanezca en su territorio un mayor número de días del período de los cinco años inmediatos anteriores, contados de fecha a fecha, que finalice el día anterior al de devengo (es decir, si una persona fallece el 30 de noviembre de 2024, se tiene en cuenta en qué territorio autonómico ha permanecido durante un mayor número de días en el período comprendido entre el 29 de noviembre de 2019 y el 29 de noviembre de 2024). El criterio no es, pues, el del domicilio fiscal. La cuestión puede tener su importancia en el caso de personas mayores ingresadas en una residencia. Así, en la Consulta vinculante de la DGT núm. V1577/18, de 7 junio, el causante llevaba residiendo 10 años en Sevilla, en una residencia de ancianos, por lo que se considera preceptivo presentar el ISD en la Comunidad Autónoma de Andalucía. En la Consulta vinculante de la DGT núm. V0350/17, de 9 febrero, este criterio determina que el impuesto se liquide en Cataluña, con independencia del lugar en que se encontraban sus bienes.

El hecho de que el ISD esté cedido a las Comunidades Autónomas provoca diferencias importantes entre unas y otras en función de las reducciones por parentesco en la base imponible, y de la equiparación o no de la pareja de hecho al cónyuge. Los grupos de parentesco son los previstos en el art. 20.2 LISD. La mayor parte de las diferencias entre las Comunidades Autónomas se refieren a las reducciones aplicables a los Grupos I y II: adquisiciones por descendientes y adoptados (en función de que tengan menos o más de veintiún años), cónyuges, ascendientes y adoptantes. Es decir, no afectan a los colaterales, que integran los grupos III y IV. En el grupo III están las adquisiciones por colaterales de segundo y tercer grado, ascendientes y descendientes por afinidad. El grupo IV, en el que no ha lugar a ninguna reducción, se refiere a las adquisiciones por colaterales de cuarto grado, grados más distantes y extraños.

La Resolución del TEAC de 31 enero 2023 (00/04219/2021) considera que, en caso de divorcio, el ex cónyuge pierde su derecho a reducción del Grupo II, sin que se le pueda considerar pariente por afinidad. No obstante, el TS considera que el divorcio no hace desaparecer el parentesco por afinidad de los parientes consanguíneos del ex cónyuge con el causante a efectos del impuesto. Según la SSTS (3ª) 20 marzo 2018 (ECLI:ES:TS:2018:978): «la extinción del vínculo matrimonial del que surge el parentesco por afinidad no supone —en casos como este y a los efectos del IS— que el pariente por afinidad se convierta en un extraño, sino que debe seguirle siendo aplicable la reducción derivada de su grado de afinidad prevista en la normativa del tributo» [en el mismo sentido, con anterioridad, las SSTS (3ª) 24 marzo 2017 (ECLI:ES:TS:2017:1086) y 25 marzo 2017 (ECLI:ES:TS:2017:3405)].

La mera presentación de la declaración del Impuesto de Sucesiones o la solicitud de prórroga no deben considerarse por sí solas como un acto de aceptación tácita de la herencia, salvo que vayan acompañadas de otros actos de los que, en su conjunto, se desprenda claramente la voluntad del actor de hacer suya la herencia [STS (1ª) 20 enero 1998 (ECLI:ES:TS:1998:209), RRDGSJFP 13 julio 2022 (BOE núm. 184, de 2 agosto, págs. 112129 y ss.) y 31 marzo 2023 (BOE núm. 92, de 18 abril, págs. 55221 y ss.), y las Consultas vinculantes a la DGT núm. V1855/05, de 22 septiembre, V1986/09, de 10 septiembre, y V1880/16, de 27 abril].

La tramitación necesaria para liquidar el ISD puede revestir algunas complicaciones que aconsejen encomendarla a un profesional (v.gr. un Abogado). La SAP Zaragoza (Secc. 4ª) 4 junio 2020 (ECLI:ES:APZ:2020:835) considera que incurrió en negligencia profesional el letrado que se había encargado de la tramitación de una herencia, y no informó a una de las herederas de la concurrencia, respecto a ella, de una causa de exención del ISD.

A efectos de la inscripción de una escritura de adjudicación de herencia en el Registro de la Propiedad, los arts. 254 LH, 33 LISD y 100 RISD exigen que se justifique el pago de la liquidación correspondiente por el ISD. Según las RDGSJFP 5 mayo 2022 (BOE núm. 126, de 27 mayo, págs. 72757 y ss.) y 11 abril 2024 (BOE núm. 102, de 26 abril, págs. 48239 y ss.) es necesario acreditar la presentación de la misma en la oficina tributaria competente, junto con la carta de pago o el correspondiente ejemplar de la autoliquidación debidamente sellada por la oficina competente, y constando en ella el pago del tributo o la alegación de no sujeción o de los beneficios fiscales aplicables, a efectos de considerar justificado el pago del ISD.

También constituye el hecho imponible del Impuesto de Sucesiones y Donaciones la percepción de cantidades por los beneficiarios de contratos de seguros sobre la vida, siendo sujetos pasivos dichos beneficiarios [arts. 3.1.c) y 5.c) LISD]. Los plazos para presentar la declaración o pedir su prórroga son idénticos a los que acabamos de analizar.

b) *Impuesto sobre el incremento de valor de los terrenos de naturaleza urbana*

Con ocasión del fallecimiento de una persona se devenga también el *Impuesto sobre el incremento de valor de los terrenos de naturaleza urbana*. Se trata de un impuesto regulado en el Texto Refundido de la Ley Reguladora de las Haciendas Locales, aprobado por Real Decreto Legislativo 2/2004, de 5 de marzo (en adelante, LHL). Es un impuesto, denominado habitualmente *plusvalía municipal*, que pueden establecer y exigir los ayuntamientos (art. 59.2 LHL), y cuyo régimen jurídico se desarrolla en los arts. 104 a 110 LHL. Sólo afecta a bienes de naturaleza urbana (viviendas, terrenos urbanos, locales, garajes, etc.), y no a los que tengan la consideración de rústicos. Estamos ante un impuesto directo, cuyo objeto es gravar el incremento de valor que experimenten dichos terrenos, y que se ponga de manifiesto como consecuencia de la transmisión de su propiedad por cualquier título, incluida la sucesión *mortis causa*. El sujeto obligado al pago del impuesto es el receptor del inmueble: el heredero o, en su caso, la herencia yacente.

Corresponde al Ayuntamiento donde radique el inmueble heredado la gestión de la plusvalía municipal (art. 110 LHL). Si el Ayuntamiento no establece un sistema de autoliquidación, las liquidaciones del impuesto se notifican a los sujetos pasivos con indicación del plazo de ingreso y expresión de los recursos procedentes. Lo habitual es que se haya previsto un sistema de autoliquidación, en el que el sujeto pasivo presenta en el Ayuntamiento una declaración con los elementos necesarios para practicar la liquidación (base imponible y tipo impositivo), debiendo efectuar el pago del importe resultante de la autoliquidación. Con la autoliquidación se deben presentar los siguientes documentos: certificado de defunción y del Registro de actos de última voluntad, testamento o, en su caso, acta de declaración de herederos, y los títulos de adquisición a favor del causante.

El impuesto se devenga en la fecha del fallecimiento (art. 109.1 LHL). El plazo para presentar la autoliquidación es de seis meses desde la fecha del devengo, prorrogables hasta un año a solicitud del sujeto pasivo [art. 110.2.b) LHL], siempre que la prórroga se solicite dentro del plazo de los seis primeros meses. Según los arts. 66 y 67 LGT, prescribe a los cuatro años tanto el derecho de la Administración para determinar la deuda tributaria mediante la oportuna liquidación (computados desde el día siguiente a aquel en que finalice el plazo reglamentario para presentar la correspondiente declaración o autoliquidación), como el derecho de la Administración para exigir el pago de las deudas tributarias liquidadas y autoliquidadas (computados desde el día siguiente a aquel en que finalice el plazo de pago en período voluntario).

Son muy numerosos los pronunciamientos jurisprudenciales sobre la constitucionalidad de este tributo, así como la manera de calcularlo y la reclamación de lo indebidamente pagado. Todo arranca de la STC 59/2017, de 11 de mayo (ECLI:ES:TC:2017:59), que declaró inconstitucionales y nulos los arts. 107.1, 107.2 a) y 110.4 LHL, pero «únicamente en la medida que someten a tributación situaciones de inexistencia de incrementos de valor», como ocurre en aquellos casos en los que se constate que no había tenido lugar el hecho imponible por ausencia de incremento de valor del terreno en la transmisión. Vid. especialmente la STC 126/2019, de 31 de octubre (ECLI:ES:TC:2019:126), y las SSTS (3ª) 970/2020, de 18 mayo (ECLI:ES:TS:2020:970), 973/2020, de 18 mayo (ECLI:ES:TS:2020:973), 984/2020, de 18 mayo (ECLI:ES:TS:2020:984) y 1689/2020, de 9 de diciembre (ECLI:ES:TS:2020:4182).

En cuanto a la limitación de efectos temporales de la declaración de inconstitucionalidad del impuesto de plusvalía municipal, vid. la STC 182/2021, de 26 de octubre (ECLI:ES:TC:2021:182) y las SSTS (3ª) 414/2023, de 28 de marzo (ECLI:ES:TS:2023:1205) y 949/2023, de 10 de julio ECLI:ES:TS:2023:3294. La STS (3ª) 339/2024, de 28 de febrero (ECLI:ES:TS:2024:1941) "*ha declarado que cabe obtener la devolución de lo pagado por plusvalía municipal en liquidaciones tributarias firmes, cuando en la transmisión por la que se giró la liquidación tributaria no existió incremento del valor de los terrenos y, por tanto, se pagó por una ganancia que realmente no se produjo.*

2. VOCACIÓN HEREDITARIA

La *vocación* hereditaria es el llamamiento genérico a la herencia dirigido en abstracto a los posibles sucesores *mortis causa* del causante. Dicho llamamiento puede ser actual o potencial, y va referido tanto a los herederos de primer grado, como a otros posibles herederos para el caso de que no sucedan los primeramente llamados. El llamamiento puede proceder de la voluntad del causante o de la ley. Están, pues, llamados a la herencia todos aquéllos cuya relación con el causante implica una expectativa más o menos lejana de llegar a ser sus herederos, testamentarios o abintestato. Pero muchos de los llamados no llegarán finalmente a suceder, bien porque haya aceptado la herencia un llamado preferente, o porque el llamado sea incapaz para suceder (art. 756 CC).

El llamamiento se produce en el mismo momento de la muerte del causante. Por eso, a partir de ese momento, los llamados pueden transmitir su vocación hereditaria eventual; y este es el momento al que se atiende para calificar su capacidad para suceder (arts. 657 y 661 CC). Cabe destacar, finalmente, que la simple vocación confiere al llamado el derecho a transmitir su condición de tal, y el de pedir al heredero (a quien se ha deferido la herencia) la fijación de un término para que acepte o repudie (arts. 1004 y 1005 CC).

3. DELACIÓN DE LA HERENCIA

La delación supone un paso más respecto al concepto de vocación. Además de referirnos a una persona determinada o varias llamadas a una herencia, resulta que éstas tienen la posibilidad de aceptarla. En este sentido, el *ius delationis* es el derecho efectivo y actual de aceptar o repudiar la herencia. La delación supone, por tanto, un ofrecimiento concreto al llamado para que acepte o repudie.

Vocación y delación se distinguen porque la vocación existe, de una vez y para siempre, en el momento de la apertura de la sucesión, que es el momento en que se produce el llamamiento a una herencia, aunque no se acepte o no exista ni siquiera la posibilidad de aceptar. La delación, en cambio, se inicia cuando nace efectivamente la posibilidad de aceptar la herencia, y termina con la aceptación. En este sentido, la vocación señala el *quantum* y el lugar del sucesor, dependiendo de la voluntad del causante o de su parentesco con él. La delación es el ofrecimiento de la herencia al llamado y depende de la ley [STS (1ª) 4 mayo 2005 (ECLI:ES:TS:2005:2816)].

En definitiva, la vocación nace a partir de la muerte del causante e implica un llamamiento a los posibles sucesores; mientras que la delación no es un llamamiento genérico, sino la atribución de la facultad de aceptar o repudiar que la ley reconoce a quienes han recibido una vocación efectiva. Mientras no haya vocación efectiva, no puede haber delación. Pero puede existir una vocación o llamamiento eventual en los casos de situaciones jurídicas expectantes: así ocurre en los casos de llamamiento a una persona jurídica pendiente de constitución (v.gr. una fundación testamentaria), o a un concebido y no nacido (*nasciturus*), o en los llamamientos a favor de herederos abintestato existiendo un llamamiento previo (testamentario o abintestato) preferente, o en los llamamientos a favor de un sustituto vulgar. En todos estos casos hay vocación pero no delación, que sólo va a surgir con posterioridad, si se cumplen los requisitos necesarios para la efectividad del llamamiento en cada caso (constitución formal de la persona jurídica, nacimiento del *nasciturus,* eficacia del llamamiento al heredero abintestato o al sustituto vulgar). En estos casos vocación y delación se producen en momentos diferentes.

4. ADQUISICIÓN DE LA HERENCIA

La adquisición de la herencia supone quedar investido, en cuanto heredero, de las titularidades transmisibles del causante. En algunos ordenamientos el llamado a suceder adquiere la herencia por el solo hecho de la delación: la herencia pasa *ipso iure* del causante al heredero en el mismo momento de la apertura de la sucesión. En el sistema del CC, en cambio, entre la delación y la adquisición puede mediar un lapso de tiempo más o menos amplio, porque la adquisición sólo se produce con la aceptación del titular del *ius delationis,* aunque dicha aceptación tenga efecto retroactivo.

Durante este tiempo en que no hay sucesor, sino sólo un sujeto o varios llamados a serlo, se dice que la herencia está *yacente.* Si se da el caso de que existan varios titulares actuales del *ius delationis,* como veremos en la Lección 7, su aceptación produce el nacimiento de un estado de indivisión —la comunidad hereditaria— al cual se pone fin con la partición. A través de la partición el derecho que cada uno de los coherederos tenía sobre una cuota ideal de la herencia, se transforma en una titularidad exclusiva sobre los bienes concretos que se le adjudiquen.

4.1. Sistemas de adquisición

Se pueden diferenciar dos sistemas de adquisición de la herencia: el romano y el germánico. En el sistema romano la adquisición se produce mediante la declaración de la voluntad de aceptar por parte del titular del *ius delationis*. En el sistema germánico la adquisición se produce automáticamente, por ministerio de la ley, en el mismo momento de la apertura de la sucesión, aunque se puede no obstante repudiar la herencia. En el sistema romano no hay adquisición sin aceptación, mientras que en el sistema germánico, una eventual aceptación no añade nada a una adquisición que ya se había producido, y sirve sólo para manifestar que no se va a repudiar la herencia.

Aparentemente el CC sigue el sistema germánico al establecer en su 657: «*los derechos a la sucesión de una persona se transmiten desde el momento de su muerte*»; y en su art. 661: «*los herederos suceden al difunto por el hecho solo de su muerte en todos sus derechos y obligaciones*». Sin embargo, toda la regulación de nuestro Derecho sucesorio está fundamentada en el sistema romano: la adquisición de la herencia se produce por la aceptación del titular del *ius delationis* (arts. 988 y ss. del CC), y sólo tras la aceptación adquiere la condición de heredero. Cuestión diferente, que será analizada en la Lección 6, es que la aceptación tenga efecto retroactivo de manera que, una vez aceptada la herencia, se entiende adquirida desde el momento de la apertura de la sucesión. El art. 989 CC es muy claro: «*Los efectos de la aceptación y de la repudiación se retrotraen siempre al momento de la muerte de la persona a quien se hereda*». Desde esta perspectiva, la aceptación se conecta con lo establecido en el art. 657 CC: «*los derechos a la sucesión de una persona se transmiten desde el momento de su muerte*».

4.2. La herencia yacente

Mientras no se acepte la herencia el patrimonio se encuentra interinamente sin titular. Hasta que se produzca la aceptación puede transcurrir un lapso de tiempo más o menos amplio, y se dice que, mientras tanto, la herencia está *yacente*. Nuestro CC no regula, sin embargo, la herencia yacente, aunque varios de sus preceptos se refieren a esta situación de interinidad, y consideran que la herencia se encuentra en estos casos en administración, determinando de manera directa, o por remisión a la LEC o la legislación notarial, las reglas aplicables y los derechos y obligaciones del administrador. En este sentido cabe destacar los siguientes supuestos:

a) El llamado quiere utilizar el beneficio de inventario o el derecho de deliberar (arts. 1013, 1014, 1020 CC, y arts. 67 y 68 LN).

b) El heredero es instituido bajo condición suspensiva (arts. 801 a 804 CC).

c) Está llamado a la herencia un *nasciturus* (arts. 29 y 965 CC).

d) Intervención judicial de la herencia cuando no hay constancia de la existencia de testamento, ni de parientes llamados a suceder abintestato (arts. 791 a 796 LEC).

e) Cuando se solicita el concurso de la herencia (arts. 567 a 571 TRLC).

Los problemas aparecen ante otras situaciones de herencia yacente carentes de regulación legal: vr.gr. institución a favor de una fundación de constitución testamentaria, o institución a favor de heredero determinado mientras no ejercite el *ius delationis*. En cualquiera de estos casos hay que tener en cuenta lo siguiente:

Según el art. 1934 CC «la prescripción produce sus efectos jurídicos a favor y en contra de la herencia antes de haber sido aceptada y durante el tiempo concedido para hacer inventario y para deliberar». Es decir, la situación de herencia yacente no impide que se apliquen las reglas de la prescripción extintiva y la usucapión, tanto a favor como en contra de la herencia.

Desde el punto de vista procesal, tienen *capacidad para ser parte* en los procesos que se sigan ante los Tribunales civiles «las masas patrimoniales o los patrimonios separados que carezcan transitoriamente de titular» (art. 6.1.4º LEC). Además, esas mismas masas patrimoniales pueden comparecer en juicio por medio de quienes, conforme a la ley, las administren (art. 7.5 LEC), lo que permite que las referidas masas o patrimonios actúen en juicio en el ejercicio de los derechos o acciones que les asistan, bien mediante la formulación de demanda o reconvención. Según la STS (1ª) 9 septiembre 2021 (ECLI:ES:TS:2021:3277), en ausencia de albacea o administrador testamentario o judicial, debe reconocerse legitimación a alguno de los llamados a la herencia para personarse y actuar en interés de la misma. Cuando se demande a los ignorados herederos de una persona que ha fallecido sin otorgar testamento, y no se conozcan parientes con derecho a la sucesión intestada ni concurran indicios de su existencia, el juzgado deber notificar la pendencia del proceso al Estado o a la Comunidad Autónoma llamada por la normativa civil aplicable a la sucesión intestada a falta de otros parientes, en aplicación del art. 150.2 LEC (Lección 5, § 3.5).

A efectos registrales la RDGSJFP 1 marzo 2024 (BOE núm. 76, de 27 marzo, págs. 35580 y ss.), de acuerdo con el art. 9 LH y con la doctrina de la propia DG que permite la inscripción de derechos a favor de ciertas entidades sin personalidad jurídica, admite su inscripción a favor de la herencia yacente, como una situación caracterizada por la existencia de una titularidad transitoriamente indeterminada hasta que los herederos ejerciten el *ius delationis* aceptando la herencia.

En los casos en que interviene la herencia yacente, la doctrina de la DGRN venía manteniendo que toda actuación que pretendiera tener reflejo registral debía articularse, bien mediante el nombramiento de un administrador judicial, en los términos previstos en los arts. 790 y ss. del CC, bien mediante la intervención en el procedimiento de alguno de los interesados en dicha herencia yacente [RRDGRN 7 junio de 2017 (BOE núm. 153, de 18 junio, págs. 54539 y ss.) y 10 julio 2018 (BOE núm. 178, de 24 julio, págs. 74108 y ss.)]. Esta doctrina se ha matizado en los últimos pronunciamientos en el sentido de considerar que la exigencia del nombramiento del defensor judicial debe limitarse a los casos en que el llamamiento a los herederos desconocidos sea puramente genérico y no haya ningún interesado en la herencia que se haya personado en el procedimiento considerando el juez suficiente la legitimación pasiva de la herencia yacente [RRDGSJFP 25 Julio 2023 (BOE núm. 231, de 27 septiembre, págs. 130501 y ss.) y 13 marzo 2024 (BOE núm. 89, de 11 abril, págs. 40470 y ss.]. La STS (1ª) 9 septiembre 2021 (ECLI:ES:TS:2021:3277) es especialmente clara en cuanto al correcto planteamiento de la cuestión, que debe hacerse desde una perspectiva procesal y no registral.

Aparte de lo anterior, según el art. 35.4 LGT, las herencias yacentes tienen la consideración de obligados tributarios, en las leyes en que así se establezca. A efectos del Impuesto de Sucesiones es obligatorio satisfacer el mismo dentro de los seis meses siguientes al fallecimiento, aunque se puede solicitar prórroga por los herederos, albaceas o administradores del caudal relicto durante otros seis meses (arts. 67, 68.2 y art. 75 RISD, que se refiere al supuesto de herederos desconocidos). Además de ello, corresponde al representante de la herencia yacente el cumplimiento de las obligaciones tributarias del causante. Así, en cuanto a la declaración del IRPF del causante, debe ser practicada por dicho representante en el plazo correspondiente, entendiéndose con él las liquidaciones tributarias y demás actuaciones administrativas. Las liquidaciones se pueden satisfacer con cargo a los propios bienes de la herencia yacente.

Desde el punto de vista penal se considera la herencia yacente como un bien jurídicamente protegido. A ello se refiere la STS (2ª) 29 noviembre 2023 (ECLI:ES:TS:2023:5271). La hermana del fallecido era cotitular junto con su hermano de una cuenta bancaria y había realizado varios reintegros (hasta un total de 57.850 €), antes de que su sobrino hubiese aceptado la herencia. El TS entiende que existe un delito continuado de apropiación indebida, y afirma que la herencia yacente «ostenta un interés de conservación jurídicamente protegido, sin que resulte condición "sine qua non" para brindar dicha protección la existencia de un derecho actual e inmediatamente atribuido a una persona física o jurídica determinada. Ello se traduce en que la lesión patrimonial de la herencia yacente, mediante una acción constitutiva de delito, debe considerarse penalmente relevante. Se lesiona la propiedad, como bien jurídico protegido, aunque no se conozca todavía quién es su titular». Se considera, además, que con la muerte del causante desparece todo fundamento material de la excusa absolutoria del art. 268 CP con relación a conductas típicas ejecutadas después de que aquella se produzca.

5. LAS FIGURAS DEL HEREDERO Y DEL LEGATARIO

El CC distingue dos figuras a efectos de la sucesión *mortis causa,* en función del título por el que reciben los bienes o derechos de la herencia: el heredero y el legatario. Ambos tienen una regulación diferente. El heredero es sucesor *a título universal,* mientras que el legatario sucede *a título particular,* siendo un mero adquirente de bienes (art. 660 CC). Según el art. 668 CC «el testador puede disponer de sus bienes a título de herencia o de legado». El legatario depende siempre de que exista un testamento que prevea su nombramiento. El heredero, en cambio, puede ser testamentario o abintestato.

5.1. Heredero y sucesión universal

Suceder a título universal, como hace el heredero, significa hacerlo en la totalidad del patrimonio hereditario, entendido como *universitas iuris*: se adquieren en bloque tanto los derechos como las obligaciones del causante (art. 661 CC), tanto el activo como el pasivo. La sucesión también en el pasivo de la herencia impone al heredero la responsabilidad por las deudas del fallecido. El heredero se subroga en la posición jurídica del causante, y en el conjunto de sus relaciones jurídicas transmisibles. No hay una transmisión específica de cada uno de los bienes y derechos concretos que componen la herencia: en virtud del título de heredero se adquiere todo el patrimonio hereditario. Por ello el heredero está investido de las más amplias facultades de administración, liquidación y disposición del patrimonio hereditario.

El heredero puede ser llamado a toda la herencia o una parte alícuota de la misma, o al remanente que quede después de haberse dispuesto de determinados bienes a título particular. El llamamiento como heredero tiene carácter expansivo: si aparecen nuevos bienes que se desconocían en el momento de la apertura de la sucesión, le corresponden a quien ha sido llamado a título universal.

Igualmente el heredero es el continuador de la personalidad del causante. Por ello, en última instancia está legitimado para continuar el ejercicio de las acciones planteadas en vida por aquel (el art. 16 LEC regula la sucesión procesal por muerte). Así se refleja en el art. 1 de la LO 2/1984, de 26 de marzo, reguladora del derecho de rectificación: puede ejercitar este derecho el perjudicado aludido «y, si hubiese fallecido aquél, sus herederos o los representantes de éstos».

No obstante, la regulación de determinados derechos de carácter personal se inclina por encargar su protección a la persona especialmente designada por el causante y, en su defecto, a los herederos o a determinados parientes. Así, por lo que se refiere a la propiedad intelectual y en cuanto a los derechos morales, el art. 15 TRLPI dispone que, al fallecimiento del autor, el ejercicio de los derechos a exigir el reconocimiento de la autoría de la obra, y el respeto a su integridad, corresponde sin límite de tiempo a la persona natural o jurídica a la que el autor se lo haya confiado expresamente por disposición de última voluntad; y en su defecto a los herederos.

En cambio, por lo que se refiere a las acciones de protección civil del honor, la intimidad o la imagen de una persona fallecida, el art. 4 de la LO 1/1982, de 5 de mayo, establece un régimen particular:

> a) No existiendo en el testamento designación de persona encargada del ejercicio de estas acciones, o habiendo fallecido el designado, están «legitimados para recabar la protección el cónyuge, los descendentes, ascendientes y hermanos de la persona afectada que viviesen al tiempo de su fallecimiento (art. 4.2)».
>
> b) Igualmente según el art. 6, cuando el titular del derecho lesionado fallezca sin haber podido ejercitar por sí estas acciones, podrán ejercitarse por las personas señalas en el art. 4.
>
> c) Esas mismas personas pueden continuar la acción ya entablada por el titular del derecho lesionado cuando falleciere.

No obstante, en el supuesto a), cuando se trata de la protección de los derechos de una persona fallecida, el importe de la indemnización corresponde al cónyuge y a los parientes a que se refiere el art. 4.2. En este caso, según el art. 9.4, el importe de la indemnización por el daño moral corresponderá al cónyuge y a los parientes indicados «en la proporción en que la sentencia estime que han sido afectados».

En cambio, en los supuestos b) y c), cuando el afectado fallece sin haber ejercitado por sí las acciones o fallece antes de la sentencia, la indemnización se entiende comprendida en la herencia del perjudicado. Según el art. 9.4, en ambos casos «la indemnización se entenderá comprendida en la herencia del perjudicado», correspondiendo por tanto a quienes sean herederos.

5.2. Responsabilidad por deudas

El régimen de responsabilidad por deudas es una de las cuestiones más complejas de nuestro Derecho sucesorio. El heredero es quien sucede en las deudas del causante, de manera que queda obligado *personalmente* a su pago frente a los acreedores. No obstante, aunque es un deudor personal (no un mero responsable de una deuda ajena) y, en principio, responde de las deudas con su propio patrimonio personal, puede ver limitada su responsabilidad por dichas deudas hasta donde alcance el valor de los bienes relictos. En este sentido, dispone el art. 998 CC: «La herencia podrá ser aceptada pura y simplemente o a beneficio de inventario».

Cuando la herencia se acepta pura y simplemente, el heredero responde ilimitadamente de las deudas de su causante con todo su patrimonio, el que tenía y el heredado (art. 1911 CC), es decir, no sólo con los bienes de la herencia, sino también con los suyos propios (art. 1003 CC). Por el contrario, cuando se acepta a beneficio de inventario, el heredero no queda obligado a pagar las deudas y demás cargas de la herencia sino hasta donde alcancen los bienes de la misma. Es decir, no se confunden para ningún efecto, en daño del heredero, sus bienes particulares con los que pertenezcan a la herencia (art. 1023 CC).

En caso de que exista una pluralidad de herederos, el problema es determinar cómo responden éstos frente a los acreedores del causante: si cada uno por la totalidad de las deudas, si todos conjuntamente, o cada uno en proporción a la parte que le corresponde del caudal hereditario. A ello hay que añadir que unos pueden haber aceptado pura y simplemente y otros a beneficio de inventario.

Una vez realizada la partición de la herencia, el art. 1084 CC consagra la responsabilidad solidaria de los coherederos por las deudas de la herencia: dentro de los límites de lo heredado, si han aceptado a beneficio de inventario, o extendiéndola a sus respectivos patrimonios personales en caso de aceptación pura y simple.

El problema se plantea antes de la partición, mientras la herencia está indivisa, porque el CC no lo regula expresamente. La cuestión será objeto de desarrollo en las Lecciones 7 y 8.

5.3. El legatario como sucesor a título particular

El legatario sucede *a título particular* (art. 660 C). Según el art. 668 CC el testador puede disponer de sus bienes a título de legado. Aunque también sucede al causante, a diferencia del heredero, el legatario es un mero adquirente de bienes o derechos (un cuadro, una cantidad de dinero), asemejándose más a un donatario. Este tipo de disposiciones sólo se pueden realizar a través de testamento. Herencia siempre va a existir cuando alguien fallece (existan o no bienes o deudas, haya o no testamento), mientras que el legado depende directamente de que se haya previsto en el testamento.

El CC utiliza como expresiones equivalentes las de «mandas y legados», y regula en sus arts. 858 a 891 legados de muy diversos tipos, que dificultan un tratamiento unitario. Por ello se puede afirmar, en sentido negativo, que será legado toda disposición patrimonial *mortis causa* que atribuya derechos al favorecido y que no confiera la cualidad de heredero. Así pues (y con las matizaciones que más adelante realizaremos), el legatario no responde de las deudas de la herencia y no goza de las amplias facultades de administración y disposición que tienen los herederos. El legatario *tiene derecho a algo*, mientras que el heredero *es algo*: es el sucesor a título universal que se subroga en la posición jurídica del causante, y en el conjunto de sus relaciones jurídicas transmisibles.

6. ADQUISICIÓN DE LA POSESIÓN DE LOS BIENES HEREDITARIOS

En el sistema del CC la herencia se adquiere *mediante la aceptación*, que tiene efectos retroactivos desde el momento de la apertura de la sucesión (art. 989 CC). El legatario, en cambio, adquiere derecho al legado «*desde la muerte del testador*, y lo transmite a sus herederos» (art. 881 CC). El legado, por tanto, se adquiere automáticamente, mientras que la adquisición de la herencia requiere de un acto de aceptación. La adquisición del legado coincide, pues, con la delación, que se produce en el momento de la apertura de la sucesión. El hecho de que en la adquisición del legado se prescinda de la voluntad (e incluso del conocimiento) del legatario, no significa que éste no pueda renunciar al legado. Pero así como la repudiación de la herencia supone rechazar la oferta en que consiste el *ius delationis*, y está sujeta a las formalidades del art. 1008 CC, la repudiación del legado no está sometida a ninguna formalidad, y convierte en ineficaz la adquisición operada *ex lege* a favor del legatario. La aceptación del legado no es necesaria, y si se produce lo que hace es confirmar una adquisición que ya se había producido, convirtiendo dicha adquisición en irrevocable.

Con la adquisición de la posesión, las cosas funcionan de manera diferente. Según el art. 440 CC la posesión de los bienes hereditarios se entiende transmitida al heredero sin interrupción y desde el momento de la muerte del causante, en el caso de que llegue a aceptarse la herencia. Por ello, el que válidamente repudia una herencia se entiende que no la ha poseído en ningún momento. Estamos ante la denominada *posesión civilísima*, de carácter inmaterial, que corresponde al heredero desde la apertura de la sucesión. Se caracteriza porque, el heredero, en cuanto poseedor, aunque no tenga la tenencia material de los bienes hereditarios, puede ejercitar las acciones posesorias que hubieran correspondido en vida al causante, como la acción de desahucio y todas las que se refieran a la tutela sumaria de la posesión (dirigidas a retener la posesión o a recuperar la misma). Según el art. 250.1.3° LEC, se deciden en juicio verbal, con independencia de su cuantía, las demandas «que pretendan que el tribunal ponga en posesión de bienes a quien los hubiere adquirido por herencia si no estuvieren siendo poseídos por nadie a titulo de dueño o usufructuario». Igualmente quien suceda a título universal puede beneficiarse de esa posesión a efectos de la usucapión iniciada por el causante, que se continúa por el heredero sin interrupción. No obstante, de acuerdo con el art. 442 CC el que suceda por título hereditario no sufrirá las consecuencias de una posesión viciosa de su causante, si no se demuestra que tenía conocimiento de los vicios que la afectaban. Pero los efectos de la posesión de buena fe no le aprovecharán sino desde la fecha de la muerte del causante.

La posesión del legatario se regula en el art. 885 CC: «El legatario no puede ocupar por su propia autoridad la cosa legada, sino que *debe pedir su entrega y posesión al heredero o al albacea*, cuando éste se halle autorizado para darla». Esta solución está en consonancia con la del art. 440 CC: si la posesión tal y como la tenía el causante, le corresponde al heredero, el legatario no puede obtenerla directamente, sino que debe solicitarla de quien la tiene. Las personas encargadas de efectuar la entrega no tienen la obligación de dar la posesión de la cosa de manera espontánea, sino que es el beneficiario quien tiene la carga de solicitarla (la cuestión será estudiada más ampliamente en la Lección 12). Por excepción, el legatario puede tomar directamente la posesión de las cosas legadas:

a) Cuando el testador lo haya facultado directamente para ello y no existan legitimarios [art. 81.a) RH].

b) Cuando toda la herencia se ha distribuido en legados (art. 891 CC).

c) En los casos de prelegado a favor de un heredero único.

d) Cuando el legatario ya se encontrara en posesión de la cosa legada en el momento de la apertura de la sucesión [*vid.* la RDGSJFP 4 de marzo de 2021 (BOE núm. 97, de 23 de abril de 2021, págs. 46746-46753)].

A efectos de la usucapión, así como al heredero le basta con lo dispuesto en el art. 440 CC para beneficiarse de la posesión iniciada por el causante (que se continúa por el heredero sin interrupción, en virtud de la *successio possessionis*), el legatario puede beneficiarse de la denominada *accessio possessionis* del art. 1960.1ª CC: «el poseedor actual puede completar el tiempo necesario para la prescripción, uniendo al suyo el de su causante».

BIBLIOGRAFÍA

GARCÍA GOLDAR, Mónica, *La liquidación de la herencia en el Código civil español. Especial referencia a las deudas sucesorias desconocidas o sobrevenidas,* BOE, Madrid, 2019.

GARCÍA RUBIO, María Paz, *La distribución de toda la herencia en legados. Un supuesto de herencia sin heredero,* Civitas, Madrid, 1989.

GÓMEZ DÍEZ, Justo José, *La posesión de los bienes hereditarios,* Reus, Madrid, 2010.

INFANTE RUIZ, Francisco, «La comoriencia en el Reglamento Europeo de Sucesiones. Un análisis a la luz de algunos sistemas jurídicos», en DOMÍNGUEZ LUELMO, A.; GARCÍA RUBIO, M.P. (Dir.), *Estudios de Derecho de Sucesiones. Liber amicorum T.F. Torres García,* La Ley, Madrid, 2014, págs. 685-706.

SÁINZ-CANTERO CAPARRÓS, María Belén; MARTOS CALABRÚS, María Angustias, *La sucesión en el pasivo hereditario de la herencia tras la Ley 15/2005, de Jurisdicción Voluntaria,* Comares, Granada, 2017.

LECCIÓN 3

TIPOS DE SUCESIÓN *MORTIS CAUSA* Y CONTENIDO DE LA HERENCIA

Andrés Domínguez Luelmo
Catedrático de Derecho civil
Universidad de Valladolid

Henar Álvarez Álvarez
Catedrática de Derecho civil
Universidad de Valladolid

1. SUCESIÓN VOLUNTARIA

Según el art. 658 CC: «la sucesión se defiere por la voluntad del hombre manifestada en testamento y, a falta de éste, por disposición de la ley. La primera se llama testamentaria, y la segunda, legítima». Teniendo en cuenta la definición de testamento que recoge el art. 667 CC, la sucesión testamentaria se organiza a través de la voluntad del testador manifestada en su testamento. A falta de testamento, la sucesión se organiza con arreglo a lo que establece la ley. Por eso en el primer caso se habla de sucesión voluntaria y, en el segundo, de sucesión legal.

El art. 667 CC define el testamento como «el acto por el cual una persona dispone para después de su muerte de todos sus bienes o de parte de ellos». De su tenor literal parece desprenderse la necesidad de que el testamento tenga un contenido patrimonial (que es lo habitual).

Pero el propio CC admite que el testamento pueda tener otras finalidades: reconocimiento de un hijo no matrimonial (arts. 120.2° y 741 CC), el nombramiento de tutor (arts. 202 a 204 y 213.1° CC) o de curador (art. 276.4° CC), el nombramiento de albacea (art. 892 CC), o de contador-partidor (art. 1057 CC), las disposiciones específicas sobre sufragios, funerales y exequias (art. 902.1ª CC), o el consentimiento del marido o del varón no unido por vínculo matrimonial para que se pueda utilizar su material reproductor en los doce meses siguientes a su fallecimiento para fecundar a su mujer o pareja de hecho (art. 9 Ley 14/2006, de 26 de mayo, sobre técnicas de reproducción humana asistida).

Desde esta perspectiva se suele hablar de contenido *típico* y *atípico* del testamento, identificado la primera expresión con las disposiciones de contenido patrimonial, y englobando en la segunda cualquier otro tipo de disposiciones.

Cuando hablamos de *sucesión voluntaria*, en sentido estricto nos vamos a referir al contenido patrimonial del testamento, de manera que es el testador quien establece cómo quiere que se organice la sucesión después de su muerte: quién o quiénes quiere que sean sus sucesores, en qué proporción, o prever cuál es su voluntad en cuanto al destino de sus bienes para el caso de que el designado como sucesor no quiere o no pueda suceder.

Así pues, dentro de la sucesión voluntaria, el testamento cobra una especial importancia, porque es este acto *mortis causa* el que va a establecer las reglas por las que se rige la sucesión. Por ello, como se ha destacado en la Lección 2, una vez que se dispone del certificado de defunción original, procede solicitar el certificado de últimas voluntades, con el objeto de conocer si el fallecido hizo o no testamento y cuál es el último testamento válido. Esta solicitud no se puede presentar hasta que hayan transcurrido quince días hábiles a partir del día siguiente al del fallecimiento y se dirige *al Registro General de Actos de Última Voluntad.*

2. SUCESIÓN LEGAL

De acuerdo con el art. 658 CC *la sucesión legal es la que se defiere por disposición de la ley,* y sólo tiene lugar *a falta de testamento.* Más propiamente habría que decir que la *sucesión legal es la que se defiere directamente por la ley ante la ausencia total o parcial de un testamento, o cuando éste deviene ineficaz.*

La sucesión legal también se denomina sucesión abintestato, sucesión intestada, o sucesión legítima (aunque para evitar confusiones es preferible reservar esta última denominación para las restricciones a la libertad de testar de los arts. 806 y ss. del CC). La sucesión legal o intestada reúne una serie de *caracteres*:

a) Es *supletoria* respecto a la sucesión voluntaria manifestada por el causante en su testamento.

b) El título por el que se sucede es la *ley*.

c) El criterio que utiliza el legislador para determinar quiénes van a suceder abintestato es el *parentesco con el causante*. Pero el mero hecho de ostentar un parentesco con el fallecido no es suficiente. Para ser heredero abintestato es necesario un acto formal por el que se proclame, con las debidas garantías, la condición de heredero. Se denomina declaración de herederos abintestato y solo puede realizarse ante Notario, mediante acta de notoriedad, en la que el fedatario público declara, a la vista de la documentación presentada y de las declaraciones de las partes, la condición de heredero de los interesados.

d) En la sucesión intestada el llamamiento es siempre *a título universal*. Las llamados a la sucesión intestada suceden siempre a título de herederos. Por tanto no hay legatarios, que sólo pueden aparecer en un testamento.

3. COMPATIBILIDAD ENTRE SUCESIÓN TESTADA E INTESTADA

Tras determinar que la sucesión se defiere por voluntad del testador y, a falta de ésta, por disposición de la ley, el art. 658 CC añade: «Podrá también deferirse en una parte por voluntad del hombre, y en otra por disposición de la ley». Se consagra así el principio de la compatibilidad entre sucesión testada e intestada. Es posible, pues, que el testador no incluya en el testamento el destino de todo su patrimonio, en cuyo caso, en cuanto al resto, se abrirá la sucesión intestada. Cabe también que el testamento sea ineficaz sólo en parte. O que un testamento posterior revoque sólo parcialmente uno anterior, sin especificar un nuevo destino de los bienes afectados por la revocación. En todos estos casos la sucesión se puede diferir en parte por voluntad del hombre y en parte por disposición de la ley.

Es posible entonces que una misma persona sea llamada a una herencia por testamento y abintestato. Esto provoca una situación especial en cuanto que se disocia el régimen jurídico aplicable a la delación testamentaria, por un lado, y a la delación abintestato, por otra. El art. 990 CC dispone que la aceptación o la repudiación de la herencia no pueden hacerse en parte. Pero el precepto se refiere a los casos en que exista una delación única. Sin embargo, existiendo una pluralidad de delaciones simultáneas a favor de una misma persona (cuando concurren un llamamiento testado y otro intestado), el llamado tiene la facultad de aceptar y repudiar de modo separado cada una de las delaciones.

No obstante, desde la perspectiva de la repudiación el art. 1009 CC establece una regla especial: «*El que es llamado a una misma herencia por testamento y ab intestato y la repudia por el primer título, se entiende haberla repudiado por los dos. Repudiándola como heredero ab intestato y sin noticia de su título testamentario, podrá todavía aceptarla por éste*». Así pues, en estos casos:

a) Si se repudia la delación testamentaria, se entiende haberse repudiado también la delación intestada. El supuesto que se contempla es el de una persona instituida en testamento que, en defecto de dicho testamento, resultaría llamado también a la sucesión intestada. Si se le permitiera repudiar por el primer título y aceptar por el segundo, se estaría permitiendo que recibiera la herencia contrariando la voluntad del causante. Por eso el CC evita que pueda nacer una segunda delación intestada.

b) Si se repudia la delación abintestato, sin conocer el testamento en el que se instituía heredero testamentario al repudiante, es posible todavía aceptar la delación testamentaria. Por ello, una vez conocida la delación testamentaria procede que el llamado por testamento se pueda pronunciar sobre su voluntad de aceptar o repudiar aquélla.

4. LOS LÍMITES A LA LIBERTAD DE TESTAR: LA DENOMINADA SUCESIÓN FORZOSA

Junto a la sucesión voluntaria y legal, se habla también de una *sucesión forzosa,* en la que se incluyen las legítimas. No se debe, sin embargo, caer en el error de considerar a la denominada sucesión forzosa como un *tertium genus,* un tercer modo de suceder al lado de la sucesión testada e intestada, en contra de lo que establecen los arts. 609, 658 y 1009 CC.

Las legítimas deben considerarse como un conjunto de medidas de freno a la libertad de testar. El CC parte del principio de libertad de testar del causante, pero impone una serie de restricciones a la misma cuando existen determinados parientes, denominados herederos forzosos o legitimarios. Según el art. 763 CC, «el que no tuviere herederos forzosos puede disponer por testamento de todos sus bienes o de parte de ellos *en favor de cualquiera persona que* tenga capacidad para adquirirlos. Pero seguidamente añade que «el que tuviere herederos forzosos *sólo podrá disponer de sus bienes en la forma y con las limitaciones que* se establecen en la sección dedicada a las legítimas» (arts. 806 a 822 CC). Las legítimas, por tanto, suponen una restricción a la libre disposición *mortis causa* del patrimonio de una persona.

El art. 815 CC permite dejar la legítima por cualquier título (herencia, legado o donación). El legitimario puede ser, por tanto, heredero testamentario, legatario, heredero intestado, o haber recibido en vida determinados bienes en concepto de donación. Considerada la legítima como un conjunto de medidas de freno a la libertad de testar, lo que ocurre es que el legitimario, en cuanto que puede recibir su legítima o ser destinatario de un valor sin necesidad de ser nombrado heredero, no responde en estos casos de las deudas (ya que será legatario o donatario). Sólo cuando efectivamente se instituye heredero al legitimario queda obligado al pago de las deudas, pero no en cuanto legitimario, sino en cuanto heredero. El legitimario dispone de una serie de facultades y medios para proteger su legítima, que estudiaremos más adelante.

5. CONTENIDO DE LA HERENCIA

La herencia es el objeto de la sucesión *mortis causa,* e incluye todo el conjunto de relaciones jurídicas en las que el heredero sustituye al causante. Como vimos en la Lección 1, las relaciones jurídicas del fallecido no se extinguen y se crean otras nuevas, sino que permanecen como eran, apareciendo un nuevo titular. Y dicho cambio de titularidad se produce en un solo acto, en bloque, sin necesidad de un acto que transmita cada una de las relaciones jurídicas individuales.

Por ello, ya destacamos que todas las relaciones jurídicas de las que era titular el causante (con las excepciones que ahora vamos a analizar) pasan al heredero, que subentra o se coloca en el lugar que ocupaba el causante, permaneciendo inalteradas aquellas relaciones jurídicas.

5.1. Composición de la herencia: bienes y derechos excluidos de la sucesión

Según el art. 659 CC: «*La herencia comprende todos los bienes, derechos y obligaciones de una persona que no se extingan por su muerte*».

La referencia necesaria para precisar la composición de la herencia es la del patrimonio en vida del causante. Pero ese patrimonio y la herencia no se identifican completamente, dado que algunos elementos de aquel patrimonio se extinguen con la muerte de su titular. A efectos de la herencia sólo debemos tomar en consideración los elementos que tengan carácter transmisible, y excluir todos aquellos que se extingan con la muerte. En definitiva, el caudal relicto que compone la herencia está integrado por aquellos elementos del patrimonio del causante (activo y pasivo) que tengan carácter transmisible.

Es necesario, pues, precisar qué bienes, derechos y obligaciones se extinguen por la muerte del causante, y que van a quedar por tanto al margen de la sucesión *mortis causa*. La STS (1ª) 11 octubre 1943 (ECLI:ES:TS:1943:164) es de las pocas que se ha ocupado del tema estableciendo: «*En principio y con ciertas salvedades, los derechos de carácter público, los personalísimos o de tal suerte ligados a determinada persona por sus cualidades, parentesco, confianza, etc. que tienen razón de ser preponderante y a veces exclusiva en elementos o circunstancias que sólo se dan en el titular —ossibus inhaerent—; y, por último, algunos derechos patrimoniales de duración limitada, legal o convencionalmente, a la vida de una persona».*

a) Dentro de los *derechos personalísimos intransmisibles* están el derecho de alimentos (art. 152.1° CC) y la obligación de prestarlos (art. 150 CC), los derechos de uso y habitación (art. 525 CC), o aquellos contratos basados en la confianza, como el de mandato (art. 1732.3° CC). No obstante, sí es transmisible la obligación del alimentante de abonar los alimentos ya devengados y no pagados.

b) Por lo que se refiere a los *derechos patrimoniales de duración limitada*, podemos citar la renta vitalicia (art. 1802 CC), el contrato de alimentos (art. 1791 CC) o el derecho real de usufructo (art. 513.1° CC).

c) Al margen de lo anterior debemos también excluir del contenido de la herencia todos aquellos derechos del causante que, aunque subsisten en el momento de su fallecimiento, tienen una régimen de transmisión específico, por lo que no se puede considerar que formen parte del caudal relicto. Entre estos cabe citar:

— La condición de arrendatario del arrendamiento de vivienda, que se regula por lo dispuesto en el art. 16 de la Ley 29/1994, de 2 de noviembre, de Arrendamientos Urbanos.

— La condición de arrendatario rústico, que se rige por el art. 24.e) de la Ley de Arrendamientos Rústicos.

— La transmisión *mortis causa* de las expendedurías de tabaco en régimen de concesión, que se rigen por el art. 45 del Real Decreto 1199/1999, de 9 de julio.

— La transmisión *mortis causa* de los derechos de pago derivados de la Política Agrícola Común, que se regulan en el Real Decreto 1045/2022, de 27 de diciembre, sobre derechos de ayuda básica a la renta para la sostenibilidad de la PAC.

— Las ropas, el mobiliario y enseres que constituyan el ajuar de la vivienda habitual común de los esposos que, fallecido uno de los cónyuges, se entregan al que sobreviva, sin computárselo en su haber (art. 1321 CC).

— Los derechos consolidados en planes de pensiones no forman parte de la masa hereditaria, ni tributan en el ISyD. Tras el fallecimiento los beneficiarios se subrogan en la posición del causante y, si se produce el rescate, tributan como rendimiento de trabajo en el IRPF.

— Las percepción de cantidades como beneficiarios de un seguro de vida no forman parte de la herencia, aunque a efectos fiscales constituye hecho imponible del ISyD, siendo sujetos pasivos dichos beneficiarios [arts. 3.1.c) y 5.c) LISD].

5.2. Transmisión del pasivo

Como vimos en la Lección 2 (§ 5.1) la sucesión incluye también el pasivo de la herencia, por lo que se impone al heredero la responsabilidad por las deudas del fallecido. Con carácter general, todas las obligaciones del causante pasan a los herederos en virtud de la sucesión [SSTS (1ª) 4 mayo 2010 (ECLI:ES:TS:2010:2177) y 23 mayo 2019 (ECLI:ES:TS:2019:1662)]. Así pues, forman parte de la herencia las indemnizaciones debidas por el causante como consecuencia de su responsabilidad contractual o extracontractual. Como se afirma en la STS (1ª) 7 mayo 2014 (ECLI:ES:TS:2014:1769), «el Derecho de sucesiones ha de tener en cuenta que la sociedad, fundada en el crédito, no podría subsistir si las deudas se extinguiera, al fallecer el deudor (...), y las indemnizaciones debidas por el causante no constituyen una deuda, personalísima y no transmisible a los herederos (...), lo que privaría a los perjudicados de la indemnización procedente, derivada de la culpa contractual o extracontractual del causante».

No es transmisible *mortis causa* la responsabilidad penal que, de acuerdo con el art. 130.1.1° CP, se extingue «por la muerte del reo». Ello afecta a cualquiera de las penas que recogen los arts. 32 y 33 CP, ya sean privativas de libertad, privativas de otros derechos, o penas pecuniarias (multas).

Paralelamente, desde el punto de vista administrativo, las sanciones a personas físicas no se transmiten a sus herederos. Lo impide el principio de personalidad e intransmisibilidad de las sanciones, derivado del principio de culpabilidad, que el texto constitucional no menciona, pero que la jurisprudencia y la práctica totalidad de la doctrina consideran un presupuesto ineludible para el ejercicio de la potestad punitiva [STC 76/1900, de 26 abril (ECLI:ES:TC:1990:76), STC 150/1991, de 4 julio (ECLI:ES:TC:1991:150) y STC 246/1991, de 19 diciembre (ECLI:ES:TC:1991:246)]. Así, según el art. 28.1 de la Ley 40/2015, de 1 de octubre, de Régimen Jurídico del Sector Público, solo podrán ser sancionadas por hechos constitutivos de infracción administrativa las personas que resulten responsables, a título de dolo o culpa. No puede haber, por tanto, culpabilidad, si no hay participación en la infracción.

En el mismo sentido, según el art. 182.3 LGT, «las sanciones tributarias no se transmitirán a los herederos y legatarios de las personas físicas infractoras». Como se destaca en las SSTS (3ª) 9 marzo 2017 (ECLI:ES:TS:2017:958) y 3 junio 2020 (ECLI:ES:TS:2020:1426): «sólo el infractor es el que tiene que pagar la sanción, dado que se trata de una medida represiva a la que tiene que hacer frente como compensación de la comisión de una infracción, lo que nos lleva a la extinción de la responsabilidad derivada de las infracciones y de las sanciones tributarias».

5.3. Derechos nacidos y no ejercitados o en trámite de ser ejercitados por el causante

Por lo que se refiere a la legitimación de los herederos para reclamar indemnización por daños y perjuicios debidos al fallecido, el TS ha declarado con carácter general que «forman parte del caudal hereditario los derechos nacidos y no ejercitados o en trámite de ser ejercitados por el causante» [SSTS (4ª) 18 julio 2018 (ECLI:ES:TS:2018:3321) y 10 febrero 2021 (ECLI:ES:TS:2021:654)].

La Ley 35/2015, de 22 de septiembre, de reforma del sistema para la valoración de los daños y perjuicios causados a personas en accidentes de circulación, se refiere a la transmisión hereditaria de la cuantía resarcitoria por daños corporales si la víctima ha fallecido antes de que se haya fijado el *quantum* indemnizatorio. Si la cuantía definitiva ya se había establecido antes del fallecimiento, queda incorporada al patrimonio del fallecido, integrando el contenido de la herencia. Cuando el fallecimiento se produce antes de la fijación del *quantum* indemnizatorio, los Tribunales han venido entendiendo que la indemnización se establece por acuerdo entre las partes o por resolución judicial. Se considera en estos casos que la indemnización ya no va a beneficiar al accidentado, sino a sus herederos. No obstante, se establecen reglas diferentes en función de que se trate de lesiones temporales, secuelas o gastos.

a) *Lesiones temporales*: De acuerdo con el art. 44 de la Ley, la indemnización que deben percibir los herederos del lesionado se fija «de acuerdo con el tiempo transcurrido desde el accidente hasta la estabilización de sus lesiones, o en su caso, hasta su fallecimiento, si éste es anterior». Ello significa que a los herederos les va a corresponder la totalidad de la indemnización que le hubiera correspondido al lesionado por ese mismo concepto.

b) *Secuelas*: Según el art. 45 de la Ley, la indemnización por secuelas corresponde también a los herederos, pero es objeto de modulación en función de la efectiva duración del perjuicio, estableciéndose unos módulos para el cálculo del *daño inmediato*, y del *daño proporcional* en función de la esperanza de vida del lesionado (a efectos de este cálculo se considera que la esperanza de vida de víctimas de más de ochenta años es siempre de ocho años).

c) *Gastos*: Según el art. 46 de la Ley, la indemnización por gastos resarcibles comprende exclusivamente aquellos en los que se haya incurrido hasta la fecha del fallecimiento.

El montante total de la indemnización a que tienen derecho los herederos es, pues, el resultado de sumar las indemnizaciones por las lesiones temporales y por las secuelas (en función del daño inmediato y el daño proporcional) más los gastos.

Aparte de lo anterior, en la práctica pueden plantearse cuestiones conexas, que tienen en cuenta el fallecimiento de una persona. Así, la STS (1ª) 11 abril 2023 (ECLI:ES:TS:2023:1435) considera que, en virtud de la cobertura de defensa jurídica incluida en la póliza del seguro obligatorio de un vehículo, la aseguradora debe hacer frente a los honorarios de la letrada designada por la viuda e hijos del tomador y asegurado fallecido, para reclamar frente a la aseguradora del vehículo que provocó el accidente, sin que a ello se oponga que no sean los tomadores del seguro y que tampoco fueran designados como beneficiarios en la póliza.

A este respecto, la STS (1ª) 24 febrero 2021 (ECLI:ES:TS:2021:584) considera legítimo que la compañía aseguradora establezca límites máximos para el seguro de defensa jurídica, pero no la fijación de una cuantía tan reducida (en este caso, 600 €) que, por ridícula, haga ilusoria la facultad atribuida de libre elección de los profesionales, pues ello equivale en la práctica a vaciar de contenido la propia cobertura que dice ofrecer la póliza.

5.4. La liquidación previa del régimen económico matrimonial

Cuando en el momento del fallecimiento el causante estaba casado y sometido, por tanto, a un régimen económico matrimonial, o cuando no se hubiera liquidado un régimen económico matrimonial disuelto con anterioridad, es preciso *saber cuál es el régimen económico matrimonial concreto y proceder a su liquidación*. De ello va a depender la composición final del patrimonio hereditario. Ninguna particularidad plantea el régimen de separación de bienes, pero sí parcialmente el régimen de participación, y especialmente el régimen de gananciales por existir en este caso un patrimonio común. El fallecimiento de uno de los cónyuges provoca la disolución del matrimonio (art. 85 CC), y con ésta se produce la extinción del régimen económico matrimonial (arts. 1392.1º y 1415 CC).

A) El *régimen de participación* funciona mientras está vigente como el de separación de bienes. Por ello pertenecen a cada cónyuge los bienes que tuviese en el momento inicial del mismo y los que después adquiera por cualquier título (arts. 1413 y 1437 CC). En este régimen «cada uno de los cónyuges adquiere derecho a participar en las ganancias obtenidas por su consorte durante el tiempo en que dicho régimen haya estado vigente» (art. 1411 CC). En el momento del fallecimiento de uno de los cónyuges el régimen se extingue y, según el art. 1417 CC, «producida la extinción se determinarán las ganancias por las diferencias entre los patrimonios inicial y final de cada cónyuge». Una vez realizados los cálculos correspondientes, el art. 1427 CC nos dice que «cuando la diferencia entre los patrimonios final e inicial de uno y otro cónyuge arroje resultado positivo, el cónyuge cuyo patrimonio haya experimentado menor incremento percibirá la mitad de la diferencia entre su propio incremento y el del otro cónyuge».

a) Si es el cónyuge sobreviviente el que ha experimentado un menor incremento tendrá un crédito de participación frente a los herederos. *Dentro del caudal hereditario del fallecido se incluye por tanto en el pasivo.*

b) Si el que ha experimentado incremento menor es el patrimonio del fallecido, *en el activo de la herencia habrá que incluir el crédito de participación*, que es por regla general pagadero en dinero (art. 1431 CC), aunque también puede pagarse mediante la adjudicación de bienes concretos, por acuerdo de los interesados o si lo concediese el Juez a petición fundada de los deudores, que serían en este caso los herederos (art. 1432 CC).

B) En el *régimen de gananciales «se hacen comunes para los cónyuges las ganancias o beneficios obtenidos indistintamente por cualquiera de ellos, que les serán atribuidos por mitad al disolverse aquella»* (art. 1344 CC). No existe una comunidad romana sobre cada uno de los bienes que componen el patrimonio ganancial, sino que el derecho de los cónyuges afecta indeterminadamente a todo el patrimonio ganancial. Tras la disolución de la sociedad de gananciales por fallecimiento de uno de los cónyuges, se procede de la manera siguiente: liquidada la sociedad de gananciales conforme se establece en los artículos 1.396 y ss. (con el pago de las deudas comunes, los reintegros que procedan y las deducciones a que alude el artículo 1.404 del CC), *el remanente se divide por mitad entre ambos cónyuges*. Por lo tanto, *serán los bienes concretos que se adjudiquen en el lote correspondiente al cónyuge fallecido los que pasen a formar parte de la su herencia.*

Esta idea es la que subyace en el art. 1379 CC: «Cada uno de los cónyuges podrá disponer por testamento de la mitad de los bienes gananciales». Teniendo en cuenta las operaciones a que hemos hecho referencia lo que el art. 1379 CC permite es disponer testamentariamente de la mitad de ese remanente (compuesto por los bienes concretos que se adjudiquen en el lote del fallecido), como tope máximo cuantitativo de la disposición.

5.5. Problemas que plantea el patrimonio digital y su transmisión *mortis causa*

Vamos a plantear ahora lo que ocurre con toda la información y contenidos que una persona ha acumulado de manera digital cuando fallece. Se trata de decidir cuál va a ser el destino *post mortem* de los contenidos digitales adquiridos o generados por una persona durante su vida.

Como destaca Cámara Lapuente, cuando se habla de «contenidos digitales» en términos generales, es posible diferenciar una vertiente personal (datos personales, intimidad) y una vertiente patrimonial (los datos, personales y no personales, y todo tipo de «activos digitales» que pueden tener un alto valor de mercado).

Siguiendo a este mismo autor, centrándonos en el contenido patrimonial, desde el punto de vista sucesorio hay que plantearse varias preguntas:

1) ¿Cuál es el objeto de la sucesión *mortis causa*? ¿Qué se transmite *post mortem*, o qué bienes inmateriales, en formato digital, integran la herencia?

2) ¿Sirve el testamento para transmitir el patrimonio digital? ¿Existen otros medios más idóneos?

3) ¿Debe establecerse un régimen diferente para el sucesor hereditario y el ejecutor testamentario en este ámbito?

Hay dos hechos jurídicos recientes que sirven para centrar el análisis y avanzar en su correcta delimitación: por una parte, la pionera sentencia del Tribunal Federal alemán de 12 de julio de 2018, primera de la más alta instancia judicial de un Estado miembro de la Unión Europea que ha dictaminado que los herederos sí suceden en la cuenta de una red social (Facebook) de la hija fallecida, como *parte del contenido de la herencia de ésta*.

Por otra parte, en España está la Ley Orgánica 3/2018, de 5 de diciembre, de protección de datos personales y garantía de los derechos digitales, cuyos paralelos artículos 3 y 96 diseñan el régimen de acceso y disposición de ciertas personas sobre los datos personales del finado (art. 3: «datos de las personas fallecidas») y los «contenidos [digitales] gestionados por los prestadores de servicios de la sociedad de la información» que podrían no merecer la calificación de datos personales (art. 96, sobre el mal denominado «derecho al testamento digital»).

No vamos a profundizar aquí en una cuestión que todavía no tiene una solución legislativa clara. Pero las dos referencias que acabamos de citar permiten apreciar que las perspectivas legales con las que abordar el problema puede ser muy diferentes (OTERO CRESPO, SANTOS MORÓN).

En la sentencia del Tribunal Federal alemán de 12 de julio de 2018 una madre (coheredera con el padre) solicitó a Facebook el acceso a la cuenta de su hija. Ésta había fallecido en 2012 en el metro de Berlín, a la edad de 15 años, en unas circunstancias que permitían dudar si había ocurrido un suicidio o un accidente. Ante la negativa de la compañía al amparo de dos argumentos al uso, como la extinción de la relación contractual al fallecer el titular y la preservación tanto del secreto de las comunicaciones como de la intimidad de la usuaria y de terceros, los tribunales que enjuiciaron la demanda de la madre adoptaron perspectivas muy distintas:

a) El Juzgado de instancia condenó a la compañía a facilitar el acceso por considerar que los contenidos alojados en la plataforma *forman parte de la herencia de su titular y son, por ende, transmisibles.*

b) El Tribunal de apelación de Berlín eludió el argumento sucesorio y dio la razón a Facebook apelando a la normativa del *secreto de las telecomunicaciones*.

c) El Tribunal Federal (equivalente a nuestro TS) volvió a la perspectiva sucesoria de la primera instancia, *declaró transmisible la posición contractual de la fallecida* y consideró que las condiciones generales que excluían esa relación de la herencia eran abusivas.

Problemas similares se están planteando en todos los ordenamientos. Así, el 26 de abril de 2024, la 3ª Câmara de Direito Privado del Tribunal de Justiça de São Paulo (Processo: 1017379-58.2022.8.26.0068), ha considerado que *Apple Computer Brasil* debe permitir a una madre el acceso a los datos de su hija muerta para la recuperación de fotos y videos de su teléfono móvil. A pesar de no existir una legislación específica sobre la materia, se considera que este tipo de patrimonio tienen un contenido afectivo y económico, por lo que puede ser objeto de sucesión *mortis causa*.

En la legislación española, la Ley Orgánica 3/2018 parte de la idea de que, fallecido el titular de derechos personalísimos, no procede una sucesión *mortis causa* propiamente dicha en ellos, sino una protección *post mortem* de la personalidad pretérita.

Además, en su art. 96 se legitima a un número amplísimo de personas para el acceso a datos personales y contenidos digitales del causante sin ningún tipo de prelación u orden entre ellas. Cabe hablar así del *sucesor digital* y del *albacea digital*.

Como destaca Cámara Lapuente, la distinción entre el beneficiario de la sucesión (heredero o legatario) y el ejecutor de la última voluntad debería haberse tenido presente en el ámbito digital. Conforme al CC, el albacea tiene preferencia en la ejecución testamentaria y solo si no se realizó tal designación, el heredero es el ejecutor natural de las disposiciones *mortis causa* (art. 911 CC). Éste es el esquema que cabe defender también en relación con el patrimonio digital transmisible del causante. Pero no parece ser esta la solución de la Ley Orgánica 3/2018, en relación con datos personales y contenidos digitales, y ello puede generar problemas en la interrelación existente entre auténtica herencia (patrimonio digital) y la protección de la personalidad pretérita del fallecido.

Nótese que las facultades que por defecto corresponden a herederos, albaceas testamentarios, personas de confianza designadas como mandatarios *post mortem* y el amplio catálogo de personas vinculadas al fallecido por razones familiares o de hecho, son (salvo que lo haya prohibido expresamente el causante, o una ley) las siguientes: «acceder», «rectificar» o «suprimir» los datos personales o los contenidos gestionados por prestadores de servicios de la sociedad de la información, o dar instrucciones «sobre su utilización o destino» (mantener o eliminar perfiles en redes sociales, etc.). En la práctica habrá que estar a cada caso concreto, pues los derechos reconocidos a los familiares en el art. 96 LO 3/2018 pueden afectar a la ponderación entre el derecho al olvido y el derecho a la información e investigación histórica. Así se pone de relieve en la STS (3ª) 4 marzo 2024 (ECLI:ES:TS: 2024:1401) en relación con la Ley 20/2022, de 19 de octubre, de Memoria Democrática.

Finalmente, cabe destacar que Cataluña aprobó la Ley 10/2017, de 27 de junio, de voluntades digitales, y de modificación de los libros II y IV del

CCCat. En ella se regula la forma de administrar el entorno digital después de la muerte, así como en los casos de minoría de edad o capacidad judicialmente modificada (en la actualidad, situación de discapacidad). Las disposiciones del causante al respecto pueden llevarse a cabo mediante instrumento sucesorio (testamento, codicilo, memorias) o, en la versión aprobada de la Ley, mediante un «documento de voluntades digitales» que habría de inscribirse en un nuevo Registro electrónico.

Sin embargo, los preceptos relativos a este documento *extratestamentario* y a ese Registro han sido anulados, por cuestiones competenciales, en la STC 7/2019, de 17 de enero (ECLI:ES:TC:2019:7). Merece la pena destacar que en las nuevas normas catalanas en vigor, salvo que el causante lo autorice, su ejecutor digital «no puede tener acceso a los contenidos de sus cuentas y archivos digitales, salvo que obtenga la correspondiente autorización judicial» (art. 411-10.6 CCCat).

6. PROCESO CIVIL Y SUCESIÓN *MORTIS CAUSA*

La muerte de una persona durante el transcurso de una relación jurídica controvertida tiene unas consecuencias diferentes, en función de que exista un litigio en curso en el que está inmersa esa persona en el momento de su fallecimiento, o de que la demanda aún no haya llegado a formularse.

Cabe así distinguir dos supuestos: el primero se produce cuando el eventual litigante (v.gr., un acreedor o un deudor) fallece *antes* del iniciarse el litigio; el segundo, cuando el fallecimiento de uno de los litigantes (demandante o demandado) se produce *durante* la tramitación del procedimiento.

a) El fallecimiento de una persona *antes* de promoverse un procedimiento:

Como hemos visto, la personalidad civil se extingue por la muerte de las personas (art. 32 CC). De este modo, cuando se produce la muerte de una persona física también desaparece su capacidad jurídica y, con ella, su aptitud para ser titular de una relación jurídica (derechos y obligaciones). Por lo tanto, una persona que ha fallecido no puede ser parte en un proceso judicial. Así se desprende implícitamente de los artículos 6 y 7 LEC. En consecuencia, bajo ningún concepto puede promoverse un procedimiento frente a una persona fallecida, pues no cabe constituir una relación jurídico procesal frente a ella, y de igual modo, no podrá iniciarse un procedimiento en nombre de una persona ya fallecida.

El art. 661 CC señala al heredero como sucesor *mortis causa* a título universal, pues se subroga en la posición del causante tanto en el activo (derechos) como en el pasivo (obligaciones). En consecuencia, el acreedor tendría que dirigir su reclamación judicial contra los herederos del deudor fallecido. Del mismo modo, si quien fallece es el acreedor, la demanda deberá ser promovida por sus herederos.

El problema se plantea cuando, una vez presentada la demanda, se tiene conocimiento (normalmente al intentar notificar al demandado) de que se produjo el fallecimiento antes de demandar (v.gr., presentamos una demanda el día 10-9-2024 y se constata que el demandado falleció meses antes, el 9-1-2024). En definitiva, se ha demandado a una persona ya fallecida, por lo que no es posible constituir una relación jurídico procesal frente a ella, ni tampoco decretar la sucesión procesal a favor de sus herederos para que ocupen su lugar, porque la relación jurídica ni siquiera llegó a nacer. En consecuencia, la relación jurídico procesal está defectuosamente constituida por falta de capacidad jurídica de la persona que falleció antes de que se planteara el litigio. Por ese mismo motivo tampoco ha lugar a continuarlo contra sus herederos, *ex art.* 16 LEC.

Por tanto, no puede darse una sucesión procesal *mortis causa* en aquellos supuestos en los que la persona que a la postre resulta demandada, falleció con anterioridad a la interposición de la demanda. En efecto, cuando se ha demandado a una persona carente de capacidad para ser parte en el proceso porque había fallecido con anterioridad a la interposición de la demanda, no nos encontramos ante un supuesto de sucesión procesal del art. 16 de la LEC, porque la persona demandada nunca llegó a ser parte del proceso, sino ante una demanda interpuesta contra alguien carente ya de capacidad para ser parte (art. 6 LEC) por lo que lo propio es el archivo del proceso, incluso de oficio conforme lo que dispone el art. 9 LEC. Por ello, una vez constatado el fallecimiento, procede decretar el sobreseimiento y archivo del proceso [AAP Madrid (Secc. 14ª) 24 julio 2008 (ECLI:ES:APM:2008:9731A) y AAP Barcelona (Secc. 16ª) 7 julio 2008 (ECLI:ES:APB:2008:4983A)].

b) El fallecimiento de una persona *durante* la tramitación de un procedimiento:

Cuestión distinta acontece cuando, durante la tramitación de un procedimiento, fallece uno de los litigantes. Dado que la relación jurídico procesal sí llegó a nacer, el ordenamiento jurídico arbitra los cauces para que otra u otras personas (eventualmente los herederos del difunto), ocupen su lugar.

Es la figura jurídica de la *sucesión procesal por muerte*, regulada en el art. 16 LEC. Según el art. 16.1 LEC, «cuando se transmita *mortis causa* lo que sea objeto del juicio, la persona o personas que sucedan al causante podrán continuar ocupando en dicho juicio la misma posición que éste, a todos los efectos». Del contenido de este precepto se desprende que la sucesión procesal por causa de muerte sólo operará en aquellos supuestos en que, estando el procedimiento judicial pendiente (conforme al art. 411 LEC, los efectos de la litispendencia se retrotraen al momento de la interposición de la demanda), se produce el fallecimiento de una de las partes en dicho pleito [ATS (1ª) 7 noviembre 2006 (ECLI:S:TS:2006:14608A)].

En cuanto a los procesos de ejecución, aunque es de aplicación a todo proceso el art. 16 LEC por su ubicación sistemática, existe una norma especial plasmada en el art. 540 LEC, cuya genérica redacción hace que sea extensible tanto a los supuestos de sucesión por causa de muerte, como a los de cesión crediticia (venta del crédito litigioso de un acreedor a otro nuevo) verificada en el seno de un proceso de ejecución en curso.

En la práctica pueden plantearse diversas situaciones que afectan a otro tipo de procedimientos. Así, la STS (3ª) 4 abril 2024 (ECLI:ES:TS:2024:1792) considera que el fallecimiento del promotor de un procedimiento administrativo no tiene que suponer, «per se» y a los efectos del art. 84.2 de la Ley 39/2015, la finalización del procedimiento (en este caso, el regulado en la Ley 39/2006, sobre personas en situación de dependencia). En este sentido, se recuerda que el art. 4.3 de la Ley 39/2015 incluye dentro del concepto de «interesados» en un procedimiento administrativo también a aquellos que lo son en función de una «relación jurídica transmisible», en cuyo caso «el derechohabiente sucederá en tal condición cualquiera que sea el estado del procedimiento» (precepto que puede relacionarse con el art. 8 que se refiere a «nuevos interesados en el procedimiento»). En este sentido se mantiene: 1º El fallecimiento de aquel a quien se reconoció el derecho a tener la condición de persona en situación de dependencia, extingue la percepción de las prestaciones una vez concretadas y aplicadas. 2º Cuando fallece el que ya es titular del derecho derivado de ser persona en situación de dependencia, estando pendiente la aprobación del Programa Individual de Atención (PIA), cabe defender que nace a favor de sus causahabientes un derecho de crédito si es que, entre tanto, han venido sosteniendo con sus medios lo que habría sido la prestación declarada como derecho, pero aún no concretada. 3º Por tanto, a efectos procedimentales, esos causahabientes tienen derecho a que el procedimiento se concluya con la aprobación del PIA para concretar la prestación a la que habría accedido el beneficiario de no haber fallecido. Esos causahabientes suceden en la condición de interesados en el procedimiento, cuyo interés consistirá, en su caso, en plantear el reintegro de aquellos gastos que haya venido financiando el beneficiario con sus recursos, o los herederos, y que de haberse aprobado el referido Programa no habrían soportado, ya sea en todo o en parte (art. 33 de la Ley 39/2006).

BIBLIOGRAFÍA

ARGELICH COMELLES, Cristina, «Sucesión testamentaria en blockchain y herencia de activos digitales en el Metaverso: del Derecho español e italiano al *soft law* del ELI y UNIDROIT», en *Diritto delle Successioni e della Famiglia,* 3/2023, págs. 1135-1169.

BERROCAL LANZAROT, Ana María, «Disposición *mortis causa* de los datos digitales. El llamado "testamento digital"», *Revista Crítica de Derecho Inmobiliario,* núm. 783, 2021, págs. 570-609.

CÁMARA LAPUENTE, Sergio, «La sucesión *mortis causa* en el patrimonio digital», *Anales de la Academia Matritense del Notariado,* 59, 2019, págs. 375-432.

DOMÍNGUEZ LUELMO, Andrés (Dir.), *Comentarios al Código civil,* Lex Nova, Valladolid, 2010.

GALVÁN GALLEGOS, Ángela, *La herencia: contenido y adquisición. La aceptación y repudiación de la herencia,* La Ley, Wolters Kluwer, Madrid, 2000.

GARCÍA GOLDAR, Mónica, *La liquidación de la herencia en el Código civil español. Especial referencia a las deudas sucesorias desconocidas o sobrevenidas,* BOE, Madrid, 2019.

HERRERA DE LAS HERAS, Ramón, «El contenido de la herencia: algunas precisiones sobre los derechos transmisibles», *Actualidad civil,* núm. 2, 2015.

OTERO CRESPO, Marta, «La sucesión en los "bienes digitales". La respuesta plurilegislativa española», *Revista de Derecho Civil,* núm. 4, 2019, págs. 89-133.

PÉREZ VALLEJO, Ana María; VIVAS TESÓN, Inmaculada, *La transmisión mortis causa del patrimonio intelectual y digital,* Aranzadi, Cizur Menor, 2022.

SANTOS MORÓN, María José, «La denominada "herencia digital": ¿necesidad de regulación?: Estudio de Derecho español y comparado», *Cuadernos de Derecho Transnacional* (marzo 2018), vil. 10, núm. 1, págs. 413-438.

SERRANO FERNÁNDEZ, María, *La sucesión mortis causa en el patrimonio digital: objeto, sujetos y forma,* Aranzadi, Cizur Menor, 2023.

TORRES GARCÍA, Teodora Felipa; GARCÍA RUBIO, María Paz, *La libertad de testar: el principio de igualdad, la dignidad de la persona y el libre desarrollo de la personalidad en el Derecho de sucesiones*, Fundación Coloquio Jurídico Europeo, Madrid, 2015.

ZUBERO QUINTANILLA, Sara, *Testamento y contenidos digitales*, Reus, Madrid, 2023.

LECCIÓN 4

CAPACIDAD PARA SUCEDER Y TRANSMISIÓN DE LA HERENCIA

Andrés Domínguez Luelmo
Catedrático de Derecho civil
Universidad de Valladolid

Henar Álvarez Álvarez
Catedrática de Derecho civil
Universidad de Valladolid

1. LA CAPACIDAD PARA SUCEDER

Según el art. 744 CC: «*Podrán suceder por testamento o abintestato los que no estén incapacitados por la ley*». El art. 746 CC reconoce además a las personas jurídicas la capacidad para adquirir *mortis causa* por testamento.

Tras esta declaración general el CC establece una serie de incapacidades para suceder. Unas son incapacidades *absolutas* (las del art. 745 CC), y otras se consideran incapacidades *relativas*. Dentro de las relativas podemos diferenciar los supuestos de *indignidad* (art. 756 CC), y los de otras *incapacidades relativas en sentido estricto* (arts. 752, 753 y 754 CC). Algunos otros preceptos en diversas partes del CC contienen otras prohibiciones legales de suceder.

Como ya hemos estudiado, el momento clave para calificar la capacidad para suceder es el de la apertura de la sucesión. El ap. 1° del art. 758 CC es muy claro: «*Para calificar la capacidad del heredero o legatario se atenderá al tiempo de la muerte de la persona de cuya sucesión se trate*». Ello significa que *el sucesor ha de existir y sobrevivir en ese momento*, lo que excluye que haya fallecido antes que el causante (o haberse extinguido con anterioridad si se trata de una persona jurídica).

Sabemos, no obstante, que esta regla presenta algunas *excepciones* (referidas a la necesidad de que el sucesor exista ya cuando se produjo el fallecimiento del causante):

1. Los casos de llamamiento en favor del *nasciturus* (es decir, del concebido pero no nacido).
2. Los casos de llamamiento de una persona todavía no concebida (*concepturus*).
3. Los supuestos semejantes de persona jurídica en constitución, o solamente proyectada.

Estos tres casos se pueden considerar incluidos en el ap. 3° del art. 758 CC («Si *la institución o legado fuere condicional, se atenderá además al tiempo en que se cumpla la condición»*), ya que estamos ante instituciones sometidas a la condición de que el llamado nazca o llegue a existir.

Utilizando conceptos que conocemos de la Lección 2, en esos casos, la inexistencia actual del sucesor en el momento de la apertura de la sucesión, no supone ningún obstáculo para considerarlo llamado a la herencia (*vocación*). Sin embargo se trata de un llamamiento sujeto a la condición de que el llamado llegue a tener existencia. En este sentido, no puede haber delación sin que exista la persona concreta titular del *ius delationis*, del derecho efectivo y actual de aceptar o repudiar la herencia. Por ello insistimos en que la delación supone un ofrecimiento concreto al llamado para que acepte o repudie.

1.1. Incapacidades absolutas: excepciones

De acuerdo con lo dicho y con lo que establece el art. 745 CC, debemos realizar algunas puntualizaciones en cuanto al requisito de la *personalidad* en determinadas situaciones especiales. Desde luego, al no tener personalidad, nunca pueden suceder:

a) Las criaturas que no llegan a nacer con vida, una vez producido el entero desprendimiento del seno materno (art. 30 CC).

b) Las personas jurídicas no permitidas por la ley, por tener unos fines o un objeto contrarios al ordenamiento jurídico (como asociaciones que persigan fines o utilicen medios delictivos, secretas o paramilitares: art. 22 CE).

Sin embargo, le necesidad de que el sucesor exista en el momento de la apertura de la sucesión, precisa de algunas puntualizaciones en situaciones especiales.

1.1.1. Llamamiento al nasciturus (concebido, no nacido)

Según el art. 29 CC, el concebido se tiene por nacido para todos los efectos que le sean favorables. El llamamiento a una herencia se incluye dentro de esos posibles efectos favorables, siempre que se cumplan los requisitos del art. 30 CC. Mientras esto no suceda, se aplican las precauciones previstas por el CC para cuando la viuda crea haber quedado encinta (arts. 959 a 967 CC), por tratarse de disposiciones aplicables por analogía a otros supuestos en que un concebido puede tener derechos a la sucesión de una persona. A través de las mismas se trata de proteger tanto los eventuales derechos del concebido (art. 965 CC), como los que puedan corresponder a las personas que tengan a la herencia un derecho de tal naturaleza que deba desaparecer o disminuir por el nacimiento del póstumo (art. 959 CC).

De esta manera, lo que se hace inicialmente es suspender la división de la herencia (art. 966 CC), que pasa a estar en un régimen de administración (art. 965 CC), mientras se verifica el nacimiento, en función de lo previsto en el art. 30 CC, o cuando se adquiera la certidumbre de que no va a tener lugar (arts. 965 y 967 CC). Así pues, existe vocación, pero no delación efectiva mientras no se conozca con seguridad quienes van a tener la titularidad del *ius delationis*. Durante ese tiempo, además, los arts. 959 a 962 CC regulan una serie de medidas destinadas a evitar la suposición del parto o la falta de viabilidad del nacido, y a impedir que se puedan burlar las expectativas de quienes puedan tener en la herencia un derecho de tal naturaleza que deba desaparecer o disminuir por el nacimiento del póstumo.

Según la Disp. Adic. 4.ª de la LRC, figurarán en un archivo del Registro Civil, sin efectos jurídicos, los fallecimientos que se produzcan con posterioridad a los seis meses de gestación y no cumplieran las condiciones previstas en el art. 30 CC, pudiendo los progenitores otorgarles un nombre. Este archivo queda sometido al régimen de publicidad restringida. La Disp. Transitoria 9.ª de la LRC establece que tal previsión es de aplicación a todas aquellas defunciones acaecidas con anterioridad a la entrada en vigor de la LRC (que se produjo el 30 de abril de 2021), siempre que así lo soliciten los progenitores en el plazo de dos años desde su publicación en el BOE. La Orden JUS/876/2023, de 21 de julio, aprobó el modelo 9 bis (Declaración de nacidos sin vida tras los seis meses de gestación), y la IDGSJFP de 31 de julio de 2023, desarrolló el procedimiento a seguir para esta constancia registral.

En tales casos se trata de fallecidos tras los seis primeros meses de gestación y antes del nacimiento. Aunque se haga constar el nombre impuesto al nacido sin vida, está claro que no se cumplen los requisitos previstos en el art. 30 CC, por lo que se mantiene la incapacidad absoluta para suceder.

1.1.2. Llamamiento a un concepturus

El *concepturus* es alguien que ni siquiera está concebido en el momento de fallecer el causante. La posibilidad de un llamamiento al *concepturus* cabe a través de dos vías.

a) Sustitución fideicomisaria: El CC admite que sean fideicomisarios personas que no existan todavía en el momento de fallecer el testador (ni siquiera se exige que estén concebidas), con la limitación de que no pasen del segundo grado (en la Lección 13 analizaremos el significado de esta limitación recogida en el art. 781 CC).

b) Cuando el marido o varón no unido por vínculo matrimonial da su consentimiento para que se pueda utilizar su material reproductor en los doce meses siguientes a su fallecimiento para fecundar a su mujer o pareja de hecho (art. 9 Ley 14/2006, de 26 de mayo, sobre técnicas de reproducción humana asistida). En tales casos, una vez producida la fecundación procede aplicar las normas relativas a las precauciones sobre la viuda encinta.

1.1.3. Llamamiento a favor de una persona jurídica en fase de constitución

El supuesto más habitual es el de fundación constituida en el mismo testamento en la que se la instituye heredera con la finalidad de dotarla de un patrimonio para la realización de sus fines (art. 9.3º y 4º de la Ley 50/2002, de 26 de diciembre, de Fundaciones). Pero cabe pensar en otros supuestos, como el de una asociación en período de constitución (art. 5 de la LO 1/2002, de 22 de marzo, reguladora del Derecho de Asociación. En estos casos, el TS admite la aplicación analógica de las reglas previstas para las personas físicas y admite que estas personas jurídicas puedan heredar tras su constitución. Mientras tanto, la herencia se pone en administración.

La STS (1ª) 18 octubre 2001 (ECLI:ES:TS:2001:8030) se refiere a una fundación instituida en testamento y constituida formalmente con posterioridad. En ella se mantiene incluso la cualidad de heredero de la fundación desde el momento del fallecimiento de la causante, aunque formalmente no estuviera constituida, pero sí instituida por la testadora, que la nominó y designó los bienes con los que pudiera desarrollar los cometidos encomendados.

En este sentido, se afirma: «El problema que presentan estas personas jurídicas, en situación de herencia deferida y no constituidas formalmente, encuentra solución en dotarlas de personalidad jurídica expectante desde el mismo momento de la muerte de la testadora, teniendo existencia legal, lo que conlleva ser reputados herederos, aunque más bien se trata de una personalidad condicionada a la preceptiva formalización, pero que no excluye que los bienes asignados carecieran de titular efectivo en el caso de autos, ya que corresponden a la Fundación demandada al resultar ser la heredera definitiva, pues el art. 746 CC les reconoce capacidad para adquirir por testamento» [este criterio aparece con anterioridad en SSTS (1ª) 7 abril 1920 (ECLI:ES:TS:1920:498), 9 febrero 1948 (ECLI:ES:TS:1948:1297), 2 julio 1952 (ECLI:ES:TS:1952:203), 26 marzo 1968 (ECLI:ES:TS:1968:2008) y 10 julio 1985 (ECLI:ES:TS:1985:441)].

1.2. Incapacidades relativas

El CC regula una serie de prohibiciones de suceder que únicamente afectan a personas concretas. La doctrina habla en estos casos de *incapacidades relativas*, porque aquel en quien concurra la incapacidad no puede suceder a una persona determinada, pero no tiene ningún impedimento para suceder a otras. Se deben deslindar una serie de supuestos, denominados *incapacidades relativas en sentido estricto*, que están previstos para circunstancias muy especiales, de otros supuestos que el CC denomina de *indignidad*, caracterizados por la concurrencia de una conducta considerada como reprobable por el legislador.

Ambos casos imposibilitan para suceder como heredero o legatario. Pero la concurrencia de causa de indignidad se puede dispensar por el testador, mientras que las incapacidades relativas en sentido estricto se imponen de modo absoluto al testador, que no puede dispensarlas ni evitar la prohibición legal a través de persona interpuesta.

1.2.1. La indignidad

Se trata de supuestos en que el legislador considera reprobable la conducta de determinadas personas que se califican como «*indignos para suceder*». Estamos ante personas que han desarrollado una conducta reprobable en relación con el causante, antes o después de su fallecimiento, que se sanciona con una prohibición de suceder. Estas prohibiciones se aplican tanto a la sucesión testada como a la intestada, y se extienden igualmente a los derechos de los legitimarios: el indigno para suceder pierde su derecho a la legítima.

1.2.1.1. Causas de indignidad

Tratándose de normas que tienen carácter sancionador, las causas de indignidad deben ser objeto de interpretación restrictiva. Conforme al art. 756 CC son incapaces de suceder por causa de indignidad:

> 1.º El que fuera condenado por sentencia firme por haber atentado contra la vida, o a pena grave por haber causado lesiones o por haber ejercido habitualmente violencia física o psíquica en el ámbito familiar al causante, su cónyuge, persona a la que esté unida por análoga relación de afectividad o alguno de sus descendientes o ascendientes.
>
> La exigencia de condena por sentencia firme contrasta con los luctuosos supuestos, por desgracia habituales en la práctica, en los que, tras

matar a su cónyuge e hijos, el autor se quita la vida. En la SAP Murcia (Secc. 1ª) 19 noviembre 2012 (ECLI:ES:APMU:2012:3103), el marido, tras dar muerte a su esposa y después a sus hijos, se quitó la vida, dejando una nota manuscrita en que así lo reconocía, tras comunicarlo a los agentes por vía telefónica. La sentencia considera suficientes estos datos para activar lo dispuesto en el art. 756.1° CC, ante la imposibilidad de que se pueda obtener una condena penal en juicio. En este sentido, se afirma: «en los casos como en el que nos ocupa donde no es posible dicho juicio en el ámbito jurisdiccional penal, será el tribunal civil quien estime si se produjo el acto indigno, si bien con ello no se trata de que la jurisdicción civil se arrogue competencias penales, sino que lo que debe examinarse en el ámbito en que nos hallamos es si de acuerdo con un balance de posibilidades es factible determinar verosímilmente si se produjo la conducta indigna».

2.° El que fuera condenado por sentencia firme por delitos contra la libertad, la integridad moral y la libertad e indemnidad sexual, si el ofendido es el causante, su cónyuge, la persona a la que esté unida por análoga relación de afectividad o alguno de sus descendientes o ascendientes. Asimismo el condenado por sentencia firme a pena grave por haber cometido un delito contra los derechos y deberes familiares respecto de la herencia de la persona agraviada. E igualmente el privado por resolución firme de la patria potestad, o removido del ejercicio de la tutela o acogimiento familiar de un menor o del ejercicio de la curatela de una persona con discapacidad por causa que le sea imputable, respecto de la herencia del mismo.

3.° El que hubiese acusado al causante de delito para el que la ley señala pena grave, si es condenado por denuncia falsa.

4.° El heredero mayor de edad que, sabedor de la muerte violenta del testador, no la hubiese denunciado dentro de un mes a la justicia cuando ésta no hubiera procedido ya de oficio. Esta prohibición cesa en los casos en que, según la Ley, no existe la obligación de acusar. La causa de indignidad se debe apreciar necesariamente tras la muerte del causante.

5.° El que, con amenaza, fraude o violencia, obligare al testador a hacer testamento o a cambiarlo.

6.° El que por iguales medios impidiere a otro hacer testamento, o revocar el que tuviese hecho, o suplantare, ocultare o alterare otro posterior.

En las causas 5.ª y 6.ª no se exige que el indigno haya conseguido su propósito, ni que lo haya hecho en beneficio propio. Aunque el CC se refiere al testador en ambos casos, se aplica igualmente esta causa de indignidad cuando se intenta que el causante otorgue testamento, usando amenaza, fraude o violencia, sin conseguirlo. Aparte de ello, sería posible declarar nulo el testamento sobre la base del art. 673 CC.

7º Tratándose de la sucesión de una persona con discapacidad psíquica, física o sensorial, las personas con derecho a la herencia que no le hubieren prestado las atenciones debidas, entendiendo por tales las reguladas en los arts. 142 y 146 CC. En cuanto a lo que debe entenderse por persona con discapacidad en este caso hay que estar al nuevo texto de la Disposición Adicional cuarta del CC.

La SAP Oviedo (Secc. 5ª) 23 noviembre 2021 (ECLI:ES:APO:2021:3668) considera que no puede encuadrarse en esta causa de indignidad la falta se seguimiento y supervisión del estado de salud del causante, que padecía una deficiencia cognitiva, pues este no carecía de recursos económicos y la asistencia médica se le prestaba por los servicios públicos de salud.

Como hemos destacado el CC contempla otras prohibiciones legales de suceder equiparables en general a las de indignidad:

a) El art. 713 CC priva de derechos sucesorios en la sucesión testada, en la intestada y en cuanto al derecho a legítima (ya se suceda como heredero o como legatario) al que con dolo deje de presentar el testamento cerrado que obre en su poder dentro del plazo fijado en el art. 712 CC, así como a quien sustrajere dolosamente el testamento cerrado del domicilio del testador o de la persona que lo tenga en guarda o depósito y el que lo oculte, rompa o inutilice de otro modo.

b) El art. 111 CC priva de derechos sucesorios legales en las herencias de su hijo al progenitor «condenado a causa de las relaciones a que obedezca la generación, según sentencia penal firme»; y «cuando la filiación haya sido judicialmente determinada contra su oposición». El precepto dice expresamente que el progenitor no ostentará «derechos por ministerio de la Ley respecto del hijo o de sus descendientes, o en sus herencias, el progenitor». Ello significa que esta incapacidad no afecta a los derechos sucesorios atribuidos por el propio hijo en testamento. El precepto especifica, además, que estas sanciones dejarán de producir efecto «por determinación del representante legal del hijo aprobada judicialmente, *o por voluntad del propio hijo, una vez alcanzada la plena capacidad*».

c) Finalmente cabe destacar algunos otros casos en los que se priva a determinadas personas de ciertos derechos sucesorios. Se trata de supuestos que quedan al margen de la figura de la indignidad y que más bien se contemplan por el legislador como una especie de sanción:

- El curador nombrado en atención a una disposición testamentaria que se excuse de la curatela por cualquier causa, perderá lo que en consideración al nombramiento le hubiera dejado el testador (art. 280 CC).
- El albacea que no acepta el cargo o lo renuncia sin justa causa, que «perderá lo que le hubiese dejado el testador, salvo siempre el derecho que tuviere a la legítima» (art. 900 CC).

1.2.1.2. La rehabilitación del indigno

Una vez analizadas las causas de indignidad, hay que destacar que, según el art. 757 CC, tales causas «dejan de surtir efecto si el testador las conocía al tiempo de hacer testamento, o si habiéndolas sabido después, las remitiere en documento público». Se regula aquí la rehabilitación del indigno, que puede ser: a) *Expresa*: cuando la causa de indignidad se remite en documento público, o en un testamento válido posterior. b) *Tácita*: si el testador conocía la existencia de la causa en el momento de hacer testamento a favor del indigno.

Según el art. 761 CC, «si el excluido de la herencia por incapacidad fuere hijo o descendiente del testador y tuviere hijos o descendiente, adquirirán estos su derecho a la legítima». Este precepto se refiere a la indignidad: el hijo o descendiente, en cuanto legitimario, pierde su derecho a legítima, pero excepcionalmente se admite un derecho de representación a favor de los hijos o descendientes del indigno. No obstante, el derecho de éstos se ciñe a lo que por legítima le hubiera correspondido a su progenitor o ascendiente indigno, y no a otros derechos que hubieran podido corresponderle en la herencia del causante (testada o intestada, en cuantía superior a su legítima).

1.2.2. Incapacidades relativas en sentido estricto

Se recogen en los arts. 752 a 754 CC. Se caracterizan porque tratan de evitar la captación de voluntad testamentaria del causante. El legislador se refiere a personas que pueden tener una relación cercana con el causante en el momento en que pretenda hacer testamento o en los momentos finales de su vida, y que pueden influir en el contenido de un eventual testamento. Por ello, todas estas incapacidades relativas en sentido estricto se refieren a la sucesión testada, y afectan a determinadas personas respecto a un testador concreto. Las concretas prohibiciones de suceder son las siguientes:

1) *Disposiciones a favor del sacerdote que hubiera atendido al testador durante su última enfermedad.* Se recoge en el art. 752 CC. La incapacidad se extiende a los parientes del sacerdote dentro del cuarto grado, así como a su iglesia, cabildo, comunidad o instituto. El TS ha declarado que la regla es de interpretación restrictiva, lo que quiere decir, por ejemplo, que no afecta al sacerdote que no confesó al causante durante su última enfermedad, o al que le confesó, pero no durante su última enfermedad [STS (1ª) 19 mayo 2015 (ECLI:ES:TS:2015:3047)]. Tal interpretación nos parece equivocada porque de lo que se trata es de evitar la captación de la voluntad testamentaria. La misma incapacidad debe extenderse a los ministros de otras religiones que hayan asistido al causante en su última enfermedad [STS (1ª) 8 abril 2016 (ECLI:ES:TS:2016:1428)].

2) *Disposiciones a favor del Notario que autorice el testamento.* Se recoge en el art. 754 CC y tiene el mismo fundamento que el supuesto anterior. La prohibición se extiende al cónyuge del Notario, así como a sus parientes por consanguinidad, adopción o afinidad hasta el cuarto grado, con la excepción establecida en el art. 682 CC (que permite hacerles un legado de «algún objeto mueble o cantidad de poca importancia con relación al caudal hereditario»). La incapacidad afecta igualmente a quienes intervengan como testigos del testamento abierto.

3) *Disposiciones a favor de quien sea tutor o curador representativo del testador, salvo cuando se haya hecho después de la extinción de la tutela o curatela.* Se recogen en el art. 753 CC. La referencia a la tutela sólo puede referirse a los menores con catorce años, ya que únicamente pueden testar a partir de esa edad (art. 663.1º CC). La prohibición no se aplica cuando la disposición testamentaria se realiza después de extinguirse la tutela o la curatela, sin que el precepto se refiera, tras su reforma, a la necesidad de que se aprueben las cuentas de la tutela o curatela (arts. 232 a 234, y arts. 292 a 294 CC). El único criterio a tener en cuenta es la extinción de la tutela (art. 232 CC) o de la curatela (art. 291 CC).

Además, el mismo art. 753 CC declara nula la disposición hecha por las personas que se encuentran internadas por razones de salud o asistencia, a favor de sus cuidadores que sean titulares, administradores o empleados del establecimiento público o privado en el que aquellas estuvieran internadas.

Es igualmente nula la disposición realizada a favor de los citados establecimientos. No obstante, las demás personas físicas que presten servicios de cuidado, asistenciales, o de naturaleza análoga al causante, sí pueden ser favorecidas en la sucesión de éste, pero únicamente si es ordenada en testamento notarial abierto. Son, sin embargo, válidas las disposiciones hechas en favor del tutor, curador o cuidador que sea pariente con derecho a suceder abintestato.

A estos tres supuestos de incapacidades relativas se refiere el art. 755 CC: «Será nula la disposición testamentaria a favor de un incapaz, aunque se la disfrace bajo la forma de contrato oneroso o se haga a nombre de persona interpuesta». Este precepto sólo se aplica a estas tres incapacidades relativas, y no a los supuestos de indignidad. En este último caso es suficiente con rehabilitar directamente al indigno.

1.2.3. Efectos comunes de la indignidad y de las incapacidades relativas en sentido estricto

La indignidad y las incapacidades relativas en sentido estricto tienen como efecto común que imposibilitan para suceder al causante. Estamos ante una auténtica prohibición de suceder con unos efectos diferentes dependiendo del momento en que se haya ejercitado la acción para declarar la incapacidad. De acuerdo con el régimen previsto en los arts. 760 y 762 CC podemos distinguir dos situaciones: a) Si el indigno o incapaz todavía no ha entrado en posesión de los bienes hereditarios, no podrá tomar posesión de los mismos. b) Si ya hubiera entrado en posesión de tales bienes, tiene la obligación de restituirlos, con sus accesiones y con todos los frutos y rentas que haya percibido (art. 760 CC).

Las consecuencias, tanto en uno como en otro caso, se retrotraen al momento de apertura de la sucesión, con el límite derivado del plazo de la acción para declarar la incapacidad. Según el art. 762 CC: «No puede deducirse acción para declarar la incapacidad pasados cinco años desde que el incapaz esté en posesión de la herencia o legado». Este precepto se aplica a todas las incapacidades relativas (tanto la indignidad como las incapacidades relativas en sentido estricto) y marca el tiempo durante el cual se puede ejercitar la acción para declarar la incapacidad, en función de que el incapaz o indigno haya entrado o no en posesión de los bienes hereditarios. Mientras no haya entrado en posesión de los mismos se puede ejercitar la acción, lo que le impedirá tomar posesión de los bienes hereditarios. Pero una vez que entre en posesión de tales bienes, comienza a correr al plazo (consideramos que de caducidad) de cinco años del art. 762 CC, y una vez transcurrido, ya no se puede ejercitar la acción.

1.2.4. Requisitos especiales exigidos a los extranjeros para adquirir «mortis causa» bienes situados en zonas restringidas

Aunque no se trata de una incapacidad relativa en sentido estricto, la Ley 8/1975, de 12 de marzo, de zonas e instalaciones de interés para la Defensa Nacional, impone a los extranjeros ciertas limitaciones para adquirir *mortis causa* la propiedad de algunos bienes por razón de su ubicación geográfica. Así, según su art. 18: «En las zonas de acceso restringido a la propiedad por parte de extranjeros, quedan sujetos al requisito de la autorización militar, tramitada en la forma que reglamentariamente se determine: a) La adquisición, cualquiera que sea su título, por parte de personas físicas o jurídicas extranjeras, de propiedad sobre fincas rústicas o urbanas, con o sin edificaciones, o de obras o construcciones de cualquier clase (...)». En idéntico sentido se pronuncia el art. 37 de su Reglamento, aprobado por el RD 689/1978, de 10 de febrero.

Por su parte, el art. 25 de la ley dispone: «Cuando la adquisición de fincas o la constitución de derechos reales sobre las mismas a favor de extranjeros se verifique *por título hereditario universal o singular,* los interesados deberán solicitar la autorización exigida por el artículo dieciocho de esta Ley en el plazo de tres meses, o preceder a la enajenación de los bienes en el término de un año, contados ambos desde que el adquirente pudo ejercitar legalmente sus facultades como titular del dominio o del derecho real de que se trate. Transcurrido el plazo de un año sin haberlo enajenado, o el mismo plazo contado a partir de la fecha en que se negó la autorización solicitada, el Ministerio del Ejército podrá proceder a la expropiación forzosa con arreglo a lo previsto en el párrafo 2º del art. 23». En términos muy similares se expresa el art. 46 del Reglamento, con remisión a su art. 44.

El art. 106.2 de la Ley 31/1990 introdujo una disposición adicional en la Ley 8/1975, que establece: «1. Las limitaciones que para la adquisición de la propiedad y demás derechos reales sobre bienes inmuebles, así como para la realización de obras y edificaciones de cualquier clase, son de aplicación en los territorios declarados, o que se declaren, zonas de acceso restringido a la propiedad por parte de extranjeros, en virtud de las previsiones contenidas en las disposiciones que integran el capítulo III, no regirán respecto de las personas físicas que ostenten la nacionalidad de un Estado miembro de la Comunidad Económica Europea (...)».

De acuerdo con esta normativa, es indudable que en las adquisiciones «título hereditario singular» resulta en todo caso preceptiva la obtención de autorización militar. Por ello, según el art. 20 de la Ley 8/1975, los Notarios y Registradores de la Propiedad deben exigir de los interesados que acrediten la oportuna autorización militar, con carácter previo al otorgamiento o inscripción, respectivamente, de los instrumentes públicos relativos a los actos o contratos de transmisión del dominio o constitución de derechos reales a que dichos preceptos se refieren. Además, según el art. 21 de la misma ley, deben necesariamente inscribirse en el Registro de la Propiedad los actos y contratos por los que se establezcan, reconozcan, transmitan, justifiquen o extingan, en favor de personas físicas o jurídicas extranjeras, el dominio u otros derechos reales sobre bienes inmuebles sitos en las zonas restringidas. La falta de inscripción de los títulos indicados, dentro de los dieciocho meses siguientes a sus respectivas fechas, determinará la nulidad de pleno derecho de los mencionados actos y concesiones. En este mismo sentido se expresan los arts. 40 y 41 del Reglamento (que regula los procedimientos de solicitud de la autorización en sus arts. 79 a 87).

Como se destaca en la RDGDJFP 15 diciembre 2023 (BOE núm. 16, de 18 enero, págs. 6852 y ss.), la Ley 8/1975 impone dos requisitos para la plena validez de las adquisiciones de fincas sitas en zonas de interés para la Defensa Nacional, que operan como *conditio iuris* exigida con carácter imperativo por el ordenamiento jurídico: a) La obtención de la pertinente autorización militar de la adquisición. b) La inscripción de tales actos o contratos en el Registro de la Propiedad, fijando un plazo para el cumplimiento de ambos requisitos.

2. LA TRANSMISIÓN DE LA HERENCIA CUANDO EL LLAMADO FALLA

Cuando varias personas son llamadas a una herencia o parte de ella simultáneamente, y una de ellas falla en la sucesión (y finalmente no llega a adquirir), hay que determinar qué ocurre con la porción de la herencia que correspondía inicialmente al que falló.

Así, cuando el llamado no adquiere, se ponen en funcionamiento una serie de mecanismos jurídicos que determinan, según los casos, el destino de esa porción: la sustitución vulgar, el derecho de transmisión, el derecho de representación, el derecho de acrecer, o la apertura de la sucesión intestada.

Todas estas figuras son muy complejas y, sobre todo, son excluyentes entre sí: en cada situación jurídica solo se aplica una de ellas. El problema es que el supuesto de hecho que pueda dar lugar a unas u otras puede ser el mismo. Por ello es muy importante determinar cuándo se aplica cada una. Algunas son de *origen voluntario* (sustitución vulgar), y otras se aplican *por disposición legal* (derecho de representación, derecho de acrecer). En todos los casos hay que estar muy atento a si *nos encontramos ante una sucesión testada o intestada.*

Aunque debemos estudiar cuál es el supuesto de hecho que determina la aplicación de una u otro figura, cabe establecer una serie de criterios con carácter general:

1) En la *sucesión testada* (y exclusivamente para este tipo de sucesión) prevalece en todo caso la *sustitución vulgar,* si así lo previó el testador. Según el art. 774 CC el testador puede disponer que si el heredero instituido muere antes que él, o no quiere (repudia) o no puede aceptar la herencia, sea sustituido por una o más personas.

- Ejemplo: Sea mi heredero Luis, y si él me premuere o no quiere o no puede aceptar, que lo sea Beltrán.

La sustitución vulgar tiene por finalidad evitar la apertura de la sucesión intestada, instituyendo a otra persona para el caso de que el primer llamado no llegue a heredar (porque muere antes que el testador o porque no quiere aceptar la herencia y la repudia, o porque no puede aceptar la herencia).

2) Cuando el llamado a suceder *falla porque ha muerto,* lo primero que tenemos que plantearnos es si ha fallecido *antes* o *después* del causante.

- Si ha fallecido después, sin aceptar ni repudiar, lo que procede es el derecho de transmisión. Cuando hablamos del derecho de transmisión (art. 1006 CC) estamos siempre ante el supuesto de muerte posterior del heredero llamado, sin aceptar ni repudiar la herencia. A diferencia de la sustitución vulgar, se aplica tanto en la sucesión testada como en la intestada. En este caso, aparte del causante, nos encontramos con dos sujetos: a) El transmitente, que es el heredero que fallece después del causante, sin aceptar ni repudiar. b) El transmisario, que es el heredero del transmitente, que adquiere el ius delationis, y puede por tanto aceptar o repudiar la herencia del primer causante.
- Si ha fallecido antes que el causante, es decir, en caso de premoriencia, la cosa se complica porque este supuesto de hecho puede

dar lugar a que operen tanto la sustitución vulgar, como el derecho de representación y el derecho de acrecer. Ya sabemos que si se trata de sucesión testada y hay sustitución vulgar, ésta prevalece en todo caso. Fuera de este supuesto tenemos como aplicables tanto el derecho de representación como el derecho de acrecer. Si se dieran los requisitos de uno y otro, debe tenerse en cuenta que se aplica preferentemente el derecho de representación antes que el derecho de acrecer (en todos los casos el derecho de acrecer es la última solución a la que se debe acudir antes de abrir la sucesión intestada).

3) El llamado ejercita el *ius delationis* (por tanto, ha sobrevivido al causante) y *repudia*. Hay una regla en caso de repudiación que debe tenerse siempre muy clara: *nunca tiene lugar el derecho de representación en caso de* repudiación. Es decir, el que repudia, lo hace para sí mismo y para su estirpe.

Por tanto únicamente nos quedan como aplicables la sustitución vulgar (que solamente funciona en la sucesión testada y prevalece sobre las demás figuras), y el derecho de acrecer. Si no hay sustitución vulgar, solo puede resultar aplicable el derecho de acrecer, si concurren los requisitos que exige la ley.

4) El llamado es *incapaz para suceder*. Nuevamente nos encontramos con que pueden resultar aplicables tanto la *sustitución vulgar*, como el *derecho de representación* y el *derecho de acrecer*.

Reiteramos que si se trata de sucesión testada y se ha previsto una sustitución vulgar, ésta prevalece en todo caso. Fuera de este supuesto nos encontramos con que resultan aplicables tanto el derecho de representación como el derecho de acrecer. Si se dieran los requisitos de uno y de otro, recordemos que se aplica preferentemente el derecho de representación antes que el derecho de acrecer.

5) Finalmente destacar que *el derecho de representación se aplica en la sucesión intestada* (y sólo tangencialmente en la sucesión testada).

En cambio, el derecho de acrecer se aplica tanto en la sucesión testada como en la intestada. Pero el derecho de acrecer es una institución subsidiaria: no se aplica si entra en juego una sustitución vulgar, el derecho de transmisión o el de representación. Es lo último que se aplica antes de abrir la sucesión abintestato (arts. 922 y 986 CC).

3. LA SUSTITUCIÓN VULGAR

La sustitución vulgar será estudiada en la Lección 11. Pero vamos a destacar aquí algunos de sus aspectos más esenciales. Se regula en los arts. 774 CC y concordantes. *Sólo puede establecerla el testador.* Por lo tanto únicamente es posible plantear su aplicación en la sucesión testada (nunca en la intestada).

La sustitución vulgar consiste en que el testador designa un sustituto (o varios, según el art. 778 CC), para tres posibles casos:

- Que el designado como heredero le *premuera*.
- Que sea *incapaz para sucederle* por alguna de las causas de los arts. 745 y siguientes y el art. 756 CC.
- Que *repudie* su herencia.

Si no se indica nada, la sustitución actúa en los tres casos (se la denomina *sustitución simple* en el ap. 2º del art. 774 CC), pero puede limitarse a dos o solamente a uno de ellos.

Uno de los supuestos más frecuentes es el del padre que nombra a sus hijos herederos por iguales partes, y sustituye vulgarmente a cada uno de ellos por sus respectivas estirpes de descendientes, para los tres casos, o para dos, eliminando el de repudiación. Pero la sustitución es posible para cualquier clase de heredero o legatario, de forma que, por ejemplo, es posible efectuar una sustitución que diga: «instituyo heredera a mi amiga Susana, y la sustituyo por la Asociación Española contra el Cáncer».

4. LA TRANSMISIÓN DEL «IUS DELATIONIS»

4.1. Concepto y requisitos

Según ROCA SASTRE, el derecho de transmisión es «el derecho que tienen los herederos del heredero que fallece en el intervalo comprendido entre la delación hereditaria a su favor y la aceptación o repudiación de la herencia, y en cuya virtud aquellos hacen suya la facultad de aceptar o repudiar, el *ius delationis*». Esta definición desarrolla lo que nos dice el art. 1006 CC. Según este precepto: «Por muerte del heredero sin aceptar ni repudiar la herencia pasará a los suyos el mismo derecho que él tenía». Hay que destacar que el supuesto de hecho es el de *muerte del llamado a la herencia que se produce con posterioridad a la del causante,* sin aceptar ni repudiar la herencia.

Los requisitos aplicables son dos: a) Que una herencia se defiera *por testamento o abintestato.* b) Que *fallezca el llamado* como heredero, siendo capaz para suceder, *sin haber aceptado ni repudiado.* En consecuencia, el derecho de transmisión no tiene lugar por premoriencia del llamado, ni tampoco en los supuestos de incapacidad para suceder ni de repudiación.

Esto es lo que quiere expresar el art. 766 CC cuando dice impropiamente: «*El heredero voluntario que muere antes que el testador, el incapaz de heredar y el que renuncia a la herencia no transmiten ningún derecho a sus herederos, salvo lo dispuesto en los artículos 761 y 857*». Y decimos impropiamente porque habla del «heredero voluntario» y del «testador» como si el derecho de transmisión solo fuera aplicable a la sucesión testada, cuando se aplica también en la intestada. Y además, trata como excepciones lo dispuesto en los arts. 761 y 857, cuando son preceptos que se refieren al derecho de representación en la legítima y nada tienen que ver con el derecho de transmisión. En definitiva, no se produce el derecho de transmisión en los siguientes casos:

a) *Premoriencia del llamado*, es decir, que éste fallezca antes que el causante, porque entonces la herencia no se ha deferido a su favor.
b) *Heredero instituido bajo condición suspensiva que* fallece antes del cumplimiento de la condición (se aplica el art. 759 CC).
c) *Llamado incapaz de heredar*, porque entonces no opera la delación, de manera que es imposible transmitirla.
d) Cuando el *llamado ha aceptado o repudiado*, porque en uno y otro caso se extingue el *ius delationis*.

En el caso del derecho de transmisión, lo que el transmitente transmite a sus herederos es el mismo derecho que tenía de aceptar o repudiar la herencia del causante, y en idénticas condiciones. Como se puede ver, lo que existe es una genuina sucesión en el *ius delationis*, porque así lo ha dispuesto la ley y no por voluntad del primer llamado.

Así pues, el art. 1006 CC regula la denominada sucesión «*iure transmissionis*», o derecho de transmisión (entendiendo que lo que se transmite es la delación). Pero el primer causante puede voluntariamente y de manera expresa excluir su aplicación.

Ejemplo: Tras la muerte de la causante (Henar) su hijo Beltrán adquiere el ius delationis. Pero Beltrán fallece antes de ejercitar este derecho, es decir, sin aceptar o repudiar la herencia, de manera que ese mismo derecho se transmite a sus herederos, que pasan a ser quienes puede aceptar o repudiar la herencia de la primera causante (Henar). Henar podría haber previsto expresamente en testamento que, de darse este supuesto (fallecimiento de Beltrán sin aceptar ni repudiar) no tuviera lugar la transmisión del ius delationis, por ejemplo estableciendo una sustitución vulgar, u otro destino para los bienes que componen la herencia.

En la transmisión del *ius delationis* intervienen tres sujetos:

- *Primer causante*: es el que abre la primera herencia.
- *Transmitente*: es el llamado que fallece después del causante, sin aceptar ni repudiar (que abre la segunda herencia).
- *Transmisario*: es el heredero del transmitente, que adquiere el *ius delationis,* y puede por tanto aceptar o repudiar la herencia del primer causante.

A veces se habla erróneamente como transmisarios de los hijos del transmitente. Sin embargo, los transmisarios lo son en cuanto han sido nombrados herederos por el transmitente. Si éste tiene hijos, serán legitimarios y podrán recibir su legítima por cualquier título. Pero sólo tendrán la consideración de transmisarios los que hayan sido instituidos herederos.

En la segunda herencia se integra el derecho de aceptar o repudiar la primera, que el transmitente no ha ejercitado.

4.2. Funcionamiento del derecho de transmisión

Cuando se aplica el art. 1006 CC siempre aparecen en juego dos herencias y dos delaciones. A cada una de esas herencias le corresponde su delación:

- La de la *primera herencia,* a favor del transmitente.
- La de la *segunda herencia,* a favor del heredero del transmitente o transmisario (llamado así porque es quien recibe el *ius delationis que* el transmitente no ejercitó).

De esta manera para que el transmisario pueda aceptar la primera herencia, antes tiene que aceptar la segunda herencia. Únicamente a través de esta aceptación adquiere el *ius delationis* de la primera herencia (el derecho a aceptar o repudiar esa primera herencia). Así pues, el transmisario dispone de varias opciones:

a) Aceptar las dos herencias (pero por este orden: primero la segunda, y después la primera).

b) Aceptar la segunda herencia y repudiar la primera.

c) Repudiar la segunda herencia: en este caso ya no puede ejercitar el *ius delationis* respecto a la primera herencia, porque no ha adquirido ese derecho (no puede, por tanto, aceptar ni repudiar la primera herencia).

Siguiendo con el ejemplo anterior, tras el fallecimiento de Henar, su hijo Beltrán adquiere el ius delationis (la posibilidad de aceptar o repudiar la herencia de Henar). Pero si Beltrán fallece a su vez antes de ejercitar el ius delationis, ese derecho (el de aceptar o repudiar la herencia de Henar) pasa a formar parte de la herencia de Beltrán. Así pues, para que los herederos de Beltrán lo adquieran (como el resto de bienes y derechos que conforman su herencia), tienen que aceptar la herencia de Beltrán.

Tras aceptar la herencia de Beltrán, y sólo entonces, sus herederos adquieren el ius delationis correspondiente a la primera herencia, es decir el derecho a aceptar o repudiar la herencia de Henar. Y podrán aceptar esta o repudiarla.

Por el contrario, si repudian la herencia de Beltrán, no adquieren el ius delationis de la primera herencia: ya no pueden aceptar o repudiar la herencia de Henar. No pueden repudiar la herencia de Beltrán y aceptar la de Henar.

Este juego de las dos delaciones tiene importantes consecuencias en cuanto a la estructura y funcionamiento de *ius delationis*, ya que se puede discutir a quién hereda el transmisario (GARCÍA GOLDAR). Al respecto hay dos teorías:

— *Teoría clásica o de la doble transmisión* (ROCA SASTRE, LACRUZ BERDEJO): La ley no puede hacer que el transmisario suceda al primer causante de manera directa, porque éste ni pensó en él ni lo nombró en su testamento. Hay dos transmisiones y el transmisario sucede solo al transmitente, no al primer causante: la herencia del primer causante pasa al transmitente, se refunde en su herencia y, por esta vía, pasa al transmisario.

— *Teoría moderna o de la adquisición directa* (ALBALADEJO, JORDANO FRAGA): El transmisario sucede directamente al primer causante, y no a través del transmitente, porque éste lo único que transmite es el derecho a adquirir la primera herencia, y no la herencia en sí. Por ello cuando el transmisario ejercita positivamente el *ius delationis que* se la ha transmitido (que forma parte de la herencia del transmitente), sucede directamente al primer causante (al que nunca ha sucedido el transmitente).

La teoría moderna considera que el transmitente no llega a heredar al primer causante precisamente porque no aceptó su herencia. Por el hecho de sobrevivir a éste únicamente adquiere el *ius delationis* (el derecho a aceptarla o repudiarla). Por ello, es este mismo derecho el que transmite al transmisario. De esta manera, cuando lo ejercite el transmisario pasa a heredar directamente al primer causante. Eso es lo que quiere decir el art. 1006 CC cuando declara que pasará a los herederos del transmitente «el mismo derecho que él tenía», pudiendo entenderse que el derecho que tenía el transmitente era el de suceder directamente al primer causante.

Seguir una u otra postura puede tener importantes consecuencias prácticas de las que aquí sólo vamos a detenernos en dos:

— *Capacidad*: La contraposición entre ambas teorías tiene consecuencias a efectos de valorar la capacidad para suceder. Desde luego el transmitente debe tener esa capacidad en relación con la primera herencia para poder tener el *ius delationis* (ha de sobrevivir al primer causante y ser capaz para suceder). En relación con la segunda herencia (la del transmitente) esos requisitos los debe reunir el transmisario. Lo que es objeto de discusión es si el transmisario, que acepta la segunda herencia, debe igualmente cumplir los requisitos de capacidad respecto a la primera. Según la teoría clásica sólo necesita tener capacidad para suceder al transmitente. Según la teoría moderna debe tener también capacidad para heredar al primer causante, porque el transmisario hereda directamente al primer causante.

— *Cálculo de la legítima:* Según la teoría clásica, al formar parte de la herencia del transmitente la herencia del primer causante, el valor de ésta deberá tenerse en cuenta para calcular la legítima de los legitimarios del transmitente. Según la teoría moderna, los bienes de la herencia del primer causante no deben valorarse para el cálculo de la legítima de la sucesión del transmitente.

La DGRN y el TS habían venido manteniendo la tesis clásica o de la doble transmisión. Pero finalmente el TS se ha pronunciado expresamente a favor de la teoría moderna o de la adquisición directa en la STS (1ª) 11 septiembre 2013 (ECLI:ES:TS:2013:5269), seguida por la STS (1ª) 20 enero 2014 (ECLI:ES:TS:2014:1744).

La DGRN acomodó inicialmente el sentir de sus resoluciones a este cambio jurisprudencial. No obstante, recientemente lo ha matizado en las RRDGRN 22 enero 2018 (BOE núm. 28, de 31 enero, págs. 12452 y ss.) y 5 julio 2018 (BOE núm. 174, de 19 julio, págs. 72765 y ss.), considerando que los legitimarios no herederos del transmitente deben intervenir en la partición de la herencia del primer causante una vez que el transmisario la ha aceptado, para evitar posibles perjuicios. La DGRN destaca que en el caso resuelto por la STS de 11 septiembre 2013 el transmitente no tenía legitimarios. Por ello, planteándose que sí existan legitimarios en estas dos Resoluciones de la DGRN se afirma: «los transmisarios, aunque sucedan directamente al primer causante, lo hacen con las cargas y limitaciones que resulta de su nombramiento por el transmitente, es decir, con las limitaciones impuestas por la existencia de la legítima. Es decir, los transmisarios lo son en cuanto han sido nombrados herederos por el transmitente, pero este nombramiento se hace con la limitación legal de respetar el régimen de legítimas impuesto por la ley en favor de, como ocurre en este caso, otros hijos o descendientes a los que se legue la legítima estricta». Y a ello se añade: «de admitir el criterio de que el hijo del transmitente al que éste ha legado la legítima estricta no ha de comparecer, podría resultar que no percibiría absolutamente nada. Ahora bien, si su padre hubiera aceptado la herencia antes de fallecer, tendría derecho a percibir lo que le corresponda por legítima». Además, en estas RRDGRN de 2018, se afirma que en la partición debe intervenir siempre el cónyuge viudo del transmitente en cuanto legitimario que es y su derecho a legítima en usufructo.

Resulta difícil entender que se vulneran los derechos de los legitimarios, porque el ius transmissionis supone aplicar lo dispuesto en la ley, y no depende de la voluntad del transmitente. Sin embargo, este criterio se ha reiterado, entre otras, en las RRDGRN de 11 abril 2019 (BOE núm. 103, de 30 de abril, págs. 46699 y ss.) y 5 junio 2019 (BOE núm. 150, de 24 de junio, págs. 67000 y ss.), y en las RRDGSJFP de 3 febrero 2021 (BOE núm. 42, de 18 febrero, págs. 18848 y ss.), 26 mayo 2021 (BOE núm. 138, de 10 junio, págs. 70993 y ss.), 7 marzo 2022 (BOE núm. 72, de 25 marzo, págs. 38778 y ss.), 8 febrero 2023 (BOE núm. 55, de 6 marzo, págs. 33092 y ss.) y 19 abril 2023 (BOE núm. 109, de 8 mayo, págs. 63447 y ss.). En ellas se afirma: «los transmisarios suceden al primer causante de manera directa y no mediante una doble transmisión del causante al transmitente y de éste a los transmisarios. Pero es indiscutible que la determinación de quiénes son los transmisarios y en qué porcentaje y modo adquieren los bienes, viene determinado por la sucesión del transmitente, no por la sucesión del primer causante».

En la RDGSJFP 29 enero 2024 (BOE núm. 60, de 8 de marzo, págs. 27838 y ss.), «se insiste en que esta interpretación no se aparta de la STS de 11 septiembre 2013, y que lo único que pone de manifiesto es que la obligada protección de los legitimarios exige entender que, a efectos de determinar el importe de la legítima, el ius delationis también se computa en la herencia del transmitente, en los términos antes expresados; esto es, que resulta imprescindible combinar los efectos del derecho de transmisión con la coexistencia de legitimarios como interesados en la herencia del denominado transmitente a los efectos de exigir —o no— su intervención en las operaciones de aceptación y partición de herencia. Y entre tales interesados está incluida, sin ningún género de dudas, la viuda del finado como legitimaria».

A nuestro juicio es excesivo exigir la intervención del cónyuge viudo en la herencia del primer causante. Por esta vía la protección de su legítima puede llegar a afectar a terceros con los que no tiene ninguna relación o con los que existe un enfrentamiento (v.gr. cuando hay un segundo matrimonio, en cuanto a las relaciones entre el viudo y los hijos del primer matrimonio del causante). Con esta interpretación, a efectos prácticos, la DG contradice la doctrina del TS, y en realidad lo que hace es volver al criterio que había venido manteniendo con anterioridad a la STS de 11 septiembre 2013. Debe tenerse en cuenta que la citada RDGRN de 11 de abril de 2019 ha sido revocada por la SAP Valencia (Sección 11ª) de 22 marzo 2021 (ECLI:ES:APV:2021:1110), por lo que habrá que estar atentos a posibles cambios de interpretación sobre la materia.

Aparte de lo anterior, según el art. 1007 CC, cuando son varios los llamados a la herencia del transmitente, podrán unos aceptarla y otros repudiarla. Aplicando el principio que inspira este mismo precepto, una vez que se ha adquirido la herencia del transmitente por los que la hayan aceptado, todos reciben el *ius delationis* respecto a la primera herencia, y pueden igualmente aceptarla o repudiarla de manera independiente unos de otros.

A efectos fiscales es conveniente señalar la mayor ventaja que tiene para el heredero el giro jurisprudencial analizado, ya que tiene que practicar una única liquidación del impuesto sucesorio (en lugar de dos). Así lo ha venido a reconocer la STS (3ª) 5 junio 2018 (ECLI:ES:TS:2018:2183), asumiendo el criterio de la Sala 1ª, en la que se fija como nuevo criterio interpretativo que «se produce una sola adquisición hereditaria y, por ende, un solo hecho imponible, no dos hechos imponibles ni dos devengos del impuesto».

También a efectos fiscales conviene destacar la doctrina contenida en la Consulta vinculante de la DGT núm. V2783/23, de 11 octubre, relativa a cuándo debe entenderse producido el devengo del Impuesto de Sucesiones en las herencias con derecho de transmisión: a) El devengo de la herencia del primer causante, en relación con el transmisario, se produce con la defunción del segundo causante, pues es a partir de ese momento cuando el transmisario puede aceptar o rechazar la herencia del primer causante, previa aceptación de la herencia del segundo causante (o heredero transmitente del ius delationis). b) Cuando el transmisario acepta la herencia del segundo causante y repudia la herencia del primer causante, el devengo del impuesto por la adquisición de la parte repudiada por parte del beneficiario de esta se produce en el momento en que se repudia la misma [en el mismo sentido, la STSJ de Madrid (Secc. 9ª) de 22 febrero 2022 (ECLI:ES:TSJM:2022:3033) y la Resolución del TEAR de Madrid de 26 mayo 2022 (28/13765/2021)].

5. EL DERECHO DE REPRESENTACIÓN

5.1. Concepto

En determinados casos, cuando falla alguno de los llamados a una determinada herencia, la ley ordena que determinados parientes suyos ocupen su mismo lugar en esa sucesión. Esto es lo que ocurre con el derecho de representación en el que intervienen los siguientes sujetos:

- El *causante*.
- El llamado que falla en la sucesión (*representado*).
- Los parientes que entran en el lugar de quien falla en la sucesión (*representantes*).

Analicemos en siguiente ejemplo: *Andrés* (causante), fallece sin testamento y tiene tres hijas, que le sucederían como herederas por partes iguales (*Lola, Rosa* y *Asun*). *Lola* tiene dos hijos (*Icíar y Jorge*). Aplicar el derecho de representación significa que, si *Lola* fallece antes que *Andrés* (causante), los hijos de Lola (*Icíar y Jorge*) ocuparán su lugar en la herencia de *Andrés*. De esta manera, la herencia de *Andrés*, en vez de dividirse entre *Rosa* y *Asun* (como en los casos en que opera el derecho de acrecer), se divide en tres partes: una para *Rosa*, otra para *Asun*, y la otra (la que le hubiera correspondido a *Lola*) para sus hijos *Icíar* y *Jorge*.

En este ejemplo, *Lola* es la representada, mientras que *Icíar* y *Jorge* son los representantes. Estamos, por tanto, ante un mecanismo de carácter sustitutorio, de alguna manera parecido al de sustitución vulgar, aunque los presupuestos legales de aplicación y regulación de uno y otro supuesto sean diferentes.

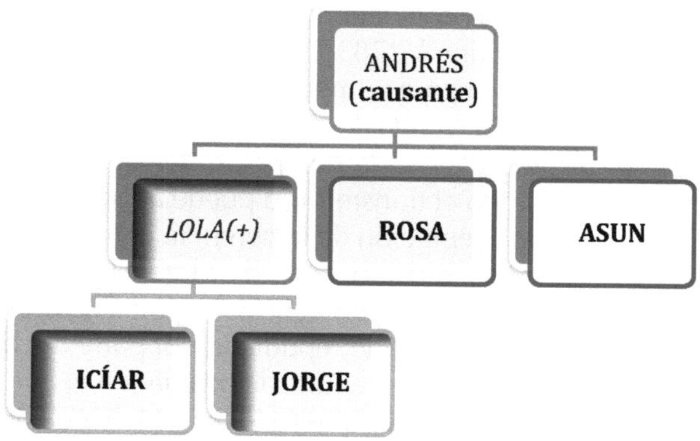

Al derecho de representación en el Derecho de sucesiones se refiere el art. 924 CC: «*Llámase derecho de representación el que tienen los parientes de una persona para sucederle en todos los derechos que tendría si viviera o hubiera podido heredar*». La redacción de este precepto es equívoca, porque el representante no sucede al representado, sino que lo hace directamente al causante. El derecho de representación opera en principio *en la sucesión intestada*, aunque puede aparecer de una manera tangencial en la sucesión testada, e igualmente al aplicar las normas sobre las legítimas.

En la Lección 5 estudiaremos la sucesión intestada, en la que rige la regla de que los parientes de grado más próximo excluyen a los más remotos. El derecho de representación funciona como una excepción a esta regla. Como se puede observar de la lectura de los arts. 921 y 922 CC, en ambos casos se establece como excepción: «*salvo el derecho de representación en los casos en que deba tener lugar*». Teniendo en cuenta lo anterior vamos ahora a centrar el estudio del derecho de representación en la sucesión intestada. Terminaremos después por analizar su funcionamiento en la sucesión testada y en las legítimas.

5.2. Requisitos

Para que proceda aplicar el derecho de representación tienen que cumplirse dos requisitos:

a) Que esté vacante una porción hereditaria en virtud de alguna de las causas que recoge el CC.

b) Que exista una determinada relación de parentesco entre el causante, el representado y los representantes.

5.2.1. Vacancia de una porción hereditaria

Para que actúe el derecho de representación es preciso que quede vacante la porción hereditaria de alguno de los llamados a la sucesión intestada. Pero esa vacancia debe producirse exclusivamente por alguna de las siguientes causas:

- *Premoriencia* (que el llamado fallezca antes que el causante).
- *Indignidad* (incapacidad para suceder).
- *Desheredación*.

Debe ponerse de relieve que el derecho de representación no actúa cuando la vacancia obedece a que el llamado sobrevive al causante y repudia la herencia. Eso es lo que quiere decir el art. 929 CC cuando afirma: «no podrá representarse a una persona viva sino en los casos de desheredación o incapacidad». Así pues, en caso de repudiación no procede el derecho de representación.

Además, en aplicación del mismo principio, el art. 923 CC excluye que pueda actuar el derecho de representación cuando repudian todos los parientes llamados a suceder: «repudiando la herencia el pariente más próximo, si *es solo, o, si fueren varios, todos los parientes* más próximos llamados por la ley, heredarán los del grado siguiente por su propio derecho y sin que puedan representar al repudiante». Es esta una importante diferencia con la sustitución vulgar, que sí procede en los casos de repudiación de la herencia (art. 774 CC), además de los de premoriencia del instituido o cuando no pueda aceptar la herencia.

Por otro lado, se alude en el art. 929 a la *desheredación*. El legislador se refiere aquí, dentro de la regulación de las legítimas, a la *desheredación justa*, es decir, la realizada por algunas de las causas legalmente previstas. Como veremos en la Lección 15, si la desheredación fuera injusta lo que procede es aplicar las consecuencias previstas en el art. 851 CC.

Finalmente, en cuanto a la referencia a la *incapacidad que* se hace en el art. 929 CC, debe entenderse referida a la *indignidad sucesoria,* porque los supuestos de incapacidad relativa, estudiados en esta misma Lección, únicamente son aplicables en la sucesión testada.

Aunque se aplique el derecho de representación en los tres supuestos indicados, las consecuencias de la premoriencia son diferentes a las de la desheredación y la indignidad. Cuando el llamado fallece antes que el causante, el representante recibe la totalidad de la porción hereditaria que hubiera correspondido al representado premuerto. En cambio, en los supuestos de desheredación (art. 857 CC) y de indignidad (art 761 CC), los representantes únicamente reciben lo que les correspondiese por su derecho a legítima.

5.2.2. Relación de parentesco

El CC exige igualmente que exista una determinada relación de parentesco entre el causante, el representado y los representantes. Pero el derecho de representación sólo se aplica en línea recta descendente y, en la colateral, únicamente a favor de hijos de hermanos. Vamos a analizar las distintas situaciones que se pueden producir en las líneas recta y colateral.

1) Línea recta descendente:

Según el art. 925 CC «el derecho de representación tendrá siempre lugar en la línea recta descendente, pero nunca en la ascendente».

Vamos a verlo con un ejemplo. El causante (Andrés) tiene dos hijas (Asia y Tiza). Tiza tiene a su vez cinco hijos (Inca, Cuba, Sacha, Simba y Leo).

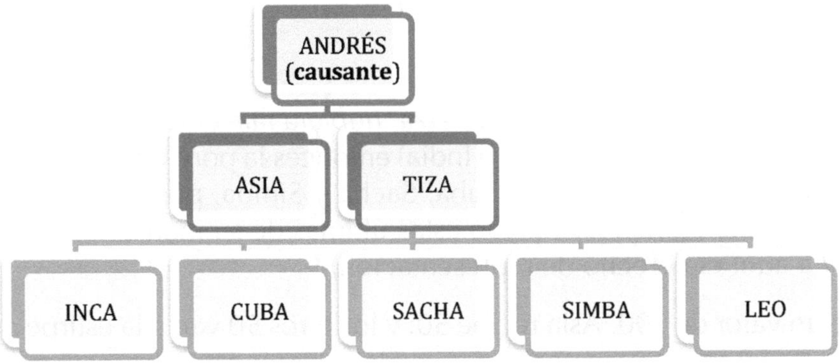

Si fallece primero Tiza y luego Andrés (causante), la herencia de éste se divide en dos partes: una para Asia y la que le correspondería a Tiza si hubiera sobrevivido al causante.

Una de esas partes la recibe Asia por derecho propio. La otra la reciben Inca, Cuba, Sacha, Simba y Leo, por derecho de representación (es decir, esos cinco hermanos se reparten la parte que le hubiera recibido Tiza si viviera: heredan por estirpes).

De un valor de 100, Asia recibe 50, y los otros 50 van a la estirpe de Tiza (que se reparten por partes iguales: Inca recibe 10, Cuba recibe 10, Sacha recibe 10, Simba recibe 10 y Leo recibe 10).

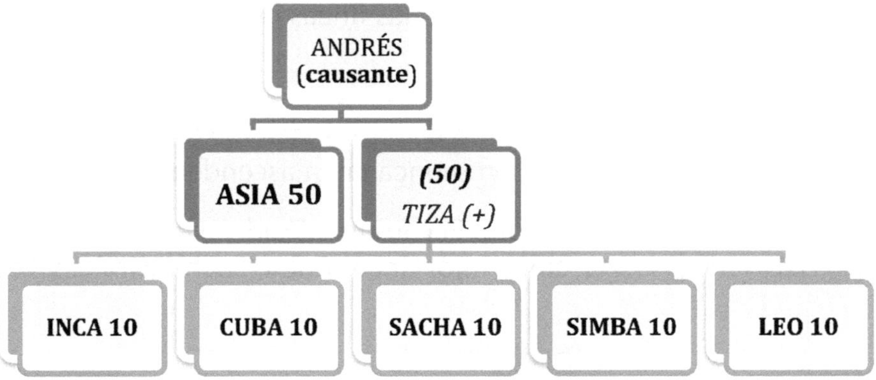

Si Leo, lo mismo que su madre, Tiza, hubiera fallecido también antes que Andrés, dejando dos hijas (Teca e India) entonces la porción correspondiente a Tiza se repartiría entre Inca, Cuba, Sacha y Simba, por un lado, y Teca e India, por otro, en representación estas últimas de su madre Tiza (de nuevo se aplica aquí el derecho de representación).

De un valor de 100, Asia recibe 50; y los otros 50 van a la estirpe de Tiza. Estos otros 50 se reparten por partes iguales entre Inca, Cuba, Sacha y Simba, que reciben 10 cada uno; y los otros 10 van a la estirpe de Leo: Teca recibe 5, e India recibe 5.

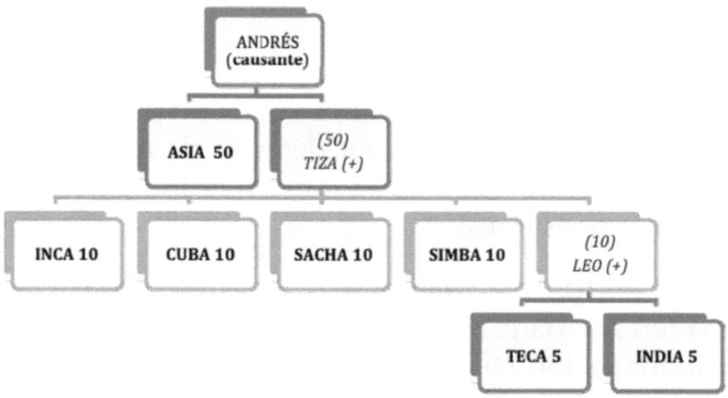

2) Línea recta ascendente: En línea recta ascendente en ningún caso tiene lugar el derecho de representación (art. 925.I CC).

Vamos a verlo con un ejemplo. Fallece Andrés (causante), que es hijo único de M.ª Rosa y Augusto (éste, fallecido con anterioridad a su hijo causante). Andrés es, además, nieto de Leónides y Claudia (padres de Augusto).

En este caso la herencia de Andrés pasa íntegramente a su madre M.ª Rosa, sin que se pueda aplicar a Leónides y Claudia el derecho de representación, como representantes de Augusto en la línea recta ascendente. El art. 925.I CC es muy claro: el derecho de representación nunca tiene lugar en línea recta ascendente. Leónides y Claudia no recibirán nada en este caso.

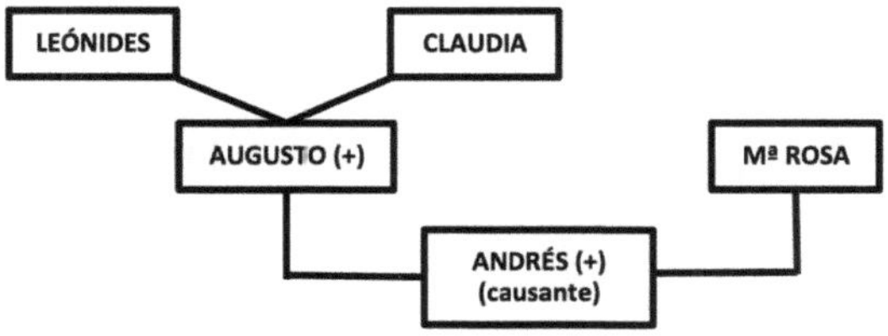

3) Línea colateral:

Según el art. 925.II CC el derecho de representación «en la línea colateral solo tendrá lugar a *favor de hijos de hermanos*, bien sean de doble vínculo, bien de un solo lado».

Ejemplo: Andrés (causante) tiene tres hermanas (Asun, Rosa y Lola).

Asun falleció antes que Andrés, pero dejó tres hijos (Ana, Jaime y Pablo), sobrinos de Andrés.

En este caso habrá que dividir la herencia de Andrés (con un valor de 90) en tres partes: una para Rosa (30), otra para Lola (30), y la que le hubiera correspondido a Asun (*30*), pasaría a Ana, Jaime y Pablo (hijos de hermana) por derecho de representación en línea colateral: recibirán 10 cada uno de ellos.

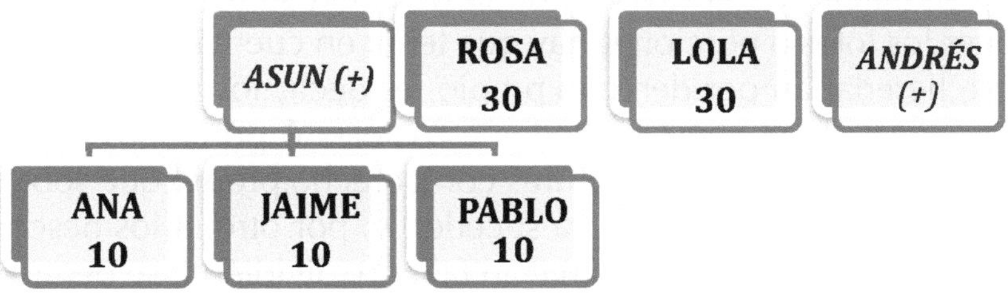

En este mismo ejemplo, si *hubiera fallecido también Pablo antes que Andrés*, dejando a su vez dos hijos (Susana y Tomás), la parte que hubiera correspondido en la herencia de Andrés a su hermana Asun pasaría íntegramente a Ana y Jaime. Los hijos de Pablo (Susana y Tomás) no pueden representar a su padre para recibir la parte que le hubiera correspondido, pues conforme al art. 925.II CC el derecho de representación «solo tendrá lugar a favor de los hijos de hermanos» (Ana y Jaime, hijos de Asun). En cambio, Susana y Tomás son nietos de una hermana (Asun), por lo que no reciben nada.

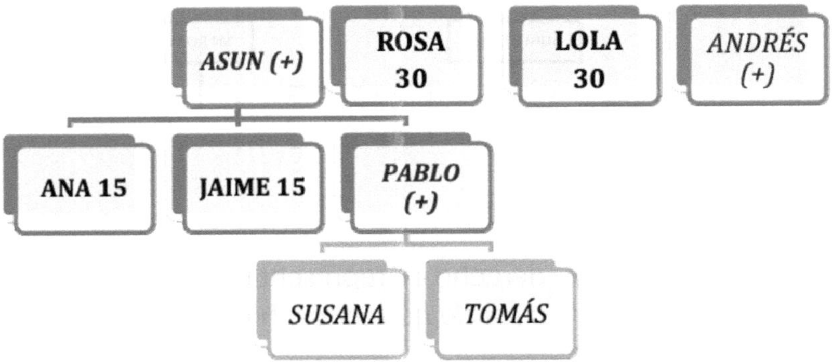

5.3. Efectos del derecho de representación

El CC establece como regla general que el representante o, en su caso, los representantes, recibirán todo lo que le hubiera correspondido al representado en la sucesión del causante. A ello se lo denomina heredar por *estirpes*. Según el art. 926 CC: «*Siempre que se herede por representación, la división de la herencia se hará por estirpes*, de modo que el representante o representantes no hereden más de lo que heredaría su representado, si viviera».

¿Qué significa que la división de la herencia se hará por estirpes? Que para hacer los lotes o porciones hay que tener en cuenta el número de sucesores que heredarían por derecho propio, es decir, los que serían llamados originariamente. Una vez calculados esos lotes o porciones, cada uno se atribuye, por un lado, a los sucesores con derecho propio que sobrevivan al causante y tengan capacidad para suceder, y, por otro, a los descendientes (es decir, a la *estirpe*) de los que hayan fallado, dividiéndose dentro de cada estirpe por partes iguales.

Ejemplo: Augusto (causante) tiene tres hijas: Lola, Rosa y Asun. Lola y Asun fallecen antes que la causante. Lola deja dos hijos (Icíar y Jorge), y Asun deja tres hijos (Ana, Jaime y Pablo).

Cuando el causante (Augusto) fallece, su herencia (que tiene un valor de 90) se divide en tres partes (las correspondientes a las tres hermanas que serían llamadas originariamente): una para Lola (30), otra para Rosa (30), y otra para Asun (30).

- La parte de Lola (30) se distribuye por partes iguales entre los hijos que forman su estirpe (Icíar y Jorge) por derecho de representación (y recibirán 15 cada uno).
- La parte de Rosa (30) la recibe ella misma por derecho propio.
- La parte de Asun (30) se distribuye por partes iguales entre los hijos que forman su estirpe (Ana, Jaime y Pablo) por derecho de representación (y recibirán 10 cada uno).

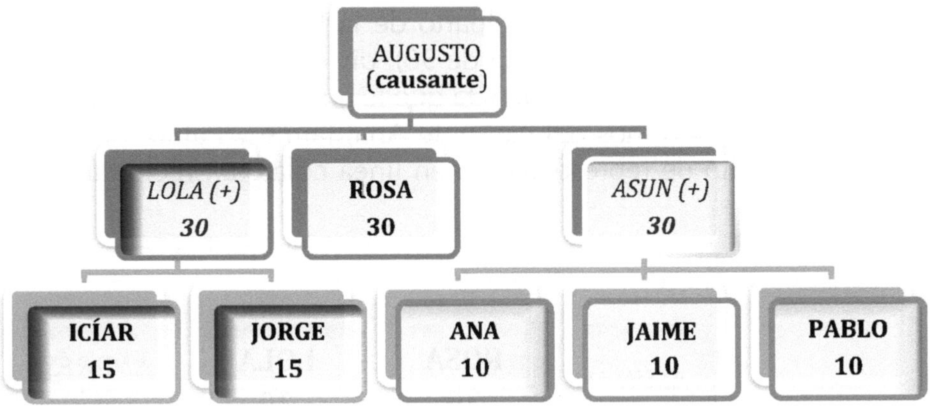

Excepción: en los casos de desheredación y de indignidad, los representantes no adquieren la porción que le hubiera correspondido al representado, sino únicamente su derecho a legítima. Así lo dispone el art. 857 CC, para la desheredación, y art. 761 CC, para la indignidad.

Hay que destacar igualmente la especialidad que se plantea cuando el derecho de representación tiene lugar *en línea colateral, y únicamente concurren sobrinos del causante*. En este caso los sobrinos heredan *por cabezas* (por partes iguales), y no por estirpes. En cambio, como acabamos de ver, si concurren hermanos con sobrinos del causante (los sobrinos en representación de un hermano) la división se hace *por estirpes* (art. 927 CC). La cuestión se puede ver más claramente con algunos ejemplos.

Supuesto 1

Vamos a utilizar el mismo supuesto con el que empezamos el estudio del derecho de representación en línea colateral.

Andrés (causante) tenía tres hermanas (Asun, Rosa y Lola). Asun falleció antes que Andrés, pero dejó tres hijos (Ana, Jaime y Pablo), sobrinos de Andrés. En este caso concurren a la herencia hermanas (Rosa y Lola) con sobrinos del causante (Ana, Jaime y Pablo, que son hijos de la hermana premuerta, Asun).

Ello hace que la herencia de Andrés se divida en tres partes: una para Rosa, otra para Lola (que heredan por derecho propio), y otra, la que le hubiera correspondido a Asun, para los hijos de ésta, Ana, Jaime y Pablo, por derecho de representación.

Por ello hicimos el siguiente reparto de la herencia de Andrés (imaginando un valor total de la herencia de 90), dividiéndola en tres partes: una para Rosa (30), otra para Lola (30), y la que le hubiera correspondido a Asun (*30*), pasaría a los sobrinos del causante Ana, Jaime y Pablo (hijos de hermana) por derecho de representación en línea colateral: recibirán 10 cada uno.

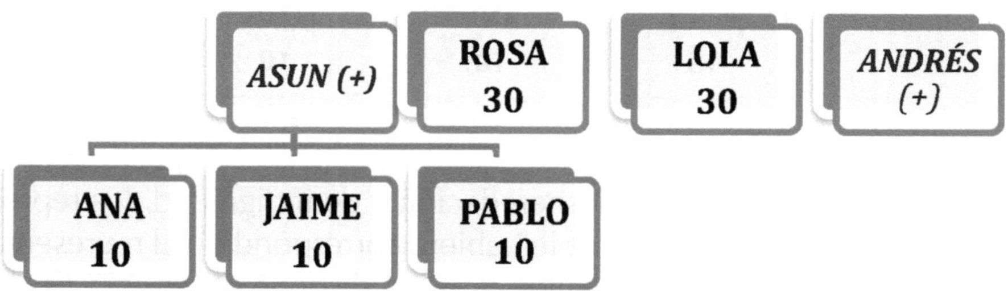

Supuesto 2

Continuando con estos mismos protagonistas, vamos a imaginar que, antes que Andrés, habían fallecido, no solamente Asun, sino también Rosa, que deja un hijo (Rody) y Lola, que deja dos hijos (Icíar y Jorge).

En este caso, en la herencia de Andrés únicamente concurren sobrinos. Ello hace que la herencia no se divida por estirpes, sino por cabezas. Procede, pues, repartirla por partes iguales entre todos los sobrinos (que son seis en total).

Por ello, habrá que hacer seis porciones, y cada uno de esos seis sobrinos recibirá una de esas porciones (15 cada uno). En este caso, en que sólo concurren sobrinos, heredan por derecho propio, y no por derecho de representación.

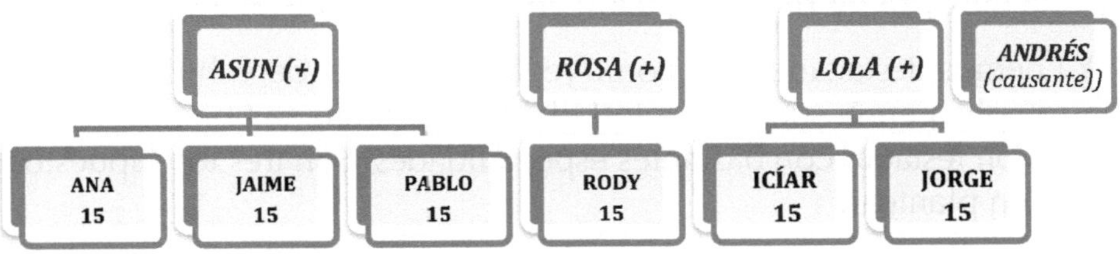

Continuando con los efectos de la representación hay que destacar tres cuestiones:

a) El representante o representantes suceden directamente al causante, y no a través del representado. De ello se deriva que el representante debe tener capacidad para suceder respecto a la persona a la que sucede (el causante) y no en cuanto al representado.

b) De acuerdo con el art. 928 CC: «No se pierde el derecho de representar a una persona por haber renunciado su herencia». Esto es así porque el precepto se refiere a dos herencias distintas (la del hoy representado, cuya herencia se repudió en el momento de su fallecimiento, y la del causante a quien sucede directamente el hoy representante). Es posible, por tanto, que se haya repudiado en su día la herencia del representado, lo que no impide aceptar actualmente la herencia del causante por derecho de representación. Nótese que el supuesto nada tiene que ver con el regulado en el art. 929 CC, que no permite representar a una persona viva (salvo en los casos de desheredación o indignidad). En el caso del art. 928 CC no se está representando a una persona viva, sino a alguien que premurió al causante. Pero el hecho de haber repudiado la herencia del premuerto no impide aceptar hoy la herencia del causante por derecho de representación.

c) Conforme al art. 1038 CC: «*Cuando los nietos sucedan al abuelo en representación del padre, concurriendo con sus tíos o primos, cola-*

cionarán todo lo que debiera colacionar el padre si viviera, aunque no lo hayan heredado». Se trata de un caso especial de representación en línea recta descendiente. Estudiaremos este supuesto cuando tratemos la colación (dentro de la Lección 9). El precepto quiere decir que, en este caso, los nietos deben colacionar en la herencia del causante, tanto lo que hubiera debido colacionar el representado, como lo que ellos mismos hubieran recibido del causante en vida de éste.

5.4. El derecho de representación en la sucesión testada y en la legítima

Ya hemos destacado que, como regla general, el derecho de representación se aplica en la sucesión intestada. No obstante, también se extiende a la sucesión testada, con bastantes especialidades. Son tres los supuestos que se pueden plantear.

a) *Indignidad sucesoria:* Según el art. 761 CC: «Si el excluido de la herencia por incapacidad fuera hijo o descendiente del testador y tuviere hijos o descendientes, adquirirán éstos su derecho a la legítima». En este caso, la representación se ciñe exclusivamente a la legítima (no abarca toda la porción en la que hubiese sido instituido el indigno).

b) *Desheredación:* Según el art. 857 CC: «Los hijos o descendientes del desheredado ocuparán su lugar y conservarán los derechos de herederos forzosos respecto a la legítima». Al igual que en el supuesto anterior, la representación se ciñe exclusivamente a la legítima (no abarca toda la porción en la que hubiese sido instituido el desheredado).

c) *Preterición:* Según el art. 814 CC: «Los descendientes de otro descendiente que no hubiere sido preterido, representan a éste en la herencia del ascendiente y no se consideran preteridos». La finalidad del precepto es resolver un problema de preterición (que analizaremos en la Lección 15, § 7.3), utilizando para ello la vía de la representación (por eso se dice al final: «y no se consideran preteridos»), de manera que, a efectos prácticos, no se aplican las reglas de la preterición. Frente al criterio expuesto de los arts. 761 y 857 del CC, la mayoría de la doctrina considera que los descendientes del legitimario no preterido que falla en la sucesión reciben todo lo que hubiera correspondido al representado en la herencia del testador (y no solo la legítima).

El art. 814 CC se refiere literalmente a la representación «en la herencia», y no en la legítima. De ello cabe deducir que los representantes ocupan en la herencia del testador la misma posición que tenía el representado. Esta es, además, la regla general en materia de derecho de representación (art. 924 CC), que no se ha visto afectada por el art. 814 CC.

Al margen de la interpretación del art. 814 CC, en la práctica podemos encontrarnos con testamentos que contemplan la posibilidad de aplicar el derecho de representación, generalmente referida a instituciones de heredero «con derecho de representación a favor de sus descendientes». Puede resultar dudoso si, en estos casos, el testador ha establecido una sustitución vulgar o un derecho de representación de carácter voluntario en la sucesión testada. La RDGRN 5 julio 2018 (BOE núm. 174, de 19 julio, págs. 72776 y ss.) considera que estamos ante un problema de interpretación de la voluntad testamentaria, pero finalmente se inclina por entender que con esta cláusula el testador está determinando que tales descendientes serán herederos exclusivamente por las causas por las que procede el derecho de representación en la sucesión intestada, esto es, para los casos de premoriencia y los de desheredación o incapacidad para suceder, excluyéndose la renuncia (*ex art.* 929 CC).

6. DERECHO DE ACRECER

6.1. Concepto

Como sabemos, el testador puede llamar a su herencia a varias personas. El derecho de acrecer que vamos a estudiar parte de esa llamada conjunta a la herencia, o a una parte de ella, a varias personas de manera simultánea. Para que actúe el derecho de acrecer es preciso que quede vacante la porción hereditaria de alguno de los llamados simultáneamente a la sucesión. Pero esa vacancia debe producirse exclusivamente por alguna de las causas que contempla el CC, y el llamamiento conjunto debe cumplir los requisitos previstos por el legislador. Es entonces cuando habrá que determinar el destino de la porción vacante.

Cuando se aplica el derecho de acrecer la porción que deja vacante quien falla en la herencia se distribuye (acrece) entre el resto de los llamados simultáneamente a esa misma herencia o parte de ella. El derecho de acrecer o acrecimiento es, pues, el derecho de cada uno de los llamados de manera conjunta, simultánea y sin especial designación de partes, a una herencia o a una parte de ella, de hacer suya la porción que queda vacante.

Ejemplo: Andrés (causante) designa como herederas por partes iguales en su testamento a sus amigas *Isabel, Raquel, Susana y Henar*. Resulta que *Isabel* fallece antes que *Andrés*. Cuando fallezca Andrés, la herencia se dividirá entre *Raquel, Susana* y *Henar*. En este caso, la parte correspondiente a Isabel se reparte por partes iguales entre las otras tres herederas (*Raquel, Susana* y *Henar*).

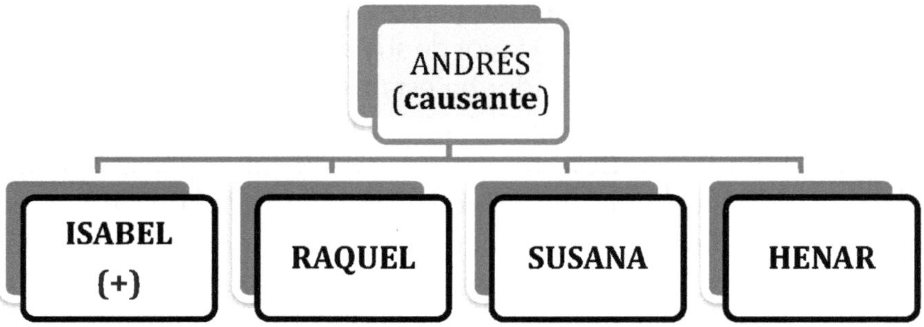

A efectos prácticos, como se puede ver, estaba previsto que la herencia se repartiera entre cuatro personas (las cuatro amigas del causante), correspondiendo a cada una 1/4. Pero ante la vacancia que provoca Isabel, ahora hay sólo tres personas que reciben cada una 1/3 de la herencia. Se dice por ello que la parte de Isabel acrece a las demás.

El derecho de acrecer actúa siempre con *carácter subsidiario*. Se puede afirmar que es la última opción prevista por el legislador antes de proceder a la apertura de la sucesión intestada.

- No habrá, por tanto, derecho de acrecer si el testador ha previsto una sustitución vulgar (art. 774 CC).
- Tampoco cuando la ley prevea que se aplique el derecho de representación (art. 924 CC).
- Y tampoco cuando el titular del *ius delationis* fallece después del causante sin haber podido aceptar o repudiar, porque pasa a sus herederos este mismo derecho (art. 1006 CC).

Aunque se aplica cuando se cumplen determinados requisitos hay que dejar constancia de que, en la sucesión testamentaria, el testador puede establecer voluntariamente que tenga lugar el derecho de acrecer, aunque no se cumplan los presupuestos del mismo. En definitiva, las reglas sobre el derecho de acrecer *no son imperativas, sino dispositivas*, de manera que el testador puede:

a) Imponer su aplicación en aquellos casos en que legalmente no tendría lugar (respetando en todo caso las normas sobre legítimas).

b) Suprimir la posibilidad de acrecimiento cuando la ley lo establece.

Pero si el testador no previó nada, el derecho de acrecer sólo puede tener lugar cuando concurren los requisitos que exige el art. 982 CC.

El medio natural en el que actúa el derecho de acrecer es el de la sucesión testada. No obstante, puede llegar a aplicarse también en la sucesión intestada, y dentro de la regulación de las legítimas.

6.2. Requisitos en la sucesión testada

Según el art. 982 CC, para que en la sucesión testamentaria tenga lugar el derecho de acrecer, se requiere:

1) Que dos o más sean llamados a una misma herencia, o a una misma porción de ella, *sin especial designación de partes* (*llamamiento conjunto y simultáneo*).

2) Que uno de los llamados *muera antes que el testador*, o que *renuncie* la herencia, o sea *incapaz* de recibirla (*vacancia de la porción*).

6.2.1. Llamamiento conjunto y simultáneo

El primer requisito es el llamamiento conjunto y simultáneo a dos o más personas a una misma herencia, o a una misma porción o parte alícuota de ella, *sin especial designación de partes*. Ello nos da a entender que cuando sí exista una designación especial de las porciones en las que va a heredar cada instituido, no hay derecho de acrecer. Según el art. 983 CC: «*Se entenderá hecha la designación por partes* sólo en el caso de que el testador *haya determinado expresamente una cuota para cada heredero*». Además, como criterio interpretativo para saber cuándo hay designación de partes, el mismo art. 983 añade: La frase «por mitad o por partes iguales» u otras que, aunque designen parte alícuota, *no fijan ésta numéricamente* o por señales que hagan a cada uno dueño de un cuerpo de bienes separado, *no excluyen el derecho de acrecer*.

Hay dos posturas doctrinales sobre el contenido del art. 983 CC y la exigencia de que llamamiento se produzca sin especial designación de partes.

a) La *doctrina mayoritaria* considera que las atribuciones numéricas que equivalen a partes iguales (designación de herederos «por mitad o partes iguales») deben interpretarse en el sentido de que el testador ha realizado un llamamiento conjunto, de manera que no estamos ante una especial designación de partes, lo que posibilita la aplicación del derecho de acrecer en tales casos. Sería indiferente decir que se instituye herederas a cuatro personas por partes iguales, que instituir a esas mismas cuatro personas en un 25% de la herencia cada una, porque también aquí se está repartiendo la herencia por partes iguales.

Por el contrario, la asignación de partes o cuotas desiguales, o la atribución de cuerpos ciertos de bienes separados o concretos, sí que supondrían una especial designación de partes, que excluye el derecho de acrecer. Por eso en la Lección 11 (§ 2.1.1) pondremos de relieve que en los casos de institución de heredero *ex re certa* no tiene aplicación el derecho de acrecer.

b) ALBALADEJO sostiene, en cambio, que debe prescindirse de la fijación numérica de la cuota como causa de exclusión del acrecimiento. En su opinión únicamente excluye el derecho de acrecer la atribución de un cuerpo cierto de bienes a cada heredero, pero no que las cuotas sean desiguales. Según esta interpretación, si hay acrecimiento cuando se fijan cuotas iguales (instituir a cuatro personas en un 25% de la herencia cada una), se puede aceptar también cuando las cuotas son desiguales, siempre que se pueda considerar que existe un llamamiento solidario a la herencia. Así, si el testador instituye a tres personas, asignando a una el 50%, a otra el 30% y a otra el 20%, considera que cabe derecho de acrecer, de manera que la parte vacante acrecería a los demás en la misma proporción en que fueran herederos.

6.2.2. Vacancia de la porción

Para que proceda el derecho de acrecer una de las partes iguales debe haber quedado vacante por alguno de estos motivos:

- Que el llamado *muera antes que el testador.*
- Que *renuncie* a la herencia.
- Que sea *incapaz de recibirla.*

Aunque solo se mencionan esos tres supuestos, la doctrina mayoritaria y la jurisprudencia consideran que se cumple el requisito de la vacancia de la porción cuando por cualquier causa la delación a uno de los llamados queda ineficaz (*nasciturus* que no llega a nacer, incumplimiento de la condición suspensiva cuando la institución estaba sometida a este tipo de condición, o imposibilidad de identificar a alguno de los llamados conjuntamente).

El caso más claro dentro del art. 982 CC es el de *premoriencia* del instituido. Si el llamado conjuntamente fallece después que el testador, una de dos: o bien ha aceptado (y no se produce el supuesto de hecho) o ha *repudiado* (procede el derecho de acrecer). Si el llamado ha fallecido después sin aceptar ni repudiar (sin haber ejercitado el *ius delationis*), no procede el derecho de acrecer, sino la transmisión del *ius delationis*.

6.3. Efectos del acrecimiento en la sucesión testada

El efecto general del derecho de acrecer es que, una vez producida la vacancia de la porción, la parte correspondiente a los llamados conjuntamente, que sí heredan, se incrementa (acrece). Debemos plantearnos si, para que se produzcan los efectos del acrecimiento, los beneficiarios del mismo deben aceptar la cuota vacante, o si el acrecimiento se produce de manera automática, sin necesidad de aceptación de la misma. El CC aclara poco las cosas. Según su art. 984: «Los herederos a quienes acrezca la herencia sucederán en todos los derechos y obligaciones que tendría el que no quiso o no pudo recibirla».

Cuando concurren los requisitos analizados, *los efectos del acrecimiento se producen de manera automática*. Se debe proceder entonces a recalcular de nuevo las cuotas entre los que efectivamente heredan. Puede afirmarse entonces que solo existe una única delación, y una sola aceptación, que abarca tanto la cuota inicial como el incremento de la cuota por acrecimiento de la porción vacante. Al no existir dos delaciones no es posible que los que se benefician del acrecimiento acepten su cuota (la que les correspondería de no aplicarse el acrecimiento) y rechacen la aplicación del derecho de acrecer. Las cuotas se recalculan nuevamente entre los que quedan.

Ejemplo: Andrés, Cristina, Henar, Luis y Beltrán son llamados por partes iguales y de manera simultánea a una herencia. En principio, cada uno tiene derecho a una quinta parte, es decir, a un 20 % de la herencia. Pero si Henar repudia su parte, tendríamos que repartir esa misma herencia entre los que quedan (Andrés, Cristina, Luis y Beltrán), de manera que cada uno de ellos tendría derecho a una cuarta parte de esa herencia: el 25 %). Inicialmente dividíamos la herencia entre cinco y ahora lo hacemos entre cuatro.

Si es este mismo ejemplo repudiasen Henar, Luis y Beltrán, tendríamos que repartir la herencia por mitad entre Andrés y Cristina, que recibirían cada uno un 50 % de la misma.

En definitiva, cuando cualquiera de los instituidos acepta la herencia, no es necesario que acepte de manera autónoma el acrecimiento. Este se produce automáticamente, aunque en el momento de la aceptación todavía no se conozca que se han producido algunos de los supuestos de vacancia a que da lugar al derecho de acrecer. Ello supone que el acrecimiento (lo mismo que la aceptación) produce sus efectos retroactivamente desde el momento de apertura de la sucesión.

Finalmente debe insistirse en el *carácter subsidiario* del derecho de acrecer. La sustitución vulgar es preferente si el testador la estableció para el caso de que cualquiera de los llamados no pudiera o no quisiera heredar. Lo mismo ocurre si tiene lugar el derecho de representación que se aplica con preferencia al derecho de acrecer. Como el derecho de acrecer es lo último que procede aplicar cuando falla uno de los llamados, lo único que resta es la apertura de la sucesión intestada respecto a esa porción. Por eso el art. 986 CC dispone: «En la sucesión testamentaria, cuando no tenga lugar el derecho de acrecer, la porción vacante del instituido, a quien no se hubiese designado sustituto, pasará a los herederos legítimos (*abintestato*) del testador, los cuales la recibirán con las mismas cargas y obligaciones».

6.4. Especialidades en la sucesión intestada

La regla general que recogen los arts. 921 y 922 CC es que los parientes de grado más próximo excluyen a los de grado más remoto. Por ello, si falla alguno, la herencia se atribuye a los parientes que estén dentro de ese grado, salvo que proceda el derecho de representación. Si no hay derecho de representación, el art. 981 CC dispone que en la sucesión intestada «*la parte del que repudia la herencia acrecerá* siempre a los coherederos».

Nótese que sólo se habla de repudiación. Ello es así porque en los otros posibles supuestos en que falla alguno de los llamados (por *premoriencia, indignidad o desheredación*), lo que procede es el derecho de representación. Ello confirma que el derecho de acrecer únicamente se aplica cuando no hay parientes de ulterior grado beneficiados por el derecho de representación.

Ejemplos prácticos:

Imaginemos que *Andrés* tiene cuatro hijas (*Fernanda, Miriam, Ángela* y *Sonia*). Resulta que Fernanda fallece antes que Andrés. Cuando fallezca intestado Andrés, su herencia se repartirá por partes iguales entre Miriam, Ángela y Sonia. Pero ello *porque son las parientes de grado más próximo.*

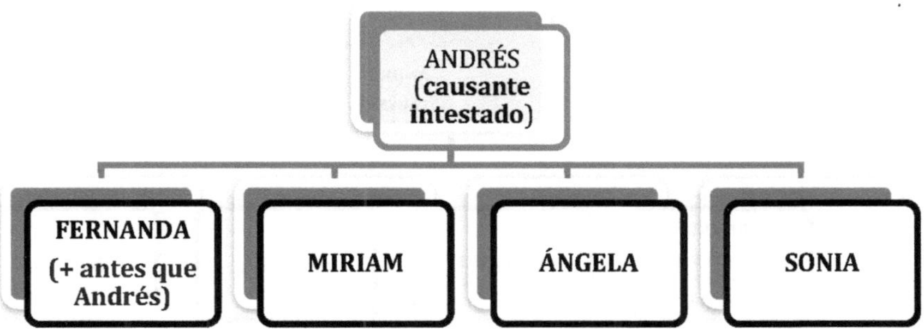

Ahora pensemos que Fernanda dejó al fallecer dos hijas (*Inca* y *Cuba*), que son por tanto nietas de Andrés. En este caso tiene lugar el derecho de representación a favor de ambas, y la parte de la herencia de Andrés, que le hubiera correspondido a Fernanda, se atribuye a su estirpe (Inca y Cuba).

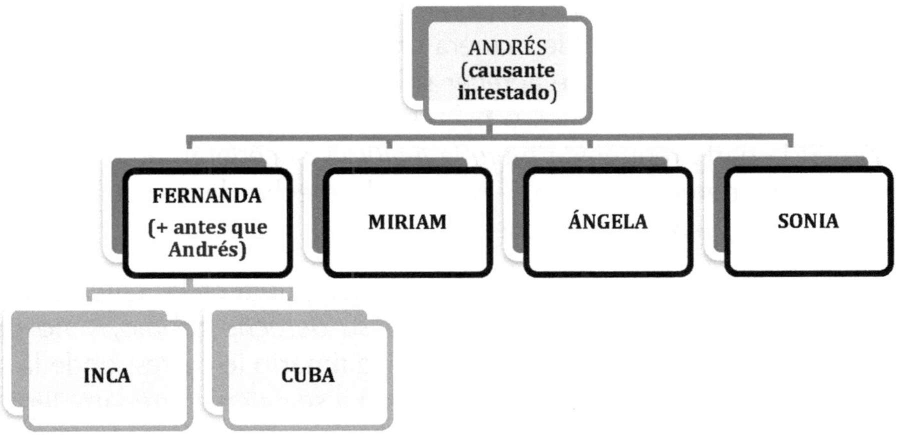

Pero, con estos mismos personajes, si *Fernanda sobrevivió a Andrés*, y la porción de Fernanda queda *vacante por haberla ésta repudiado*, no procede el derecho de representación. Se aplica el art. 981 CC: hay derecho de acrecer a favor de sus hermanas, y toda la herencia se reparte entre Miriam, Ángela y Sonia.

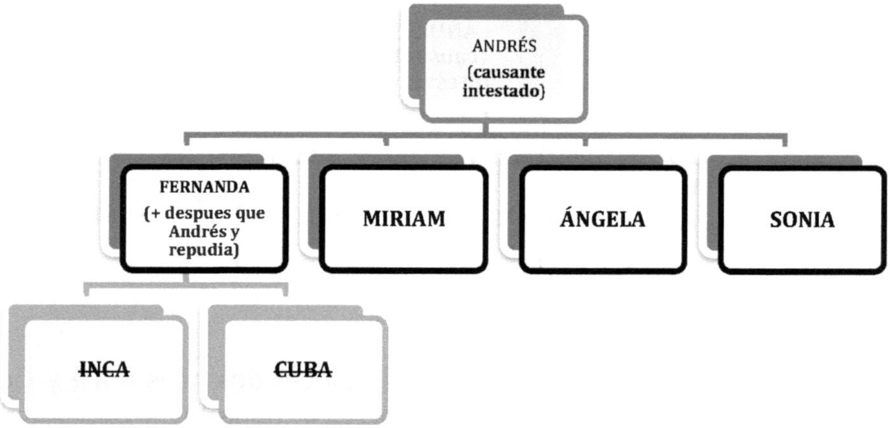

6.5. Especialidades en sede de legítimas

El art. 985 CC dispone (de manera un tanto imprecisa): «Entre los herederos forzosos el derecho de acrecer sólo tendrá lugar *cuando la parte de libre disposición* se deje a dos o más de ellos, o a alguno de ellos y a un extraño. Si la parte repudiada *fuere la legítima*, sucederán en ella los coherederos por su derecho propio, y no por el derecho de acrecer». Podemos distinguir las siguientes situaciones.

a) *Legítima estricta*: Si la parte que se repudia es la legítima estricta suceden «en ella los coherederos *por su derecho propio*, y *no por el derecho de acrecer*». Es decir, a cada legitimario le corresponde la parte a la que tenga derecho, porque la legítima se calcula y reparte teniendo en cuenta el número de legitimarios existentes. Es posible que exista derecho de representación en la legítima en los supuestos de indignidad (art. 761 CC) y desheredación (art. 857 CC). O que exista derecho de representación en la entera porción atribuida al premuerto en los casos de premoriencia (art. 814 CC).

Pero si el legitimario repudia su legítima, «sucederán en ella los coherederos por su derecho propio, y no por el derecho de acrecer». Se habla en este caso de «derecho propio», expresión que debemos identificar con la «legítima estricta». De esta manera, tras esa repudiación, el reparto tiene lugar entre los legitimarios que efectivamente heredan (excluyendo al que renunció). Como ponemos de relieve en la Lección 13 (§ 2.4), no es posible aplicar a la legítima una posible sustitución vulgar, aunque el testador haya previsto que los sustitutos vulgares sean los descendientes del repudiante [STS (1ª) 10 julio 2003 (ECLI:ES:TS:2003:4886) y RDGSJFP 18 enero 2022 (BOE núm. 40, de 16 de febrero, págs. 19745 y ss.)].

b) *Mejora*: Cuando hay varios hijos mejorados conjuntamente, se admite el acrecimiento en la mejora si es que se renuncia a ésta, aplicando las mismas reglas que ya hemos analizado para el acrecimiento en la sucesión testada [el tema del acrecimiento en la mejora será tratado en la Lección 16, § 1.4.4)].

c) *Parte de libre disposición:* Se aplican las reglas generales del derecho de acrecer en la sucesión intestada cuando se deje a dos o más legitimarios o a alguno o algunos de ellos y a extraños.

BIBLIOGRAFÍA

ALBALADEJO GARCÍA, Manuel, «La sucesión *iure transmissionis*», *Anuario de Derecho Civil,* 1952, págs. 912-971.

CERDEIRA BRAVO DE MANSILLA, Guillermo, «Prohibición legal de testar para las personas con discapacidad: justificación e interpretación del nuevo art. 753 del Código civil», en ESPEJO LERDO DE TEJADA, Manuel – CERDEIRA BRAVO DE MANSILLA, Guillermo (Dir.), *La persona con discapacidad en el Derecho de sucesiones,* Aranzadi, Cizur Menor, 2023, págs. 123-169.

DÍAZ ALABART, Silvia, «La indignidad para suceder y la desheredación. Algunas reflexiones tras la promulgación de la Ley (8/2021)», en ESPEJO LERDO DE TEJADA, Manuel – CERDEIRA BRAVO DE MANSILLA, Guillermo (Dir.), *La persona con discapacidad en el Derecho de sucesiones,* Aranzadi, Cizur Menor, 2023, págs. 197-218.

DOMÍNGUEZ LUELMO, Andrés (Dir.), *Comentarios al Código civil,* Lex Nova, Valladolid, 2010.

DOMÍNGUEZ LUELMO, Andrés, «La sucesión mortis causa en los casos de premuerte y renuncia del instituido»,*Revista Jurídica del Notariado,* núm. 117, 2023, págs. 11-84.

GARCÍA GOLDAR, Mónica, *La liquidación de la herencia en el Código civil español. Especial referencia a las deudas sucesorias desconocidas o sobrevenidas,* BOE, Madrid, 2019.

GARCÍA RUBIO, María Paz, *La distribución de toda la herencia en legados. Un supuesto de herencia sin heredero*, Civitas, Madrid, 1989.

JORDANO FRAGA, Francisco, *La sucesión en el «ius delationis». Una contribución al estudio de la adquisición sucesoria «mortis causa»*, Civitas, Madrid, 1990.

LÓPEZ FRÍAS, Ana, «Repudiación de la herencia y sustitución vulgar: la atribución de la vacante sucesoria por renuncia en supuestos complejos», *Revista de Derecho Civil*, núm. 1, 2019, págs. 133-176.

LÓPEZ SAN LUIS, Rocío, *El derecho de representación en la sucesión testamentaria*, Comares, Granada, 2013.

MADRIÑÁN VÁZQUEZ, Marta, *El derecho de representación en la sucesión testada*, Aranzadi, Cizur Menor, 2009.

NORIEGA RODRÍGUEZ, Lydia, *La indignidad para suceder en el Derecho común; especial referencia a sus causas*, Aranzadi, Cizur Menor, 2023.

PÉREZ ÁLVAREZ, Miguel Ángel, *La reforma del artículo 753 del Código civil. La sucesión a favor de establecimientos, cuidadores, tutores y curadores*, Aranzadi, Cizur Menor, 2023.

SALAS MURILLO, Sofía de, «La incapacidad de suceder a la persona con discapacidad: la prohibición del art. 753 del Código civil tras la reforma efectuada por la Ley 8/2021, de 2 de junio», en ESPEJO LERDO DE TEJADA, Manuel – CERDEIRA BRAVO DE MANSILLA, Guillermo (Dir.), *La persona con discapacidad en el Derecho de sucesiones*, Aranzadi, Cizur Menor, 2023, págs. 171-195.

VATTIER FUENZALIDA, Carlos, *El derecho de representación en la sucesión «mortis causa»*, Montecorvo, Madrid, 1986.

ZUMAQUERO GIL, Laura, *El derecho de acrecer entre coherederos*, Dykinson, Madrid, 2011.

LECCIÓN 5

LA SUCESIÓN INTESTADA

Andrés DOMÍNGUEZ LUELMO
Catedrático de Derecho civil
Universidad de Valladolid

Henar ÁLVAREZ ÁLVAREZ
Catedrática de Derecho civil
Universidad de Valladolid

1. EL PARENTESCO Y SU CÓMPUTO

El criterio que sigue el CC para determinar quiénes serán los sucesores abintestato es el del parentesco con el causante. La manera de computar el parentesco se regula en los arts. 915 a 919 del CC, y se aplica —según destaca el art. 919 CC— en todas las materias, tanto las reguladas en el CC (v.gr., deber de alimentos entre los parientes del art. 143, o los impedimentos para contraer matrimonio del art. 47), como en otras ramas del Derecho (Penal, Administrativo, Tributario, o Procesal: v.gr. la circunstancia mixta de parentesco del art. 23 CP, o la tacha de peritos o testigos en los arts. 343 y 377 LEC).

A efectos del cómputo del parentesco hay que distinguir tres conceptos fundamentales: *grado*, *línea* y *tronco*.

El *grado* equivale a cada generación. Así, entre padre e hijo hay un grado o una generación, y entre nieto y abuelo, dos.

La *línea* está formada por los grados que separan a las personas cuyo parentesco se trata de determinar. A su vez dentro de la línea se distingue la recta y la colateral. La recta puede ser *ascendente* o *descendente*. La descendente une al progenitor con los que descienden de él, y la ascendente une a la persona con aquellos de los que desciende.

Tronco es el ascendiente común más próximo, y se utiliza para el cómputo en línea colateral.

El parentesco por *consanguinidad* es el vínculo jurídico que se produce entre las personas que descienden unas de otras (parentesco en línea recta) o bien que sin descender unas de otras tienen un ascendiente común (parentesco en línea colateral). Este parentesco será de doble vínculo si los progenitores son comunes, mientras que será de vínculo sencillo cuando solo uno de los progenitores sea común.

Así, de acuerdo con el art. 920 CC, los hermanos serán de doble vínculo si tienen los mismos padres, y de vínculo sencillo cuando solo el padre es común (hermanos germanos) o solo lo es la madre (hermanos uterinos).

Este parentesco por consanguinidad puede ser *matrimonial, extramatrimonial* o *adoptivo,* dependiendo del tipo de filiación del que se trate, pero los efectos del parentesco son los mismos en los tres casos (art. 108 CC). En el caso de la filiación adoptiva, la adopción produce la extinción de los vínculos jurídicos entre el adoptado y su familia de origen, con las salvedades recogidas en el art. 178.2 CC.

Otro tipo de parentesco, que no se tiene en cuenta a efectos de determinar derechos sucesorios, es el parentesco por *afinidad.* Es el que une a una persona con los parientes consanguíneos de su cónyuge. Así pues, solo existe afinidad con los parientes consanguíneos del cónyuge, no entre los parientes de un cónyuge y los parientes del otro cónyuge (v.gr., los consuegros o concuñados no son parientes por afinidad). Los parientes por afinidad del causante no tienen derechos sucesorios en la herencia de éste, pero el parentesco por afinidad sí se tiene en cuenta por el legislador en determinados casos: para prohibir ser testigos en los testamentos (arts. 681.5º y 682 CC), para establecer alguna incapacidad relativa para suceder en sentido estricto (art. 754 CC), o para impedir la adopción (art. 175.3.2º CC).

Como vamos a ver seguidamente, dentro de los parientes, la sucesión se realiza por *líneas,* que son excluyentes entre sí. Dentro de cada línea, el llamamiento de los herederos se hace siguiendo el criterio de *proximidad de grado,* y dentro de cada grado, la herencia se divide *por cabezas,* es decir, por las personas que haya dentro del mismo.

El parentesco debe acreditarse por los datos que figuran en el Registro Civil. Tiene que estar determinado legalmente y existir en el momento de la apertura de la sucesión, aunque como la filiación tiene efectos retroactivos, si se determina posteriormente, podrán reclamarse los derechos sucesorios.

1.1. Parentesco en línea recta

La línea recta puede ser ascendente o descendente, dependiendo del punto de referencia que tomemos como partida. Por eso el art. 917 CC nos dice: «Se distingue la línea recta en *descendente* y *ascendente*. La primera une al cabeza de familia con los que descienden de él. La segunda liga a una persona con aquellos de quienes desciende».

El cómputo del parentesco siempre se hace igual, sea línea ascendente o descendente. El art. 918 CC nos dice: «*En las líneas se cuentan tantos grados como generaciones o como personas, descontando la del progenitor*». Ello quiere decir que la persona de la que partimos para hacer el cómputo no cuenta como un grado.

El ap. 2º del art. 918 señala: «En la recta se sube únicamente hasta el tronco. Así, el hijo dista del padre un grado, dos del abuelo y tres del bisabuelo». En este precepto el CC está pensando en que partimos para hacer al cómputo desde el hijo. Si hacemos el computo a la inversa (en línea descendente) el resultado es el mismo.

1.2. Parentesco en línea colateral

Para el cómputo del parentesco en línea colateral el ap. 3º del art. 918 CC dispone: «En la colateral se sube hasta el tronco común y después se baja hasta la persona con quien se hace la computación. Por esto, el hermano dista dos grados del hermano, tres del tío, hermano de su padre o madre, cuatro del primo hermano y así en adelante».

Para saber en qué grado existe parentesco en línea colateral, la persona de la que partimos no cuenta como un grado.

1) Por eso *los hermanos son parientes colaterales en 2º grado* [un grado para subir al tronco común (su padre) y otro grado para bajar hasta su hermano].

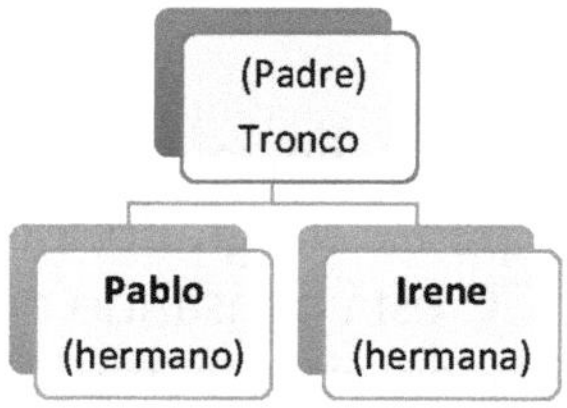

En este ejemplo, si queremos saber en qué grado es pariente Pablo de su hermana Irene, computamos un grado para subir al tronco común, y otro grado para bajar hasta su hermana: son parientes en línea colateral en segundo grado.

2) *Tío/a y sobrino/a son parientes colaterales en 3º grado.* Si partimos del tío, hay que subir un grado, con lo que llegamos hasta el tronco común, y bajamos dos grados hasta llegar al sobrino. Si tomamos como punto de partida el sobrino, el resultado es el mismo: subimos dos grados hasta llegar el tronco común y bajamos un grado hasta llegar al tío.

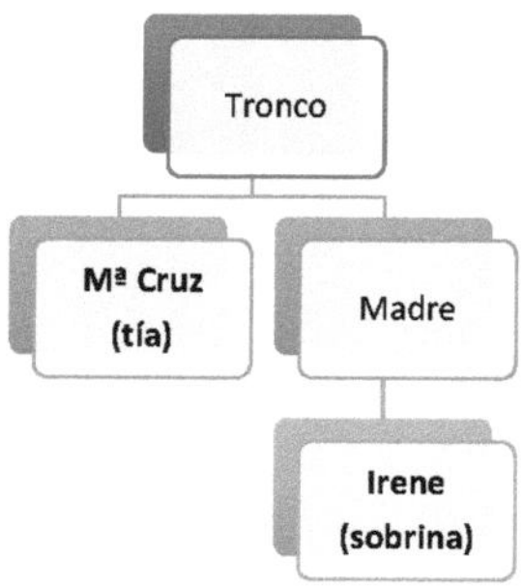

En este ejemplo, para saber el parentesco de M.ª Cruz, con su sobrina Irene, hija de una hermana de M.ª Cruz, subimos un grado hasta el tronco, y bajamos dos grados hasta su sobrina Irene. Y para saber el parentesco de Irene con su tía M.ª Cruz (hermana de su madre), subimos dos grados hasta el tronco común, y bajamos un grado hasta su tía M.ª Cruz. Es indiferente partir para el cómputo de una o de otra porque el resultado siempre es el mismo: tío/a y sobrino/a son parientes en línea colateral en 3º grado.

3) *Los primos carnales o primos hermanos son parientes colaterales en 4º grado*. Da igual que partamos para el cómputo de uno o de otro: siempre habrá que subir dos grados hasta llegar al tronco, y bajar otros dos grados hasta llegar al primo.

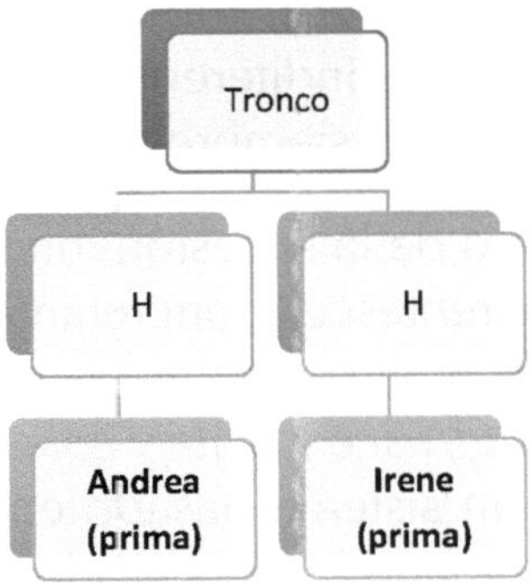

En este ejemplo, para averiguar el parentesco entre las dos primas (Andrea e Irene), nos da igual partir de una o de otra. En ambos casos se suben dos grados hasta llegar al troco común y se bajan otros dos grados hasta llegar a la prima.

4) T*ambién son parientes colaterales en 4º grado tíos-abuelos respecto de sobrinos-nietos* (es decir, el parentesco entre un nieto y el hermano de su abuelo, o entre el hermano de una persona y el nieto de ésta).

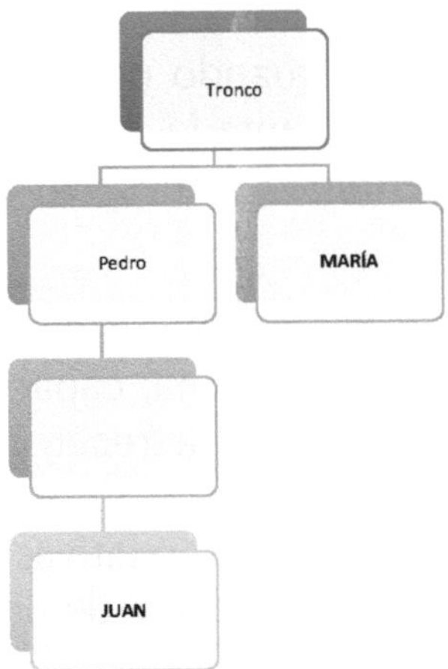

En este ejemplo, para saber el parentesco entre Juan y María [hermana de Pedro (que es abuelo de Juan)], si partimos de Juan, subimos tres grados hasta llegar al tronco, y bajamos un grado hasta María.

Si partimos de María para saber el parentesco que tiene con Juan [nieto de Pedro, que es hermano de María], subimos un grado hasta el tronco, y bajamos tres grados hasta Juan. Es indiferente que partamos para el cómputo de una o de otro: el parentesco es siempre en 4° grado.

Como vamos a ver, dentro de la sucesión intestada, el CC ha optado por un sistema basado en el parentesco, concretamente el sistema de las tres líneas, donde el orden de suceder se determina por las líneas a que pertenecen los parientes: *descendente, ascendente y colateral.* LACRUZ de una manera muy gráfica afirma que es un sistema basado en la preferencia de afectos, proveniente del Derecho romano, entendiendo que el cariño familiar primero desciende, luego asciende y finalmente se extiende, *con la excepción del cónyuge viudo, que es llamado antes que los colaterales.*

2. SUPUESTOS EN QUE PROCEDE LA APERTURA DE LA SUCESIÓN INTESTADA

La sucesión intestada también se denomina sucesión abintestato o legal, o sucesión legítima (aunque para evitar confusiones es preferible reservar esta denominación para las restricciones a la libertad de testar de los arts. 806 y ss. del CC).

La sucesión intestada opera cuando no hay testamento, o bien este es ineficaz o insuficiente. Es decir, ante la ausencia de voluntad expresa del difunto, es la ley la que determina quiénes van a ser los sucesores y en qué proporción.

A este tipo de sucesión le son de aplicación las reglas generales relativas a la sucesión sobre apertura de la misma, capacidad para suceder (art. 914 CC), derecho de representación y de acrecer, así como las reglas para la aceptación y repudiación de la herencia. Sin embargo, no resultan de aplicación las normas sobre incapacidades relativas de los art. 746 y ss. CC, ya que parten de la hipótesis de la existencia de un testamento. En cambio, sí son aplicables las reglas sobre incapacidades absolutas del art. 745 CC, y las de indignidad sucesoria del art. 756 CC.

Los art. 658 y 1009 CC permiten la coexistencia de la sucesión testamentaria y de la intestada dentro de una misma sucesión, siendo preferente la sucesión testamentaria. Por tanto, la intestada tiene carácter supletorio, funciona como un complemento o en defecto de la testamentaria.

Debe insistirse en que *la sucesión intestada es una sucesión universal*, pues los llamados suceden en todos los bienes del causante (con la consiguiente responsabilidad de los herederos, salvo que acepten a beneficio de inventario), sin perjuicio de su posible concurrencia con la cuota usufructuaria del cónyuge viudo (art. 834 y 837 CC), que resulta aplicable también en estos casos. Se trata de un llamamiento como heredero, incluso cuando se produce a favor del Estado o de la Comunidad Autónoma.

En cambio, no tiene naturaleza sucesoria el derecho de predetracción del cónyuge supérstite sobre el ajuar de la vivienda habitual contemplado en el art. 1321 CC. El contenido del art. 1321 CC tiene carácter imperativo: ninguno de los esposos puede introducir en su testamento disposiciones contrarias al derecho que sobre el ajuar doméstico confiere a su cónyuge este precepto [STS (1ª) 19 mayo 2000 (ECLI:ES:TS:2000:4074)]. En este caso, con independencia del régimen económico matrimonial, el ajuar no integra el caudal relicto, ni se computa a los efectos de fijación de legítima ni a ningún otro efecto, sino que el cónyuge supérstite lo percibe por ministerio de la ley como un beneficio gratuito de carácter netamente matrimonial y no sucesorio.

A pesar de ello, desde el punto de vista tributario, según el art. 15 LISyD: «El ajuar doméstico formará parte de la masa hereditaria y se valorará en el tres por ciento del importe del caudal relicto del causante, salvo que los interesados asignen a este ajuar un valor superior o prueben fehacientemente su inexistencia o que su valor es inferior al que resulte de la aplicación del referido porcentaje». En la práctica tributaria venía siendo habitual aplicar en todo caso el 3% sobre el caudal relicto en concepto de ajuar doméstico. A efectos prácticos ello significaba que los herederos debían aumentar el valor del caudal relicto en un 3%. No obstante este criterio ha cambiado tras la STS (3ª) 10 marzo 2020 (ECLI:ES:TS:2020:1619) y dos SSTS (3ª) de 19 mayo 2020 (ECLI:ES:TS:2020:956 y ECLI:ES:TS:2020:1094). La nueva postura del TS supone que el 3% del ajuar doméstico se debe calcular sobre el valor de la vivienda del causante y no sobre la totalidad del caudal relicto, por lo que deben excluirse para su cálculo las acciones, participaciones sociales, efectivo metálico, solares o locales comerciales, ya que no pueden afectarse por su identidad, valor y función, al uso particular o personal del causante.

El art. 912 CC recoge algunos de los supuestos que determinan la apertura de la sucesión intestada:

1) *Cuando una persona muere sin haber otorgado testamento, o bien es nulo, o ha perdido su validez.*

La acreditación de la inexistencia de testamento se produce mediante un certificado de defunción y un certificado negativo del Registro de Actos de Última Voluntad. Además, si apareciese un testamento ológrafo no podría abrirse la sucesión intestada. En cuanto a la nulidad del testamento, que podrá ser total o parcial, tiene que instarse por cualquiera de los potenciales herederos abintestato, y deberá declararse en sentencia firme por haberse acreditado cualesquiera de las causas que originan la invalidez del testamento. Tras la modificación producida por la LJV, a la demanda ya no se puede acumular la solicitud de declaración de herederos abintestato, pues tal declaración solo puede producirse mediante acta notarial (arts. 55 y 56 LN, y 209 bis RN), salvo que exista contienda entre los posibles herederos legales. La ineficacia sobrevenida del testamento tiene diversas causas, como puede ser la caducidad de los testamentos especiales cuando no se cumplen las formalidades necesarias para su validez (art. 719, 720 y 730 CC), o la aparición de un testamento puramente revocatorio de otro anterior, entre otras (*vid.* Lección 10, § V).

2) *Cuando el testamento no contenga institución de heredero en todo o en parte de los bienes, o el testador no ha dispuesto de todos ellos*. En este caso la sucesión intestada *solo tendrá lugar respecto de los bienes de que no hubiese dispuesto*.

Así ocurrirá, por ejemplo, cuando el testamento contenga tan solo disposiciones no patrimoniales, como puede ser el reconocimiento de un hijo, cuando se limite a desheredar a alguno de los herederos forzosos, o cuando el heredero ha sido nombrado como usufructuario pero no se ha designado heredero para la nuda propiedad.

3) *Cuando el designado heredero no puede llegar a heredar por ser una institución de heredero sometida a condición suspensiva que no se produce, o el heredero premuere al testador o repudia la herencia sin tener un sustituto y sin que haya lugar al derecho a acrecer*.

Este supuesto contempla los casos en los que la institución de heredero es ineficaz, y determina que no se abrirá la sucesión intestada si existe un sustituto nombrado o se dan los supuestos del derecho de acrecer, ni cuando el heredero premuera al testador. La repudiación de la herencia se realiza por sí y sus descendientes, pero ello no es óbice para que, si se abre la sucesión intestada, esos descendientes sean llamados por ser los parientes más próximos en grado, en cuyo caso podrán aceptar la herencia abintestato en su propio nombre.

4) *Cuando el heredero instituido es incapaz de suceder.*

A pesar de la incapacidad para suceder, si hay sustitución o derecho de acrecer no se producirá la apertura de la sucesión intestada (art. 982 CC).

En cualquier caso, la enumeración del art. 912 CC no es taxativa (en palabras de LACRUZ es inútil e incompleta), por lo que también se abrirá la sucesión intestada en los casos de destrucción del testamento, nulidad de la institución de heredero, cumplimiento de la condición resolutoria, o en los supuestos que recoge el art. 805 CC.

Para que el llamamiento a suceder intestadamente tenga lugar, es preciso un acta notarial de declaración de herederos abintestato que acredite el título de heredero (arts. 55 y 56 LN y art. 209 bis RN). Finalmente podemos plantearnos el interrogante de si es posible la desheredación en la sucesión intestada, es decir, si el causante puede otorgar testamento para excluir de su sucesión a alguna persona de las llamadas por la ley. La doctrina mayoritaria se muestra partidaria de esta posibilidad.

3. ORDEN DE SUCEDER ABINTESTATO

El art. 913 CC establece que «a falta de herederos testamentarios, la ley defiere la herencia a los parientes del difunto, al viudo o viuda y al Estado». Los llamamientos en defecto de testamento se producen en función del parentesco, salvo en el caso del cónyuge viudo y del Estado. La situación del cónyuge viudo es especial pues concurre con descendientes y ascendientes con su cuota legal usufructuaria (como veremos en la Lección 16, al tratar de las legítimas).

Los parientes más próximos excluyen a los más remotos, salvo el derecho de representación cuando proceda (art. 921.1 CC). Cuando hay varios llamados dentro del mismo grado, heredan por cabezas, es decir, a partes iguales, salvo los supuestos de hermanos de vínculo sencillo, pues los de doble vínculo recibirán el doble de porción (art. 921.2 y 949 CC). Si dentro del mismo grado hay varios parientes y alguno no quiere o no puede suceder, su parte acrecerá a los restantes del mismo grado, salvo que proceda el derecho de representación (art. 922 CC), que se ha estudiado en la Lección 4ª.

Dentro de cada grado, la herencia se divide por cabezas, es decir, se produce un reparto igualitario entre los llamados (art. 921 CC), salvo cuando se produce la división por estirpes (lo que ocurre en el caso del derecho de representación).

El orden de prelación en la sucesión abintestato es el siguiente: 1º. Los descendientes de grado más próximo. 2.º Los ascendientes, con preferencia de los más próximos sobre los más remotos 3.º El cónyuge viudo. 4.º. Los colaterales hasta el cuarto grado. 5.º El Estado o, en su caso, la Comunidad Autónoma.

3.1. Sucesión de los descendientes

La sucesión intestada corresponde en primer lugar a la línea recta descendente (art. 930 CC). El art. 931 CC concreta el alcance de este llamamiento, cuando establece que «los hijos y sus descendientes suceden a sus padres y demás ascendientes sin distinción de sexo, edad o filiación», y sin limitación de grado. El *adoptado* solo tendrá derechos sucesorios en su familia adoptiva, careciendo de derechos sucesorios en la biológica [con la excepción contemplada en el art. 178.2 CC (que el adoptado sea hijo del cónyuge o pareja del adoptante) y cuando el hijo tuviera ya el *ius delationis* respecto de su familia biológica en el momento de ser adoptado].

Por tanto, habiendo hijos, por aplicación del principio de exclusión, todo será para ellos, con la excepción del derecho de representación a favor de los nietos. Solo a falta de hijos heredarán los nietos, y a falta también de estos, heredarán los bisnietos.

Los hijos del causante heredan por derecho propio, dividiéndose la herencia en partes iguales (art. 932 CC). En la sucesión intestada todos los hijos reciben la misma porción de la herencia. Pero si concurrieran a la herencia hijos con nietos o bisnietos (descendientes de hijos que hubieran fallecido), los primeros heredan por derecho propio y estos últimos por derecho de representación (art. 934 CC), es decir, heredan por estirpes, pues la parte que correspondería al hijo premuerto se divide entre sus descendientes por partes iguales (art. 933 CC).

Si además de descendientes hay cónyuge viudo, tendrá derecho al usufructo de un tercio de la herencia, pues las normas sobre la legítima del cónyuge supérstite en concurrencia con descendientes (art. 834 CC) y ascendientes (art. 837 CC) se aplican en todo caso. En tal caso el usufructo gravará por igual a todos los hijos o descendientes.

3.2. Sucesión de los ascendientes

Dispone el art. 935 CC que «a falta de hijos y descendientes del difunto le heredarán sus ascendientes». *No hay derecho de representación en la línea recta ascendente*, por lo que se sigue la regla de preferencia del ascendiente más próximo sobre el más remoto, llamándose en primer lugar a los padres del causante, a falta de éstos a los abuelos, y en su defecto, a los bisabuelos.

Al igual que ocurre en la sucesión de los descendientes, no hay limitación de grado. Pero en el caso de los ascendientes la herencia se reparte por mitad entre las líneas paterna y materna, siempre que existan parientes del mismo grado tanto en una como en otra línea.

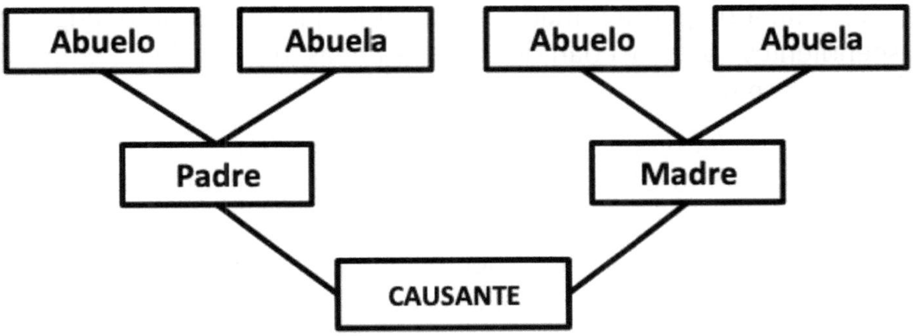

No obstante, el importe de la parte de la herencia puede ser diferente en función de los ascendientes con derecho a la misma. El CC alude a la línea materna y paterna, y dicha terminología también la usaremos nosotros a efectos didácticos, pero dejando constancia de que lo más conveniente sería hablar de progenitores en general, pues pueden existir dos adoptantes del mismo sexo, o personas del mismo sexo que hayan utilizado alguna de las técnicas de reproducción humana asistida previstas en la Ley 14/2006, de 26 de mayo.

Conviene distinguir los siguientes supuestos:

a) Si el causante tiene padre y madre, estos heredarán por partes iguales, dividiéndose la herencia por mitad (art. 936 CC).

b) Si sobrevive uno solo de los padres, éste recibirá toda la herencia, sin que el resto de ascendientes puedan heredar (art. 937 CC). Por ejemplo, si vive el padre, y los dos abuelos maternos, el padre recibirá la totalidad de la herencia (y los abuelos maternos, nada).

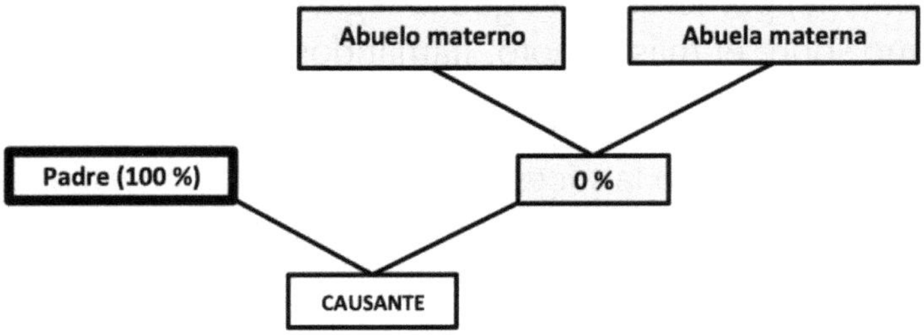

c) A falta de padre y madre, es posible que el causante tenga varios ascendientes que procedan de distintas líneas, unos de la paterna y otros de la materna. Se aplican entonces las reglas siguientes:

— *A falta de padres,* suceden los ascendientes más próximos en grado (art. 938 CC), que serán por regla general los abuelos.

— *Si todos los ascendientes de grado más próximo pertenecen a la misma línea,* se divide la herencia *por cabezas,* es decir, por partes iguales (art. 939 CC). Así, si se trata de los dos abuelos maternos, se reparten la herencia entre uno y otro por partes iguales.

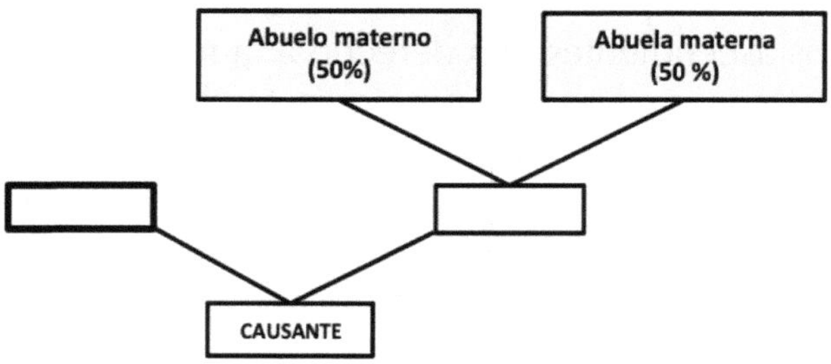

— Si se tratara de los *cuatro bisabuelos maternos,* igualmente se repartirían la herencia por partes iguales entre todos ellos.

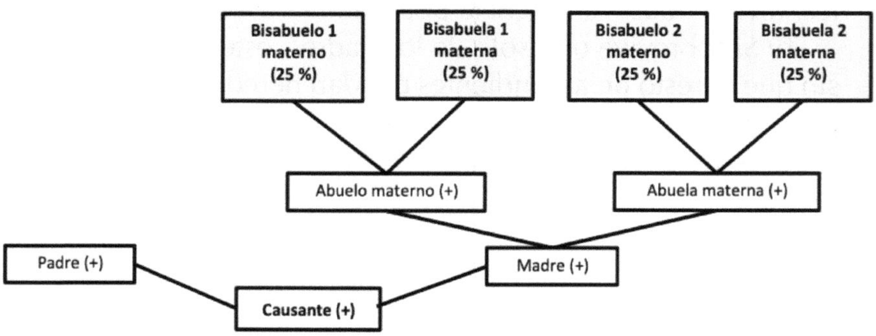

— Si *en la línea materna sobreviven los dos bisabuelos* (padres del abuelo materno) *y un único bisabuelo* (padre de la abuela materna), se reparten igualmente por *cabezas* [no hay nueva subdivisión por líneas a medida que se va pasando de grado: sólo se tienen en cuenta la línea paterna y materna]. Así pues, no puede hablarse de estirpes en ningún caso, pues no juega el derecho de representación en línea recta ascendente.

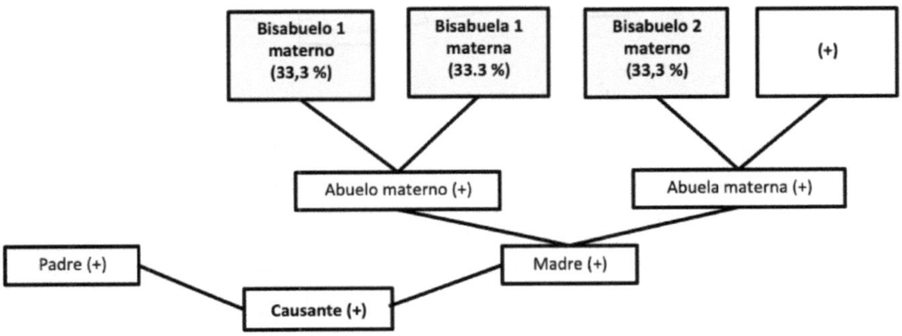

— *Si los ascendientes son de igual grado pero de líneas diferentes*, la herencia se reparte entre ambas líneas: la mitad para cada línea. La mitad de la herencia corresponderá a los ascendientes paternos, y la otra mitad a los maternos (art. 940 CC).

— *Dentro de la misma línea, cuando hay varios ascendientes del mismo grado*, la división se hace por cabezas dentro de esa línea (art. 941 CC). Así, si concurren los dos abuelos paternos y la abuela materna, la línea ascendente paterna recibe la mitad de la herencia (y se la reparten por partes iguales entre los dos abuelos paternos), y la línea ascendente materna la otra mitad de la herencia (que se la queda en su totalidad la abuela materna).

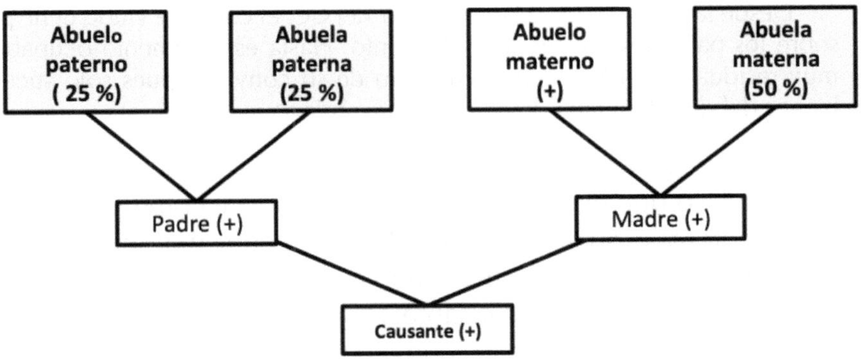

— Si concurren un único bisabuelo de la línea paterna y los cuatro bisabuelos maternos, aquél recibirá la mitad de la herencia, y la otra mitad se la reparten los cuatro bisabuelos maternos por cabezas.

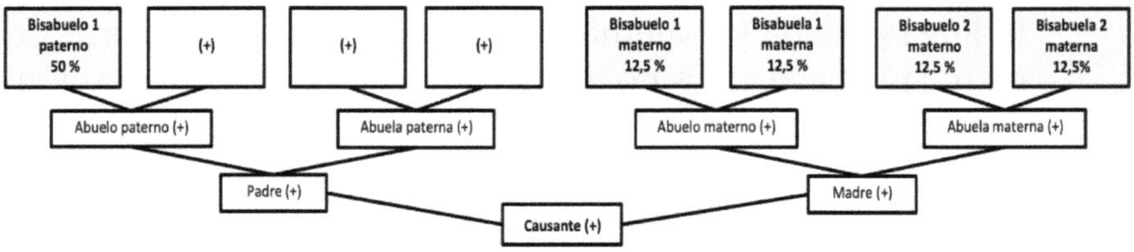

— Si se produce la renuncia o incapacidad para suceder de alguno de los ascendientes de igual grado tendrá lugar un acrecimiento dentro de los ascendientes de su misma línea (art. 922 CC).

— Si todos los ascendientes del mismo grado que pertenecen a la misma línea renuncian a la herencia o son incapaces de suceder, se producirá un acrecimiento a favor de los ascendientes de la otra línea, los cuales heredarán el 100 % de la herencia por cabezas, es decir, a partes iguales.

— Si, además de los ascendientes, hay cónyuge viudo, tendrá derecho al usufructo de la mitad de la herencia, pues las normas sobre la legítima del cónyuge supérstite en concurrencia con ascendientes (art. 837 CC) se aplican en todo caso.

3.3. Sucesión del cónyuge viudo: la cuestión referida a la pareja de hecho

Si no hay descendientes ni ascendientes, el cónyuge viudo es el único heredero universal. El cónyuge supérstite es llamado a toda la herencia del causante, en propiedad, no en usufructo. Se regula en los art. 943 a 945 CC.

Desde la reforma por la Ley 11/1981 del CC, el cónyuge viudo tiene preferencia sobre los parientes colaterales del difunto. Hasta ese momento ocupaba un lugar muy residual en la herencia abintestato de su cónyuge, pues solo sucedía en los bienes del difunto a falta de hermanos y sobrinos.

Para que el cónyuge viudo sea llamado a la sucesión intestada del causante es preciso que exista un *matrimonio válido y convivencia con el fallecido*. Es decir, que no se haya disuelto el vínculo matrimonial. Por ello el cónyuge *divorciado* o de un matrimonio declarado *nulo* no tendrá derecho a suceder intestadamente al causante. Es preciso también que en el momento de la apertura de la sucesión los cónyuges *no estén separados ni legalmente ni de hecho* (art. 945 CC). Si se produce la reconciliación de los cónyuges separados, ya sea judicialmente o de hecho, el supérstite recupera sus derechos sucesorios.

Si se han iniciado los trámites para la separación legal, divorcio o nulidad y sobreviene la muerte del causante, en principio el viudo conserva todos sus derechos a la sucesión intestada del causante, pues el art. 945 CC no se refiere a esta cuestión, por lo que hasta que exista sentencia de divorcio, de separación o de nulidad, el cónyuge sigue ostentando su condición de heredero abintestato.

Sin embargo, algunos autores (Crespo Allué), basándose en principios de justicia material, entiende que estando en trámite el divorcio, fallecido uno de los cónyuges, el otro no puede seguir ostentando derechos hereditarios. Y es que, una vez presentada la demanda de divorcio, el art. 102.1 CC presume que cesa la convivencia conyugal, por lo que podría equipararse en ese momento el matrimonio a una situación de separación de hecho (que provocaría que se excluyese del llamamiento al cónyuge sobreviviente cuando se produce el fallecimiento de su consorte una vez admitida a trámite la demanda de divorcio). Planteamiento que debería hacerse extensible también a los supuestos en los que se encuentre en tramitación un procedimiento de separación o de nulidad matrimonial.

Por lo que respecta a la *pareja de hecho* o persona unida por análoga relación de afectividad a la conyugal, en el régimen del Código civil no tiene reconocido ningún derecho sucesorio sobre la herencia del conviviente fallecido.

No obstante, por la vía del enriquecimiento injusto el TS ha llegado a conceder al conviviente supérstite una indemnización, atendiendo a las circunstancias concretas del caso, sobre todo las situaciones de convivencias de muchos años [SSTS (1ª) 17 junio 2003 (ECLI:ES:TS:2003:4196) y 23 noviembre 2004 (ECLI:ES:TS:2004:7601)], en las que se le concedió al conviviente supérstite una parte del caudal relicto neto.

Por tanto, en el Derecho común los miembros de las parejas de hecho carecen de derechos hereditarios, legitimarios o intestados, pudiendo tenerlos tan solo mediante testamento.

Dentro de las Comunidades Autónomas con competencia para legislar en Derecho civil, sí se reconocen en algunos casos derechos al conviviente de hecho en la sucesión intestada. En concreto en Cataluña (art. 442-3 CCCat) y en el País Vasco (arts. 111 y 112 de la Ley de Derecho Civil Vasco).

En Aragón sólo se le atribuyen determinados derechos sobre el ajuar de la vivienda habitual, así como la posibilidad de residir gratuitamente en dicha vivienda durante el plazo de un año (art. 311 del Código de Derecho Foral de Aragón). Esta última posibilidad se reconoce en la normativa sobre parejas de hecho de algunas CCAA sin competencia para legislar en materia civil. Así, en Andalucía, en el art. 13 de la Ley 5/2002, de 16 de diciembre, de parejas de hecho.

Algunas CCAA han equiparado al cónyuge viudo a la pareja estable en las normas tributarias, para las deducciones del impuesto de sucesiones y donaciones, siempre y cuando cumplan con los requisitos exigidos por la normativa administrativa autonómica para constituirse como pareja de hecho, principalmente, la inscripción en el Registro administrativo de parejas de hecho. Así el art. 18 de la Ley 1/2005, de 16 de mayo, de parejas de hecho de la Comunidad Autónoma de Cantabria, el art. 13 de la Ley 5/2003, de 20 de marzo, de parejas de hecho de la Comunidad Autónoma de Extremadura, el art. 9 de la Ley 11/2001, de 19 de diciembre, de Uniones de Hecho de la Comunidad de Madrid, y el art. 26.1 de la Ley 5/2021, de 20 de octubre, de tributos cedidos de la Comunidad Autónoma de Andalucía. La Ley 17/2023, de 16 de noviembre, de Aragón, exige que la pareja estable no casada se encuentre inscrita con, al menos, cuatro años de antelación al devengo del impuesto correspondiente y se mantengan en dicho momento los requisitos exigidos para su inscripción en los correspondientes registros públicos que, a tal efecto, se encuentren constituidos en cualquier Estado miembro de la Unión Europea o perteneciente al Espacio Económico Europeo.

3.4. Sucesión de los colaterales

No teniendo ni descendientes, ni ascendientes, ni cónyuge viudo, la ley llama a la herencia del causante a los parientes *colaterales hasta el cuarto grado* siguiendo el principio de proximidad (art. 954 CC).

No todos los parientes colaterales reciben el mismo tratamiento. El primer llamamiento a favor de los colaterales se realiza a los hermanos. Así lo determina el art. 946 CC al señalar que «*los hermanos e hijos de hermanos suceden con preferencia a los demás colaterales*».

Es decir, los hermanos y sobrinos tienen prioridad en el llamamiento frente a tíos y primos. La sucesión de los hermanos del causante se produce por derecho propio, mientras que los sobrinos heredan por derecho de representación.

Al estudiar el derecho de representación en la Lección 4ª hemos visto el siguiente ejemplo: *Andrés* (causante) tenía tres hermanas (Asun, Rosa y Lola). Asun falleció antes que Andrés, pero dejó tres hijos (Ana, Jaime y Pablo), sobrinos de Andrés.

En este caso la herencia de Andrés (con un valor de 90) se dividirá en tres partes: una para Rosa (30), otra para Lola (30), y la que le hubiera correspondido a Asun (*30*), pasaría a Ana, Jaime y Pablo (hijos de hermana) por derecho de representación en línea colateral, de manera que cada uno de ellos recibirá un valor de 10.

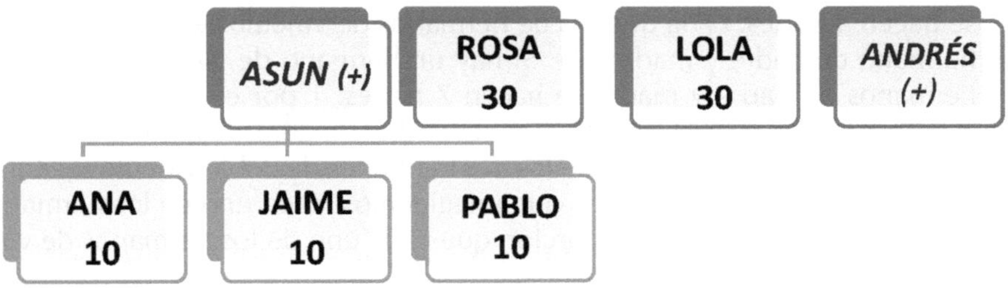

La regla general es, pues, que el representante (o representantes) recibe todo lo que habría correspondido al representado en la sucesión del causante. A ello se lo denomina heredar por estipes. El art. 926 CC se refiere a ello cuando dice: «*Siempre que se herede por representación, la división de la herencia se hará por estirpes, de modo que el representante o representantes no hereden más de lo que heredaría su representado, si viviera*». Dividir la herencia por estirpes quiere decir que, para *hacer las porciones*, se toma en cuenta el número de sucesores con derecho propio (es decir, los que son llamados originariamente).

Los art. 947 a 951 CC, recogen las reglas a tener en cuenta en los diversos supuestos de sucesión de colaterales:

— Si *todos los hermanos son de doble vínculo*, heredarán por partes iguales.

— Si *concurren hermanos con sobrinos*, hijos de hermanos, los primeros heredarán por cabezas y los segundos por estirpes, es decir, los sobrinos reciben la parte que correspondería al hermano premuerto del causante, y esa parte a su vez se repartirá entre ellos por partes iguales.

— Si *concurren hermanos de doble vínculo y de vínculo sencillo* (también denominados medio hermanos), los de doble vínculo tomarán el doble de porción que los de vínculo sencillo.

No se trata de que el colectivo de hermanos de padre y madre reciba doble porción que el colectivo de los hermanos de vínculo sencillo (haciendo un reparto de 2/3 para los primeros y 1/3 para los segundos). El art. 949 CC impone que cada uno de los hermanos de padre y madre reciba doble porción que cada uno de los hermanos de vínculo sencillo. Para ello, el número de porciones a repartir es igual al número de hermanos de vínculo sencillo, más el número de hermanos de madre y padre multiplicados por 2.

Así, si hay dos hermanos de vínculo sencillo y un hermano de padre y madre se hacen 4 partes: cada uno los de hermanos de vínculo sencillo toma 1/4 y el hermano de padre y madre 2/4. Si hay un hermano de vínculo sencillo y tres hermanos de padre y madre se hacen 7 partes: 1 por el hermano de vínculo sencillo y 6 (3x2) por los hermanos de padre y madre. El hermano de vínculo sencillo toma 1/7 y cada uno de los tres hermanos de doble vínculo recibirá 2/7. En cualquiera de los supuestos que imaginemos, cada uno de los hermanos de padre y madre recibe doble porción que cada uno de los hermanos de vínculo sencillo.

— Si *solo hay hermanos de vinculo sencillo*, unos por parte de padre y otros por parte de madre, heredarán todos por partes iguales.

— Si *únicamente concurren a la herencia sobrinos del causante*, se divide la herencia por cabezas entre todos ellos y por partes iguales.

Como se ve, los sobrinos, que son parientes colaterales en tercer grado del causante, reciben un trato más favorable que los tíos carnales, que también son colaterales de tercer grado, pues estos últimos solo sucederán en defecto de sobrinos. Se trata por tanto de una preferencia de la línea colateral en sentido descendente frente a la ascendente.

En defecto de hermanos y sobrinos, la herencia se ofrece a los demás colaterales, hasta el límite del cuarto grado (art. 954 CC).

— Si hay tíos, la herencia se distribuye por partes iguales entre todos ellos sin distinción de doble vínculo o de vínculo sencillo.

— Si no hubiera parientes de tercer grado, el último llamamiento de parientes colaterales se realiza a favor de los de cuarto grado, que también heredan por cabezas, sin distinción de líneas ni preferencia entre ellos por razón de doble vínculo (art. 955 CC).

Más allá del cuarto grado, no se extiende el derecho a heredar abintestato (art. 954 CC), por lo que los restantes parientes no tienen derechos sucesorios en la sucesión intestada.

El CC en su redacción original contemplaba el llamamiento a los colaterales hasta el sexto grado, pero en el año 1928 se limitó al cuarto grado.

3.5. Sucesión del Estado: destino de los bienes

Los art. 956 a 958 CC regulan la sucesión del Estado, que habrán de completarse con lo dispuesto en la Ley 33/2003, de 3 de noviembre, del

Patrimonio de las Administraciones Públicas (en adelante LPAP) y por el RD 1373/2009, de 28 de agosto, que aprueba su Reglamento.

El llamamiento del Estado a una herencia tiene *carácter universal y subsidiario,* y se produce a falta de los parientes llamados y del cónyuge viudo, o cuando estos no quieran o no puedan aceptar la herencia. Cabría también la posibilidad de una sucesión testada de los herederos voluntarios combinada con una abintestato del Estado, dada la compatibilidad entre ambos tipos de sucesión. La sucesión a favor del Estado supone una superación del concepto familiar de la sucesión por causa de muerte, pues los bienes revierten a la colectividad en los casos en los que los vínculos de parentesco son tan lejanos que no se justifica la permanencia en el patrimonio familiar.

El Estado adquiere *por ministerio de la ley* la condición de sucesor de forma *automática,* con los mismos derechos y obligaciones que cualquier otro, si bien con ciertas peculiaridades. De hecho, *no puede repudiar la herencia* a la que es llamado por no haber otros herederos con derecho a suceder. No obstante, en la regulación de la sucesión abintestato de algunas Comunidades Autónomas, a las que seguidamente nos vamos a referir, sí se prevé la posibilidad de renuncia (así, en el art. 156 de la Ley 6/2023, de 2 de noviembre, del Patrimonio de la Comunidad Autónoma de Galicia).

Asimismo, a diferencia de lo que ocurre con el resto de herederos, que deben expresar la forma en la que aceptan la herencia, el Estado *se entiende que acepta siempre a beneficio de inventario.* Así pues, su responsabilidad por las deudas del causante se extiende solo hasta donde alcance el valor de los bienes de la herencia (art. 20 LPAP). E igualmente conserva los créditos o acciones que tuviera contra el difunto.

Por lo que se refiere al *destino de los bienes,* el art. 956 CC determina que, realizada la liquidación del caudal hereditario, se ingresará la cantidad resultante en el Tesoro Público, salvo que, por la naturaleza de los bienes heredados, el Consejo de Ministros acuerde darles, total o parcialmente, otra aplicación. Dos terceras partes del valor de ese caudal relicto debe ser destinado a fines de interés social, añadiéndose a la asignación tributaria que para estos fines se realice en los Presupuestos Generales del Estado (art. 20 quater.4 LPAP).

De acuerdo con los art. 958 CC y 20.6 LPAP, para que el Estado pueda tomar posesión de los bienes y derechos hereditarios *habrá de preceder declaración administrativa de heredero,* adjudicándose los bienes por falta de herederos legítimos. Por tanto, *el Estado carece de la posesión civilísima,* a diferencia de lo que sucede con el resto de herederos, pues para que el Estado se pueda apoderar de los bienes hereditarios es necesario que se produzca dicha declaración administrativa de heredero. El procedimiento para la declaración de la Administración del Estado como heredera abintestato y sus efectos se regulan en los arts. 20 bis y 20 ter LPAP.

Para proceder a la declaración administrativa de heredero abintestato, el Estado tendrá conocimiento de ello a través del Notario que haya tramitado el expediente de declaración de herederos abintestato, por el Tribunal que haya intervenido la herencia hasta ese momento, por orden o petición de otro órgano de la Administración, o por denuncia de algún particular, el cual tendrá derecho a un premio del 10% del valor líquido de la herencia una vez que los bienes hayan sido objeto de inscripción registral a favor de la Administración (art. 54 RD 1373/2009).

Según la STS (1ª) 9 septiembre 2021 (ECLI:ES:TS:2021:3277): Con carácter general, cuando se demande a los ignorados herederos de una persona que ha fallecido sin otorgar testamento y no se conozcan parientes con derecho a la sucesión intestada ni concurran indicios de su existencia, el juzgado debería notificar la pendencia del proceso al Estado o a la Comunidad Autónoma llamada por la normativa civil aplicable a la sucesión intestada a falta de otros, en aplicación de lo prescrito en el art. 150.2 LEC. Esta norma se complementa con otras que tratan de preservar el interés del Estado y, en general las administraciones públicas, respecto de los derechos sucesorios que pudieran corresponderle. En concreto, se complementa con el art. 6 del RD 1373/2008, que con carácter general dispone: «1. Los que por razón de su cargo o empleo público tuvieran noticia del fallecimiento intestado de alguna persona que carezca de herederos legítimos, estarán obligados a dar cuenta del mismo a la Delegación de Economía y Hacienda de la provincia en la que, según su información, el causante hubiera tenido su último domicilio». Y también con el art. 791.2 LEC que, en caso de intervención judicial de la herencia cuando no conste la existencia de testamento ni de parientes llamados a la sucesión intestada, junto a la ocupación de los libros, papeles y correspondencia del difunto, y el inventario y depósito de bienes, prescribe: «En la misma resolución ordenará de oficio la comunicación a la Delegación de Economía y Hacienda correspondiente por si resultare procedente la declaración de heredero abintestato a favor del Estado, con traslado del resultado de las diligencias realizadas y de la documentación recabada al amparo del apartado 1».

En todo caso, para que el Estado efectúe la declaración de su condición de heredero intestado, el art. 20.6 LPAP exige que en vía administrativa se justifique debidamente el fallecimiento de la persona de cuya sucesión se trate, la procedencia de la apertura de la sucesión intestada y se constate la ausencia de otros herederos legítimos [RRDGSJFP 7 febrero 2024 (BOE núm.

60, de 8 marzo, págs. 28072 y ss.) y 28 febrero 2024 (BOE núm. 70, de 20 marzo, págs. 32600 y ss.)].

El Estado no es la única Administración que puede ser llamada a suceder abintestato. El art. 20.6 LPAP establece que «La sucesión legítima de la Administración General del Estado y de las Comunidades Autónomas se regirá por la presente Ley, el CC y sus normas complementarias o las normas de Derecho foral o especial que fueran aplicables». De conformidad con ello, los territorios con competencia para legislar en materia civil así como determinadas CCAA sustituyen al Estado en este tipo de sucesión, estableciendo criterios para la distribución de los bienes entre distintas instituciones. Todas las CCAA con Derecho civil propio, así como alguna otra como por ejemplo la Comunidad Valenciana a través de su Ley 14/2003, de 10 de abril, de Patrimonio (art. 22.2, según el cual hereda la Generalitat Valenciana) o La Rioja (art. 38.4 de la Ley 11/2005, de 19 de octubre, de Patrimonio de la Comunidad Autónoma de La Rioja, que llama en último lugar a dicha Comunidad Autónoma) han otorgado disposiciones autonómicas en las que se establece que la herencia intestada se defiere a favor de la correspondiente Comunidad Autónoma. Así, el art. 442-12 del CCCat, realiza el llamamiento a favor de la Generalitat; el art. 267 de la Ley 2/2006, de 14 de junio, del Derecho Civil de Galicia a favor de la CCAA de Galicia (que se desarrolla en los arts. 147 a 173 de la Ley 6/2023, de 2 de noviembre, del Patrimonio de la Comunidad Autónoma de Galicia); la ley 304 del Fuero Nuevo de Navarra, a favor de la Diputación Foral de Navarra y en los art. 53 y 84 de la Compilación de Derecho Civil de las Islas Baleares se defiere a favor de las Administraciones Territoriales de Baleares, así como Consejos Insulares y Ayuntamientos. Pero hasta la ley 7/2017, de 3 de agosto, Baleares no había establecido que la herencia intestada podía deferirse a favor de la CCAA, siendo la única Comunidad con Derecho civil propio que no contemplaba esta posibilidad hasta esa reforma).

4. LA DECLARACIÓN DE HEREDEROS ABINTESTATO

Cuando un Tribunal tiene conocimiento del fallecimiento de una persona y no conste la existencia de testamento ni de parientes llamados a sucederle abintestato, se puede producir la *intervención judicial del patrimonio del fallecido* (art. 790 y ss. LEC). La intervención y administración judicial del patrimonio hereditario tiene por objeto realizar una serie de actuaciones que preparan la división de la herencia y su posterior adjudicación [STS (1ª) 9 septiembre 2021 (ECLI:ES:TS:2021:3277)].

En estos casos, la función del Juez se limitará a la intervención, custodia y administración de los bienes de la herencia, así como a la búsqueda de parientes, debiendo remitir al Notario todas las actuaciones para que éste lleve a cabo la declaración de herederos abintestato.

Una vez que se produce la declaración de herederos mediante acta de notoriedad terminará la intervención judicial de la herencia. A pesar de que se produzca la declaración de herederos abintestato, la intervención judicial continuará si alguno de ellos solicita la división judicial de la herencia hasta que se entregue a cada heredero los bienes que le hayan sido adjudicados.

La declaración de herederos abintestato se tramita en todo caso ante Notario a través de un expediente de jurisdicción voluntaria que se inicia por medio de una solicitud, que se denomina requerimiento, y cumple la finalidad de efectuar una declaración formal de quienes están llamados por la ley a suceder a una persona fallecida. El procedimiento se establece en los arts. 55 y 56 LN y 209 RN.

El mero hecho de ostentar un parentesco con el causante no es suficiente. Para ser heredero es necesario ese acto formal por el que se proclama, con las debidas garantías, la condición de heredero. En definitiva, la declaración de herederos abintestato solo puede realizarse por el Notario competente, mediante *acta de notoriedad*, en la que el fedatario público declara, a la vista de la documentación presentada y de las declaraciones de las partes, la condición de herederos de los interesados.

Deben tenerse en cuenta los criterios de competencia territorial en cuanto al Notario que puede autorizar el acta. Según el art. 55.1 LN el acta debe tramitarse ante Notario competente para actuar en el lugar en que hubiera tenido el causante su último domicilio o residencia habitual, o donde estuviere la mayor parte de su patrimonio, o en el lugar en que hubiera fallecido, siempre que estuvieran en España, a elección del solicitante. También podrá elegir a un Notario de un distrito colindante a los anteriores. En defecto de todos ellos, será competente el Notario del lugar del domicilio del requirente.

A efectos registrales conviene poner de relieve la distinta naturaleza del testamento y de declaración de herederos abintestato. En la sucesión testamentaria el título material es la voluntad del causante, que es la primera ley en la sucesión, y el título formal es el propio testamento. Cuando procede la apertura de la sucesión intestada (*ex art.* 912 CC) el título material es la ley y el título formal en el que debe plasmarse es el acta de notoriedad de declaración de herederos abintestato [RDGSJFP 19 marzo 2024 (BOE núm. 89, de 11 abril, págs. 40506 y ss.)].

El testamento responde tanto al concepto de título material como formal, pues es ante todo un negocio jurídico *mortis causa* que expresa la voluntad del testador, determinando el llamamiento del heredero (vocación) y también el título por el que se ofrece al mismo la posibilidad efectiva de aceptar o repudiar la herencia (delación).

El acta de declaración de herederos no constituye el *título material* de la sucesión intestada, pues dicho título es la ley, sino solo el *título formal*. No es, por tanto, el título que determina la vocación o llamamiento, ni la delación, sino que es un título de carácter formal y probatorio respecto a las circunstancias que individualizan al sucesor y que acreditan la inexistencia de testamento.

BIBLIOGRAFÍA

ÁLVAREZ ÁLVAREZ, Henar, «La intervención y administración judicial del caudal hereditario», en LLAMAS POMBO, Eugenio (Dir.), *Acciones Civiles, Tomo I, Derecho de la persona, Derecho de Sucesiones, Derecho de Familia,* Wolters Kluwer, La Ley, Madrid, 3ª ed., 2019, págs. 1145 a 1261.

CÁMARA LAPUENTE, Sergio, *La exclusión voluntaria de los herederos legales,* Civitas, Madrid, 2000.

CRESPO ALLUÉ, Fernando; FERNÁNDEZ-PRIDA MIGOYA, Francisco; HIDALGO GARCÍA, Santiago; MARTÍNEZ ESCRIBANO, Celia, *La sucesión hereditaria y el juicio divisorio,* 2ª ed., Thomson Reuters-Aranzadi, Cizur Menor, 2015.

DOMÍNGUEZ LUELMO, Andrés (Dir.), *Comentarios al Código civil,* Lex Nova, Valladolid, 2010.

ESPEJO LERDO DE TEJADA, Manuel, *La legítima en la sucesión intestada en el Código Civil,* Marcial Pons, Madrid, 1996.

ESPIAU ESPIAU, Santiago, *Usufructo vidual universal, legítima de los hijos menores y conflicto de intereses en la sucesión intestada,* RJC, n.º 3, 2007, págs. 789-806.

GONZÁLEZ PORRAS, José Manuel, *Manual de sucesión intestada,* Tirant lo Blanch, Valencia, 2011.

HIDALGO GARCÍA, Santiago, *La sucesión por el Estado: el derecho de las instituciones de interés general y de algunas comunidades autónomas,* J.M. Bosch, Barcelona, 1995.

MARTÍNEZ MARTÍNEZ, María, *La sucesión intestada: revisión de la institución y propuesta de reforma*, Agencia Estatal BOE, Madrid, 2016.

NAVAS NAVARRO, Susana, *La herencia a favor del Estado*: *estudio de la normativa civil, administrativa y procesal*, Marcial Pons, Madrid, 1995.

NÚÑEZ NÚÑEZ, María, *La sucesión intestada de los parientes colaterales*, Dykinson, Madrid, 2007.

PÉREZ ESCOLAR, Marta, *El cónyuge supérstite en la sucesión intestada*, Dykinson, Madrid, 2003.

TORIBIOS FUENTES, Fernando, «La declaración de herederos abintestato», en LLAMAS POMBO, Eugenio (Dir.), *Acciones Civiles, Tomo I, Derecho de la persona, Derecho de Sucesiones, Derecho de Familia,* Wolters Kluwer, La Ley, Madrid, 3ª ed., 2019, págs. 901 a 969.

II.

LA ADQUISICIÓN DE LA HERENCIA

LECCIÓN 6

ACEPTACIÓN Y REPUDIACIÓN DE LA HERENCIA

Andrés DOMÍNGUEZ LUELMO
Catedrático de Derecho civil
Universidad de Valladolid

Henar ÁLVAREZ ÁLVAREZ
Catedrática de Derecho civil
Universidad de Valladolid

1. CONTENIDO Y CARACTERES DEL «IUS DELATIONIS»

Como ya estudiamos en el Lección 2, el *ius delationis* es el derecho efectivo y actual de aceptar o repudiar la herencia. La delación supone, por tanto, un ofrecimiento concreto al llamado para que acepte o repudie.

La aceptación y la repudiación de la herencia constituyen, pues, el ejercicio voluntario del *ius delationis* por parte de quien está llamado a dicha herencia. La consecuencia fundamental que se deriva de cada declaración de voluntad es: o bien la asunción de la cualidad de heredero y la adquisición de herencia que se le ha deferido (*aceptación*), o bien la no asunción de la cualidad de heredero y, por consiguiente, la no adquisición de la herencia (*repudiación*).

Del *ius delationis* se pueden destacar los siguientes caracteres:

1) *Unilateralidad*: Tanto la aceptación como la repudiación consisten en una declaración de voluntad *unilateral*, que además es *no recepticia*, en el sentido de que produce sus efectos sin necesidad de que se ponga en conocimiento de nadie.

2) *No personalidad*: Porque ambas declaraciones pueden hacerse a través de representante voluntario con poder expreso para ello (art. 1713 CC), o por la vía de los poderes o mandatos preventivos (arts. 256 y ss. del CC), o por el representante legal del menor, ya sean los titulares de la patria potestad (art. 162 CC), o quien ejerza la tutela (arts. 199 y 225 CC). Para las personas con discapacidad, si cuentan con medidas de apoyo, habrá que estar a lo previsto en ellas (arts. 249 y ss. del CC), pudiendo en casos excepcionales incluir funciones representativas.

3) *Irrevocabilidad*: Así se destaca expresamente en el art. 997 CC: «*La aceptación y la repudiación de la herencia, una vez hechas, son irrevocables*» [STS (1ª) 28 marzo 2003 (ECLI:ES:TS:2003:2151)].

4) *Indivisibilidad e incondicionalidad*: A ello se refiere el art. 990 CC: «La aceptación o la repudiación de la herencia *no podrá hacerse en parte, a plazo, ni condicionalmente*». Por tanto deben hacerse sobre la totalidad

de la herencia deferida, y no pueden hacerse a plazo ni condicionalmente.

5) *Retroactividad*: Una vez realizadas, sus efectos se retrotraen siempre al momento de la apertura de la sucesión (art. 989 CC). Aceptación y repudiación son actos *inter vivos*, pero tienen como presupuesto el fallecimiento del causante, y precisan que exista un efectivo llamamiento a una sucesión testada o intestada.

2. CAPACIDAD Y LEGITIMACIÓN

Según el art. 992 CC: «*Pueden aceptar o repudiar una herencia todos los que tienen la libre disposición de sus bienes*». El CC se refiere en diferentes preceptos a la aceptación y repudiación de la herencia a la que son llamados quienes no pueden disponer libremente de sus bienes. Como criterio general a tener en cuenta, el legislador considera que la aceptación pura y simple (por poder existir un pasivo superior al activo hereditario) y la repudiación (por poder existir un activo superior al pasivo hereditario), pueden ser actos perjudiciales para el llamado.

En cambio, la aceptación a beneficio de inventario se ve desde otra perspectiva, porque no responden de las deudas los bienes propios del llamado, y porque una vez pagados acreedores y legatarios, el heredero queda «en el pleno goce del remanente de la herencia» (art. 1032 CC).

En todos los casos en que, conforme a la ley, la validez de la aceptación o repudiación de la herencia necesiten autorización o aprobación judicial, el procedimiento para obtenerla se regula en los arts. 93 a 95 de la Ley 15/2015, de 2 de julio, de Jurisdicción Voluntaria.

a) *Menores sometidos a patria potestad (art. 154 CC)*

Según el art. 166 CC, los padres deben *recabar autorización judicial para repudiar la herencia o legado deferidos al hijo*. Cuando el Juez deniegue la autorización, la herencia sólo puede ser aceptada a beneficio de inventario. De ello se deduce que para aceptar pura y simplemente, necesitan igualmente autorización judicial. Por excepción, conforme al criterio del ap. 3º del art. 166 CC, no es necesaria autorización judicial «*si el menor hubiese cumplido dieciséis años y consintiere en documento público*».

La situación del *emancipado* es discutible. El art. 247 CC lo equipara al mayor de edad («*la emancipación habilita al menor para regir su persona y bienes como si fuera mayor*») por lo que parece que puede aceptar y repudiar, pues las excepciones a la falta de capacidad deben ser objeto de interpretación restrictiva. Sin embargo, para algunos autores no tiene la libre administración de sus bienes, como se desprende del propio art. 247 CC, por lo que necesitaría el complemento de capacidad de sus padres o de su defensor judicial para repudiar y aceptar pura y simplemente. De acuerdo con el art. 235.3° CC uno de los supuestos en que se debe nombrar defensor judicial es el del menor emancipado que requiera el complemento de capacidad previsto en los artículos 247 y 248, cuando a quienes corresponda prestarlo no puedan hacerlo, o exista con ellos conflicto de intereses.

b) *Menores sometidos a tutela*

El art. 199 CC únicamente somete a tutela a los menores en situación de desamparo y a los que no están sujetos a patria potestad. Por lo que se refiere al ejercicio de la tutela, el art. 224 CC se remite expresamente a las reglas de la curatela. Así pues, de acuerdo con el art. 287.5° CC, el tutor necesita autorización judicial «*para aceptar sin beneficio de inventario cualquier herencia, o para repudiar esta o las liberalidades*». Luego no tiene límites para aceptar a beneficio de inventario.

c) *Personas con discapacidad*

Se aplica en principio el art. 996 CC: «La aceptación de la herencia por la persona con discapacidad *se prestará por esta*, salvo que otra cosa resulte de las medidas de apoyo establecidas». Todo depende, pues, de lo que se haya establecido en la correspondiente resolución judicial que adopte las medidas de apoyo. Nada dice el precepto respecto a la repudiación, por lo que tendrá plena libertad para repudiar.

Según el ap. 3° del art. 249 CC, en casos excepcionales las medidas de apoyo pueden incluir funciones representativas. Cuando se trate de un curador que ejerza funciones de representación, necesita autorización judicial para aceptar sin beneficio de inventario cualquier herencia, o para repudiar la herencia (art. 287.5° CC).

En el caso de existir un guardador de hecho, el art. 263 CC dispone que deberá recabar autorización para prestar consentimiento en los actos enumerados en el art. 287 CC. En los casos en que proceda el nombramiento de un defensor judicial de la persona con discapacidad (art. 295 CC) sus facultades dependerán de las que tuviera el medio de apoyo al que sustituya, teniendo en cuenta el contenido del art. 297 CC.

d) *Concursado*

Hay que estar al art. 106 del Real Decreto Legislativo 1/2020, de 5 de mayo, por el que se aprueba el Texto Refundido de la Ley Concursal, por lo que se debe distinguir entre concurso *voluntario* y concurso *necesario*.

En caso de *concurso voluntario*, el concursado conserva las facultades de administración y disposición, pero su ejercicio queda sometido a la *intervención de la administración concursal*, que puede autorizar o denegar la autorización según tenga por conveniente.

En caso de *concurso necesario*, el concursado tiene suspendido el ejercicio de las facultades de administración y disposición sobre la masa activa. Es *la administración concursal la que sustituye al deudor* en el ejercicio de esas facultades, pero referidas a los bienes que integren la masa activa.

Como la aceptación de la herencia (pura y simple, o a beneficio de inventario) afecta a derechos y obligaciones que han de integrarse en el concurso, en el *concurso voluntario* se debe exigir autorización de la administración concursal; y en el *concurso necesario*, la actuación de los administradores en sustitución del concursado.

En cuanto a la repudiación parece que el régimen debe ser el mismo, en la medida en que se refiere a bienes y derechos que se integrarían en el concurso de no ser repudiada la herencia.

e) *Herencia dejada a los pobres*

Según el art. 992 CC, en este caso, la aceptación corresponde a las personas designadas por el testador para calificarlos y distribuir los bienes, y en su defecto a las que señala el artículo 749 CC (albaceas, y, subsidiariamente, el Párroco, el Alcalde y el Juez, que deciden por mayoría). En este caso, la herencia siempre se entiende aceptada a beneficio de inventario.

f) *Personas jurídicas*

Según el art. 993 CC, los legítimos representantes de las asociaciones, corporaciones y fundaciones capaces de adquirir podrán aceptar la herencia que a las mismas se dejare. Pero *para la repudiación necesitan la aprobación judicial*, con audiencia del Ministerio público.

Además, en el caso de las fundaciones, la Ley 50/2002, de 26 de diciembre, de Fundaciones, dispone en su art. 22.1 que «*la aceptación de herencias por las fundaciones se entenderá hecha siempre a beneficio de inventario*».

3. PRESUPUESTOS PARA LA ACEPTACIÓN Y REPUDIACIÓN DE LA HERENCIA

Para que puedan tener lugar la aceptación y repudiación de la herencia se requiere que concurran dos presupuestos.

1) Que se haya producido *la apertura de la sucesión de la persona a quien se haya de heredar*. Según el art. 991 CC: «Nadie podrá aceptar ni repudiar sin estar cierto de la muerte de la persona a quien haya de heredar y de su derecho a la herencia». Se requiere, por tanto, que se haya producido la muerte o declaración de fallecimiento, en los términos que estudiamos en la Lección 2.

2) Que, tras la sucesión del fallecido, *se adquiera el «ius delationis» por el llamado por testamento o abintestato*. Recuérdese que la *vocación* nace a partir de la muerte del causante e implica un llamamiento a los posibles sucesores; mientras que la *delación* no es un llamamiento genérico, sino la atribución de la facultad de aceptar o repudiar que la ley reconoce a quienes han recibido una vocación efectiva.

4. EL PLAZO PARA ACEPTAR Y REPUDIAR: INTERPELACIÓN Y DERECHO DE DELIBERAR

El CC no fija un plazo para aceptar o repudiar. La STS (1ª) 15 noviembre 1985 (ECLI:ES:TS:1985:674) considera que puede aplicarse el mismo criterio que recoge el art. 1016 CC para el beneficio de inventario y considera que el único plazo aplicable al derecho de aceptar o repudiar es el de prescripción previsto para la acción de petición de herencia, que es la acción que tiene el heredero para pedir la restitución conjunta de los bienes hereditarios. El propio TS considera que el plazo de esta acción es el de 30 años, que sería el aplicable al ejercicio de *ius delationis* [STS (1ª) 27 noviembre 1992 (ECLI:ES:TS:1992:8700)].

4.1. Interpelación para aceptar o repudiar

No obstante lo anterior, el art. 1004 CC regula la denominada *interpelación* (actualmente *notarial*, y no judicial) para aceptar o repudiar: «*Hasta pasados nueve días después de la muerte de aquel de cuya herencia se trate, no podrá intentarse acción contra el heredero para que acepte o repudie*».

Se suele explicar este precepto sobre la base de los antecedentes históricos, como el del luto necesario para «*no atormentar a los llamados a heredar, que puedes ser padres o hijos, en los primeros momentos de justo dolor y llanto*» (García Goyena).

Este plazo está por completo al margen de la realidad y de la legalidad actual, ya que deben transcurrir quinces días hábiles, a partir del día siguiente al del fallecimiento, para realizar la solicitud al Registro General de Actos de Última Voluntad. Aparte de ello, en caso de certificación positiva, hay que dirigirse al Notario autorizante del último testamento y esperar a obtener una copia (autorizada) del mismo. Y en caso de certificación negativa, se debe tramitar la declaración de herederos abintestato (Lecciones 2 y 5).

En este sentido, consideramos que sólo cuando haya certeza de la existencia del *ius delationis* podrá aplicarse lo previsto en el art. 1005 CC: «*Cualquier interesado que acredite su interés en que el heredero acepte o repudie la herencia podrá acudir al Notario para que éste comunique al llamado que tiene un plazo de treinta días naturales para aceptar pura o simplemente, o a beneficio de inventario, o repudiar la herencia. El Notario le indicará, además, que si no manifestare su voluntad en dicho plazo se entenderá aceptada la herencia pura y simplemente*».

Se pueden considerar como *interesados* a los acreedores del caudal hereditario o del propio llamado, a un coheredero, a los legatarios, a los herederos de grado ulterior que serían llamados a suceder si el de grado preferente repudia la herencia, o el eventual heredero abintestato a cuya favor se defería la herencia en el caso de que el único llamado a la misma en testamento la repudiase.

4.2. Derecho de deliberar

El CC regula de manera conjunta, y de una manera un tanto confusa, el beneficio de inventario y el derecho de deliberar (art. 1016 CC). En realidad, el derecho de deliberar tiene como finalidad que el llamado pueda valorar si acepta o repudia en función de la composición del activo y pasivo de la herencia.

Consiste en la realización de un inventario, al que le son aplicables las normas del beneficio de inventario. No obstante, cuando el llamado se acoge al beneficio lo hace en virtud de la aceptación de la herencia y, por tanto, como heredero que ha sucedido al causante. En cambio, quien utiliza el derecho de deliberar no es todavía heredero, pues mientras se practica el inventario y hasta que ejercite el *ius delationis*, es un simple llamado a la herencia.

Según el art. 1019 CC, el heredero que se hubiese reservado el derecho de deliberar, debe manifestar al Notario, *dentro de treinta días contados desde el siguiente a aquel en que se hubiese concluido el inventario*, si repudia o acepta la herencia y si hace uso o no del beneficio de inventario. Una vez que transcurren los treinta días sin hacer dicha manifestación, se entenderá que la acepta pura y simplemente.

Por lo que se refiere a la situación de los legatarios durante este plazo, el art. 1025 CC dispone que «*no podrán los legatarios demandar el pago de sus legados*».

5. IMPUGNACIÓN DE LA ACEPTACIÓN Y REPUDIACIÓN DE LA HERENCIA

Según el art. 997 CC la aceptación y la repudiación sólo pueden ser impugnadas «*cuando adoleciesen de algunos de los vicios que anulan el consentimiento, o apareciese un testamento desconocido*». En este sentido podemos diferenciar:

a) *Vicios de la voluntad*: Cabe acudir a los mismos vicios que provocan la anulabilidad del contrato (error, dolo, violencia o intimidación) debidamente adaptados a la aceptación y repudiación de la herencia.

En la STS (1ª) 15 marzo 2021 (ECLI:ES:TS:2021:977), se admite la impugnación por error de la aceptación de la herencia tras el descubrimiento por el heredero de una obligación de importe superior a los bienes de la herencia.

b) *Aparición de un testamento desconocido*: Cuando el testamento que aparece es revocatorio del anterior, el hipotético titular ha utilizado un *ius delationis* que en realidad no tenía. El aceptante será un heredero aparente sujeto a la reivindicación de los bienes hereditarios por parte del verdadero heredero mediante la acción de petición de herencia.

Es posible igualmente que la herencia se hubiera deferido inicialmente abintestato y que luego aparezca un testamento. En este caso, si la herencia intestada fue objeto de repudiación, el ap. 2º del art. 1009 CC prevé que todavía se pueda aceptar la herencia deferida por testamento.

6. LA ACEPTACIÓN DE LA HERENCIA

6.1. Concepto y formas de aceptación

La aceptación de la herencia es el ejercicio positivo del *ius delationis*: el llamado declara su voluntad de adquirir la herencia y asume la cualidad de heredero con efecto retroactivo desde el momento de apertura de la sucesión (art. 989 CC).

Según el art. 998 CC: «*La herencia podrá ser aceptada pura y simplemente o a beneficio de* inventario». Aunque el CC parece distinguir dos formas diferentes de aceptación lo cierto es que la regulación del beneficio de inventario se explica mejor como un poder o facultad para limitar la responsabilidad por las deudas hereditarias, cuyo ejercicio puede ser simultáneo a la aceptación o posterior. Por ello vamos a estudiar aparte las reglas del beneficio de inventario.

Al margen de lo anterior, la aceptación puede ser expresa o tácita (art. 999 CC).

a) *Expresa*: es la que se hace por escrito, en documento público o privado.

b) *Tácita*: es la que se hace por actos que suponen necesariamente la voluntad de aceptar, o que no habría derecho a ejecutar sino con la cualidad de heredero [STS (1ª) 10 mayo 2019 (ECLI:ES:TS:2019:1485)].

Es discutible qué tipo de actos implican una aceptación tácita. Como vimos en la Lección 2, la mera presentación de la declaración del Impuesto de Sucesiones o la solicitud de prórroga no deben considerarse por sí solas como un acto de aceptación tácita de la herencia. El ap. 4º del art. 999 CC se limita a aclarar que «*los actos de mera conservación o administración provisional no implican la aceptación de la herencia, si con ellos no se ha tomado el título o la cualidad de heredero*». Así pues, no supone aceptación atender los gastos de entierro y funeral, atender otros gastos urgentes (recibos de suministros, rentas, prestaciones alimenticias, etc.), la percepción de frutos, o los gastos de reparación de bienes [RDGRN 19 julio 2016 (BOE núm. 226, de 19 septiembre, págs. 66994 y ss., y RDGSJFP 31 marzo 2023 (BOE núm. 92, de 18 abril, págs. 55221 y ss.)]. Sí, en cambio, los actos de disposición de bienes hereditarios, o la reivindicación de bienes que pertenecen a la herencia [RDGRN 10 junio 2020 (BOE núm. 207, de 31 julio, págs. 61059 y ss.)].

La elevación a público por los herederos de una venta realizada por el causante, no implica aceptación tácita de la misma, por ser un acto debido o de mera administración (art. 999 CC). No existe disposición, dado que el bien inmueble fue vendido por el causante, no por los herederos, y la propiedad se transmitió por aquel en vida y, por tanto, el bien salió directamente de su patrimonio y no del caudal de la herencia [SAP Valencia (Secc. 7ª) 10 febrero 2020 (ECLI:ES:APV:2020:1756)].

Según la RDGSJFP 8 febrero 2023 (BOE núm. 55, de 6 marzo, págs. 33092 y ss.), en el ámbito registral no se admite la aceptación tácita, por exigir el art. 3 LH forma documental pública. Solo sería admisible la aceptación tácita, cuando se trate de escritura pública que tenga por objeto otro acto que *ex lege* tenga valor equivalente, como ocurre con la disposición de un bien hereditario concreto (art. 999 CC).

c) *Aceptación «ex lege»*. El art. 1000 CC recoge una serie de supuestos en que se entiende aceptada la herencia:

1. Cuando el *heredero vende, dona o cede su derecho a un extraño, a todos sus coherederos o a alguno de ellos* (transmitir el *ius delationis* implica una aceptación previa, de manera que se enajena lo que ya pertenecía al heredero).
2. Cuando el heredero *renuncia la herencia, aunque sea gratuitamente, a beneficio de uno o más de sus coherederos* (se trata de una renuncia traslativa, que implica que ya se ha adquirido lo que se transmite).
3. *Cuando renuncia la herencia por precio a favor de todos sus coherederos indistintamente*. Pero si esta renuncia fuera gratuita y los coherederos a cuyo favor se haga son aquellos a quienes debe acrecer la porción renunciada, no se entenderá aceptada la herencia (lo mismo hay que entender si los beneficiarios son los sustitutos vulgares).

d) *Aceptación en caso de concurso de herencia*. El Texto Refundido de la Ley Concursal (TRLC) regula el concurso de herencia en los arts. 567 a 571. Según el art. 567 TRLC: «*El concurso de la herencia podrá declararse en tanto no haya sido aceptada pura y simplemente*». Legitimados para solicitar el concurso lo están «*el administrador de la herencia yacente, los herederos y los acreedores del deudor fallecido*» (art. 568.1 TRLC). Pero cuando la solicitud se formulada por un heredero, dice el art. 568.3 que «*producirá los efectos de la aceptación de la herencia a beneficio de inventario*».

6.2. Aceptación de la herencia y responsabilidad por deudas

Según el art. 1003 CC: «Por la aceptación pura y simple, o sin beneficio de inventario, quedará el heredero *responsable de todas las cargas de la herencia, no sólo con los bienes de ésta, sino también con los suyos propios*».

Así pues, cuando el llamado acepta pura y simplemente, además de adquirir la cualidad de heredero, se hace responsable de las deudas y cargas de la herencia, tanto con los bienes que adquiere como con los suyos propios. Sobre la base del principio de responsabilidad patrimonial universal del art. 1911 CC responde ilimitadamente del pago de las deudas y cargas hereditarias. Se habla entonces de una responsabilidad *ultra vires hereditatis*.

A ello se contrapone la limitación de la responsabilidad por deudas cuando el heredero acepta a beneficio de inventario, que produce una separación entre el patrimonio hereditario y el patrimonio propio del heredero, y una limitación de su responsabilidad por deudas y cargas hasta donde alcancen los bienes de la herencia (art. 1023 CC). A esta responsabilidad limitada se alude con la expresión *intra vires hereditatis*.

En cuanto a la referencia a las «cargas», la mayoría de la doctrina considera que se incluyen:

1) Las deudas que tuviera el causante en vida.

2) Las cargas de la herencia propiamente dichas, que pueden tener su origen en el propio testamento (v.gr. gastos de entrega de los legados del ap. 3º del art. 886 CC), o que se deriven de la sucesión (v.gr. gastos de entierro, funeral y sufragios del testador de los arts. 902 y 903 CC; o los de alimentos a la viuda encinta de un *nasciturus* llamado a la herencia del art. 964 CC; o los gastos del inventario, administración y defensa de la herencia del art. 1033 CC; o los gastos originados por el derecho de deliberar, en caso de que el llamado repudie la herencia, del art. 1033 CC; o los gastos de partición hechos en interés común de todos los herederos, del 1064 CC).

3) Los legados.

7. EL BENEFICIO DE INVENTARIO

7.1. Concepto y naturaleza

Ya hemos destacado que, aunque el art. 998 CC parece distinguir dos formas diferentes de aceptación (pura y simple, o a beneficio de inventario) la regulación del beneficio de inventario consiste en un poder o facultad que se concede al heredero para limitar la responsabilidad por las deudas hereditarias, y cuyo ejercicio puede ser simultáneo a la aceptación o posterior.

La manera que tiene el heredero de evitar la responsabilidad ilimitada del art. 1003 CC es utilizar el beneficio de inventario. Dicha facultad le permite limitar su responsabilidad, de manera que el patrimonio hereditario funciona como un patrimonio en liquidación, en el que se liquidan las deudas y cargas hereditarias como un patrimonio separado.

Según el art. 1010 CC, todo heredero puede aceptar la herencia a beneficio de inventario, aunque el testador se lo haya prohibido. Es, por tanto, indiferente que el heredero haya sido llamado por testamento o abintestato. Además, cuando existen varios llamados, de la misma manera que unos pueden aceptar y otros repudiar la herencia, el art. 1007 CC dispone que unos pueden aceptar pura y simplemente, y otros a beneficio de inventario.

7.2. Forma y plazos

La declaración de hacer uso del beneficio de inventario debe ser expresa y hacerse ante Notario (art. 1011 CC). Cuando el heredero se encuentre en el extranjero puede hacer dicha declaración ante el Agente diplomático o consular de España que esté habilitado para ejercer las funciones de Notario en el lugar del otorgamiento (art. 1012 CC).

En ambos casos, como se recoge en el art. 1013 CC, la declaración no produce efectos si no va precedida o seguida de un inventario fiel y exacto de todos los bienes de la herencia, hecho con las formalidades y dentro de los plazos previstos legalmente. Es importante destacar la necesidad de que el inventario incluya *todos los bienes de la herencia*, pues el art. 1024.1º CC sanciona con la pérdida del beneficio de inventario al heredero que, «*a sabiendas, deje de incluir en el inventario alguno de los bienes, derechos o acciones de la herencia*».

Toda la tramitación se realiza ante Notario. Según el art. 67 de la Ley del Notariado de 28 de mayo de 1862, es competente para la realización del inventario el Notario con residencia en el lugar en que hubiera tenido el causante su último domicilio o residencia habitual, o donde estuviere la mayor parte de su patrimonio, o en el lugar en que hubiera fallecido, siempre que estuvieran en España, a elección del solicitante. También se puede elegir a un Notario de un distrito colindante a los anteriores. En defecto de todos ellos, es competente el Notario del lugar del domicilio del requirente [*coin-*

cide con los criterios de competencia para tramitar la declaración de herederos abintestato].

Los *plazos* para realizar la solicitud al Notario se regulan en los arts. 1014 y 1015 CC, estableciendo un régimen diferente en función de que el heredero tenga o no en su poder la herencia o parte de ella, y de que no haya ninguna gestión como heredero.

Cuando el heredero tiene en su poder la herencia o parte de ella y quiere utilizar el beneficio de inventario, debe comunicarlo ante Notario y pedir en el plazo de treinta días a contar desde aquél en que supiere ser tal heredero la formación de inventario notarial.

Cuando el heredero no tiene en su poder los bienes de la herencia o parte de ellos, el art. 1015 CC sólo señala el *dies a quo* desde el que debe computarse el plazo legal. Las situaciones que se pueden producir son las siguientes:

a) *El llamado ha aceptado la herencia*. El plazo se computa desde la aceptación.

b) *El llamado ha realizado alguna gestión como heredero*. Ello implica una aceptación tácita (art. 999 CC), y el plazo se computa desde que hubieran comenzado los actos de gestión como heredero.

c) *El llamado a la herencia ha sido interpelado* y el Notario le ha concedido un plazo para aceptar o repudiar (art. 1005 CC). El plazo para el inventario se computa desde el día siguiente a que expire el plazo para aceptar o repudiar, o desde que expresamente se haya aceptado antes de que transcurra el plazo del art. 1005 CC.

Fuera de estos casos, es decir, *cuando el llamado no tiene en su poder la herencia o parte de ella, ni se encuentra en algunos de los supuestos del art. 1015 CC,* puede aceptar con beneficio de inventario mientras no prescriba la acción para reclamar la herencia (art. 1016 CC). Se refiere a la acción de petición de herencia a la que jurisprudencialmente se aplica un plazo de prescripción de treinta años.

En la tramitación del inventario notarial se debe citar a los acreedores y legatarios para que acudan a presenciarlo si les conviene. Y el inventario debe iniciarse dentro de los treinta días siguientes a dicha citación, y concluirse dentro de otros sesenta días (plazo susceptible de prórroga por el Notario).

Cuando por culpa o negligencia del heredero no se inicia o concluye el inventario en los plazos citados y con la formalidades legales exigidas, se sanciona al heredero con la pérdida del beneficio de inventario, entendiéndose que acepta la herencia pura y simplemente.

7.3. Aplicación *ex lege* de los efectos del beneficio de inventario

En el CC y en otras leyes se recogen una serie de supuestos en que se aplican directamente al heredero o herederos los efectos del beneficio de inventario que enumera el art. 1023 CC. Tales supuestos son los siguientes:

1) Cuando es *heredero abintestato el Estado*, en cuyo caso se entiende siempre aceptada la herencia a beneficio de inventario, sin necesidad de declaración alguna sobre ello (art. 957 CC).

2) Cuando se instituye *heredero voluntario al Estado*. El art. 20.1 de la Ley 33/2003, de 3 de noviembre, del Patrimonio de las Administraciones Públicas dispone: «La aceptación de las herencias, ya hayan sido deferidas testamentariamente o en virtud de ley, se entenderá hecha siempre a beneficio de inventario».

3) La *aceptación de herencias por las fundaciones* se entenderá hecha siempre a beneficio de inventario (art. 22.1 de la Ley 50/2002, de 26 de diciembre, de Fundaciones).

4) Cuando se trate de *herencias dejadas indeterminadamente a los pobres* (art. 992, ap. 2° CC).

5) Cuando *se reclame judicialmente una herencia de que otro se halle en posesión por más de un año*. Según el art. 1021 CC, si el actor venciere en el juicio, no tendrá obligación de hacer inventario para gozar de este beneficio, y sólo responderá de las cargas de la herencia con los bienes que le sean entregados.

7.4. Efectos del beneficio de inventario

Los efectos del beneficio de inventario se contemplan con carácter general en el art. 1023 y concordantes del CC y de la Ley del Notariado (arts. 67 y 68 LN). Tales efectos son los siguientes:

7.4.1. Limitación de la responsabilidad por deudas

Según el art. 1023.1° CC: «*El heredero no queda obligado a pagar las deudas y demás cargas de la herencia sino hasta donde alcancen los bie-*

nes de la misma». El heredero, por tanto, no responde con sus bienes propios.

El heredero, como tal, sucede en las deudas del causante, pero el beneficio de inventario limita su responsabilidad, excluyendo la posibilidad de que sus bienes propios sean embargados por los acreedores de la herencia.

7.4.2. Separación de patrimonios

Aunque el heredero tiene su propio patrimonio y es titular del patrimonio hereditario, no se confunden sus bienes particulares con los que pertenezcan a la herencia. Y ello porque el patrimonio hereditario es un patrimonio en liquidación, para pagar a acreedores y legatarios.

Consecuencia de esta separación de patrimonios es que el heredero conserva contra el caudal hereditario todos los derechos y acciones que tuviera contra el difunto. A pesar de que se reúnen en la misma persona los conceptos de acreedor y deudor, lo que daría lugar a la extinción de la deuda por *confusión*, el art. 1192 CC exceptúa precisamente el caso en que «esta confusión tenga lugar en virtud de título de herencia, si ésta hubiese sido aceptada a beneficio de inventario». De manera paralela, no se produce la extinción de los derechos reales limitados por *consolidación* (arts. 513.3° y 546.1° CC).

7.4.3. Configuración como un patrimonio en administración

Durante la tramitación del inventario se entiende que la herencia está en administración, hasta que resulten pagados todos los acreedores conocidos y los legatarios (art. 1026 CC).

Administrador puede serlo el mismo heredero, quien haya designado el testador, o cualquiera otra persona, que tendrán la representación de la herencia para ejercitar las acciones que a ésta competan y contestar a las demandas que se interpongan contra la misma.

7.4.4. Configuración como patrimonio en liquidación

Como acabamos de destacar, la administración de le herencia está dirigida al pago de acreedores y legatarios. Ello conlleva que estamos en presencia de un patrimonio en liquidación. En este sentido, el art. 1030 CC prevé la posibilidad de enajenar bienes de la herencia cuando sea necesario para afrontar los referidos pagos.

Salvo que todos los herederos, acreedores y legatarios acuerden otra cosa, la venta de bienes hereditarios se debe realizar en la forma prevenida en el art. 1024.2° CC, es decir, si se trata de valores negociables que coticen en un mercado secundario a través de la enajenación en dicho mercado, y en cuanto a los demás bienes mediante su venta en subasta pública notarial.

Son mercados secundarios, según el art. 43 del Texto Refundido de la Ley del Mercado de Valores: la Bolsa de Valores, el Mercado de Deuda Pública en Anotaciones y los Mercados de Futuros y Opciones. Se denominan secundarios, porque los valores que en ellos se negocian ya han sido emitidos en una primera oferta, pública o privada, denominada mercado primario. La diferencia principal entre un mercado primario y uno secundario, es que en el primero es donde se emiten los activos financieros, y en el segundo es donde se negocian e intercambian los activos ya emitidos previamente. En el mercado primario, solo hay un intercambio entre el emisor y el comprador (mercado de emisión); en el secundario, los títulos pueden ser intercambiados de forma ilimitada (mercado de negociación).

El CC se encarga de determinar las reglas para el pago de las deudas y cargas hereditarias:

1) Los acreedores conocidos de la herencia cobran con preferencia a los legatarios. Según el art. 1027 CC: «*El administrador no puede pagar los legados sino después de haber pagado a todos los acreedores*».

2) Una vez pagados los legados, si aparecen otros acreedores, éstos sólo podrán reclamar contra los legatarios en el caso de no quedar en la herencia bienes suficientes para pagarles (art. 1029 CC). Pero siempre con el límite del valor del legado (art. 858 CC).

3) Si los bienes de la herencia no alcanzan para cubrir todos los legados, el pago se hace en el orden del art. 887 CC.

4) Cuando los bienes hereditarios no alcancen para el pago de las deudas y legados, el administrador dará cuenta de su administración a los acreedores y legatarios que no hubiesen cobrado por completo (art. 1031 CC).

5) Una vez pagados todos los acreedores y legatarios, el heredero entra en el pleno goce del remanente de la herencia, desapareciendo la separación de patrimonios.

6) Los acreedores de la herencia y los legatarios tienen preferencia sobre los acreedores del heredero aceptante (art. 1034 CC).

Finalmente hay que destacar que, conforme al art. 1082 CC: «*Los acreedores reconocidos como tales* (se refiere a acreedores de la herencia) *podrán oponerse a que se lleve a efecto la partición de la herencia hasta que se les pague o afiance el importe de sus créditos»*. Esta protección a los acreedores hereditarios no es una preferencia para el cobro. Sólo se les permite oponerse a que se consume la partición hasta que se les paguen o afiancen sus créditos, e impedir la entrega de los legados hasta entonces, lo que no significa impedir que se haga la partición (art. 788.3° LEC por analogía).

Se trata de una medida coercitiva, no una declaración de preferencias crediticias. Si los acreedores hereditarios hacen uso de ella, mantendrán el patrimonio del causante separado del propio de cada coheredero, pudiendo así obtener satisfacción forzosa de sus créditos con más facilidad que si hubiera confusión de ambas masas (Díez-Picazo).

7.5. Pérdida del beneficio de inventario

Los arts. 1024 y 1018 CC prevén una serie de supuestos de pérdida del beneficio de inventario por el heredero. La pérdida del beneficio de inventario supone una sanción a determinadas conductas, que provoca la desaparición de la limitación de la responsabilidad por deudas, y la confusión de patrimonios.

1) Cuando a sabiendas deje de incluir en el inventario alguno de los bienes, derechos o acciones de la herencia.

2) Cuando, antes de completar el pago de las deudas y legados, enajena bienes de la herencia sin autorización de todos los interesados, o no da al precio de lo vendido la aplicación determinada al concederle la autorización.

3) Cuando por culpa o negligencia del heredero no se inicia o concluye el inventario en los plazos y con las solemnidades legales.

8. LA REPUDIACIÓN DE LA HERENCIA

8.1. Concepto y forma

La repudiación de la herencia es la declaración de voluntad por la que el titular del *ius delationis* manifiesta su voluntad de no ser heredero y rechaza el llamamiento a suceder.

Existe un debate en la doctrina sobre la necesidad de distinguir entre repudiación y renuncia, expresiones de las que el propio CC en ocasiones hace una utilización indistinta. Técnicamente se renuncia a lo que ya se tiene, por lo que la repudiación no sería una verdadera renuncia, sino el rechazo a la posibilidad de adquirir, es decir, la negativa a la adquisición de un derecho. En este Manual vamos a utilizar indistintamente ambos conceptos, aunque, referidos a la herencia y al legado, habría que entender que se repudia la herencia y se renuncia al legado.

El art. 1008 CC exige para la repudiación *forma expresa, escrita y solemne*: debe «hacerse ante Notario en instrumento público». La redacción del precepto, desde su reforma en 2015, es clara en el sentido de rechazar la posibilidad de repudiación en documento privado. Tampoco es admisible una repudiación tácita.

8.2. Efectos de la repudiación

La repudiación produce una serie de efectos generales:

1) Hace desaparecer con efectos retroactivos el *ius delationis* desde el momento de la apertura de la sucesión (art. 989 CC).

2) Quien repudia una herencia se entiende no la ha poseído en ningún momento (art. 440 CC).

3) Las donaciones recibidas en vida del causante por quien repudia se mantienen, salvo que deban reducirse por inoficiosas. En caso de que el renunciante sea legitimario, las donaciones a su favor se imputan a la parte libre. Las donaciones hechas a un legitimario que repudia tampoco se colacionan.

4) Si el renunciante es al mismo tiempo legatario puede aceptar el legado, a pesar de la repudiación de la herencia (art. 890 CC).

5) Aunque se haya repudiado una herencia, no se pierde el derecho de representar al causante de la sucesión a la que se renunció, si concurren los presupuestos necesarios (art. 928 CC).

6) La repudiación excluye el derecho de representación, por lo que éste no tiene lugar cuando la vacancia se debe a que el llamado inicialmente sobrevive y repudia la herencia (arts. 923 y 929 CC).

7) Cuando el *ius delationis* tiene su origen en testamento, si el testador ha previsto una sustitución vulgar, en caso de repudiación de instituido, se llama al sustituto (art. 774 CC).

En caso contrario (cuando no se ha previsto una sustitución vulgar), se pueden dar dos posibilidades:

a) Si hay un único llamado, procede la apertura de la sucesión intestada (art. 912.3° CC).

b) Si son varios los llamados conjuntamente, y concurren los presupuestos del derecho de acrecer, procede el acrecimiento a los demás de la parte del repudiante (art. 912.3° y 982 CC).

8) Cuando el *ius delationis* se produce en la sucesión intestada, si repudia el único llamado o todos los llamados del mismo grado, heredan los parientes del grado siguiente por derecho propio (art. 923 CC). Si, siendo varios los llamados, sólo repudian algunos, la parte de los que repudian acrece a los demás coherederos del mismo grado (arts. 922 y 981 CC).

9) Desde el punto de vista tributario, el art. 28 LISD prevé que los beneficiarios de la repudiación o renuncia tributarán por la adquisición de la parte repudiada.

8.3. La necesidad de distinguir entre renuncia abdicativa y renuncia traslativa

El CC se refiere a la denominada renuncia abdicativa o extintiva, de manera que el destino de la porción renunciada depende de lo que disponga la ley (o de lo que haya previsto el testador, dentro del margen de maniobra que le concede la ley). Si el renunciante lo hace a favor de una persona concreta estamos ante la denominada renuncia traslativa, que supone en realidad una genuina enajenación o cesión verificada en forma de renuncia. La denominada renuncia traslativa no implica propiamente una renuncia, sino una cesión de derechos que, precisamente para ser cedidos, han de ser previamente adquiridos.

Así se destaca por la STS (1ª) 20 julio 2012 (ECLI:ES:TS:2012:6027) cuando afirma que la renuncia traslativa no supone en ningún caso la transmisión directa del ius delationis al beneficiario de la misma: por tanto, el adquirente lo será siempre del heredero y no del causante cuya herencia es aceptada con esta fórmula. Por ello, como se dice en la RDGRN 27 febrero 2013 (BOE núm. 69, de 21 marzo, págs. 22564 y ss.): «la ley no permite que quien vende o dona sus derechos hereditarios ceda el derecho a aceptar, despojándose de la cualidad de heredero. El cedente es precisamente, por el hecho de ceder, aceptante de la herencia, y el cesionario adquiere los bienes del cedente a título singular, y no "ex capite defuncti"» [se insiste en la misma idea en la RDGRN 5 febrero 1996 (BOE núm. 72, de 23 marzo, págs. 11280 y ss.), y en la RDGSJFP 30 diciembre 2021 (BOE núm. 28, de 2 febrero, págs. 14696 y ss.)].

En definitiva, en la renuncia traslativa adquieren los bienes personas diferentes de aquellas a quienes se tendría que deferir la herencia en los casos de verdadera renuncia. Por ello, en los ap. 2.º y 3.º del art. 1000 CC se entiende que estamos ante una aceptación *ex lege*: a) Cuando el heredero renuncia la herencia, aunque sea gratuitamente, a beneficio de uno o más de sus coherederos. b) Cuando la renuncia por precio a favor de todos sus coherederos indistintamente. No obstante, si esta renuncia es gratuita y los coherederos a cuyo favor se haga son aquellos a quienes debe acrecer la porción renunciada (por aplicación del art. 982 CC), no se entiende aceptada la herencia. La correcta aplicación del art. 1000 CC tiene su importancia, ya que no puede disfrazarse de una aparente renuncia abdicativa lo que en realidad supone una renuncia traslativa.

En el caso resuelto por la RDGSJFP 30 diciembre 2021 (BOE núm. 28, de 2 febrero, p. 14696-14700) el testador instituye a dos hijas herederas por partes iguales y las sustituye vulgarmente por sus descendientes. Una de las hijas renuncia a la herencia paterna en los siguientes términos: «(...) renuncia pura y simplemente a favor de su hermana (...) a cualesquiera derechos y obligaciones que pudieran derivarse a su favor en la herencia de su padre». A pesar del tenor literal de la renuncia efectuada, sus efectos dependen de si la renunciante tiene o no descendientes. De no existir descendientes, se aplicaría el art. 1000.3.º CC y habría que entender que la renuncia es abdicativa, porque la hermana es a quien debe acrecer la porción renunciada. En cambio, si la renunciante tuviera descendientes, habría que aplicar el art. 1000.2.º CC y entender que estamos ante una renuncia traslativa.

8.4. La renuncia de la herencia en perjuicio de los acreedores del renunciante

Según el art. 1001 CC: «*Si el heredero repudia la herencia en perjuicio de sus propios acreedores, podrán éstos pedir al Juez que los autorice para aceptarla en nombre de aquél*». En definitiva, la repudiación puede afectar a los acreedores del heredero si, de haberse aceptado la herencia, hubieran podido cobrar en todo o en parte lo que se les adeuda.

Ejemplo: Herencia de 100 a la que son llamados Andrés y Susana. Andrés es insolvente y tiene un acreedor al que le debe 80, pero repudia la herencia deferida a su favor. De haber aceptado Andrés, ese acreedor podría haber cobrado su crédito.

La aplicación del art. 1001 CC exige que con la repudiación se haya provocado un perjuicio a los acreedores. Se trata de un perjuicio en sentido objetivo, lo que se podrá apreciar siempre que el patrimonio personal del deudor sea insuficiente para pagar sus deudas y que el incremento determinado por la herencia pudiera aumentar aquel patrimonio. *No hace falta que exista fraude o intención de perjudicar* con la repudiación.

La facultad de los acreedores se ejercita judicialmente y determina una aceptación de la herencia previamente repudiada, que entraña una ineficacia parcial de la repudiación. En este sentido, según el art. 1001 CC: «La aceptación sólo aprovechará a los acreedores en cuanto baste a cubrir el importe de sus créditos. *El exceso, si lo hubiere, no pertenecerá en ningún caso al renunciante*, sino que se adjudicará a las personas a quienes corresponda según las reglas establecidas en este Código».

Así pues, se verifica una *doble adquisición* de los bienes hereditarios:

1) Con la actuación de los acreedores, el deudor que ha renunciado adquiere bienes hereditarios, pero sólo en la medida necesaria para satisfacer los créditos de los acreedores.

2) El resto de los bienes hereditarios (el *exceso, si lo hubiere*) lo adquieren los sucesivamente llamados o los coherederos con derecho de acrecer. Como éstos quedan afectados, han de ser demandados para que puedan comparecer a formular la oportuna oposición y ello aun cuando todavía no hubieran aceptado la herencia. Se les debe reconocer el derecho de pedir que se haga por los acreedores excusión de los bienes del repudiante, pues así será mayor el «exceso» en el que heredarán.

Lo que el CC no aclara es la relación entre el repudiante y los herederos ulteriores que tienen derecho al remanente. Es indudable que el repudiante obtiene una ventaja liquidando su pasivo a costa de una disminución del remanente que reciben otros. Ello hace que pueda plantearse la posibilidad de utilizar la acción de regreso del art. 1158 CC. En nuestra opinión se deben diferenciar dos situaciones: a) Si, cuando se utiliza la acción, todavía no se ha ejercitado el *ius delationis* por los ulteriormente llamados, la eventual aceptación de éstos sólo puede recaer sobre el remanente, por lo que carece de fundamento acudir al régimen del art. 1158 CC. b) Sólo puede plantearse el ejercicio de la acción de regreso, si los herederos ya habían aceptado la herencia, al ver disminuido el patrimonio hereditario, o al haber evitado la traba de bienes pagando con dinero propio una deuda ajena.

Como no se fija el *plazo* dentro del cual deben los acreedores ejercitar el derecho que les reconoce el art. 1001 CC, entendemos que es aplicable el de caducidad de cuatro años de las acciones rescisorias (art. 1299 CC), teniendo en cuenta que el fundamento de la acción se encuentra en el perjuicio que sufren los acreedores del repudiante. El *dies a quo* del referido plazo debe ser el de la repudiación de la herencia.

Desde una perspectiva tributaria, el repudiante debe liquidar el impuesto de sucesiones como si hubiera aceptado, pero solo en la parte necesaria para que los acreedores puedan ver satisfechos sus créditos. El resto de la cuota hereditaria del repudiante se adjudica conforme a las normas civiles aplicables (que hemos analizado en el epígrafe 8.2). Según el art. 28 LISD los beneficiarios de la repudiación tributan por la adquisición de la parte repudiada, por lo que, en este caso, podrán solicitar la rectificación de autoliquidación y devolución de ingresos indebidos.

9. LA ACCIÓN DE PETICIÓN DE HERENCIA

Según la STS (1ª) 21 mayo 1999 (ECLI:ES:TS:1999:3532): «La acción de petición de herencia, no regulada en nuestro Código Civil, que se limita a hacer alusión a ella en su artículo 192 y en los 1016 y 1021, compete al heredero real contra quien posee los bienes hereditarios a título de heredero del mismo causante o sin tener título alguno para obtener su restitución, pero partiendo del supuesto de que el sujeto pasivo de la acción posea los bienes invocando un título excluyente del que asista al reclamante».

La acción de petición de herencia es una acción propia del heredero. No se encuentra en la sucesión del causante, sino que nace precisamente tras la apertura de la sucesión y la aceptación de la herencia por el llamado.

El heredero no reivindica bienes como sucesor del causante, ejercitando la acción reivindicatoria que a éste le pudiera corresponder contra terceros. Lo que reclama es la restitución de bienes hereditarios fundado en su cualidad de heredero frente a quien los posee sin tener este título u ostentándolo indebidamente. Se trata, por tanto, de un conflicto entre el heredero real y el heredero aparente.

La acción de petición de herencia puede ser ejercitada por el heredero, cualquiera que sea su título. También por el coheredero en beneficio de la comunidad hereditaria, o simplemente por su cuota.

La legitimación pasiva la ostenta el que posee los bienes hereditarios en concepto de heredero o la mera posesión sin título alguno (*heredero aparente*).

En cuanto al régimen jurídico de esta acción, es esencial que el bien pertenezca a la herencia del causante sin más requisitos: lo que se discute es el mejor título hereditario del demandante o el del demandado. Mediante la acción de petición de herencia se reclaman bienes hereditarios, por lo que habrá de probarse por el actor que pertenecían al patrimonio del causante. Su objeto lo constituyen tanto bienes concretos como la totalidad de la herencia, por lo que habrá que determinar cuáles son los objetos que la componen.

En cuanto al plazo de prescripción, los arts. 192 y 1016 CC nos dicen que prescribe, pero no señalan plazo. La jurisprudencia del TS considera que la acción tiene naturaleza real por lo que le aplica el plazo de prescripción de treinta años del art. 1963 CC [STS (1ª) 27 noviembre 1992 (ECLI:ES:TS:1992:8700) y ATS (1ª) 21 mayo 2023 (ECLI:ES:TS:2023:6399A)]. En lo que atañe al *dies a quo* del cómputo del plazo, alguna sentencias aisladas han mantenido que se inicia en el momento de la apertura de la sucesión [SSTS (1ª) 18 mayo 1932 (ECLI:ES:TS:1932:1499) y 7 febrero 1966 (ECLI:ES:TS:1966:2060)]; pero la jurisprudencia mayoritaria entiende que el plazo de prescripción empieza a computarse desde que el poseedor aparente de los bienes exterioriza su propósito de hacerlos propios, titulándose dueño de los mismos, comportándose como tal y negando a los demás el carácter de herederos [STS (1ª) 23 diciembre 1971 (ECLI:ES:TS:1971:1040) y 2 junio 1987 (ECLI:ES:TS:1987:9100)]. No obstante, el ejercicio y el buen fin de la acción de petición de herencia, según se desprende del art. 1963.II CC, está condicionado a que antes no se haya producido la adquisición del dominio por usucapión [STS (1ª) 22 febrero 2000 (ECLI:ES:TS:2000:1343)].

BIBLIOGRAFÍA

ARNAU RAVENTÓS, Lidia, «Acción de petición de herencia», en GETE-ALONSO Y CALERA, María del Carmen (Dir.) y SOLÉ RESINA, Judith (Coord.), *Tratado de Derecho de Sucesiones*, II, 2ª ed., Civitas, Thomson Reuters, Cizur Menor, 2016, págs. 1033-1075.

BAYOD LÓPEZ, María del Carmen, *La llamada aceptación de la herencia por los acreedores*, Tecnos, Madrid, 1998.

DE LA IGLESIA, PRADOS, Eduardo, *La aceptación legal de la herencia en el Código Civil español,* Tirant lo Blanch, Valencia, 2021.

DÍEZ-PICAZO Y PONCE DE LEÓN, Luis, «La aceptación de la herencia por los acreedores del heredero», *Anuario de Derecho Civil*, 1959, págs. 127-198.

DOMÍNGUEZ LUELMO, Andrés, «La acción de petición de herencia», en LLAMAS POMBO, E. (Dir.), *Acciones civiles*, Tomo I, *Derecho de la persona,*

Derecho de Sucesiones, Derecho de Familia, 3ª ed., Wolters Kluwer, La Ley, Madrid, 2019 (ISBN: 978-84-9020-833-5), págs. 699-778.

Domínguez Luelmo, Andrés, «La repudiación de le herencia: efectos, destino *mortis causa* de la porción repudiada y derechos de los acreedores», en *Anales de la Academia Sevillana del Notariado*, XXXII, 2022/2023, págs. 193-237.

Domínguez Luelmo, Andrés, «La aceptación y repudiación de la herencia de las personas en situación de discapacidad», en Espejo Lerdo de Tejada, Manuel – Cerdeira Bravo de Mansilla, Guillermo (Dir.), *La persona con discapacidad en el Derecho de sucesiones*, Aranzadi, Cizur Menor, 2023, págs. 59-109.

Domínguez Luelmo, Andrés, «La sucesión *mortis causa* en los casos de premuerte y renuncia del instituido» *Revista Jurídica del Notariado*, núm. 117, 2023, págs. 11-84.

Espejo Lerdo de Tejada, Manuel; Murga Fernández, Juan Pablo (Dir.), *Las deudas de la herencia* Thomson Reuters-Aranzadi, Cizur Menor, 2022.

Fernández Domingo, Jesús Ignacio, *El derecho de deliberar*, Dykinson, Madrid, 2001.

Galicia Aizpurua, Gorka Horacio (Dir.) *Deudas y herencia*, Thomson Reuters-Aranzadi, Cizur Menor, 2018.

García Cueto, Elisabeth, *La ineficacia de la vocación hereditaria. Análisis del supuesto de desconocimiento del ius delationis*, Marcial Pons, Madrid, 2022.

García Miguel, Santiago, *Los acreedores en el fenómeno sucesorio*, Bosch, Madrid, 2023.

Galván Gallegos, Ángela,*La herencia: contenido y adquisición. La aceptación y repudiación de la herencia*, La Ley, Wolters Kluwer, Madrid, 2000.

Gaspar Lera, Silvia, *La acción de petición de herencia*, Aranzadi, Cizur Menor, 2001.

Gete-Alonso y Calera, María del Carmen, «Adquisición de la herencia», en Gete-Alonso y Calera, María del Carmen (Dir.) y Solé Resina, Judith (Coord.), *Tratado de Derecho de Sucesiones*, II, 2ª ed., Civitas, Thomson Reuters, Cizur Menor, 2016, págs. 289-338.

GITRAMA GONZÁLEZ, Manuel, *La administración de la herencia en el Derecho español*, Edersa, Madrid, 1950.

LÓPEZ SUÁREZ, Marcos, «Consideraciones en torno al derecho de deliberar», *Diario LA LEY*, n.º 9748, 2020.

MARÍN CALERO, Carlos, *Aceptación de la herencia a beneficio de inventario*, Aferre, Barcelona, 2021.

PÉREZ ÁLVAREZ, Miguel Ángel, *El beneficio de inventario*, Thomson Reuters, Aranzadi, Cizur Menor, 2016.

LECCIÓN 7

LA COMUNIDAD HEREDITARIA

Andrés Domínguez Luelmo
Catedrático de Derecho civil
Universidad de Valladolid

Henar Álvarez Álvarez
Catedrática de Derecho civil
Universidad de Valladolid

1. CONCEPTO, NATURALEZA Y CARACTERES

Cuando varias personas llamadas a una herencia a título universal aceptan la misma, surge entre ellas la comunidad hereditaria, siendo necesario proceder a la partición. En cambio, existiendo un único heredero, ni hay comunidad hereditaria, ni se precisa proceder a la partición; aunque sí realizar otro tipo de operaciones como la liquidación, en su caso, del régimen económico matrimonial del causante, el pago de deudas hereditarias, la entrega de legados, afrontar el pago de tributos que graven la sucesión *mortis causa,* etc.

Se denomina comunidad hereditaria a la comunidad resultante del llamamiento de varias personas como sucesores a título universal en una herencia, tras su aceptación, hasta el momento de la partición. La comunidad hereditaria está formada por el activo hereditario no destinado especialmente a favor de ningún sucesor. Por tanto quedan excluidos de la comunidad hereditaria los bienes de que ha dispuesto el causante a favor de una determinada persona, ya sea a través de un legado o de una institución *ex re certa*.

Por lo que se refiere a las fuentes de regulación, el CC no regula el régimen de la comunidad hereditaria, pues solo la toma en consideración desde la perspectiva de su finalización a través de la partición. Por ello, debe tenerse presente que las fuentes de regulación serán: 1.º Las disposiciones imperativas del Código Civil. 2.º La voluntad del causante. 3.º Las disposiciones que, dentro de la normativa sobre partición, le sean específicamente aplicables. 4.º Las disposiciones generales contenidas en el Título III, del Libro II del Código Civil (arts. 392 a 406), en cuanto sean compatibles con una comunidad universal.

Tradicionalmente se consideran caracteres de la comunidad hereditaria los siguientes:

a) *Carácter Universal*: recae sobre la totalidad del patrimonio hereditario considerado como una universalidad (no hay una comunidad sobre cada una de las cosas que lo componen).

b) *Forzosa*: Porque su nacimiento es independiente de la voluntad de los herederos.

c) *Transitoria*: Porque está destinada a extinguirse a través de la partición, que puede pedir cualquier coheredero en cualquier momento, aunque el testador puede imponer cierto grado de permanencia (art. 1051 CC), e incluso los propios coherederos (art. 400.II CC). La acción para pedir la partición de la herencia no prescribe (art. 1965 CC).

A la hora de explicar la naturaleza jurídica de la comunidad hereditaria, tradicionalmente se vienen contraponiendo dos sistemas antagónicos: el romano y el germánico. La cuestión está íntimamente relacionada con la de la naturaleza jurídica de la partición que analizaremos más adelante. Existe dos posturas.

A) Teoría romana: Entiende la comunidad como una situación transitoria, y considera que hay tantas comunidades romanas o por cuotas como cosas y derechos reales integran la herencia, con la especialidad de que ningún coheredero puede disponer de su cuota hasta que no se efectúe la partición. A su vez, las deudas existentes se dividen desde la apertura de la sucesión entre todos los coherederos.

B) Teoría germánica: La comunidad hereditaria constituye un patrimonio autónomo, en mano común, tanto en su lado activo como pasivo, y los coherederos no tienen ningún derecho sobre los objetos singulares que componen la herencia. Existe solamente un derecho indeterminado sobre la totalidad, de manera que cada heredero puede disponer de su cuota hereditaria en abstracto, y los actos de disposición y la responsabilidad por deudas afectan a todos los coherederos conjuntamente.

En nuestro Derecho, la DGRN comenzó aceptando la naturaleza romana de la comunidad al permitir la inscripción del título hereditario en cada una de las fincas que componían el caudal, y la disponibilidad del mismo. El TS, por el contrario, no admitía que el coheredero dispusiese de ninguna cuota de bienes concretos en tanto no se le adjudicasen en la partición, posición que se asumió en 1915 en el RH (art. 71) al permitir la inscripción del derecho hereditario referido, no a cada finca, sino a la parte que a cada coheredero correspondiese en el patrimonio hereditario.

La doctrina abandonó pronto la tesis romanista y fue paulatinamente aportando otras soluciones para explicar la naturaleza de la comunidad hereditaria. Algunos autores se inclinaron por asimilar la comunidad de herederos a una comunidad de tipo germánico, en mano común. Otros propusieron una solución intermedia, situando la comunidad hereditaria entre la persona jurídica y la copropiedad, orientación reflejada después en algunas Sentencias aisladas del TS.

La doctrina mayoritaria y la jurisprudencia actual siguen una explicación diferente, reflejando la comunidad ordinaria sobre la herencia, concebida como una unidad patrimonial en la que los sucesores no tienen cuotas determinadas sobre los bienes concretos, sino una cuota global sobre el conjunto de los mismos. De esta manera, en la comunidad hereditaria, los actos de disposición que un coheredero realice sobre una cosa concreta de la herencia no son válidos, salvo que se entienda que quedan supeditados a que la misma le sea adjudicada en todo o en parte en las operaciones particionales.

En definitiva, como destaca ALBALADEJO, los bienes y derechos que componen la masa común pertenecen a los titulares de la comunidad de forma global, de modo que éstos son cotitulares del todo considerado unitariamente, pero no les pertenece una participación en cada uno de los bienes y derechos comunes considerados individualmente. En este sentido, se califica la comunidad hereditaria como comunidad universal: *Comunidad,* en singular, porque es una sola, y no un conjunto de comunidades, una en la titularidad de cada uno de los bienes y derechos que componen la masa. *Universal,* porque no recae sobre un solo objeto, la masa hereditaria, sino sobre los bienes singulares que en su conjunto forman aquélla; lo que permite decir que recae sobre una universalidad. De esta manera, como se afirma en la STS (1ª) 17 diciembre 2007 (ECLI:ES:TS:2007:8273): «*Mientras la herencia se halle en comunidad, el derecho de los coherederos no se proyecta sobre cada uno de los bienes que la componen, sólo tienen una cuota en la titularidad del patrimonio hereditario, del que forman parte los bienes y deudas del causante*».

Consecuencia de lo anterior es que lo que tiene acceso al Registro de la Propiedad es solamente ese derecho que los cotitulares tienen sobre la comunidad de forma global, que se ha venido a denominar «derecho hereditario *in abstracto*».

2. SUJETOS: POSICIÓN DEL CÓNYUGE VIUDO Y DE LOS LEGITIMARIOS

La comunidad hereditaria está formada en principio por todos los coherederos que han aceptado la herencia y están llamados a una parte alícuota de la misma. Éstos necesitan tener un llamamiento a título universal, pero es indiferente que sea testamentario o abintestato (por disposición de la ley).

También forman parte de la comunidad hereditaria los legatarios de parte alícuota, en cuanto cotitulares del activo. En este sentido, el art. 782.1 LEC legitima al legatario de parte alícuota, al igual que a cualquier coheredero, para «reclamar judicialmente la división de la herencia». Y además, vienen asimilados al resto de coherederos dentro del régimen previsto para la división judicial de le herencia en los arts. 783.2, 792.1.2.º, 793.3.3.º y 5.º, 795.2.º y 4.º LEC. En cambio, no forman parte de la comunidad los legatarios de cosas específicas y determinadas por ser meros adquirentes de bienes a título singular. Tampoco los herederos *ex re certa,* ni los herederos a los que el testador adjudicó bienes concretos en pago de su cuota a través de un acto de naturaleza particional.

Mayores problemas dogmáticos plantea la consideración del cónyuge viudo como copartícipe en aquellos casos en que concurre a la herencia con su cuota legitimaria en usufructo. A pesar de que en la terminología de los arts. 806 y ss. CC se hable de «herederos forzosos», el cónyuge viudo no es en estos casos heredero del fallecido, porque el usufructuario de herencia no puede ser considerado heredero. Algunas SSTS mantienen lo contrario, pero casi siempre se realiza esta asimilación en *obiter dicta* con la finalidad de buscar soluciones de justicia para el caso concreto [al igual que hace la RDGSJFP 8 junio 2023 (BOE núm. 154, de 29 junio, págs. 91051 y ss.)]. Como destaca Real Pérez, a pesar de esta jurisprudencia, la doctrina del TS está lejos de considerar al cónyuge como auténtico heredero.

Cuestión diferente es su posición especial dentro del procedimiento de división judicial de la herencia. El art. 1038.2.º LEC de 1881 legitimaba al cónyuge supérstite para promover el juicio de testamentaría. En cambio ya no tiene esta legitimación en el art. 782 de la vigente LEC, aunque sí forma parte de la Junta para designar contador y peritos (art. 783 LEC). La cuestión relativa a su legitimación se presta, no obstante, a discusión, como veremos más adelante. Aun no formando parte de la comunidad hereditaria la configuración del usufructo vidual hace que deba intervenir en la partición, pues en principio su derecho de usufructo alcanza a todos y cada uno de los bienes que componen la herencia. Por ello dispone el art. 839 CC que mientras no se proceda a conmutar su derecho de usufructo en los casos en que legalmente proceda, «estarán afectos todos los bienes de la herencia al pago de la parte de usufructo que corresponda al cónyuge». Desde esta misma perspectiva debe negarse al cónyuge viudo la posibilidad de intervenir como contador-partidor en la herencia de su cónyuge premuerto, pues su interés en el caudal relicto, aunque sea sólo en razón de su cuota usufructuaria, justifica que se estime contrapuesto al interés de los herederos del causante.

El dato de que el art. 782.1 LEC no incluya ahora, expresamente, entre los legitimados al cónyuge viudo debe considerarse acertado pues su situación depende de la ley aplicable a la sucesión: sólo estará legitimado cuando su condición de viudo le atribuya una cuota de la comunidad hereditaria. Lo está en el régimen del CC, en el que se le reconoce una cuota en usufructo, siendo equiparable a un legatario de parte alícuota. En cambio, ningún sentido tiene legitimar sin más al cónyuge supérstite en los sistemas que se rigen por el principio de libertad de testar puro.

En cuanto a los legitimarios descendientes y ascendientes pueden recibir su legítima por cualquier título (art. 815 CC), incluso pueden haberla percibido en vida del causante a través de donaciones. Aunque en estos casos no formen parte técnicamente de la comunidad hereditaria, cabría plantear que se les reconozca legitimación para solicitar la división y a participar en las operaciones divisorias, pues carecería de toda lógica poner en manos de los legitimarios unas medidas correctoras de la libertad dispositiva del causante, y negarle, en cambio, los medios necesarios para conocer la posible inoficiosidad. A pesar de ello, consideramos que no se les debe reconocer sin más legitimación para solicitar la división en todo caso, aunque sí deben intervenir en las operaciones particionales, precisamente para controlar que se respetan sus derechos como legitimarios.

3. OBJETO

Constituyen el objeto de la comunidad hereditaria todos los bienes y derechos dejados por el causante en el momento de su muerte (y que sean transmisibles *mortis causa)*. Esto es lo que quiere significar el art. 659 CC cuando dice: «La herencia comprende todos los bienes, derechos y obligaciones de una persona, que no se extingan por su muerte». Pero se exceptionan los bienes y derechos legados especialmente a otros, los atribuidos a los herederos *ex re certa,* y los que hayan sido objeto de adjudicación por el testador a través de actos de naturaleza particional.

Por lo que se refiere al activo, constante la comunidad, quedan integrados en el patrimonio hereditario todos los aumentos que experimente el mismo por accesión continua y discreta. E igualmente ingresan en la masa, por subrogación real, los bienes adquiridos como consecuencia del ejercicio de un derecho perteneciente a la misma, los recibidos como indemnización por la pérdida o deterioro de objetos hereditarios, o por permuta con ellos o los comprados con dinero hereditario, al igual que el dinero procedente de venta de bienes de la herencia o las acciones para hacer efectivo el precio. El pasivo de la comunidad hereditaria está formado por las deudas y cargas de la herencia, aunque debe tenerse en cuenta que no todos los comuneros son deudores de las mismas (v.gr. no lo son los legatarios de parte alícuota).

4. DERECHOS, FACULTADES Y OBLIGACIONES DE LOS PARTÍCIPES

A la hora de analizar los derechos de los integrantes de la comunidad hereditaria es preciso distinguir los derechos que tienen sobre la herencia indivisa y los derechos que cada uno de los copartícipes tiene sobre su propia cuota.

4.1. Derechos sobre la herencia indivisa

Con carácter general destaca la STS (1ª) 11 abril 1953 (ECLI:ES:TS:1953:2358) que, «mientras la herencia esté indivisa, puede cualquiera de los herederos ejercitar acciones en beneficio de la masa hereditaria y reivindicar los bienes que a la misma correspondan siempre que lo haga no para sí solamente, sino en beneficio de todos». Mantiene el mismo criterio en la jurisdicción contenciosa la STS (3ª) 26 marzo 2002 (ECLI:ES:TS:2002:2228). Es preciso, no obstante que nos detengamos en algunos aspectos particulares.

4.1.1. Posesión

Por lo que se refiere a la *posesión*, como destacan Lacruz y Sancho, en principio cada comunero posee autónomamente su cuota, y en virtud de ella tiene los derechos de uso y coposesión que corresponden a cualquier copropietario. En este sentido, según declara la STS (1ª) 27 mayo 1967 (ECLI:ES:TS:1967:1809), ningún coheredero puede alegar la posesión exclusiva del caudal hereditario respecto a los otros. No obstante, sí que puede llegar a adquirir por usucapión las cosas singulares que integran el patrimonio hereditario siempre que los bienes se posean no de consuno y por todos, sino por uno de los coherederos en nombre propio.

Como consecuencia de que ningún coheredero pueda pretender, salvo que disponga de título hábil, poseer en exclusiva un bien hereditario, la STS (1ª) 29 marzo 2021 (ECLI:ES:TS:2021:1239) destaca que a partir de la STS (1ª) del Pleno de 16 septiembre 2010 (ECLI:ES:TS:2010:5050) «es jurisprudencia consolidada el reconocimiento del ejercicio de la acción de desahucio por precario entre coherederos y en beneficio de la comunidad. Esta doctrina se fundamenta en la idea de que, durante el período de indivisión que precede a la partición, todos los coherederos tienen título para poseer como consecuencia de su participación en la comunidad hereditaria, pero ese título no ampara una posesión en exclusiva y excluyente de un bien común por un coheredero». Nótese que si la posesión de un coheredero está amparada por algún título que le autorice a poseer en exclusiva un bien (v.gr. un contrato de arrendamiento), no está en situación de precario, por lo que no puede prosperar frente a él una acción de desahucio por precario.

4.1.2. Uso

En cuanto al *uso* de los bienes que integran la comunidad hereditaria, a falta de acuerdo parece aplicable el régimen previsto para la comunidad ordinaria en el art. 394 CC, conforme al cual cada partícipe puede servirse de las cosas comunes, siempre que disponga de ellas conforme a su destino y de manera que no perjudique el interés de la comunidad, ni impida a los copartícipes utilizarlas según su derecho.

Este precepto permite el uso solidario de la cosa común sin más límites que los que se recogen en los arts. 394 y 397 CC, por lo que no se requiere el previo acuerdo de la mayoría de los coherederos para determinar el sistema de uso [STS (1ª) 19 febrero 2016 (ECLI:ES:TS:2016:533)]. Aunque este uso solidario no está en función de la cuota indivisa de cada uno de los partícipes, ello no puede entenderse de modo absoluto y para todos los supuestos, sino que dependerá de que lo permita la naturaleza de la cosa común. Así se ha considerado que en el caso de una vivienda o chalet el uso indiscriminado puede ser fuente de conflictos, lo que hace aconsejable adoptar algún tipo de reglamentación [STS (1ª) 4 marzo 1996 (ECLI:ES:TS:1996: 1358) y RDGSJFP 2 marzo 2023 (BOE núm. 69, de 22 marzo, págs. 42920 y ss.)]. La STS (1ª) 9 diciembre 2015 (ECLI:ES:TS: 2015:5688) fija como doctrina que «la aplicación de turnos de ocupación con uso exclusivo por periodos sucesivos y recurrentes será considerada como una fórmula justa aplicable a los casos de comuneros de viviendas cuando no sea posible o aconsejable el uso solidario o compartido y la comunidad o algún comunero así lo inste».

La tenencia y disfrute exclusivo de un bien hereditario por uno solo de los sucesores, en lo que concierne al resto de los llamados a la sucesión, se entiende que es a título de precario. Así pues, el coheredero es un poseedor legítimo y de buena fe, de modo que su posesión solo pasa a ser viciosa desde el momento en que continúa en dicha tenencia exclusiva y excluyente contra la voluntad expresa del resto [SAP Oviedo 6 octubre 2023 (ECLI:ES:APO: 2023:3459)].

4.1.3. Disfrute

Finalmente, por lo que se refiere al *disfrute* de los bienes indivisos, de acuerdo con el criterio del art. 393 CC, debe ser proporcional a sus respectivas cuotas. En cuanto a los frutos, debe estarse a lo que, *a contrario sensu,* se desprende del art. 1063 CC, que recoge la regla clásica del Derecho Romano *fructus augent hereditatem*. Según este precepto, en el momento de la partición, los coherederos deben abonarse recíprocamente las rentas y frutos que cada uno haya percibido de los bienes hereditarios. En este sentido, los frutos de los bienes de la comunidad que perciban los comuneros deben entregarse a la masa sin esperar a la partición. Ello no es óbice para que cada uno de los comuneros tenga derecho a su parte de los frutos, aunque no la reciba hasta el momento de la partición.

4.1.4. Actos de conservación, administración y disposición

Con carácter general, cualquiera de los comuneros puede realizar los actos de *conservación* y defensa de la comunidad y de los bienes que componen la misma, tanto en el proceso como en el tráfico.

En cuanto a las reglas sobre *administración* de los bienes integrantes de la comunidad hereditaria, cabe aplicar sin problemas lo dispuesto para la comunidad ordinaria en los arts. 395, 397 y 398 CC. En este sentido, será suficiente con el acuerdo de la mayoría. Lo anterior se entiende sin perjuicio de que otra cosa haya dispuesto el causante, o de que estemos ante alguno de los supuestos de administración del caudal hereditario recogidos en la LEC. Igualmente cabe que los coherederos acuerden que el régimen sea de unanimidad.

No obstante, sí resulta admisible entender que cualquiera de los coherederos, durante la fase de indivisión, puede realizar todo lo que sea beneficioso para los demás, es decir, ejercitar las acciones que correspondían al causante y las nacidas después de su muerte, en tanto en cuanto el resultado sea favorable para los demás, pero no lo que sea perjudicial.

Los actos de *disposición* de los bienes y derechos concretos que integran la comunidad hereditaria deben realizarse por *todos* los coherederos, tanto los que tengan carácter material (alteración, modificación, etc.), como los actos de enajenación o gravamen. Mientras exista la comunidad hereditaria, de acuerdo con el art. 406 CC son aplicables las normas generales de la comunidad de bienes, por lo que no pueden realizarse actos dispositivos sobre bienes de la herencia sin el consentimiento unánime de todos los partícipes [RDGSJFP 24 enero 2023 (BOE núm. 38, de 14 febrero, págs. 22977 y ss.)]. Según la STS (1ª) 15 febrero 1947 (ECLI:ES:TS:1947:1145): «la partición de la herencia no es necesaria para la venta de un bien hereditario cuando en el negocio intervienen todos los interesados que asumen la titularidad completa del derecho que se enajena».

En este punto la jurisprudencia es reiterada. Según la STS (1ª) 31 enero 1994 (ECLI:ES:TS:1994:432): «por razonables que sean las esperanzas de que en la división se les adjudique la finca (...), no permite conculcar lo dispuesto en la Ley respecto a las cosas comunes, para cuya enajenación debe concurrir el consentimiento de todos los titulares del dominio, pues así se desprende de los arts. 348, 397, 399 y concordantes, del CC; y por ser una comunidad hereditaria hasta que no se efectúe la partición por cualquiera de los modos admitidos en derecho (arts. 1051 y ss.) no adquieren los herederos la propiedad exclusiva (art. 1068)».

Igualmente, según la STS (1ª) 30 diciembre 1996 (ECLI:ES:TS:1996:7654): «cualquiera de los herederos puede enajenar su cuota hereditaria, pero no bienes concretos ni cuotas recayentes sobre bienes concretos de la herencia, sin el consentimiento de todos los demás».

4.1.5. El caso especial de la comunidad hereditaria sobre acciones o participaciones sociales

La aplicación de la Ley de Sociedades de Capital (Texto refundido aprobado por RDLeg. 1/2010, de 2 de julio), pone de relieve las especialidades que plantea una comunidad hereditaria sobre acciones o participaciones sociales. Cuando fallece un socio, mientras no se practique la partición, surge una situación de interinidad en la que la condición de socio no se pierde para los coherederos. No obstante, mientras las acciones o participaciones sociales formen parte de la comunidad hereditaria, es preciso determinar: a) A quién corresponde la condición de socio. b) Qué reglas se aplican al ejercicio de los derechos de socio. Sobre ambas cuestiones se pronuncia la STS (1ª) 12 noviembre 2020 (ECLI:ES:TS:2020:3639), recogiendo la jurisprudencia anterior.

a) En cuanto a la condición de socio, cada coheredero no es titular de las acciones o participaciones, sino titular junto con los demás coherederos, del patrimonio del que forma parte el conjunto de tales acciones. El accionista no es el coheredero, sino la comunidad hereditaria, que no da lugar a una copropiedad sobre cada una de las cosas que la componen, sino que éstas forman parte de la misma, teniendo sus miembros derechos indeterminados, y cuya naturaleza es de comunidad germánica. Es la comunidad hereditaria, y no los coherederos, la que ostenta la condición de socio. Tras la partición puede ocurrir que a uno o varios de los coherederos no se les adjudique ningún derecho sobre las participaciones sociales, sino otros bienes o derechos de la herencia. Por ello no es posible reconocer la condición de socio a favor de los coherederos durante el período de indivisión, imponiéndose como solución la atribución de la condición de socio a la comunidad hereditaria.

b) Esta titularidad colectiva no da lugar a derechos autónomos a favor de cada comunero, sino que únicamente facilita la determinación del *quantum* de participación de cada miembro, lo que impide la disponibilidad individual de las cuotas (la cuota-parte no recae sobre un determinado número de participaciones, sino sobre el conjunto del patrimonio). Por ello, la comunidad hereditaria necesita de una representación para ejercitar los derechos que ostenta frente a la sociedad. Dicho representante no es un administrador orgánico de la comunidad, sino que está vinculado por un mandato (revocable) para ejercitar los derechos de su condición de socio de la comunidad. El poder de representación es para asuntos ordinarios o de administración, pero no para asuntos extraordinarios, como puedan ser la modificación del tipo social o el cambio de objeto social.

4.2. Derechos sobre la propia cuota: el retracto de coherederos

Aunque los coherederos no pueden a título individual disponer de bienes concretos de los que componen la herencia indivisa, nada impide que puedan disponer de su cuota hereditaria, tanto a título oneroso como gratuito. La aplicación analógica de lo dispuesto en el art. 399 CC parece clara, al permitir enajenar la cuota, así como cederla o hipotecarla.

Cada coheredero, como titular del derecho hereditario *in abstracto*, antes de la partición, puede obtener la protección del Registro de la Propiedad a través de la anotación preventiva (artículo 42.6º LH). Literalmente pueden pedir esta anotación: «Los herederos respecto de su derecho hereditario, cuando no se haga especial adjudicación entre ellos de bienes concretos, cuotas o partes indivisas de los mismos». Desde la perspectiva de la anotación preventiva del derecho hereditario, el art. 46 LH dispone además que «el derecho hereditario anotado podrá transmitirse, gravarse y ser objeto de otra anotación». Pero de un modo claro se refiere a esta posibilidad el art. 1067 CC donde se contempla la venta a tercero del derecho hereditario antes de la partición. Según este precepto: «Si alguno de los herederos vendiere a un extraño su derecho hereditario antes de la partición, podrán todos o cualquiera de los coherederos subrogarse en lugar del comprador, reembolsándole el precio de la compra, con tal que lo verifiquen en término de un mes, a contar desde que esto se les haga saber».

El tenor literal de este último precepto es revelador en cuanto a la posibilidad de enajenación de la cuota hereditaria. Lo que ocurre es que en cierta manera limita la facultad de disposición del coheredero, al establecer un derecho de retracto a favor de los otros comuneros. No obstante, esta cuestión debe ser enfocada en sus debidos términos. En este retracto, al operar sobre una enajenación ya consumada, no se conculca el principio de libre contratación, sino que se incide en quien ya ha adquirido, en el nuevo propietario de la cuota. Es decir, el retracto de coherederos restringe la libertad dispositiva del copartícipe en la comunidad hereditaria en su faceta negativa, ya que puede enajenar libremente su derecho a un tercero, pero no puede impedir que un eventual retrayente pueda forzar tal enajenación en su favor.

Este derecho de retracto, similar al de comuneros del art. 1522 CC, tiene un plazo de ejercicio de un mes desde que el coheredero conoce la transmisión del derecho hereditario. El cómputo del plazo comienza cuando los coherederos conocen la venta. De acuerdo con la STS (1ª) 3 marzo 1998 (ECLI:ES:TS:1998:1428): «Para que comience a correr el plazo de caducidad legal de un mes, señalado para el ejercicio de la acción de retracto que nos ocupa, es requisito indispensable que el retrayente tenga un conocimiento cierto, completo y total de todas las condiciones de la venta». Según la SAP Las Palmas (Secc. 4ª) 25 enero 2017 (ECLI:ES:APGC:2017:83): «El precepto impone al heredero que vende el deber de hacérselo saber a los demás».

Únicamente procede el retracto cuando la enajenación se realiza a favor de un extraño, entendiendo por tal a quien permanece al margen de la comunidad hereditaria. Puede ser alguien ajeno por completo a la herencia, aunque también se considera extraño al instituido *ex re certa*, al legatario y a cualquiera que no tenga la condición de copartícipe en la comunidad. De acuerdo con el criterio jurisprudencial que recoge con carácter general la STS (1ª) 9 marzo 2021 (ECLI:ES:TS:2021:860), el CC no permite los retractos de comuneros en el caso de transmisión de una parte de la cuota, ni tampoco que pueda ejercitarse cuando el adquirente no es un tercero sino otro cotitular.

Desde una perspectiva tributaria la enajenación de la cuota hereditaria está sujeta al impuesto de sucesiones, que grava al enajenante, pues ya ha adquirido esa cuota (si no lo hubiera hecho, no podría enajenarla). El adquirente, en cambio, tributará como transmisión patrimonial onerosa. Lo que ocurre es que los bienes concretos que integran la cuota enajenada solo se van a conocer y concretar tras la partición de la herencia, tributando entonces como transmisiones patrimoniales onerosas, en función del tipo de bienes (muebles o inmuebles) que se adquieran tras la partición, una vez practicada la liquidación definitiva.

4.3. Responsabilidad por deudas hereditarias

A diferencia de lo que el legislador dispone expresamente sobre la naturaleza de la responsabilidad por las deudas hereditarias una vez realizada la partición (art. 1084 CC), nuestro CC no regula qué régimen de responsabilidad se aplica durante la fase de indivisión, mientras se mantiene la comunidad hereditaria. Según el art. 1084 CC, tras la partición se aplica la regla de la responsabilidad solidaria de los herederos que no hubieran aceptado la herencia a beneficio de inventario, o hasta donde alcance su porción hereditaria, en el caso de haberla aceptado con dicho beneficio. Por ello, se discute en la doctrina si la responsabilidad de los coherederos durante el período de indivisión es mancomunada o solidaria.

Según una primera interpretación, la responsabilidad de los coherederos es también en este caso solidaria. Los autores que defienden esta postura consideran que si el art. 1084 CC consagra la solidaridad tras la partición, es porque presupone que los coherederos también responden solidariamente antes de la misma.

De acuerdo con la postura que consideramos más acertada, la responsabilidad de los coherederos durante la fase de comunidad hereditaria es mancomunada. Abonan esta interpretación los siguientes argumentos: a) Si el art. 1084 CC aclara que la responsabilidad de los coherederos se hace solidaria tras la partición, ello significa que no lo era antes de la misma. b) La solidaridad no puede presumirse en virtud de lo dispuesto en el art. 1137 CC. c) La solidaridad después de la partición encuentra su fundamento en la agravación que en la responsabilidad produce el hecho de haber dividido los bienes sin haber pagado las deudas. Como afirma Díez-Picazo, aunque la cuestión sea controvertida, debe entenderse que estamos ante una forma de mancomunidad sin división, por el estado de indivisibilidad entre los deudores, cuyas consecuencias se aproximan a la solidaridad, aunque no puede confundirse con ella al aplicarse los art. 1139 y 1150 CC.

5. EXTINCIÓN DE LA COMUNIDAD HEREDITARIA

El modo natural de extinción de la comunidad hereditaria es la partición en cualquiera de sus modalidades. No obstante, cabe tomar en consideración otras posibles causas de extinción:

a) Adquisición de todas las cuotas por uno solo de los copartícipes.
b) Destrucción de todos los bienes de la herencia.
c) Emplear todos los bienes hereditarios para el pago de deudas hereditarias.
d) Cuando los comuneros pacten constituir tantas comunidades ordinarias como bienes o derechos existan en la comunidad hereditaria, de manera que ésta queda sustituida por una comunidad ordinaria sobre cada uno de los bienes. En esta caso corresponderá a cada partícipe una cuota sobre cada uno de los bienes, proporcional a su cuota hereditaria.
e) Aportación de todas las cuotas a una sociedad, que pasaría a ser titular única de los bienes hereditarios, cuando los coherederos deciden constituir una sociedad entre todos ellos, aportando sus participaciones en la comunidad hereditaria.

6. LA ACCIÓN DE DIVISIÓN Y SUS EXCEPCIONES: PROHIBICIÓN POR EL TESTADOR Y PACTO DE INDIVISIÓN

Según el ap. 1.º del art. 1051 CC: «Ningún coheredero podrá ser obligado a permanecer en la indivisión de la herencia, a menos que el testador prohíba expresamente la división». A ello se añade en el ap. 2.º lo siguiente: «Pero, aun cuando la prohíba, la división tendrá siempre lugar mediante alguna de las causas por las cuales se extingue la sociedad». De este precepto se desprende de manera indudable que el legislador considera la comunidad hereditaria como algo transitorio, cuya desaparición se debe favorecer. Por ello la facultad de pedir la división se atribuye a cada uno de los copartícipes. Además de lo anterior, de acuerdo con lo dispuesto en los arts. 1052 y 1965 CC, no prescribe entre coherederos la acción para pedir la partición de la herencia.

A esta facultad de dividir en cualquier tiempo la herencia se pueden oponer dos excepciones: la prohibición por el testador y el pacto de indivisión.

Prohibición por el testador: El art. 1051 CC establece de una manera clara que el testador puede prohibir expresamente la división. Los problemas de interpretación pueden surgir en cuanto a si existe alguna limitación temporal a la prohibición o si ésta puede imponerse con carácter indefinido. Doctrinalmente se han defendido dos posturas: a) Mantener la necesidad de aplicar lo dispuesto en el art. 400 CC, entendiendo que el plazo de indivisión debe tener como límite máximo el de diez años. b) Considerar el art. 1051 CC como una norma especial, de manera que el legislador no estaría imponiendo ningún límite temporal a la indivisión, pero con la posibilidad de aplicar en todo caso las reglas por las que se extingue el contrato de sociedad. La STS (1ª) 21 diciembre 2000 (ECLI:ES:TS:2000:9496), se muestra favorable a esta segunda interpretación [*vid.* además la STS (1ª) 27 mayo 2010 (ECLI:ES:TS:2010:2529), en la que el testador nombra un administrador durante el período ordenado de indivisión, al que le da instrucciones muy concretas sobre la manera de proceder].

Pacto de indivisión: Frente al derecho que reconoce el artículo 1052 CC a pedir la partición «en cualquier tiempo», este tipo de pactos deben admitirse sobre la base del principio de autonomía de la voluntad. En este caso sí que es posible aplicar por analogía el artículo 400 CC y entender que dicho pacto no puede exceder de diez años, plazo que sería prorrogable mediante nueva convención. El pacto debe acordarse de manera unánime por todos los copartícipes.

A estas excepciones al derecho a solicitar la división de la herencia, cabe añadir un supuesto especial de suspensión, que acontecerá en aquellos casos en que sea preciso resolver la incertidumbre a que se refieren los artículos 959 y ss. del CC: que la viuda crea haber quedado encinta. De acuerdo con lo dispuesto en el artículo 966 CC, en estos casos, la división de la herencia se suspenderá hasta que se verifique el parto o el aborto, o resulte por el transcurso del tiempo que la viuda no estaba encinta. Sin embargo, el administrador puede pagar a los acreedores, previo mandato judicial. Evidentemente, aunque el precepto se refiera a la viuda, debe ser objeto de interpretación extensiva y entender que las mismas precauciones son aplicables siempre que el nacimiento del póstumo pueda alterar el orden de suceder (incluida la utilización de técnicas de reproducción humana asistida, de acuerdo con la Ley 14/2006, de 22 de mayo), o en general un nasciturus con vocación hereditaria a su favor.

BIBLIOGRAFÍA

CAÑIZARES LASO, Ana, *Comunidad hereditaria y sucesión de la empresa,* Tirant lo Blanch, Valencia, 2019.

CARUANA FONT DE MORA, Gonzalo, «La comunidad hereditaria», en REYES LÓPEZ, M.J. (Dir.), *La comunidad de bienes,* Tirant lo Blanch, Valencia, 2014, págs. 417-442.

CRESPO ALLUÉ, Fernando; FERNÁNDEZ-PRIDA MIGOYA, Francisco; HIDALGO GARCÍA, Santiago; MARTÍNEZ ESCRIBANO, Celia, *La sucesión hereditaria y el juicio divisorio*, 2ª ed., Thomson Reuters, Aranzadi, Cizur Menor, 2015.

DOMÍNGUEZ LUELMO, Andrés (Dir.), *Comentarios al Código civil*, Lex Nova, Valladolid, 2010.

DOMÍNGUEZ LUELMO, Andrés, «División judicial de la herencia», en LLAMAS POMBO, E. (Dir.), *Acciones civiles*, Tomo I, *Derecho de la persona, Derecho de Sucesiones, Derecho de Familia*, 3ª ed., Wolters Kluwer, La Ley, Madrid, 2019, págs. 779-899.

FERRANDIS VILELLA, José, *La comunidad hereditaria*, Bosch, Barcelona, 1954.

MARÍN GARCÍA DE LEONARDO, María Teresa, *La responsabilidad de los herederos por las deudas del causante anterior a la partición de la herencia*, Civitas, Madrid, 1991.

MURGA FERNÁNDEZ, Juan Pablo, *Comunidad hereditaria y Registro de la Propiedad*, Aranzadi, Cizur Menor, 2024.

REAL PÉREZ, Alicia, *El usufructo universal del cónyuge viudo en el Código civil*, Montecorvo, Madrid, 1988.

RUBIO GIMENO, Gemma, *La venta de herencia*, Marcial Pons, Madrid, 2003.

LECCIÓN 8

LA PARTICIÓN DE LA HERENCIA

Andrés Domínguez Luelmo
Catedrático de Derecho civil
Universidad de Valladolid

Henar Álvarez Álvarez
Catedrática de Derecho civil
Universidad de Valladolid

1. LA PARTICIÓN DE LA HERENCIA: CONCEPTO Y NATURALEZA
2. OPERACIONES PARTICIONALES
   - 2.1. Inventario
   - 2.2. Avalúo
   - 2.3. Liquidación y gastos
   - 2.4. División y adjudicación
   - 2.5. Los legitimarios ante la partición
3. TIPOS DE PARTICIÓN
   - 3.1. Partición por el testador
   - 3.2. Partición por contador-partidor testamentario
   - 3.3. Partición por contador-partidor dativo
   - 3.4. Partición arbitral
   - 3.5. Partición convencional
   - 3.6. Partición judicial

1. LA PARTICIÓN DE LA HERENCIA: CONCEPTO Y NATURALEZA

La partición de la herencia es el acto o negocio jurídico que extingue la comunidad hereditaria en estado de indivisión, atribuyendo bienes y derechos singulares y concretos a los coherederos. La aplicación de las normas sobre la partición exige la existencia de varios sucesores integrados en la comunidad hereditaria. En caso de existir un solo heredero, el testamento constituye por sí solo título traslativo del dominio de los bienes relictos [STS(1ª) 26 febrero 2004 (ECLI:ES:TS:2004:1277)]. Como hemos destacado, de acuerdo con lo dispuesto en los arts. 1052 y 1965 CC, no prescribe entre coherederos la acción para pedir la partición de la herencia.

A la hora de estudiar la partición como medio para poner fin a la comunidad hereditaria, las explicaciones propuestas por los autores sobre su naturaleza jurídica están en estrecha relación con las mantenidas sobre la naturaleza de la comunidad hereditaria.

Tradicionalmente se vienen distinguiendo dos sistemas contrapuestos, que asignan respectivamente a la partición una naturaleza traslativa y una naturaleza declarativa de derechos.

A) Teoría traslativa: La tesis que mantiene la naturaleza traslativa se corresponde con el sistema romano. Según la misma, existen tantas comunidades por cuotas cuantas sean las titularidades hereditarias y, así, el derecho de cada coheredero se convierte en propiedad exclusiva sobre bienes concretos en virtud de un acto de enajenación o permuta de su participación en el resto de los bienes, por la que tenían los demás comuneros en los bienes que a él se le adjudican en la partición.

Los actos de disposición realizados por un coheredero sobre los bienes concretos durante la fase de comunidad son válidos sin necesidad de contar con la aprobación de los demás titulares, debiendo soportarlos aquel a quien se le adjudiquen tras la partición.

En realidad, según esta teoría, el título por el que se adquieren los bienes es doble: a) Por un lado, el de heredero. b) Por otro, el de causahabiente de los demás coherederos, en virtud de ese cambio o permuta de las partes indivisas que se produce entre todos los partícipes.

B) Teoría declarativa: Esta teoría se corresponde con el sistema francés. En él, la partición se limita a concretar el derecho de cada partícipe sobre los bienes adjudicados, que se reciben directamente del causante en virtud del efecto retroactivo de la partición. Se entiende así que cada coheredero ha tenido sólo la propiedad exclusiva de los bienes que se le adjudiquen desde el momento de la apertura de la sucesión, y que no ha tenido nunca ningún derecho sobre el resto de los bienes.

Consecuencia de ello es que los actos de disposición realizados por cada partícipe durante la etapa de indivisión están subordinados a lo que resulte de la partición, produciendo efectos únicamente respecto a los bienes que se adjudiquen en su lote.

C) Teoría determinativa o especificativa de derechos: Nuestro CC no resuelve expresamente el problema, limitándose a decir el art. 1068 que «*la partición legalmente hecha confiere a cada heredero la propiedad exclusiva de los bienes que le hayan sido adjudicados*».

Sin embargo, la práctica generalidad de la doctrina, entiende que la partición tiene una naturaleza determinativa o especificativa de derechos. La partición no es declarativa, porque se limita a reconocer un derecho anterior careciendo de retroactividad. Tampoco es traslativa, porque lo que se adjudica al heredero es aquello a lo que tenía derecho por título de herencia, sin que el dato de no saber qué bienes se van a adjudicar en su lote pueda alterar la cuantía del mismo.

En realidad, lo que hace la partición es modificar un derecho impreciso por otro que se individualiza sobre bienes concretos. Cuando el art. 1068 CC utiliza la expresión «*confiere*» no hay que entenderla en el sentido de que transmite la propiedad, sino en el de que la reconoce sobre bienes determinados. De lo contrario, entraría en colisión con los arts. 440, 657, 661 y 867 CC.

La naturaleza de la partición se puede calificar de sustitutiva, determinativa o especificativa, porque el acto de partir produce una sustitución de la cuota global por bienes concretos, o una determinación o especificación de cuáles de éstos pasan a cada coheredero en lugar de aquélla. Esta es postura que se acoge en las SSTS (1ª) 28 mayo 2004 (ECLI:ES:TS:2004:3717) y 21 diciembre 2006 (ECLI:ES:TS:2006:8258).

2. OPERACIONES PARTICIONALES

Con independencia del tipo de partición que se vaya a realizar, y sin perjuicio de las peculiaridades que presentan cada una de ellas, hay una serie de operaciones que pueden considerarse comunes en toda partición. Se trata de un conjunto ordenado de operaciones precedidas, en su caso, de la liquidación de la sociedad conyugal. Estas operaciones se recogen habitualmente en un documento denominado «cuaderno particional», sin que el CC determine con exactitud la forma y el orden en que se deben realizar. En la práctica el cuaderno particional viene integrado por las siguientes operaciones, que son un reflejo de las que integran el procedimiento de división judicial de la herencia (arts. 782 y ss. de la LEC).

2.1. Inventario

Consiste en una relación detallada e individualizada de todos los bienes y obligaciones del causante. Generalmente se agrupan en dos categorías, relativa una a bienes muebles y otra a inmuebles.

La descripción de éstos acostumbra a ser hecha con arreglo a la legislación hipotecaria (arts. 9 LH y 51 RH) para que el cuaderno pueda ser inscrito en el Registro de la Propiedad. El inventario se completa con un resumen del activo y del pasivo de la herencia.

2.2. Avalúo

El avalúo es la tasación o valoración de los bienes por quien practica la partición, bien sea por sí, bien por medio de árbitros o peritos.

Se discute en la doctrina el momento al que debe referirse la valoración: si ha de ser el momento de apertura de la sucesión o el momento en que se haga la partición. La doctrina mayoritaria entiende que ha de atenderse al *momento en que se haga la partición*. Así se mantiene en las SSTS (1ª) 21 octubre 2005 (ECLI:ES:TS:2005:6419) y 14 diciembre 2005 (ECLI:ES:TS: 2005:7532).

Además, es deseable que el valor consignado sea el de mercado y en todo caso, han de respetarse las normas fiscales sobre valoración a los efectos del Impuesto de Sucesiones (art. 18 LISD).

Debe destacarse que, dependiendo de la cuestión, dentro del Derecho de sucesiones los momentos de valoración pueden ser diferentes:

— Para determinar la oficiosidad o inoficiosidad de las liberalidades, se atenderá al momento del fallecimiento del causante (argumento *ex art.* 654 CC).

— Para la partición y adjudicación a los herederos de sus cuotas en bienes concretos, se atenderá al momento de efectuar la partición (argumento *ex art.* 1074 CC).

— Como veremos en la Lección 16 (§ 1.5.2) el art. 847 CC establece un régimen especial cuando el testador adjudica todos los bienes de la herencia a uno de los hijos o descendientes, quedando este obligado a pagar en metálico la porción hereditaria de los demás: «*Para fijar la suma que haya de abonarse a los hijos o descendientes se atenderá al valor que tuvieren los bienes al tiempo de liquidarles la porción correspondiente, teniendo en cuenta los frutos o rentas hasta entonces producidas*».

En la partición judicial, la tasación se realiza por peritos, designados por la Junta, conforme al art. 784 LEC.

Según el art. 785 LEC para cumplir su cargo se pondrán a disposición de los peritos cuantos objetos, documentos y papeles necesiten para practicar el avalúo.

2.3. Liquidación y gastos

Es la operación aritmética mediante la cual, partiendo del importe de los bienes inventariados, una vez realizadas las deducciones que en cada caso correspondan, se fija el haber hereditario del causante, para su división entre los integrantes de la comunidad hereditaria.

Por lo que se refiere a los gastos, según el art. 1064 CC: «*Los gastos de partición, hechos en interés común de todos los coherederos, se deducirán de la herencia; los hechos en interés particular de uno de ellos, serán a cargo del mismo*».

2.4. División y adjudicación

a) A través de la *división* se fija la cuota o el haber de cada uno de los integrantes de la comunidad hereditaria, teniendo en cuenta su número y la proporción en que cada uno de ellos hereda.

b) La *adjudicación* requiere la individualización de bienes y derechos hereditarios concretos para cubrir la cuota de cada uno de los coherederos. Puede tener lugar formando lotes o hijuelas, o adjudicando directamente bienes.

— Dispone el art. 1061 CC: «*En la partición de la herencia se ha de guardar la posible igualdad, haciendo lotes o adjudicando a cada uno de los coherederos cosas de la misma naturaleza, calidad o especie*».

— Conforme al art. 1062 CC: «*Cuando una cosa sea indivisible o desmerezca mucho por su división, podrá adjudicarse a uno, a calidad de abonar a los otros el exceso en dinero. Pero bastará que uno solo de los herederos pida su venta en pública subasta, y con admisión de licitadores extraños, para que así se haga*».

De estos preceptos se deriva el régimen jurídico aplicable a la división y adjudicación del haber partible.

1) La invocación a la «posible igualdad» que utiliza el art. 1061 CC en cuanto a la formación de los lotes, ha provocado una aplicación bastante flexible por la jurisprudencia, entendiendo que debe observarse una ponderación equitativa en atención a las circunstancias de cada caso, sin que se trate de una igualdad matemática o absoluta. Los arts. 1061 y 1062 CC tienen por tanto un carácter orientador, de naturaleza más facultativa que imperativa [SSTS (1ª) 25 noviembre 2004 (ECLI:ES:TS:2004:7677) y 2 noviembre 2005 (ECLI:ES:TS:2005:6681)].

2) La DGRN admite que, cuando el único bien integrado en la herencia sea indivisible, el contador partidor puede adjudicarlo a uno de los herederos, abonando éste el exceso a los demás en dinero extrahereditario [RRDGRN 16 septiembre 2008 (BOE núm. 246, de 11 de octubre, págs. 41041 y ss.) y 26 febrero 2018 (BOE núm. 65, de 15 de marzo, págs. 30272 y ss.); y la STS (1ª) 28 julio 2020 (ECLI:ES:TS:2020:2502)].

La jurisprudencia admite el ejercicio de la acción de división del art. 400 CC sin necesidad de realizar la partición en los supuestos de comunidades postgananciales y comunidades hereditarias que recaen sobre un único bien. En este sentido se ha pronunciado la STS (1ª) 1 abril 2024 (ECLI:ES:TS:2024:1671) en un supuesto en que la única heredera interpone demanda contra su padre, solicitando la extinción del condominio y la venta en pública subasta del único bien del caudal hereditario, de carácter ganancial, por ser indivisible (una vivienda). En ese caso, no se había liquidado la sociedad de gananciales, ni había tenido lugar la partición de la herencia.

3) Estos preceptos no rigen en la partición realizada directamente por el testador, siempre que respete las legítimas, y tampoco en la hecha por los coherederos entre sí, que pueden partir como tengan por conveniente.

— El art. 1063 CC dispone que *los coherederos deben abonarse recíprocamente en la partición*: 1º. Las rentas y frutos que cada uno haya percibido de los bienes hereditarios. 2º. Las impensas útiles y necesarias hechas en los mismos. 3º. Los daños ocasionados por malicia o negligencia. La SAP A Coruña (Secc. 4ª) 8 marzo 2023 (ECLI:ES:APC:2023:455) y la SAP Oviedo 6 octubre 2023 (ECLI:ES:APO:2023:3459) consideran que el artículo 1063 CC permite reclamar sólo los frutos percibidos y no los que pudieran haberse percibido, por lo que no puede servir de base para reclamar en concepto de pérdida los posibles alquileres de un bien de la herencia usado en exclusiva por un heredero.

— Los títulos de adquisición o pertenencia deben entregarse al coheredero adjudicatario de la finca o fincas a que se refieran. Pero cuando el mismo título comprenda varias fincas adjudicadas a diversos coherederos, o una sola que se haya dividido entre dos o más, el título quedará en poder del mayor interesado en la finca o fincas, y se facilitarán a los otros copias fehacientes, a costa del caudal hereditario. Si el interés fuere igual, el título se entregará, a falta de acuerdo, a quien por suerte corresponda. Siendo original, aquel en cuyo poder quede deberá también exhibirlo a los demás interesados cuando lo pidieren (arts. 1065 y 1066 CC).

2.5. Los legitimarios ante la partición

La intervención de los legitimarios en la partición resulta en todo caso necesaria ya que, en caso contrario, no podrían controlar que respetan los derechos que les reconoce la ley y preservar la intangibilidad de su legítima. Desde la RDGRN 1 marzo 2006 (BOE núm. 84, de 8 abril, págs. 13845 y ss.) el Centro Directivo ha insistido en la necesidad de que el legitimario concurra en la adjudicación y partición de la herencia. Como se afirma en la RDGRN 14 febrero 2019 (BOE núm. 61, de 12 marzo, págs. 23552 y ss.) ello incluye el inventario de bienes, el avalúo, el cálculo de la legítima, la entrega de legados y el eventual pago en dinero de la legítima. Una partición realizada sin la concurrencia de los legitimarios debe considerarse nula, salvo cuando se haya designado por el testador a un contador-partidor para efectuar la liquidación y partición de herencia (art. 1057.1 CC).

Según la RDGSJFP 12 marzo 2024 (BOE núm. 89, de 11 abril, págs. 40438 y ss.): «la especial cualidad del legitimario en nuestro Derecho común, caso de que exista en una sucesión, hace imprescindible su concurrencia para la adjudicación y partición de la herencia, a falta de persona designada por el testador para efectuar la liquidación y partición de herencia (artículo 1057.1 del Código Civil), de las que resulte que no se perjudica la legítima de los herederos forzosos. En efecto, la legítima en nuestro Derecho común (y a diferencia de otros ordenamientos jurídicos forales, como el catalán) se configura generalmente como una «pars bonorum», y se entiende como una parte de los bienes relictos que por cualquier título debe recibir el legitimario, sin perjuicio de que, en ciertos supuestos, reciba su valor económico o «pars valoris bonorum». De ahí, que se imponga la intervención del legitimario en la partición, dado que tanto el inventario de bienes, como el avalúo y el cálculo de la legítima son operaciones en las que está interesado el legitimario, para preservar la intangibilidad de su legítima».

En la RDGRN 14 febrero 2019 (BOE núm. 61, de 12 marzo, págs. 23552 y ss.) se establece con claridad: «A falta de persona designada por el testador para efectuar la liquidación y partición de herencia (art. 1057, párrafo 1º CC), y aunque el testador considere que el legitimario ha sido satisfecho en sus derechos, la comparecencia e intervención de éste es inexcusable, a fin de consentir las operaciones particionales de las que resulte que no se perjudica su derecho de carácter forzoso».

No obstante, la situación del cónyuge supérstite como legitimario depende del tipo de atribución que le haga el testador. La RDGSJFP 12 diciembre 2022 (BOE núm. 310, de 17 diciembre, págs. 185580 y ss.) considera en todo caso necesaria la intervención del cónyuge en la partición hereditaria, aunque el testador haya ordenado en favor de la viuda un legado de usufructo de bienes concretos de la herencia. Sin embargo, la SJPI núm. 3 de Málaga de 15 enero 2024 (que ha devenido firme) revoca la anterior Resolución y ordena la inscripción de la escritura autorizada por el Notario, otorgada exclusivamente por los tres herederos [RDGSJFP 29 abril 2024 (BOE núm.118, de 15 mayo, pág. 55447)].

3. TIPOS DE PARTICIÓN

3.1. Partición por el testador

Según el ap. 1º del art. 1056 CC: «*Cuando el testador hiciere, por acto entre vivos o por última voluntad, la partición de sus bienes, se pasará por ella, en cuanto no perjudique a la legítima de los herederos forzosos*».

En tal caso lo que ocurre es que se evita *ab initio* el nacimiento de la comunidad hereditaria. El testador no está obligado a respetar las reglas de la posible igualdad cualitativa de los lotes prevista en el art. 1061 CC.

Como luego veremos, la partición por el testador presenta algunas especialidades en materia de rescisión de la partición.

La posibilidad que se reconoce de hacer la partición *inter vivos* tiene por finalidad, simplemente, dispensar a la partición de las rígidas formas testamentarias, sin alterar su carácter de acto de última voluntad no vinculante, ya que la partición no es efectiva hasta que fallezca el testador, de manera que puede modificarla o revocarla en cualquier momento.

Debe distinguirse esta partición por el testador, con eficacia real directa, de la posibilidad de que el testador haya establecido reglas específicas para el inventario, avalúo, liquidación y división de sus bienes. Estas instrucciones del testador sobre la manera de practicar las operaciones divisorias nada tienen que ver con la partición practicada directamente por el propio testador [STS (1ª) 22 de mayo de 2009 (ECLI:ES:TS:2009:3493)]. La necesidad de *pasar* por esta partición a que se refiere el art. 1056 CC viene a significar, como hemos destacado, que en estos casos no llega a nacer la comunidad hereditaria, por lo que se impide acudir a otras vías para partir los bienes, incluido el procedimiento de división judicial de la herencia. Cuando el testador simplemente deja establecidas determinadas instrucciones particionales, vinculan al contador-partidor en la división de los bienes. El único límite que tienen las reglas dictadas por el testador es que no se perjudique la legítima de los herederos forzosos.

Si el testador se limita a adjudicar bienes concretos a cada uno de los coherederos, se puede entender que tales adjudicaciones constituyen la medida de la cuota asignada a cada uno de ellos. En cambio, cuando las cuotas asignadas en la institución no coinciden con el valor de los bienes adjudicados para cubrir esas cuotas, es discutible si debe o no prevalecer lo dispositivo sobre lo particional. Es posible que el testador haya indicado cuál es su voluntad para el caso de que se produzcan estas discrepancias. En caso contrario, debe entenderse que el testador ha querido que prevalezca lo particional, al concretar los bienes que quiere que reciba cada heredero en su lote, por el mayor grado de probabilidad de que las atribuciones concretas reflejen su verdadera voluntad.

3.2. Partición por contador-partidor testamentario

Se contempla en el art. 1057 CC: «*El testador podrá encomendar por acto «inter vivos» o «mortis causa» para después de su muerte la simple facultad de hacer la partición a cualquier persona que no sea uno de los coherederos*».

El TS y la DGRN tienen declarado que, en general, la partición realizada por comisario tiene el mismo valor que la hecha por el testador, y debe ser respetada, no precisando el consentimiento de los interesados al no tener carácter contractual [STS (1ª) 25 noviembre 2004 (ECLI:ES:TS:2004:7677) y RDGRN 28 febrero 2018 (BOE núm. 65, de 15 de marzo, págs. 30272 y ss.)]. Esta equiparación entre partición realizada por el testador y por el contador-partidor no puede llegar al extremo de hacerlas en todo equivalentes, incluso en lo respectivo a la formación de los lotes: el contador-partidor únicamente tiene libertad en la composición de los lotes cuando el causante le ha conferido tal facultad. En caso contrario está sometido a los arts. 1061 y 1062 CC. Según la RDGSJFP 1 marzo 2024 (BOE núm. 76, de 27 marzo, págs. 35580 y ss.) el contador-partidor no puede distribuir libremente los bienes del causante entre sus herederos, sino que debe sujetar su actuación a dos principios rectores fundamentales: la voluntad del causante y la observancia de las normas que con carácter imperativo rigen la sucesión.

Aunque la figura del contador-partidor no se identifica con la del albacea, no hay problema para aplicarle por analogía algunas de las reglas previstas para éste. En este sentido, se puede afirmar que el cargo de contador-partidor es *personalísimo, voluntario y temporal.*

El art. 1057 CC dice que puede ser contador cualquier persona que no sea uno de los coherederos. La expresión heredero debe ser entendida aquí en sentido amplio, y considerar que tampoco puede serlo el legatario de parte alícuota. Por lo que se refiere al cónyuge viudo, parece que debe negársele la posibilidad de intervenir como contador-partidor en la herencia de su cónyuge premuerto, pues su interés en el caudal relicto, aunque sea sólo en razón de su cuota usufructuaria, justifica que se estime contrapuesto al interés de los herederos del causante.

En cuanto a sus funciones, aunque el art. 1057 CC menciona sólo la «simple facultad de hacer la partición», parece que deben entendérsele atribuidas todas aquellas necesarias para practicar la partición. En este sentido, cabe aludir a la fijación de deudas, cargas y gastos hereditarios, determinación de donaciones colacionables, fijación de las legítimas, formalización de los lotes, y adjudicación de los bienes.

Igualmente, aunque habrá que analizar caso por caso, también tiene la facultad de interpretar el testamento. No obstante, los contadores nunca pueden atribuirse funciones decisorias que son privativas del testador como la de desheredar o revocar disposiciones testamentarias, ni otras propias de los Tribunales, como declarar la ineficacia total o parcial del testamento.

Desde el punto de vista registral, la partición realizada por el contador-partidor es inscribible por sí sola sin necesidad de la concurrencia de los herederos o legatarios, siempre que no resulte del título particional extralimitación en sus funciones, sin perjuicio de las acciones que posteriormente puedan ser interpuestas [RDGSJFP 31 marzo 2022 (BOE núm. 93, de 19 abril, págs. 53539 y ss.)]. Aunque existan legitimarios, tampoco se precisa la intervención de éstos ni su aprobación para que sea inscribible la partición realizada por contador-partidor. La especial cualidad del legitimario hace imprescindible su concurrencia para la adjudicación y partición de la herencia, pero solo a falta de persona designada por el testador para efectuar la liquidación y partición de la misma. Por ello, siendo practicada la partición por contador-partidor, no es necesaria la intervención de todos los legitimarios., Como se afirma en la RDGSJFP 23 abril 2024 (BOE núm. 118, de 15 mayo, págs. 55353 y ss.): «De la interpretación del art. 1057 CC resulta que las particiones realizadas por el contador-partidor, al reputarse como si fueren hechas por el propio causante, son por sí solas inscribibles, sin necesidad de la aprobación de los herederos o legatarios, por lo que en principio causan un estado de derechos que surte todos sus efectos mientras no sean impugnadas».

Dentro de las facultades del contador-partidor puede entenderse incluida, por razones prácticas, la de liquidar la sociedad de gananciales o cualquier otro régimen económico matrimonial de comunidad, siempre de acuerdo con el cónyuge viudo [STS (1ª) 2 abril 1996 (ECLI:ES:TS:1996:2037), RDGRN 11 junio 2020 (BOE núm. 207, de 31 julio, págs. 61186 y ss.) y RDGSJFP 31 marzo 2022 (BOE núm. 93, de 19 abril, págs. 53539 y ss.)].

3.3. Partición por contador-partidor dativo

En aquellos casos en que no hay testamento o, habiendo testamento, no se ha designado en el mismo a un contador-partidor, o ha quedado vacante el cargo, el ap. 2º del art. 1057 CC prevé que «*el Letrado de la Administración de Justicia, o el Notario, a petición de herederos y legatarios que representen, al menos, el 50 % del haber hereditario, y con citación de los demás interesados, si su domicilio fuere conocido, podrá nombrar un contador-partidor dativo, según las reglas que la Ley de Enjuiciamiento Civil y del Notariado establecen para la designación de peritos*».

Con este nombramiento se pretende remediar, en la medida de lo posible, la unanimidad que exige la partición entre coherederos, evitando que hayan de acudir a la partición judicial.

Cabe destacar las diferentes soluciones que, frente a la regla de la unanimidad, se plantean en los Derechos civiles autonómicos con el posible nombramiento de contadores partidores por los herederos. A título de ejemplo pueden consultarse los arts. 294 a 307 de la Ley 2/2006, de 14 de junio, de Derecho Civil de Galicia, y la comparación con el régimen del art. 1057 CC que se hace en la RDGSJFP 18 marzo 2021 (BOE, núm. 101, de 28 abril, págs. 50285 y ss.).

La referencia a los «legatarios» debe entenderse hecha tanto a los de parte alícuota como a los legatarios de cosa específica, ya que no se trata de legitimar a éstos para solicitar la partición, sino de tomar la iniciativa para que se nombre un contador-partidor.

En cuanto a la necesidad de citar a «los demás interesados», en dicha expresión están incluidos el resto de comuneros, así como otros destinatarios de bienes a título singular, los legitimarios, y los acreedores de la herencia. Cuando el nombramiento se hace por el Letrado de la Administración de Justicia, el procedimiento para el nombramiento de contador-partidor dativo es el previsto en los arts. 339 y ss. LEC para la designación de peritos. Cuando se hace por el Notario se aplica lo dispuesto en la legislación notarial. Según el art. 65.1.b) LN, el Notario autorizará escritura pública para el nombramiento de contador-partidor dativo en los casos previstos en el art. 1057 CC. El nombramiento se realiza de conformidad con lo previsto en el art. 50 LN [*vid.* las diferencias entre uno y otro caso en la RDGSJFP 19 febrero 2021 (BOE núm. 59, de 10 marzo, págs. 27818 y ss.)].

El contador-partido dativo tiene las mismas facultades que el contador-partidor testamentario [RDGSJFP 12 marzo 2024 (BOE núm. 89, de 11 abril, págs. 40438 y ss.)]. Pero la partición, una vez realizada, requiere la confirmación expresa de todos los herederos y legatarios y, a falta de ello, *aprobación del Letrado de la Administración de Justicia o del Notario*. El nombramiento de contador partidor y la aprobación de la partición realizada son dos expedientes notariales de jurisdicción voluntaria independientes (art. 92 LJV y art. 66 LN), sin perjuicio de que pueda ser el mismo Letrado de la Administración de Justicia o Notario quienes intervengan en ambos. La aprobación notarial de la partición debe documentarse en escritura pública [art. 66.1.d) LN], no por simple diligencia adicional a la escritura de partición [RDGSJFP 12 julio 2021 (BOE núm. 180, de 29 julio, págs. 91592 y ss.)].

Al objeto de aprobar las operaciones particionales realizadas por el contador-partidor dativo, los interesados pueden acudir, a su elección, a un Notario o al Letrado de la Administración de Justicia competente, toda vez que ambos fedatarios comparten estas funciones en materia de jurisdicción voluntaria, que antes estaban atribuidas a los jueces. De acuerdo con la RDGSJFP 19 febrero 2021 (BOE núm. 59, de 10 marzo, págs. 27818 y ss.), las resoluciones que dicte el LAJ son recurribles ante el Juez, por lo que el mismo tratamiento ha de recibir el Notario, máxime cuando la materia resulta ser de competencia compartida entre ambos fedatarios. En este sentido, el AAP Valladolid (Secc. 3ª) 2 febrero 2023 (ECLI:ES:APVA:2023:378A) considera que el art. 20.2 LJV es también aplicable a los Notarios, por lo que el expediente notarial no es revisable en vía administrativa, sino que está sometido al control de la jurisdicción civil, en concreto de los Juzgados de primera instancia, a través del recurso de revisión.

Reglas comunes a las particiones realizadas por contador-partidor testamentario y dativo.

De conformidad con los ap. 3º y 4º del art. 1057 CC, las reglas anteriores se observarán aunque entre los coherederos haya alguno sujeto a patria potestad o tutela; pero el contador-partidor deberá en estos casos inventariar los bienes de la herencia, con citación de los representantes legales de dichas personas. Si el coheredero tuviera dispuestas medidas de apoyo, se estará a lo establecido en ellas. Salvo esa cautela de la citación para el inventario de los bienes, como destaca la RDGSJFP 13 septiembre 2021 (BOE núm. 249, de 18 octubre, págs. 126963 y ss.) en el caso de la partición hecha por contador-partidor no es precisa la autorización ni la intervención judicial.

A efectos de la referida citación, de acuerdo con el criterio de los arts. 163, 235.1º y 295.2º CC, si existe algún conflicto de intereses entre el menor y sus representantes legales, o entre la persona con discapacidad y quien haya de prestarle apoyo, se debe nombrar defensor judicial.

3.4. Partición arbitral

Según el art. 10 de la ley 60/2003, de 23 diciembre, de Arbitraje: «También será válido el arbitraje instituido por disposición testamentaria para solucionar diferencias entre herederos no forzosos o legatarios por cuestiones relativas a la distribución o administración de la herencia». La STSJ Madrid (Secc. 1ª) 2 marzo 2021 (ECLI:ES:TSJM:2021:23) se refiere este tipo de arbitraje, en un testamento en el que había previamente una llamada a la *mediación* para resolver las controversias, a administrar por la «Fundación Notarial Signum para la Resolución Alternativa de Conflictos».

3.5. Partición convencional

Cuando el testador no ha procedido a partir sus bienes por la vía del art. 1056 CC, ni ha encomendado a otro esta facultad (art. 1057 CC), se permite a todos los coherederos distribuir la herencia de la manera que tengan por conveniente. Algunas especialidades plantea el caso de que, entre los coherederos, haya menores de edad o personas con discapacidad.

Menores: De acuerdo con el régimen de los arts. 162 y 163 CC la representación de los menores en la partición corresponde a los progenitores que ejercen la patria potestad. En caso de intereses contrapuestos o conflicto de intereses con uno de los progenitores, corresponde al otro por Ley y sin necesidad de especial nombramiento representar al menor. Si únicamente hay un progenitor, procede el nombramiento de defensor judicial. Los menores no sujetos a patria potestad quedan sujetos a tutela (art. 199.2º CC). El defensor judicial debe ser nombrado cuando exista un conflicto de intereses entre estos y sus progenitores (arts. 163.I CC y 235.1º CC), o su tutor (arts. 226.2º y 235.1º CC). A estos supuestos habría que añadir los previstos en el art. 27 LJV.

Según el art. 1060 cuando los menores están legalmente representados en la partición, no es necesaria la intervención ni la autorización judicial, pero el tutor necesita aprobación judicial de la ya efectuada. Por otro lado, el defensor judicial designado para representar a un menor en una partición, debe obtener la aprobación de la autoridad judicial, si el Letrado de la Administración de Justicia no hubiera dispuesto otra cosa al hacer el nombramiento.

Personas con discapacidad: Tampoco es necesaria autorización ni intervención judicial en la partición realizada por el curador con facultades de representación de una persona con discapacidad. Pero la partición una vez practicada requiere aprobación judicial (art. 289 CC). Fuera de este supuesto, cuando se haya previsto alguna medida de apoyo a una persona con discapacidad, se debe nombrar defensor judicial en los supuestos previstos en el art. 27 LJV, y además, siempre que pueda existir un conflicto de intereses entre la persona con discapacidad y la que haya de prestarle apoyo (arts. 251.2º, 283, 295.2º CC). No obstante, existiendo varios curadores con funciones homogéneas, estas serán asumidas por quien de entre ellos no esté afectado por el impedimento o el conflicto de intereses (ap. 2º del art. 283 CC).

En cualquiera de los casos, la partición realizada por el defensor judicial designado para actuar en la partición en nombre de un menor o de una persona a cuyo favor se hayan establecido medidas de apoyo, necesitará la aprobación judicial, salvo que se hubiera dispuesto otra cosa al hacer el nombramiento.

Mas dudoso es el supuesto en que se dispone de bienes a favor de un menor o una persona necesitada de apoyo, y el disponente establece unas reglas concretas de administración y disposición, designando a la persona que haya de ejercitarlas (arts. 205 y 252 CC, y art. 164.1 CC). En el caso de los menores, entendemos que la exclusión de los progenitores de las facultades de administración y disposición alcanza a los actos de aceptación y partición de la herencia del causante que ha impuesto la exclusión [en contra, la RDGRN 4 diciembre 2017 (BOE núm. 214, de 27 diciembre, págs. 128689 y ss.)]. Cuando se trate de una persona necesitada de apoyos, todo dependerá de la extensión de las facultades conferidas al administrador que, en caso de duda, corresponderán al favorecido con la disposición de bienes, con el apoyo que proceda, en su caso.

Emancipados y beneficiarios de mayor edad: No tienen representantes legales (arts. 231.1º, 245 y 247 CC). A pesar de no tener la libre administración de sus bienes para realizar actos de especial trascendencia, la posibilidad para comparecer por sí solos en juicio, que les reconoce el art. 247 CC, nos inclina a reconocerles capacidad para pedir la partición, a pesar del tenor del art. 1052 CC, y para intervenir en la misma sin necesidad de complemento de capacidad.

Representante del declarado ausente: No se refiere el art. 1060 CC a esta situación. Si, antes de su desaparición, el ausente hubiera aceptado la herencia, del art. 185 CC se desprende que deberá intervenir en la partición su representante, nombrado de acuerdo con lo previsto en los arts. 184 CC y 71 LJV. El último apartado del art. 185 CC y el art. 71.2 LJV se remiten a las normas de la tutela, por lo que debe exigirse aprobación judicial de la partición efectuada. Si no se hubiera aceptado la herencia antes de la desaparición, se impone la aplicación del régimen del art. 191 CC, produciéndose el acrecimiento a los coherederos (que se analizará en la Lección 17, § 4.1).

La partición convencional se debe practicar de mutuo acuerdo por todos los copartícipes en la comunidad hereditaria: herederos y legatarios de parte alícuota. El art. 1058 CC no establece ninguna limitación cuando todos los copartícipes son mayores de edad y tienen la libre administración de sus bienes: los coherederos no están vinculados por los arts. 1061 y 1062 CC.

La jurisprudencia considera que esta partición tiene naturaleza contractual, que no requiere de ninguna forma especial para ser eficaz y vinculante. No obstante, para la constancia registral de las adjudicaciones habrá que estar a lo previsto en los arts. 14 LH y 80 RH.

De los arts. 1058 y 1059 se deriva con claridad, aunque pueda ser criticable, que es necesaria la unanimidad de todos los copartícipes. Precisamente para evitar los problemas que pueden suscitarse por la necesaria unanimidad, se introdujo la posibilidad de nombramiento de contador-partidor dativo en el art. 1057.2º CC.

Resulta discutible si los coherederos pueden prescindir del nombramiento de contador-partidor realizado por el testador, y partir la herencia según tengan por conveniente. El TS considera que los herederos mayores de edad, que tengan la libre administración y disposición de sus bienes, puedan, por acuerdo unánime de todos ellos partir la herencia del modo que tengan por conveniente, prescindiendo de las disposiciones del testamento y creando una situación jurídica de plena y absoluta eficacia, en defecto de personas que puedan válidamente atacarla.

3.6. Partición judicial

Según el art. 1059 CC, cuando los herederos mayores de edad no se entendieren sobre el modo de hacer la partición, quedará a salvo su derecho para que lo ejerciten en la forma prevenida en la LEC. Aunque el precepto alude a los «herederos mayores de edad», los partícipes de la comunidad hereditaria que sean menores de edad pueden solicitar la división judicial de la herencia por medio de sus representantes legales.

Este tipo de partición parece que es el último recurso al que se debe acudir, pues el art. 782.1 LEC dispone: «*Cualquier coheredero o legatario de parte alícuota podrá reclamar judicialmente la división de la herencia, siempre que esta no deba efectuarla un comisario o contador-partidor designado por el testador, por acuerdo entre los coherederos o por el LAJ o el Notario*». A la solicitud deberá acompañarse el certificado de defunción de la persona de cuya sucesión se trate y el documento que acredite la condición de heredero o legatario del solicitante.

Tras las modificaciones introducidas por el RDLey 6/2013, de 19 de diciembre, los arts. 73 y 77 LEC admiten la posibilidad de acumular los procedimientos de liquidación del régimen económico matrimonial y la acción de división de la herencia si la división del régimen matrimonial se realizó como consecuencia del fallecimiento de uno o ambos cónyuges, siempre que haya identidad subjetiva entre los legitimados para intervenir en uno y otro procedimiento. En caso de que se acumulen ambas acciones, se sustanciarán de acuerdo con los presupuestos y trámites del procedimiento de división judicial de la herencia.

Asimismo se da la posibilidad de acumular los procedimientos de división judicial de patrimonios cuando se trate de acumular, al procedimiento de división judicial de la herencia, el procedimiento de liquidación del régimen económico matrimonial promovido cuando alguno o ambos cónyuges hubieran fallecido. Para que sea admisible la acumulación de procesos es preciso que éstos se encuentren en primera instancia, y que en ninguno de ellos haya finalizado el juicio a que se refiere el art. 433 LEC.

La LEC (arts. 783-789) regula la formación del inventario, el nombramiento de un «contador» para practicar las operaciones divisorias del caudal, y el posible nombramiento de un perito o peritos que para intervenir en el avalúo de los bienes.

El contador debe realizar las operaciones divisorias con arreglo a lo dispuesto en la ley aplicable a la sucesión del causante. No obstante, si el testador hubiere establecido reglas distintas para el inventario, avalúo, liquidación y división de sus bienes, se atendrá a lo que resulte de ellas, siempre que no perjudiquen las legítimas de los herederos forzosos. Igualmente el contador debe procurar, en todo caso, evitar la indivisión, así como la excesiva división de las fincas. La RDGRN 26 marzo 2014 (BOE núm. 104, de 29 abril, págs. 33290 y ss.) destaca que la función de este «contador», designado dentro de un procedimiento de división de la herencia, debe ceñirse a la práctica de las operaciones divisorias (art. 786 LEC), no siendo asimilable a la del contador-partidor testamentario, que tiene unas funciones más amplias.

Una vez aprobadas definitivamente las operaciones particionales, el Letrado de la Administración de Justicia procederá a entregar a cada uno de los interesados lo que en ellas se les haya adjudicado y los títulos de propiedad, haciéndose constar previamente en éstos las correspondientes notas expresivas de la adjudicación. Una vez protocolizadas notarialmente, el Letrado de la Administración de Justicia dará a los partícipes que lo pidieren testimonio de su haber y adjudicación respectivos (art. 787.2 LEC).

Con relación a la aplicación del art. 787.2 LEC se ha discutido si el decreto del Letrado de la Administración de Justicia, a que se refiere dicho precepto (por el que se dan por aprobadas las operaciones de avalúo y división llevadas a cabo dentro del procedimiento especial de división de herencia) es directamente inscribible en el Registro de la Propiedad, aun sin la protocolización a que se refiere expresamente el art. 787.2.El criterio que se sigue en las RRDGRN 9 diciembre 2010 (BOE núm. 22, de 26 de enero, págs. 8218 y ss.), 20 junio 2017 (BOE núm. 173, de 21 de julio, págs. 64014 y ss.), 22 noviembre 2018 (BOE núm. 299, de 12 de diciembre, págs. 121675 y ss.) y 28 noviembre 2022 (BOE núm. 304, de 20 diciembre, págs. 178284 y ss.) es que, cuando el procedimiento de división de herencia culmina de manera no contenciosa, se precisa en todo caso escritura pública. Así pues, la regla general es la protocolización notarial de la partición judicial, siempre y cuando haya concluido sin oposición, es decir, cuando los interesados prestan su conformidad a las operaciones de avalúo y división (con o sin las modificaciones a que se refiere el art. 787.4 LEC).

El criterio que se sigue en las RRDGRN 9 diciembre 2010 (BOE núm. 22, de 26 de enero, págs. 8218 y ss.), 20 junio 2017 (BOE núm. 173, de 21 de julio, págs. 64014 y ss.), 22 noviembre 2018 (BOE núm. 299, de 12 de diciembre, págs. 121675 y ss.) y 28 noviembre 2022 (BOE núm. 304, de 20 diciembre, págs. 178284 y ss.) es que, cuando el procedimiento de división de herencia culmina de manera no contenciosa, se precisa en todo caso escritura pública. Así pues, la regla general es la protocolización notarial de la partición judicial, siempre y cuando haya concluido sin oposición, es decir, cuando los interesados prestan su conformidad a las operaciones de avalúo y división (con o sin las modificaciones a que se refiere el art. 787.4 LEC).

En cambio, si las partes no consienten en la partición propuesta, el procedimiento se transforma en contencioso siguiéndose por los trámites del juicio verbal a cuyo fin, la sentencia que lo resuelva, una vez firme, será título suficiente a los efectos de la alteración del contenido del Registro de la Propiedad (art. 40 LH), sin perjuicio de que los interesados ejerciten cualesquiera otros procedimientos judiciales que la ley les confiere (art. 787.5 LEC).

Sin embargo, en la RDGRN 27 marzo 2014 (BOE núm. 109, de 5 de mayo, pp. 34651 y ss.) se mantiene —con mejor criterio, a nuestro entender— que resulta innecesaria la protocolización notarial de una partición judicial realizada por el contador-partidor y aprobada sin oposición. Como se dice en el AAP Guadalajara de 20 enero 2022 (ECLI:ES:APGU:2022:113A), el decreto que dicta el Letrado de la Administración de Justicia es un documento público por sí mismo inscribible en el Registro de la Propiedad, una vez adquiera firmeza, pues nada añadirá la protocolización que no presente ya el decreto.

4. LA INSCRIPCIÓN REGISTRAL DE LAS ADJUDICACIONES DE BIENES

Cuando conforman la herencia bienes inmuebles de los que era titular registral el causante, es conveniente hacer constar en el Registro de la Propiedad el cambio de titularidad como consecuencia de las adjudicaciones realizadas tras la partición. Con carácter general, para la constancia registral de una herencia es necesario aportar el certificado de defunción, el certificado del RGAUV (para acreditar cuál es el último testamento, o bien que no hay testamento), y la documentación acreditativa del pago o aplazamiento del IS, y, si se trata de inmuebles de naturaleza urbana (v.gr. una vivienda) el pago de la plusvalía municipal.

El art. 14 LH se refiere a la titulación necesaria para que accedan al Registro las transmisiones de bienes *mortis causa* en sus diversas modalidades. Y ello se hace desde una triple perspectiva: a) El título de la sucesión hereditaria. b) El título para hacer constar las adjudicaciones concretas de bienes. c) La titulación necesaria en caso de heredero único.

a) Los *títulos de la sucesión hereditaria* son el testamento, el contrato sucesorio (en las legislaciones en que se admita), el acta de notoriedad de declaración de herederos abintestato, la declaración administrativa de heredero abintestato a favor del Estado y, en su caso, el certificado sucesorio europeo al que se refiere el Reglamento (UE) 650/2012, de 4 de julio (art. 69.5).

b) Los *títulos para hacer constar las adjudicaciones* concretas de bienes, o parte indivisa de los mismos, que correspondan o se adjudiquen a cada titular o heredero son, dependiendo de los casos, la escritura pública y la sentencia firme (o, según el art. 787.2 LEC, el decreto del Letrado de la Administración de Justicia, aprobando las operaciones divisorias). El artículo 80 RH regula los documentos a presentar en el Registro de la Propiedad para obtener la inscripción de adjudicación de bienes hereditarios o cuotas indivisas de estos. Dependiendo de cada caso, dichos documentos son los siguientes: a) Escritura de partición; escritura o, en su caso, acta de protocolización de operaciones particionales formalizadas con arreglo a las leyes; o resolución judicial firme en la que se determinen las adjudicaciones a cada interesado, cuando fuesen varios los herederos [a lo que habría que añadir el decreto del LAJ]. b) Escritura pública, a la cual hayan prestado su consentimiento todos los interesados, si se adjudicare solamente una parte del caudal y este fuera de su libre disposición.

En la aplicación de esta normativa, hay que tener en cuenta el tipo de partición realizada. Si se trata de partición convencional se exige la elevación a público del documento particional o de adjudicación de bienes realizado por los herederos. En la partición por contador-partidor testamentario, el título inscribible será el cuaderno particional elaborado por éste, elevado a público ante Notario por el contador, sin que sea necesaria la concurrencia de herederos o legatarios. La partición efectuada por contador-partidor dativo, salvo confirmación expresa de todos los herederos y legatarios, requiere aprobación del Letrado de la Administración de Justicia o del Notario [art. 92.1.c) LJV) y art. 66.1.d) LN]. Según el art. 22 LJV si, como consecuencia de los expedientes a los que se refiere esta Ley, la resolución fuera inscribible en el Registro de la Propiedad deberá expedirse, a instancia de parte, mandamiento a los efectos de su constancia registral. Para la partición judicial y su inscripción registral nos remitimos al § 3.6 de esta Lección.

c) El supuesto de *heredero único* viene regulado en el ap. 3º del art. 14 LH, referido a aquellos casos en que no existe ningún interesado con derecho a legítima, ni tampoco comisario o persona autorizada para adjudicar la herencia. Concurriendo estas circunstancias, para inscribir directamente a favor del heredero los bienes y derechos de que era titular registral el causante, basta presentar una solicitud al Registrador junto con el título de la sucesión, acompañado de los documentos a que se refiere el artículo 16 LH. Este es uno de los supuestos en que, excepcionalmente, se admite la inscripción registral a través de documento privado (art. 79 RH). Según el artículo 80.1.b) RH, para obtener la inscripción de la adjudicación de bienes hereditarios en este caso basta la escritura de manifestación de herencia.

No obstante, cuando la composición del patrimonio es compleja resulta aconsejable la escritura pública. Aparte de otros beneficios de la intervención notarial, se puede actualizar la descripción de los inmuebles, gestionar el cambio de titularidad catastral desde la notaría, y conocer el estado de las deudas del Impuesto de Bienes Inmuebles. Por otro lado, no debe olvidarse la eficacia que tiene la escritura pública en cuanto a la posible aplicación del art. 205 LH (inmatriculación por título público). Además, si el patrimonio hereditario incluye participaciones sociales, el art. 106.1 LSC, exige documento público para la transmisión de dichas participaciones, lo que debe tenerse en cuenta a efectos de su futura transmisión, tras su adquisición de conformidad con el art. 110.1 LSC.

La Ley 8/2021 ha derogado el art. 28 LH, según el cual las inscripciones de fincas o derechos reales adquiridos por herencia o legado no surtían efecto en cuanto a tercero «hasta transcurridos dos años desde la fecha de la muerte del causante» (salvo las inscripciones a favor de legitimarios). El fundamento de esta regla debía buscarse en la inseguridad del título sucesorio, porque podían aparecer en el último momento parientes del causante que no habían sido tenidos en cuenta, o bien descubrirse un testamento de fecha más reciente en el que se nombrara un heredero diferente. En cambio, tratándose de legitimarios se consideraban más improbables estas situaciones.

El «tercero» a que se refería el art. 28 LH era el adquirente del heredero aparente cuando su adquisición estuviera protegida por el art. 34 LH. De esta manera, al heredero real y a los adquirentes del heredero real no les perjudicaba durante dos años, computados desde el fallecimiento del causante, la adquisición onerosa realizada con los requisitos del art. 34 LH por un tercero hipotecario que adquiría del titular registral aparente.

La derogación del art. 28 LH supone la eliminación de este obstáculo para trasmitir inmediatamente los bienes adquiridos por herencia, ya que los Bancos se negaban a financiar operaciones de préstamo con hipoteca, o exigían garantías, como el depósito o pignoración de la cantidad financiada, hasta que transcurriera el referido plazo de dos años desde el fallecimiento del testador.

5. EFECTOS DE LA PARTICIÓN

5.1. Extinción de la comunidad hereditaria y adquisición de la titularidad de los bienes

El efecto principal de la partición es la extinción de la comunidad hereditaria y la transformación de la cuota de cada heredero en una propiedad sobre los bienes concretos y determinados que le hayan sido adjudicados. Según el art. 1068 CC: «*La partición legalmente hecha confiere a cada heredero la propiedad exclusiva de los bienes que le hayan sido adjudicados*». No obstante, la partición no modifica los derechos existentes con anterioridad a favor de tercero sobre los bienes hereditarios (art. 405 CC).

5.2. Evicción y saneamiento

Según el art. 1069 CC, «*hecha la partición, los coherederos estarán recíprocamente obligados a la evicción y saneamiento de los bienes adjudicados*». Se pretende con esta norma mantener el equilibrio entre los lotes. De esta manera lo que hace el legislador es contemplar la posibilidad de que, tras la partición, alguno de los coherederos pierda total o parcialmente, por sentencia firme, alguno o algunos de los bienes que le han sido adjudicados. Y de darse el caso, se impone a los demás partícipes el deber de indemnizar a quien sufrió la evicción.

Doctrinalmente se ha planteado si esta obligación es aplicable sólo a los supuestos de evicción, o si abarca también al saneamiento por vicios ocultos. La opinión mayoritaria defiende la existencia de la obligación de saneamiento también en el supuesto de concurrencia de vicios ocultos en los bienes adjudicados.

Para determinar en qué casos hay evicción o vicios ocultos hay que acudir a lo dispuesto en los arts. 1475 y 1484 CC, relativos al contrato de compraventa.

El art. 1070 CC recoge las *excepciones* a la obligación de saneamiento:

1.º Cuando el mismo testador hubiese hecho la partición, a no ser que aparezca, o racionalmente se presuma, haber querido lo contrario, y salva siempre la legítima. Debe recordarse que en el caso del art. 1056 CC, el heredero recibe los bienes ya partidos por el testador y directamente de éste, sin intermedio de la comunidad.

2.º Cuando se hubiese pactado expresamente al hacer la partición.

3.º Cuando la evicción proceda de causa posterior a la partición, o fuere ocasionada por culpa del adjudicatario. Si es posterior, el perjuicio no puede proceder de la partición. La culpa del adjudicatario consiste en su negligencia en la defensa del derecho reivindicado por un tercero, por ejemplo, por no haber notificado la demanda a los demás partícipes de la comunidad hereditaria, o por no haber hecho uso de los medios de prueba que tenía a su disposición para defenderse.

En cuanto a las *especialidades* del régimen de saneamiento, según el art. 1071 CC, la obligación recíproca de los coherederos a la evicción es proporcionada a su respectivo haber hereditario.

No obstante, si alguno de ellos resultare insolvente, responderán de su parte los demás coherederos en la misma proporción, deduciéndose la parte correspondiente al que deba ser indemnizado. Los que paguen por el insolvente conservarán su acción contra él para cuando mejore de fortuna.

5.3. La partición y el pago de las deudas hereditarias

Una vez realizada la partición, el art. 1084 regula el régimen del pago de las deudas hereditarias en función de que cada heredero haya aceptado pura y simplemente o a beneficio de inventario (art. 1007 CC). En este sentido se establece que, una vez hecha la partición, los acreedores podrán exigir el pago de sus deudas por entero de cualquiera de los herederos que no hubiere aceptado la herencia a beneficio de inventario, o hasta donde alcance su porción hereditaria, en el caso de haberla admitido con dicho beneficio.

En la *relación externa*, se establece por tanto la solidaridad entre los que eran coherederos tras la partición, lo que beneficia a los acreedores. En cualquiera de los casos, el demandado tiene derecho a hacer citar y emplazar a sus coherederos, a menos que por disposición del testador, o a consecuencia de la partición, hubiere quedado él solo obligado al pago de la deuda. Pero ello no afecta a su responsabilidad solidaria.

En la *relación interna*, conforme al art. 1085 CC, «*el coheredero que hubiese pagado más de lo que corresponda a su participación en la herencia podrá reclamar de los demás su parte proporcional*». Se aplican, por tanto, las mismas reglas que en la solidaridad pasiva de obligaciones (art. 1145 CC).

El art. 1087 CC se ocupa, finalmente, del *supuesto del coheredero que fuese acreedor del causante*, otorgándole el derecho a reclamar de los otros (no de cualquiera de ellos) el pago de su crédito, deducida su parte proporcional como coheredero, y sin perjuicio de lo establecido respecto del beneficio de inventario.

En consecuencia, al no existir solidaridad, el coheredero acreedor del causante ha de hacer la reclamación a cada heredero, según su parte, salvo los efectos del beneficio de inventario respecto del heredero que haya aceptado la herencia de este modo.

6. INVALIDEZ E INEFICACIA DE LA PARTICIÓN

El CC dedica los arts. 1073 a 1081 a la regulación de la «*rescisión de las particiones*». No obstante, la doctrina entiende que deben distinguirse entre supuestos de invalidez y de ineficacia.

6.1. Nulidad de la partición

Hay nulidad de la partición cuando falta algún elemento o requisito esencial de la misma o cuando se ha llevado a cabo vulnerando una norma imperativa (v.gr., una partición en la que el contador-partidor es uno de los herederos, contraviniendo el art. 1057 CC).

Además, el art. 1081 CC dice que «*la partición hecha con uno a quien se creyó heredero sin serlo, será nula*».

Es más dudoso el caso previsto en el art. 1080 CC, de partición hecha con preterición de algún heredero, existiendo dolo o mala fe por parte de los otros interesados. Parece que la partición no es nula, salvo que se pruebe el dolo o la mala fe [aplica la sanción de nulidad la STS (1ª) 31 mayo 2010 (ECLI:ES:TS:2010:2654).] Sin embargo, la solución final acerca la sanción a la rescisión, pues únicamente se impone a los herederos la obligación de pagar al preterido la parte que proporcionalmente le corresponda.

Se discute si al aplicar el art. 1080 CC el pago debe hacerse en bienes de la herencia o en metálico, de manera análoga a lo que establece el art. 1077 CC para la rescisión por lesión. La STS (1ª) 13 junio 2023 (ECLI:ES:TS:2023:2578) aplica el art. 1080 CC en un caso que considera de preterición no intencional: el actor, nacido en 1960, había ejercitado en 2013 la acción de filiación respecto de su padre biológico, fallecido en 1989, y posteriormente (en 2016) la acción para hacer valer sus derechos hereditarios, cuando la partición ya se había realizado (en 1990) de buena fe por los hijos instituidos herederos. El TS considera que debe rechazarse la sanción de nulidad y aplica el art. 1080 CC, debiendo pagar los instituidos testamentariamente al hijo preterido la parte que le corresponde mediante la entrega del equivalente en dinero.

6.2. Rescisión de la partición

La rescisión parte de una partición válida, en la que se ha producido un perjuicio económico a alguno de los intervinientes. El art. 1074 CC dispone que se pueden rescindir «*las particiones por causa de* lesión en más de la cuarta parte, *atendido el valor de las cosas cuando fueron adjudicadas*». La acción rescisoria caduca a los cuatro años, contados desde que se hizo la partición (art. 1076 CC). En toda esta materia domina el principio de conservación de la partición (*favor partitionis*), de manera que los problemas que puedan surgir deben resolverse manteniendo en lo posible las operaciones particionales practicadas.

La acción rescisoria del art. 1074 CC exige que la lesión o perjuicio sea efectivo y actual, y no meramente probable o posible. El precepto pretende resolver un problema de valoración de los bienes adjudicados, por lo que la omisión de un bien no da lugar a que se rescinda la partición, sino a que se complete o adicione con los objetos omitidos (art. 1079 CC). La acción sólo se puede ejercitar por quien haya sufrido el perjuicio, y debe dirigirse contra todos los partícipes.

El art. 1074 CC exige que la lesión sea en más de la cuarta parte. La lesión puede tener su origen en una sobrevaloración o infravaloración de los bienes adjudicados a un heredero, que se calcula sobre el valor global de todos los bienes que integran el lote adjudicado a ese heredero, en el momento de la partición. Así pues, la lesión se determina con relación al valor total del lote adjudicado al heredero, con independencia de la valoración de cada uno de los bienes que componen su lote. No obstante, cabe la rescisión cuando la lesión provenga de la sobrevaloración o infravaloración de uno solo de estos bienes si se supera la cuarta parte del valor de su cuota. En la práctica, el cálculo de la lesión se debe realizar teniendo en cuenta el valor real de todos los bienes relictos, para pasar después a la valoración de la cuota del heredero afectado, tomando en consideración el valor efectivo de los bienes y derechos adjudicados en su haber. El valor de referencia es el que tenían las cosas «cuando fueron adjudicadas», es decir, en el momento de la partición, no el de la apertura de la sucesión, ni el momento en que se entabla la acción. La jurisprudencia es en este punto reiterada [SSTS (1ª) 17 septiembre 2009 (ECLI:ES:TS:2009:5699), 19 febrero 2014 (ECLI:ES:TS:2014:1701) y 14 mayo 2014 (ECLI:ES:TS:2014:1912)].

El régimen jurídico de la rescisión es bastante especial, como se refleja en el art. 1077 CC, porque no exige necesariamente restituir las cosas al estado anterior a la partición que se rescinde. Y ello porque el heredero demandado puede *optar* entre indemnizar el daño o consentir que se proceda a nueva partición.

— La indemnización del daño, si se opta por ella, puede hacerse en dinero o «en la misma cosa en que resultó el perjuicio». La mayoría de la doctrina considera que el ap. 2º del art. 1077 CC se refiere a cosas de la misma naturaleza, especie y calidad que aquellas en que se produjo el error de valoración, que es el criterio que se sigue en los arts. 1047 y 1061 CC. En tal caso, el valor de los bienes a tener en cuenta será el que les corresponda al tiempo en que sean puestos a disposición del agraviado y no el que tuvieren cuando se practicó la partición. En determinados casos es posible interpretar la expresión legal como redistribución del bien cuya adjudicación causó el perjuicio: así si la valoración afecta a una finca adjudicada a varios coherederos (entre ellos, el que ha sufrido el perjuicio), se puede modificar y reequilibrar las proporciones que cada uno de ellos tiene en la finca.

— Si se opta por proceder a nueva partición, ello supondría recomponer de nuevo la comunidad hereditaria y volver a formar los lotes. Sin embargo, el ap. 3º del art. 1077 CC, aplica el *favor partitionis* y dispone que «no alcanzará ésta a los que no hayan sido perjudicados ni percibido más de lo justo». Así puede suceder en aquellos supuestos en que, de forma simultánea, se ha producido una sobrevaloración del lote de uno de los coherederos, y una correlativa infravaloración en el lote de otro de los copartícipes, que pueden ser reequilibrados exclusivamente entre ellos.

Excepciones a la rescisión por lesión:

El art. 1075 CC recoge dos especialidades para los casos de *partición realizada por el testador*. No cabe su impugnación por lesión aun cuando ésta supere la cuarta parte, salvo que se perjudiquen las legítimas, en cuyo caso entran en juego las normas protectoras de la intangibilidad cuantitativa de la legítima. No es necesario aquí que la lesión sea superior a la cuarta parte, sino que cualquier lesión de los derechos de los legitimarios, provocada en la partición, permite solicitar la rescisión.

Tampoco cabe la rescisión cuando aparezca, o racionalmente se presuma, que fue otra la voluntad del testador, es decir, que el testador quiso que, en su caso, existiese rescindibilidad por lesión pese a haber hecho él la partición. Ello se puede presumir cuando aparezca clara la voluntad del testador de que exista una correspondencia entre la ordenación testamentaria y los lotes adjudicados a los herederos. Con carácter general cabe apreciar una voluntad del testador favorable a la rescisión cuando la proporción entre las cuotas y los bienes adjudicados, que pudo aquel tener en cuenta, se rompa por razones extrañas a sus deseos, o por causas que en el momento de hacer testamento resultaran difícilmente previsibles.

Finalmente, tampoco procede la rescisión en los casos en que se haya producido la omisión de alguno o algunos objetos o valores de la herencia. En este caso solo ha lugar a que la partición se complete o adicione con los objetos o valores omitidos (art. 1079 CC). Según la STS (1ª) 4 abril 2022 (ECLI:ES:TS:2022:1387), la acción de adición de la partición no se refiere a discrepancias en la valoración de los bienes, sino a la omisión de bienes o valores, entendidos estos como títulos o derechos de naturaleza inmaterial.

BIBLIOGRAFÍA

ÁLVAREZ ÁLVAREZ, Henar, «La intervención y administración judicial del caudal hereditario», en LLAMAS POMBO, EUGENIO (Dir.), *Acciones civiles*, Tomo I, *Derecho de la persona, Derecho de Sucesiones, Derecho de Familia*, 3ª ed., Wolters Kluwer, La Ley, Madrid, 2019, págs. 1145 a 1261.

BALLESTEROS DE LOS RÍOS, María, *La partición judicial,* Comares, Granada, 2004.

CARBALLO FIDALGO, Marta, *Las facultades del contador-partidor testamentario,* Civitas, Madrid, 1999.

CREMADES GARCÍA, Purificación: «La partición hecha por el testador con acto *inter vivos*», RDP, 2015/99, 3.

CRESPO ALLUÉ, Fernando; FERNÁNDEZ-PRIDA MIGOYA, Francisco; HIDALGO GARCÍA, Santiago; MARTÍNEZ ESCRIBANO, Celia, *La sucesión hereditaria y el juicio divisorio*, 2ª ed., Thomson Reuters, Aranzadi, Cizur Menor, 2015.

DÍAZ ALABART, Silvia, «Nuevas tendencias en torno a la responsabilidad del heredero por las deudas de su causante y las cargas de la herencia», *Revista de Derecho Privado*, núm. 2, 2021, págs. 3-39.

DÍAZ DE LEZCANO SEVILLANO, Ignacio, «La responsabilidad de los herederos por las deudas del causante, antes y después de la partición de la herencia», en LASARTE ÁLVAREZ, Carlos (Dir.)., *Derecho de sucesiones contemporáneo. Aspectos civiles y fiscales,* Tirant lo Blanch, Valencia, 2020, págs. 317-330.

DOMÍNGUEZ LUELMO, Andrés (Dir.), *Comentarios al Código civil,* Lex Nova, Valladolid, 2010.

DOMÍNGUEZ LUELMO, Andrés, «División judicial de la herencia», en LLAMAS POMBO, E. (Dir.), *Acciones civiles,* Tomo I, *Derecho de la persona, Derecho de Sucesiones, Derecho de Familia,* 3ª ed., Wolters Kluwer, La Ley, Madrid, 2019, págs. 779-899.

ESPEJO LERDO DE TEJADA, Manuel, «Algunos aspectos de la eficacia y el régimen jurídico de la partición hecha por el testador. Comentario a la STS de 23 de febrero de 1999», ADC, 2000, 269.

GARCÍA PÉREZ, Carmen Leonor, *La rescisión de la partición hereditaria: Notas a los artículos 1.073 a 1.078 del Código Civil,* Tirant lo Blanch, Valencia, 2010.

GÓMEZ LINACERO, Adrián, *Ineficacia y rescisión por lesión de la partición hereditaria,* Tirant lo Blanch, Valencia, 2023.

GONZÁLEZ ACEBES, Begoña, *El contador-partidor dativo,* Tirant lo Blanch, Valencia, 2005.

LETE ACHIRICA, Javier, «Comunidad hereditaria y partición en el Código civil» y «La partición en el Código civil (II)», en GETE-ALONSO Y CALERA, María del Carmen (Dir.), *Tratado de Derecho de Sucesiones,* II, 2ª ed., Civitas, Thomson Reuters, Cizur Menor, 2016, págs. 1078-1133.

MINGORANCE GOSÁLVEZ, María del Carmen, *La invalidez de la partición llevada a cabo por contador partidor,* Comares, Granada, 2004.

SANCIÑENA ASURMENDI, Camino, *La partición hecha por el testador,* Aranzadi, Cizur Menor, 2023.

LECCIÓN 9

LA COLACIÓN

Andrés Domínguez Luelmo
Catedrático de Derecho civil
Universidad de Valladolid

Henar Álvarez Álvarez
Catedrática de Derecho civil
Universidad de Valladolid

1. LA COLACIÓN COMO OPERACIÓN PARTICIONAL: CONCEPTO Y DIFERENCIAS CON LA COMPUTACIÓN

El art. 1035 CC dispone que «*el heredero forzoso que concurra, con otros que también lo sean, a una sucesión, deberá traer a la masa hereditaria los bienes o valores que hubiese recibido del causante de la herencia, en vida de éste, por dote, donación, u otro título lucrativo, para computarlo en la regulación de las legítimas y en la cuenta de partición*».

La colación se traduce así en una operación que impone, a cada uno de los legitimarios que concurren a una misma sucesión, el deber de recibir de menos, en la masa hereditaria, un importe igual a lo que hubiese recibido de más en vida del causante, por título gratuito.

Por tanto, el fundamento de la colación no es la protección de los derechos de los legitimarios, sino procurar que haya una cierta igualdad de lo que han recibido los legitimarios a título gratuito, ya sea en vida del causante, ya sea tras su fallecimiento. De este modo, cuando concurren a la sucesión varios herederos forzosos, se entiende que lo que han recibido gratuitamente del causante cuando vivía les ha sido atribuido como anticipo de lo que por sucesión habían de recibir luego, por lo cual, cada uno de ellos, al heredar, tiene que contar en su cuota hereditaria, frente a los restantes legitimarios, lo que le dio el causante en vida.

La colación únicamente se realiza como operación previa a la partición cuando concurren a la sucesión varios herederos forzosos (legitimarios), no cuando concurren con extraños.

Esto es así porque la colación no sirve para proteger la legítima, sino para igualar a los legitimarios en el momento de hacer la partición de la herencia:

— La colación sólo tiene la finalidad de formar la masa partible entre los legitimarios. No hay que traer a colación todas las donaciones, sino sólo las realizadas a los legitimarios, que hayan sido instituidos herederos.

— La finalidad de la colación no es proteger la legítima, sino igualar la cuenta de la partición, presumiéndose que el donante ha hecho la donación como anticipo de la futura cuota hereditaria del legitimario que concurre con otros. Por eso, el que trae a colación una donación, toma de menos en la partición el valor de lo que ya recibió en vida por donación (y los demás coherederos reciben una compensación proporcional). Cuando hay un único legitimario (v.gr. un único hijo) no hay nada que colacionar.

En la Lección 15 estudiaremos la operación de computación de donaciones, pero no nos puede confundir el tenor literal del art. 818 CC. Este precepto dispone literalmente que para hallar la base de cálculo de la legítima «al valor líquido de los bienes hereditarios se agregue el de las *donaciones colacionables*». Pero en realidad, para hallar la base de cálculo de la legítima se debe sumar el valor de *todas* las donaciones realizadas en vida por el causante.

Aparentemente el art. 818 CC contradice que la suma sea de *todas* las donaciones, y apoya el argumento de que podemos excluir aquellas donaciones que se hicieron con dispensa de colación, o que se declaren por el legislador como no colacionables. Sin embargo, todos los autores están de acuerdo en afirmar que este precepto utiliza impropiamente la expresión «colacionables», pues no se refiere a las que están sujetas a la *colación* en el sentido de los arts. 1035-1050 CC, sino a *todas* las donaciones realizadas en vida por el testador. Cualquier pretensión de mantener en un pleito que, para calcular la legítima, sólo deben sumarse las donaciones colacionables es batalla perdida y está llamada al fracaso. Existe una jurisprudencia reiterada sobre la materia. Puede consultarse por su claridad, entre las más recientes la STS (1ª) 17 septiembre 2019 (ECLI:ES:TS:2019:2854).

Que la colación es una operación diferente a la computación se deduce con facilidad de la regulación legal de esta última en los arts. 1036 a 1050 CC. El 1036 CC dispone que «*la colación no tendrá lugar entre los herederos forzosos si el donante así lo hubiese dispuesto expresamente o si el donatario repudiare la herencia, salvo el caso en que la donación deba reducirse por inoficiosa*». Por tanto, si el causante dispensa al heredero forzoso de la colación o éste repudia la herencia (con lo cual, no tendría la condición de heredero), cesa la obligación de colacionar, pero ello no impedirá que, fruto de la computación y la imputación, pueda reducirse por inoficiosa.

Si el donante puede eliminar la obligación de colacionar, podrá también, en consecuencia, modificarla (en cuanto a los bienes, los sujetos obligados a colacionar, o la forma de llevarla a cabo). La jurisprudencia ha destacado que las normas relativas a la colación son dispositivas, de manera que el testador puede establecer el régimen que estime más conveniente para la colación.

Tras las anteriores consideraciones podemos concretar algo más la naturaleza de la colación y sus diferencias esenciales con la computación de donaciones.

La colación no sirve para proteger la legítima, sino para igualar a los legitimarios en el momento de hacer la partición de la herencia. Está pensada para el caso de que varios legitimarios hayan sido instituidos herederos formando todos parte de la comunidad hereditaria. En el momento de hacer la partición cada uno de ellos tomará de menos aquello que haya recibido en vida a través de una donación.

La colación sólo tiene la finalidad de formar la masa partible entre los herederos forzosos. No hay que traer a colación todas las donaciones, sino sólo las realizadas a los legitimarios, que hayan sido instituidos herederos. La finalidad de la colación no es, pues, proteger la legítima, sino igualar la cuenta de la partición, presumiéndose que el donante ha hecho la donación como anticipo de la futura cuota hereditaria del legitimario que concurre con otros. El coheredero obligado a colacionar verá reducida su parte en la cuantía que suponga el valor de los bienes a colacionar, recibiendo los demás coherederos una compensación proporcional.

Las donaciones colacionables son también computables a efectos del cálculo de la legítima. Pero son computables todas las donaciones obligatoriamente, con carácter imperativo, mientras que pueden no ser colacionables si existe dispensa del donante. Las donaciones realizadas a favor de personas ajenas al círculo de legitimarios nunca se colacionan, pero siempre se computan.

En definitiva, el causante puede establecer libremente que determinadas donaciones no son colacionables. Con ello evita que, al hacer la partición, el donatario la tengan que traer a colación. Pero no puede evitar que esas donaciones *se computen* a efectos del cálculo de las legítimas.

— Las normas sobre computación son imperativas, de obligado cumplimiento, aunque el causante diga que no quiere que se computen para calcular la legítima.

— Las normas sobre colación, en cambio, pueden alterarse por el donante que puede establecer libremente que unas sean colacionables y otras no.

En resumidas cuentas:

1) La computación del artículo 818 CC es obligatoria aun cuando exista un único legitimario, puesto que su legítima puede verse perjudicada por donaciones efectuadas por el causante a terceras personas. Mientras que la colación del artículo 1035 del CC, sólo tiene lugar cuando concurren a la herencia varios legitimarios.

2) En la computación hay que sumar al caudal hereditario todas las donaciones realizadas por el causante, ya sean a legitimarios o a terceros, dado que a través de unas y otras se pueden lesionar la legítimas. Mientras en la colación sólo se tienen en cuenta las donaciones realizadas a los legitimarios, para reconstruir entre ellos el haber hereditario, y conseguir, salvo dispensa de colación, la igualdad entre los mismos, bajo la presunción de configurarlas como anticipo de la herencia.

3) Las normas sobre computación (art. 818 CC) son de carácter imperativo, no susceptibles de ser modificadas por el causante. Mientras que la colación puede ser dispensada por el donante, claro está, siempre que se respeten las legítimas de los legitimarios (que es lo que dice el artículo 1036 CC).

2. FUNDAMENTO DE LA COLACIÓN

Para algunos autores el fundamento de la colación está en que la ley presume que el causante ha querido dar un trato de igualdad a los legitimarios.

Otros en cambio señalan que la colación tiene un fundamento subjetivo y que se encuentra en la presunción *iuris tantum* de que las donaciones hechas en vida a los herederos forzosos se hacen con el carácter de anticipos de la cuota hereditaria.

Ambas posturas no pueden considerarse antagónicas, aunque resulte sumamente difícil deslindar con nitidez la prevalencia general de uno cualquiera de tales aspectos, que están sumamente interrelacionados.

3. SUJETOS DE LA COLACIÓN

3.1. Sujetos obligados a colacionar

Están obligados a colacionar exclusivamente los legitimarios (y, dentro de éstos, no sólo los descendientes). El art. 1035 CC alude como sujetos de la colación a los herederos forzosos, expresión que debe entenderse referida a los legitimarios que se enumeran en el art. 807 CC.

La colación no afecta a quienes no sean legitimarios en el momento de fallecer el causante, ya sean coherederos o legatarios, ni tampoco a los acreedores del causante. Quienes no sean legitimarios no pueden ser obligados a colacionar, ni tampoco pueden beneficiarse de la colación.

Claramente en el régimen del CC tienen obligación de colacionar tanto los legitimarios descendientes como los ascendientes. Pero ambos grupos no pueden concurrir por razones evidentes: los padres y ascendientes sólo tienen la condición de legitimarios a falta de descendientes (art. 807 CC). Algunos ordenamientos sólo prevén la obligación de colacionar de los legitimarios descendientes (art. 464.19 CCCat).

Más discutible es la situación del cónyuge viudo, que en el régimen vigente puede recibir donaciones de su consorte (art. 1323 CC). El cónyuge viudo, como legitimario puede concurrir tanto con descendientes como con ascendientes (arts. 834 y 837 CC). Muchos autores lo consideran excluido de la obligación de colacionar porque su legítima es en usufructo. Tal argumento no es convincente. No tendrá obligación de colacionar si concurre como usufructuario, porque se le reconoce sin más su derecho a legítima o porque se abre la sucesión intestada, pero sí cuando testamentariamente sea instituido heredero de cuota junto con otros legitimarios. Si el testador instituye por partes iguales a sus dos hijos y al cónyuge, no hay razones legales para considerar que sólo deben colacionar los dos hijos y no el cónyuge, instituido conjuntamente con éstos.

No obstante, la STS (1ª) 24 mayo 2023 (ECLI:ES:TS:2023:2376) mantiene la postura contraria: «aunque el art. 807.3 CC lo califique como «heredero forzoso», en cuanto legitimario es usufructuario, por lo que aun en el caso de que se le hubiera instituido heredero o legatario de parte alícuota (de seguir la tesis amplia que incluye al legatario de cuota como sujeto de la colación) tal condición de legitimario usufructuario no cambia, y no debería colacionar igual que no colacionan los extraños instituidos herederos. Pero además, el viudo forma por sí solo un grupo de legitimarios y, como hemos dicho, la opinión mayoritaria es que la colación afecta a los legitimarios del mismo grupo que son instituidos herederos» [en el mismo sentido, la STS (1ª) 25 octubre 2000 (ECLI:ES:TS:2000:7705)].

3.2. Situaciones especiales

Teniendo en cuenta la regla general en cuanto a los sujetos obligados a colacionar, en el CC se regulan una serie de supuestos particulares: a) No está obligado a colacionar el heredero de un legitimario heredero premuerto, salvo que exista derecho de representación (art. 1038 CC): por tanto, sí están obligados los hijos del fallecido, nietos del testador. b) Tampoco se puede imponer la colación al heredero que repudia la herencia (art. 1036 CC). c) No se puede exigir la colación a quien pudiendo llegar a ser legitimario no llega a serlo por indignidad (art. 756 CC) o desheredación (arts. 852 a 855 CC). Aparte de estos supuestos, conviene analizar una serie de supuestos que presentan algunas especialidades:

A) *Situación de los padres en la herencia de sus ascendientes:* La situación especial que puede surgir en este caso se recoge en el art. 1039 CC: «Los padres no estarán obligados a colacionar en la herencia de sus ascendientes lo donado por éstos a sus hijos». Por ejemplo, en la sucesión de Andrea, su hija Belén no tiene que colacionar en la herencia de su madre el piso que ésta donó a su nieto Carlos (hijo de Belén). Se colacionan, por tanto, las donaciones hechas al propio legitimario, no a otras personas (Carlos no es legitimario de Andrea).

B) *Donaciones hechas al consorte del hijo*: Según el art. 1040 CC: «Tampoco se traerán a colación las donaciones hechas al consorte del hijo; pero si hubieren sido hechas por el padre conjuntamente a los dos, el hijo estará obligado a colacionar la mitad de la cosa donada» (caso del art. 1339 CC, en cuanto a las donaciones por razón de matrimonio; o del art. 1353 CC en cuanto a las donaciones que tienen carácter ganancial).

C) *Nietos que heredan por derecho de representación*. Según el ap. 1º del art. 1038: «Cuando los nietos sucedan al abuelo en representación del padre, concurriendo con sus tíos o primos, colacionarán todo lo que debiera colacionar el padre si viviera, aunque no lo hayan heredado». Lo que este precepto pretende no es igualar a los nietos sino a las estirpes, de acuerdo con lo que establece el art. 926 CC, pues cuando se hereda por derecho de representación la división de la herencia debe hacerse por estirpes (*de modo que el representante o representantes no hereden más de lo que heredaría su representado*).

Por eso sólo tienen que colacionar lo que hubiera debido colacionar el padre si viviera (aunque no lo hayan heredado) «cuando concurran con sus tíos o primos» de otra estirpe, no cuando concurran solos. No se aplica el precepto si, tras haber repudiando todos los hijos del causante, se llama a los nietos pues, con arreglo al art. 923 CC, en este caso heredan por derecho propio sin que puedan representar al repudiante.

D) *Las donaciones hechas a los nietos*. Según el ap. 2º del art. 1038 CC, los nietos «también colacionarán lo que hubiesen recibido del causante de la herencia durante la vida de éste, a menos que el testador hubiese dispuesto lo contrario, en cuyo caso deberá respetarse su voluntad si no perjudicare a la legítima de los coherederos». El sentido de esta parte del precepto se puede entender mejor con un ejemplo. Imaginemos que el causante instituye herederos a sus dos hijos, Belén y Carlos, los cuales, a su vez tienen hijos (nietos del causante). Los hijos de Belén son Daniel y Elena. El hijo de Carlos es Fernando. Si fallece el causante y había premuerto Belén, concurrirán en la herencia Daniel y Elena (nietos del causante), en representación de su madre, junto con su tío Carlos. Partiendo de este supuesto de hecho, en función de lo dispuesto en el art. 1038 CC, pueden plantearse dos situaciones (SÁNCHEZ-CALERO ARRIBAS):

a) Si el causante donó en vida a su hija Belén, antes de que ésta falleciese, una finca rústica, Daniel y Elena deben colacionar en la herencia del causante el valor de dicho inmueble. Y ello porque si su madre (Belén) no hubiera fallecido y hubiese concurrido a la herencia del causante, hubiese tenido que colacionarlo. La expresión que utiliza el precepto «aunque no lo hayan heredado» se refiere a la posibilidad de que la finca, antes del fallecimiento de Belén, hubiera salido del patrimonio de ésta y, en consecuencia, no hubiesen podido heredarla sus hijos Daniel y Elena.

b) Si el causante donó en vida a sus nietos, huérfanos, Daniel y Elena (es decir, una vez fallecida su hija Belén) un determinado inmueble, éstos habrán de colacionar el valor de dicho inmueble en la sucesión de su abuelo, salvo que éste hubiese dispuesto lo contrario al hacer la donación o en su testamento.

4. LA NECESIDAD DE QUE LA SUCESIÓN SEA A TÍTULO DE HEREDERO PARA QUE PUEDA OPERAR LA COLACIÓN

Para que tenga lugar la colación entre los legitimarios es preciso que sucedan a título de herederos, ya sean testamentarios o abintestato. Tienen que ser *copartícipes del caudal relicto* en cuanto sucesores a título universal.

Los legitimarios por el solo hecho de serlo no tienen la consideración de herederos, porque el art. 815 CC permite cubrir su legítima por cualquier título (herencia, legado o donación). Sólo serán herederos si así han sido instituidos como tales por el testador, o si heredan abintestato.

Para la colación resulta esencial que los legitimarios integren la comunidad hereditaria en la sucesión de que se trate, por lo que no tendrán la consideración de sujetos de la colación, aunque sean legitimarios, los que hayan sido instituidos *ex re certa*, ni los legatarios. Y ello porque en este caso resulta claro que el causante ha querido concretar los bienes que quiere que reciba el instituido, que no tendrá que traer a colación las donaciones que haya recibido (pues el causante no ha querido que lo donado se considerase como un anticipo de su cuota), pero tampoco podrá beneficiarse de la colación de los demás.

5. LIBERALIDADES SUJETAS A COLACIÓN

Por lo que se refiere al objeto de la colación, el art. 1035 CC se refiere a los bienes o valores que se hubiese recibido del causante de la herencia, en vida de éste, por dote, donación, u otro título lucrativo. La referencia a la *dote* puede considerarse hoy puramente testimonial. Aunque el supuesto más habitual en la práctica será el de las *donaciones*, el precepto es claro en cuanto a que deben colacionarse igualmente los bienes o valores recibidos por *cualquier otro título lucrativo*. Esta expresión debe ser entendida en sentido amplio. Así, la SAP Madrid (Secc. 25ª) 3 diciembre 2021 (ECLI:ES:APM:2021:14333) considera sujetos a colación los alimentos prestados por los abuelos a los nietos, estando vivo el padre. En tal caso, la colación debe practicarla el padre en la herencia de los abuelos, al no ser estos, sino el padre, los obligados en primer término al pago de los alimentos a los nietos. La fórmula general del art. 1035 CC parece clara, pero conviene hacer algunas precisiones referidas a casos concretos:

A) *Condonación de una deuda del legitimario*. Si el causante acreedor ha condonado una deuda a uno de los legitimarios, de manera voluntaria y a título gratuito, debe colacionarse el importe de la deuda. La remisión del art. 1187 CC a las reglas de la donación conduce a esta interpretación, pues el heredero forzoso deudor experimenta con ello un enriquecimiento, a la par que se empobrece el patrimonio del causante acreedor.

La doctrina clásica consideraba que la colación procedía tanto si la condonación se realizaba expresamente, como en el caso de que simplemente no se exigiera el cobro. A nuestro juicio sólo hay obligación de colacionar cuando la condonación se ha realizado de manera voluntaria, sea de una manera expresa o tácita. En este sentido, el hecho de que haya transcurrido el plazo de prescripción no puede interpretarse sin más como ánimo de liberalidad, porque se trata de un efecto que se produce por disponerlo así la ley (art. 1930 CC), que pone en manos del deudor la posibilidad de alegar o excepcionar la prescripción ganada. No obstante, el dato de que pueda probarse que el acreedor no quiso voluntariamente reclamar la deuda supone un argumento a favor de la colacionabilidad en estos casos. En este sentido, la SAP Madrid (Secc. 25ª) 3 diciembre 2021 (ECLI:ES:APM:2021:14333) considera colacionables las cantidades entregadas por los padres a un hijo en concepto de préstamo, apreciando la existencia de un acto de liberalidad o de condonación tácita por no habérselas reclamado dentro del plazo de prescripción.

B) *Donación de un crédito*. Cuando se cede un crédito a título gratuito, debe colacionarse el importe del crédito. Si se trata de un crédito dinerario, en cuanto a su valoración (art. 1045 CC) debe tener el mismo tratamiento que el dinero en efectivo. No obstante, la colación sólo procede cuando efectivamente se cobra el crédito o éste se perjudica por causa imputable al donatario (por ejemplo, no se cobra por culpa del donatario que lo dejó prescribir).

C) *Donación de un derecho de usufructo*. Se plantea la posible colación del derecho de usufructo cuando éste se constituye a título gratuito en vida por el causante a favor de alguno de los legitimarios. La mayoría de la doctrina considera que no es colacionable por aplicación del art. 1049 CC, ya que éste excluye de la colación los frutos percibidos por el donatario antes de la apertura de la sucesión. Sin embargo, lo dispuesto en este precepto está pensado para los casos de donación en propiedad, en que el donatario hace suyos los frutos sobre la base de lo dispuesto en el art. 354 CC, en virtud de la denominada accesión discreta.

Cuando se dona un derecho de usufructo no se trata de traer a colación los frutos percibidos por el usufructuario, sino el valor del derecho constituido gratuitamente a su favor. En este sentido, habrá que valorarlo con los criterios del art. 1045 CC en función de su productividad. A nuestro juicio, pueden aplicarse las reglas sobre la capitalización del usufructo que se utilizan a efectos tributarios, que es el criterio que se sigue habitualmente en la práctica para la conmutación del usufructo vidual. Aunque el art. 26 de la Ley del Impuesto de Sucesiones se refiere al usufructo sobre todo el patrimonio hereditario, cabe aplicar los mismos principios adaptados al caso del derecho de usufructo sobre un bien concreto.

D) *Donación de la nuda propiedad reservándose el usufructo el donante.* Cabe plantear si en este caso se colaciona el valor total de la cosa o el valor de la nuda propiedad, pensando casi siempre en los supuestos más habituales en la práctica de reserva de usufructo vitalicio, por lo que la consolidación se produce con el fallecimiento del donante. La mayoría de la doctrina considera que debe colacionarse la propiedad plena como anticipo que ya se ha recibido. La reunificación de la plena propiedad no se produce por transmisión *mortis causa,* sino que es un efecto del propio derecho, previsto en el art. 513.1º CC. Aunque aparentemente no parece lógico que el tratamiento para el donatario, en cuanto a la colación, sea el mismo cuando se le dona la nuda propiedad y cuando se le atribuye la propiedad plena, lo cierto es que no procede que se tome en consideración lo que efectivamente se le donó: el valor que la nuda propiedad tendría a día de hoy. Y ello porque la plena propiedad no entra dentro de la cuota que se recibe por herencia, no se le transmite *mortis causa,* sino en virtud de la elasticidad del propio derecho de propiedad, que se le donó en su momento. El donatario obtiene la plena propiedad a la muerte del causante por el mismo título de donación, lo que explica que deba colacionar no sólo el derecho de nuda propiedad que se recibió en su momento, sino la plena propiedad.

E) *Cantidades percibidas de un seguro de vida concertado en beneficio de un legitimario.* La mayoría de la doctrina considera que, en este caso, las percepciones derivadas del seguro de vida no están sujetas a colación, aunque sí deberán colacionarse las primas pagadas. Esta interpretación se realiza sobre la base del art. 88 de la Ley 50/1980, de 8 octubre, del Contrato de Seguro, conforme al cual «la prestación del asegurador deberá ser entregada al beneficiario, en cumplimiento del contrato, aun contra las reclamaciones de los herederos legítimos y acreedores de cualquier clase del tomador del seguro. Unos y otros podrán, sin embargo, exigir al beneficiario el reembolso del importe de las primas abonadas por el contratante en fraude de sus derechos». Desde esta perspectiva se mantiene que sólo deben colacionarse las primas pagadas por el causante, *salvo en el caso de que sean mayores que el capital recibido,* en cuyo caso sólo se debe colacionar este último valor.

A nuestro juicio tal interpretación no se puede compartir. El art. 88 de la Ley 50/1980 sólo se refiere a la posibilidad de exigir al beneficiario el reembolso, cuando el abono de las primas por el contratante se hubiera realizado en fraude de los derechos de los herederos legítimos o de los acreedores del tomador del seguro. Por otro lado, es dudoso que pueda hablarse de *animus donandi,* pues el de seguro es un contrato oneroso:

la compañía de seguros tiene derecho a reclamar las primas a cambio de obligarse a pagar una indemnización con arreglo a lo pactado; y lo que se asegura no es la vida del donatario sino la del causante. No hay duda de que el beneficiario experimenta un incremento patrimonial si cobra la indemnización, pero no la recibe del causante a título gratuito, sino de la aseguradora. En la misma situación se encuentra la comunidad hereditaria si, en el momento del fallecimiento del asegurado, no hay beneficiario concreto designado, ni reglas para su determinación (art. 84, ap. 3° Ley 50/1980), en cuyo caso el capital forma parte del patrimonio del tomador.

Por otro lado, el beneficiario puede irse cambiando a lo largo de la duración del contrato de seguro (art. 84 Ley 50/1980), por lo que la solución propuesta obligaría a tomar en consideración quién era el beneficiario en el momento de pagarse cada una de las primas. Consideramos, pues, que no procede en ningún caso la colación por las razones apuntadas: el beneficiario no recibe una liberalidad directamente del causante.

F) *Donación de un décimo o boleto de lotería que luego resulta premiado:* Algunos autores consideran que no debe colacionarse el importe del premio, pues en ningún momento forma parte del patrimonio del donante, pero sí el importe del billete o apuesta realizada. Pensamos que con ello se incurre en los mismos errores que en el supuesto del contrato de seguro: no hay que colacionar nada, ni siquiera el importe de la apuesta.

Puede llamar la atención que uno de los legitimarios reciba por esta vía un premio del que no participan los demás, pero el tema nada tiene que ver con la colación, sino con el azar. La cuestión no estriba en si el boleto resulta o no premiado, sino en si existe una liberalidad colacionable. Salvo que el importe de la apuesta sea excesivo, creo que en este caso estamos ante uno de los denominados regalos de costumbre, excluidos de colación por el art. 1041 CC. Si no se entiende así, lo propio sería colacionar el importe de todos los boletos de lotería o apuestas que el causante hubiera entregado a lo largo de su vida a favor de los legitimarios (con independencia de que resultaran o no premiados en más o en menos, o de que obtuvieran el reintegro), lo que no tiene sentido, ni resulta operativo.

G) *Donación de dinero con la finalidad de adquirir un bien concreto.* En los casos en los que la donación sea de dinero, se plantea el problema de si se habrá de colacionar el concreto importe recibido, o su valor actualizado al tiempo en que se practique la partición. Una parte importante de la doctrina ha venido interpretando que cuando se da dinero a un legitimario, por ejemplo, para comprar un piso, lo que se debe colacionar es el piso y no el dinero entregado. Sin embargo, me parece más convincente el criterio contrario, que es el seguido por la STS (1ª) 20 junio 2005 (ECLI:ES:TS:2005:3985) y reiterado en la STS (1ª) 5 noviembre 2019 (ECLI:ES:TS:2019:3531), con el razonamiento siguiente: «El art. 1045 CC no contempla el caso concreto de donaciones consistentes en sumas de dinero, por lo que no precisa si la colación ha de efectuarse por el valor nominal, o, por el contrario, atendiendo al valor real, es decir, la cantidad recibida pero actualizada. Pero lo que procede es la actualización monetaria del valor efectivo de las sumas donadas, o, en otras palabras, ha de atenderse en el momento de la colación al valor real, que no es otro que las cantidades que igualen el poder adquisitivo que tenían las sumas entregadas cuando se hizo la donación, pues este es el criterio general del art. 1045 CC».

6. LIBERALIDADES EXCLUIDAS DE LA COLACIÓN

El CC recoge una serie de supuestos de liberalidades que, por diferentes motivos, quedan excluidas de la colación:

1) Según el art. 1037 CC no se entiende sujeto a colación «lo dejado en testamento si el testador no dispusiere lo contrario, quedando en todo caso a salvo las legítimas». Se trataría, en su caso, de un prelegado. Se excluye porque no se ha recibido en vida del causante, como exige el art. 1035 CC. Si el testador dispone lo contrario tampoco tiene sentido hablar de colación sino de operación de imputación dentro del cálculo de las legítimas (Lecciones 15 y 16).

2) No estarán sujetos a colación los gastos de alimentos, educación, curación de enfermedades, aunque sean extraordinarias, aprendizaje, ni los regalos de costumbre (art. 1041 CC). El legislador considera que en estos casos no hay propiamente *animus donandi*, sino que se trata de deberes derivados de las relaciones familiares (arts. 142 y 154.1º CC), o de los usos sociales. No obstante, el mismo precepto matiza que tampoco están sujetos a colación los gastos realizados por los progenitores y ascendientes para cubrir las necesidades especiales de sus hijos o descendientes requeridas por su situación de discapacidad psíquica, física o sensorial.

A efectos de lo que debe entenderse por persona con discapacidad en el art. 1041 CC hay que estar a la Disposición Adicional cuarta del CC, que ha sido objeto de nueva redacción por la Ley de reforma de las personas con discapacidad. No se trata de gastos para la curación de enfermedades, pues éstos ya están incluidos en el ap. 1°, sino de gastos para cubrir las necesidades vitales, como por ejemplo la adquisición de vehículos o prótesis adaptados a las necesidades de la persona con discapacidad, o los gastos necesarios para adecuar la vivienda arrendada a las necesidades físicas del inquilino (art. 24 LAU), o los gastos que puedan ocasionar las obras de adecuación de fincas urbanas ocupadas por personas discapacitadas que impliquen reformas en su interior, si están destinadas a usos distintos del de vivienda, o modificación de elementos comunes del edificio que sirvan de paso necesario entre la finca urbana y la vía pública.

Para evitar dudas, el art. 1043 CC dispone que sí son colacionables las cantidades satisfechas por el padre a sus hijos para pagar sus deudas, conseguirles un título de honor y otros gastos análogos. Por lo que se refiere a las cantidades satisfechas para saldar deudas de los hijos, un sector doctrinal considera que estos pagos son siempre colacionables mientras no se pruebe que se realizaron sin ánimo de liberalidad, aunque no se hubiera ejercitado la acción de reembolso. A nuestro juicio, en cambio, para que proceda la colación es preciso que de alguna manera, expresa o tácita, conste la voluntad del ascendiente de liberar definitivamente de su deuda al descendiente con carácter de liberalidad. En otro caso no debería plantearse la posibilidad de colación, pues el pago hecho por el ascendiente está sometido a las reglas del pago por tercero.

En la expresión «título de honor» pueden considerarse incluidos los títulos nobiliarios, condecoraciones administrativas o militares, distinciones académicas y otros análogos. Dentro de esos «otros gastos análogos» se pueden considerar como tales aquellos en que concurran las mismas cualidades de singularidad y excepcionalidad. Estarían así incluidas las cantidades entregadas en concepto de gastos extraordinarios previstos para el ejercicio profesional del hijo o para su instalación profesional: despacho, clínica, consulta, taller, establecimiento mercantil, etc., y, dependiendo de los casos, incluso los gastos extraordinarios realizados para procurar al hijo una formación especializada (máster, doctorado, etc.).

3) Los gastos que los padres hubieran hecho para dar a sus hijos una carrera profesional o artística (art. 1042 CC), salvo que aquellos lo dis-

pongan. Si este es el caso se rebajará de esos gastos lo que el hijo habría gastado viviendo en la casa y compañía de sus padres.

4) Los regalos de boda, consistentes en joyas, vestidos y equipos, salvo en la parte que excedan en un décimo o más de la cantidad disponible por testamento (1044 CC). Este precepto debe ponerse en conexión con el art. 1041 CC, que declara exentos de colación los regalos de costumbre, entre los cuales parece que pueden integrarse los «regalos de boda, consistentes en joyas, vestidos y equipos». El art. 1044 CC matiza esta regla considerando que no serán colacionables mientras se mantengan dentro de un límite razonable, atendiendo a lo que sea usual en cada familia. El límite para aplicar la regla contraria aparece cuando se supera la décima parte de lo que puede disponer libremente el causante en su testamento.

7. PRÁCTICA DE LA COLACIÓN

El art. 1045 CC regula la manera en que debe llevarse a cabo la colación. Frente a otros sistemas que obligan a aportar a la masa las mismas cosas donadas, el CC opta por el sistema de aportación puramente contable del valor de las cosas donadas. A pesar de los términos en que se expresa el art. 1035 CC, de los arts. 1045 y 1047 CC se desprende con claridad que el sistema del CC es el de adición contable del valor de las cosas donadas, tomando de menos el donatario del caudal relicto el valor de lo ya recibido por vía de donación. Ni el testador ni ninguno de los coherederos puede imponer a los demás la colación con aportación de los mismos bienes donados. No obstante, la jurisprudencia ha admitido que se pueda realizar la colación *in natura* si así lo pactan todos los coherederos y no se produce ningún perjuicio a tercero.

7.1. Operaciones a realizar

Las donaciones se van a tener en cuenta inicialmente a los efectos del cálculo de la legítima y su posible inoficiosidad (art. 818 CC), por lo que tales cálculos serán previos a las operaciones particionales (Mateo Sanz). No existiendo inoficiosidad, y concurriendo los requisitos para que tenga lugar la colación entre los legitimarios, las operaciones a realizar forman parte de las operaciones particionales. Así, y a efectos puramente contables (no han de traerse a colación las mismas cosas donadas, sino su valor) se debe formar exclusivamente entre los obligados a colacionar una masa patrimonial, y dividirla entre los legitimarios con arreglo a sus cuotas respectivas en la comunidad hereditaria. Luego se deben imputar a la cuota de cada uno las donaciones colacionables recibidas. Y finalmente distribuir entre ellos los bienes hereditarios, de manera que cada uno obtenga exclusivamente lo que le reste por recibir, una vez detraído lo que haya recibido en vida del causante a título gratuito. Como hemos partido de que no existe inoficiosidad (si la hubiera, habría que aplicar las reglas de protección de las legítimas), puede ser posible que alguno de los legitimarios no reciba ningún bien de la herencia, pero en ningún caso va a tener que aportar nada a la misma.

Ejemplo: El causante tiene dos hijos (A y B) a los que instituye herederos por partes iguales. Deja al fallecer un patrimonio de 80. En vida le ha donado bienes a uno de sus hijos (B) por un valor de 10. Con la operación de computación de donaciones del art. 818 CC, la base de cálculo de la legítima es de 90 (80 + 10).

Teniendo en cuenta que la legítima global de los hijos es de 60 (y la individual de cada uno es de 30), hay patrimonio suficiente para cubrir las legítimas. Conclusión: la donación de 10 al hijo (B) no es inoficiosa. Con ello dejamos de lado la computación de donaciones.

Pasamos a la colación, como operación a realizar dentro de la partición. Si el causante no ha dicho nada sobre si dispensa o no de colación, hay que colacionar la donación realizada a (B), que tomará de menos en el momento de realizar la partición lo que recibió en vida. Es decir, se presume que el donante hizo la donación como anticipo de la futura cuota hereditaria del legitimario que concurre con otros. Y la finalidad de la colación es igualar el resultado de la partición.

En este caso no se reparte la herencia adjudicando 40 a cada hijo, sino que el hijo (B) debe tomar de menos lo que ya recibió en vida (10). Así de los 80 que forman el caudal relicto, el hijo (A) tomará 45, y el hijo (B) tomará 35. Es decir, el hijo (B) toma de menos lo que ya recibió en vida (10). Con ello, el resultado es que al final los dos reciben lo mismo (45).

Si, en este mismo ejemplo, la donación de 10 al hijo (B) se hubiera hecho con dispensa de colación (o lo que es lo mismo, estableciendo que no es colacionable), el reparto de los 80 que forman el caudal relicto hubiera sido de 40 para cada hijo. Al declarar que la donación no es colacionable lo que se quiere es que no se tenga en cuenta al hacer la partición. A efectos prácticos, aunque se reparten la herencia por partes iguales, un hijo (el dispensado de colación) termina recibiendo cuantitativamente 10 más que el otro. Pero la donación hecha a su favor no es en este caso inoficiosa.

De acuerdo con la regla prevista en el art. 1047 CC, el donatario tomará de menos en la masa hereditaria tanto como ya hubiese recibido, percibiendo sus coherederos el equivalente, en cuanto sea posible, en bienes de la misma naturaleza, especie y calidad. Como esto puede no ser posible, el art. 1048 CC recoge una regla especial, en función de la naturaleza mueble o inmueble de los bienes donados. Si son inmuebles, los coherederos tendrán derecho a ser igualados en metálico o valores mobiliarios al tipo de cotización; y, no habiendo dinero ni valores cotizables en la herencia, se venderán otros bienes en pública subasta en la cantidad necesaria. Cuando los bienes donados sean muebles, los coherederos sólo tendrán derecho a ser igualados en otros muebles de la herencia por el justo precio, a su libre elección.

En cualquiera de los casos, al valor de los bienes colacionables hay que añadir el de los frutos que hubiesen producido esos bienes desde el momento de la apertura de la sucesión hasta el de la partición. A ello se refiere el art. 1049 CC al decir que «los frutos e intereses de los bienes sujetos a colación no se deben a la masa hereditaria sino desde el día en que se abra la sucesión». Para calcularlos, se atiende a las rentas e intereses de los bienes hereditarios de la misma especie que los colacionados.

7.2. Valoración de los bienes

Como se puede intuir unos de los problemas fundamentales a la hora de hacer estas operaciones es el valor de las cosas donadas que debe tomarse en consideración. Según el art. 1045 CC ha de traerse a colación el valor de las cosas donadas «al tiempo en que se evalúen los bienes hereditarios». No se trata por tanto del valor que tenía la cosa en el momento de la donación, sino del que tenga la cosa donada en el momento de realizar las operaciones particionales.

El ap. 2º del art. 1045 CC añade: «El aumento o deterioro físico posterior a la donación y aun su pérdida total, casual o culpable, será a cargo y riesgo o beneficio del donatario». El aumento físico (que puede producirse, por ejemplo, en los casos de accesión) no se tiene en cuenta a efectos de la colación, de manera que beneficiará al donatario. Lo mismo ocurrirá con el perjuicio físico, que será de riesgo del donatario. Pero en ambos casos la cosa se colacionará con arreglo al estado (físico) que tenía en el momento de la donación, aunque valorada en el momento de la partición. En cambio, todo lo que se considere una modificación jurídica sí que se tiene en cuenta y beneficiará a la masa hereditaria (v.gr. la recalificación de una finca rústica que pasa a ser urbana y aumenta considerablemente de valor).

En todo caso, con lo anterior no se resuelven todos los problemas. Así ocurre con uno de los supuestos más habituales: la donación de una cantidad de dinero, en el que no está claro si se debe colacionar la suma de dinero atendiendo a su valor nominal o a su valor adquisitivo en el momento actual, pues el donatario recibe una cantidad de dinero cuyo valor al tiempo de la donación no es el mismo que el que puede tener al fallecer el causante, o en el momento de la evaluación de los bienes hereditarios.

La solución clara que adopta la STS (1ª) 20 junio 2005 (ECLI:ES:TS:2005:3981), es la de atender al valor real, es decir, la cantidad recibida pero actualizada: «Si bien algunos preceptos del CC están presididos por el criterio nominalista (...), la respuesta casacional que procede en el supuesto presente es la de atender al valor real (...) lo que procede es la actualización monetaria del valor efectivo de las sumas donadas, o, en otras palabras, ha de atenderse en el momento de la colación al valor real, que no es otro que las cantidades que igualen el poder adquisitivo que tenían las sumas entregadas cuando se hizo la donación, pues éste es el criterio general del art. 1045».

Tampoco quedan resueltos los problemas que plantean las donaciones de bienes que disminuyen de valor con mucha rapidez, como puede ocurrir con un automóvil, o un electrodoméstico. Muchas veces es posible que dichos bienes ya no existan, por obsoletos, en el momento de la partición, pero lo cierto es que el donatario se ha beneficiado de ellos mientras estuvieron en su poder, por lo que sí deberían traerse a colación. No obstante, la valoración del modelo (del automóvil o del electrodoméstico) correspondiente a día de hoy seguramente arrojará una cantidad muy pequeña, comparada con el ahorro de que en su momento se benefició el donatario atendiendo a su capacidad adquisitiva. Éste es el dato que debería tomarse en consideración. Creemos que lo procedente en estos casos sería atender al precio del bien en el momento de la donación, y someterlo al mismo tratamiento que las donaciones de dinero.

Cuando los bienes donados han sido objeto de enajenación surge el problema de qué valor tomar en consideración a efectos de la colación, sobre lo que el CC no se pronuncia. En estos casos la aplicación del art. 1045 puede tener consecuencias injustas, pues es posible que el valor actual de los bienes, que están en poder de un tercero, haya experimentado un aumento que ya no puede beneficiar al donatario que en su momento se limitó a percibir el precio. Si se toma en cuenta el aumento de valor jurídico que los bienes tienen en la actualidad se perjudica al donatario que puede no haber obtenido ningún beneficio de plusvalor alcanzado por los bienes (por ejemplo, porque la recalificación de terrenos se produjo después de que éste los hubiera enajenado).

A pesar de ello, un sector doctrinal considera que en este caso la valoración debe efectuarse sobre la liberalidad recibida en su día por el donatario teniendo en cuenta el valor que tendría la cosa en el momento de la evaluación. Por el contrario, otros autores entienden que se debe tomar en consideración el precio por el que el bien fue enajenado, debidamente actualizado al momento de la partición. Teniendo en cuenta que la enajenación puede no haber sido realizada a cambio de precio, sino con carácter gratuito, una tercera postura (que nos parece más convincente) considera que lo que se debe colacionar es el valor del bien al tiempo de la enajenación, actualizado al tiempo en que se evalúen los bienes hereditarios. No debe tomarse como referencia el precio porque ello supondría que dicho valor se haría depender del obligado a colacionar, sino la valoración que realicen de común acuerdo los interesados, pero referida al momento de la enajenación, aunque convenientemente actualizada.

BIBLIOGRAFÍA

Badenas Carpio, Juan Manuel, *La dispensa de colación*, Thomson Reuters, Aranzadi, Cizur Menor, 2009.

Domínguez Luelmo, Andrés, «Comentario a los arts. 1035 a 1050», en Cañizares Laso, Ana (Dir.), *Comentarios al Código civil*, III, Tirant lo Blanch, Valencia, 2023, págs. 4779-4841.

Espejo Lerdo de Tejada, Manuel, «La colación: su ámbito personal y sus efectos. Colación legal y colación voluntaria», *Anuario de Derecho Civil*, 1992, págs. 377-417.

Gago Simarro, Clara, *Las donaciones en la sucesión hereditaria*, Thomson Reuters, Aranzadi, Cizur Menor, 2020.

Gallego Domínguez, Ignacio, «La colación: el problema de la valoración de los bienes colacionables y su influencia en la partición hereditaria», en Lledó Yagüe, Francisco; Ferrer Vanrell, María Pilar; Torres Lana, José Ángel (Dir.), *El patrimonio sucesorio: reflexiones para un debate reformista*, II, Dykinson, Madrid, 2014, págs. 1223-1252.

García-Ripoll Montijano, Martín, *La colación hereditaria*, Tecnos, Madrid, 2002.

López Beltrán de Heredia, Carmen, *Computación, imputación y colación de donaciones en la sucesión mortis causa*, Tirant lo Blanch, Valencia, 2009.

Mateo Sanz, Jacobo, «Comentario a los arts. 1035 a 1050», en Domínguez Luelmo, Andrés (Dir.), *Comentarios al Código civil*, Lex Nova, Valladolid, 2010, págs. 1126-1143.

Muñoz García, Carmen, *La colación como operación previa a la partición. Distinción de otras figuras afines a la misma*, Aranzadi, Pamplona, 1998.

Sánchez Calero, Francisco Javier (Coord.), *Curso de Derecho Civil, IV, Derechos de Familia y Sucesiones*, 9ª ed., Tirant lo Blanch, Valencia, 2019.

III.

LA SUCESIÓN TESTAMENTARIA

LECCIÓN 10

EL TESTAMENTO

Andrés Domínguez Luelmo
Catedrático de Derecho civil
Universidad de Valladolid

Henar Álvarez Álvarez
Catedrática de Derecho civil
Universidad de Valladolid

1. CAPACIDAD PARA DISPONER *MORTIS CAUSA*
   1.1. Menores de edad
   1.2. La persona que en el momento de testar no pueda conformar o expresar su voluntad ni aun con ayuda de medios o apoyos para ello
   1.3. Las personas con discapacidad
2. EL TESTAMENTO
   2.1. Concepto, naturaleza y caracteres
   2.2. El Registro General de Actos de Última Voluntad
   2.3. Tipos de testamento
   2.4. El testamento como negocio jurídico solemne: las formalidades testamentarias
3. LOS TESTAMENTOS NOTARIALES
   3.1. El testamento abierto
   3.2. El testamento cerrado

1. CAPACIDAD PARA DISPONER *MORTIS CAUSA*

Según el art. 662 CC «Pueden testar todos aquellos a quienes la ley no lo prohíbe expresamente». Esta regla general, que implica que la ausencia de capacidad debe considerarse excepcional, viene concretada en el art. 663 CC. No pueden testar: 1º Los menores de catorce años. 2º La persona que en el momento de testar no pueda conformar o expresar su voluntad ni aun con ayuda de medios o apoyos para ello. En ambos casos para apreciar la existencia o no de capacidad hay que estar al momento de otorgarse el testamento, como expresamente se recoge en el art. 666 CC, y se reitera en la jurisprudencia [STS (1ª) 29 marzo 2004 (ECLI:ES:TS:2004:2152)].

1.1. Menores de edad

Los menores de edad pueden hacer testamento a partir de los catorce años. No obstante, esta posibilidad sólo está referida a los testamentos notariales. Respecto al testamento ológrafo el art. 688 CC exigen para su otorgamiento la mayoría de edad. Se trata de una capacidad especial, por lo que no puede hacer este tipo de testamento el emancipado ni quien ha obtenido el beneficio de la mayor edad, a pesar de la equiparación a otros efectos con los mayores de edad (arts. 246 y 247 CC). Antes de los catorce años no pueden otorgar testamento, por lo que en caso de fallecimiento su herencia se deferirá abintestato, salvo que haya tenido lugar una sustitución pupilar del art. 775 CC (Lección 13, § 4).

1.2. La persona que en el momento de testar no pueda conformar o expresar su voluntad ni aun con ayuda de medios o apoyos para ello

El art. 663.2º CC se refiere las personas que, en el momento de testar, no pueden conformar o expresar su voluntad ni aun con ayuda de medios o apoyos para ello. El supuesto es problemático, y más al tratarse de una norma excepcional que debe ser objeto de interpretación restrictiva, porque la capacidad se presume. El precepto debe ser interpretado en el sentido de abarcar a toda persona que no pueda conformar o expresar su voluntad, con independencia de que exista o no una resolución judicial que adopte medidas de apoyo.

Que una persona no pueda conformar o expresar su voluntad significa que esa persona no tiene capacidad natural, de manera habitual o accidental, para entender y querer los resultados patrimoniales de su concreto acto de disposición *mortis causa,* lo cual puede ser consecuencia de una enfermedad o de anomalías o trastornos mentales, incluso transitorios (embriaguez, drogadicción...). El momento clave para determinar la capacidad es el del otorgamiento del testamento. Por ello el art. 664 CC es muy claro al disponer que el testamento hecho antes de la enajenación mental es válido.

1.3. Las personas con discapacidad

Este supuesto se contempla expresamente en el art. 665 CC. Según este precepto, la persona con discapacidad podrá otorgar testamento cuando, *a juicio del notario, pueda comprender y manifestar el alcance de sus disposiciones*. Por otro lado, el Notario debe procurar que la persona otorgante desarrolle su propio proceso de toma de decisiones apoyándole en su comprensión y razonamiento y facilitando, con los ajustes que estime necesarios, que pueda expresar su voluntad, deseos y preferencias. El Notario se convierte así en un medio de apoyo a los efectos del otorgamiento del testamento.

Ya no es posible en la actualidad que una resolución judicial contenga un pronunciamiento expreso sobre la ausencia de capacidad para testar. Así lo había venido entendiendo la jurisprudencia más reciente tras la ratificación por España de la Convención de Nueva York de 13 diciembre 2006, sobre los derechos de las personas con discapacidad [SSTS (1ª) 16 mayo 2017 (ECLI:ES:TS:2017:1901) y 15 marzo 2018 (ECLI:ES:TS:2018:936)].

2. EL TESTAMENTO

2.1. Concepto, naturaleza y caracteres

El art. 667 CC define el testamento como «el acto por el cual una persona dispone para después de su muerte de todos sus bienes o de parte de ellos». Aunque de este precepto parece desprenderse la necesidad de que el testamento tenga un contenido patrimonial (que es lo habitual), lo cierto es que el propio CC admite que el testamento pueda tener otras finalidades: reconocimiento de un hijo no matrimonial (arts. 120.2º y 741 CC), nombramiento de tutor (art. 213.1º CC) o de curador (art. 276.4º CC), nombramiento de albacea (art. 892 CC), o de contador-partidor (art. 1057 CC), disposiciones específicas sobre sufragios, funerales y exequias (art. 902.1ª CC), o el consentimiento del marido o del varón no unido por vínculo matrimonial para que se pueda utilizar su material reproductor en los doce meses siguientes a su fallecimiento para fecundar a su mujer o pareja de hecho (art. 9 Ley 14/2006, de 26 de mayo, sobre técnicas de reproducción humana asistida).

Desde esta perspectiva se suele hablar de contenido *típico* y *atípico* del testamento, identificando la primera expresión con las disposiciones de contenido patrimonial, y englobando en la segunda cualquier otro tipo de disposiciones (Lección 11, § 1). Desde un punto de vista formal, en cualquiera de los casos estamos ante un testamento. El testamento constituye, pues, un negocio jurídico, cuyo elemento esencial es una declaración de voluntad, sometida a unos especiales requisitos formales [la doctrina general del testamento se contiene ampliamente en la STS (1ª) 8 de julio de 1940, reiteradamente citada en toda la jurisprudencia posterior].

En la RDGRN 6 marzo 1997 (BOE núm. 77, de 31 de marzo, págs. 10289 y ss.) se pone el énfasis en las características del testamento, destacando que aparece configurado en el CC como un acto de disposición de bienes para después de la muerte (art. 667), de carácter esencialmente revocable (arts. 737 y ss.), sujeto a formalidades determinadas (art. 687), personalísimo (art. 670) y no susceptible de ser otorgado por dos o más personas mancomunadamente (art. 669). Desde esta perspectiva podemos destacar los siguientes caracteres del negocio jurídico testamentario.

a) *Formal.* La declaración de voluntad en que consiste el testamento debe guardar alguna de las formalidades previstas por la ley, por lo que se trata de una forma *ad solemnitatem,* cuya omisión acarrea la nulidad del testamento (art. 687 CC). Estas formalidades se recogen en los art. 676 a 736 CC.

b) *Esencialmente revocable.* Según el art. 737 CC son esencialmente revocables todas las disposiciones testamentarias, aunque el testador se comprometa a no revocarlas: una cláusula de este tipo se tiene por no puesta.

c) *Unipersonal.* El art. 669 CC prohíbe claramente que dos o más personas puedan testar mancomunadamente o en un mismo instrumento, ya sea en beneficio propio o en el de un tercero. Este tipo de testamento, mancomunado o de hermandad, se admite en cambio en algunos Derechos civiles autonómicos (Galicia, País Vasco, Aragón y Navarra). Por ello es esencial estar a la vecindad civil del causante en el momento del otorgamiento.

d) *Unilateral.* El testamento es un negocio jurídico unilateral en tanto se produce a través de una única declaración de voluntad (la del testador) que no es recepticia, pues para su validez no precisa ni siquiera de llegar a conocimiento de los eventuales beneficiarios. En las formalidades testamentarias pueden intervenir otras personas, como el Notario o los testigos, pero en ningún caso son parte del negocio testamentario. El carácter unilateral del testamento entronca con la prohibición de los pactos sucesorios del art. 1271 CC, aunque los mismos son admitidos en algunos Derechos civiles autonómicos.

e) *Personalísimo*. Según el art. 670 CC, el testamento es un acto personalísimo, por lo que no puede dejarse su formación, en todo o en parte, al arbitrio de un tercero, ni hacerse por medio de comisario o mandatario. El precepto es aún más claro cuando dispone expresamente que tampoco puede dejarse al arbitrio de un tercero la subsistencia del nombramiento de herederos o legatarios, ni la designación de las porciones en que hayan de suceder cuando sean instituidos nominalmente. La prohibición absoluta del CC contrasta con la admisión de la figura del testamento por comisario, por fiduciario o a través de herederos o legatarios de confianza en algunos Derechos civiles autonómicos. Resulta por tanto esencial estar a la vecindad civil del causante en el momento del otorgamiento (art. 9.8 CC).

En el régimen del CC resulta clara la imposibilidad de delegar la facultad de testar [SSTS (1ª) 24 noviembre 2004 (ECLI:ES:TS:2004:7647) y 22 mayo 2009 (ECLI:ES:TS:2009:3493)]. La contravención del art. 670 se sanciona con nulidad de pleno derecho. No obstante, debe tenerse presente que, dependiendo de la interpretación que se realice, cabe hablar de una excepción a esta regla en el peculiar caso de la sustitución pupilar del art. 775 CC (Lección 13, § 4). Hay que tener en cuenta, además, los amplios márgenes en que se articula la delegación de la facultad de mejorar en el art. 831 CC (Lección 16 § 1.4.7).

2.2. El Registro General de Actos de Última Voluntad

Para conocer si una persona ha hecho testamento o ha fallecido intestado y, en su caso, averiguar cuál es su último testamento, existe el Registro General de Actos de Última Voluntad (RGAUV), regulado en el Anexo II del Reglamento Notarial. Sobre la manera de dirigirse a este Registro y obtener información nos hemos ocupado ya en la Lección 2 (§ 1.4). El Registro suministra información sobre la existencia o inexistencia de disposiciones *mortis causa* (no sólo testamentos) del fallecido, pero no informa sobe su contenido.

No obstante, sí que nos indica cuál ha sido el Notario autorizante del último testamento.

El RGAUV depende de la Dirección General de Seguridad Jurídica y Fe Pública, y además, se llevan otros Registros territoriales, que dependen de los Decanatos de los Colegios Notariales. El original del testamento se incorpora al protocolo del Notario autorizante (arts. 224 y 225 RN), pero en vida del otorgante, sólo éste o su apoderado especial podrán obtener copia del testamento (art. 226 RN). Los datos del otorgante y del Notario autorizante, así como los de lugar, fecha y tipo de testamento se recogen en un parte que se comunica al Decanato del Colegio Notarial para su remisión al Registro General. En este Registro, pues, no se archiva el testamento, sino que éste queda en la Notaría. Transcurridos 25 años desde que se hizo el testamento pasa a un archivo que existe en cada distrito o Colegio Notarial.

Tras hacer testamento, el Notario entrega al testador *copia simple*, que no va firmada por el Notario, ni tiene el mismo valor que el original. Solo tras el fallecimiento, una vez cumplidos los requisitos y plazos, se entrega a los interesados *copia autorizada* del testamento, que se expide con la firma del Notario y tiene el mismo valor que el original.

Una vez fallecido el testador, y cumplidos los trámites oportunos, sólo tienen derecho a obtener copia autorizada del testamento: a) Los herederos instituidos, los legatarios, albaceas, contadores partidores, administradores y demás personas a quienes en el testamento se reconozca algún derecho o facultad. b) Las personas que, de no existir el testamento o ser nulo, serían llamados en todo o en parte en la herencia del causante en virtud de un testamento anterior o de las reglas de la sucesión intestada, incluidos, en su caso, el Estado o la Comunidad Autónoma con derecho a suceder. c) Los legitimarios.

Según el art. 76 RH, para la inscripción de bienes adquiridos por herencia testada se deben hacer constar las disposiciones testamentarias pertinentes, la fecha del fallecimiento del causante, tomada de la certificación respectiva, y el contenido del certificado del RGAUV. Conforme al art. 78 RH, se considerará defecto que impide la inscripción el no presentar el referido certificado, o no relacionarse en el título o resultar contradictorio con éste. A ello se añade: «No se considerará contradictorio el certificado del Registro General de Actos de Ultima Voluntad cuando fuere negativo u omitiere el título sucesorio en que se base el documento presentado, si este título fuera de fecha posterior a los consignados en el certificado». Esto último puede suceder en los rarísimos casos en que, por error, exista un certificado de últimas voluntades negativo, pero se sepa de la existencia de un testamento cuyos datos se conocen, por ejemplo, por disponer de copia simple, lo que permitiría su localización.

La STS (1ª) 18 julio 2019 (ECLI:ES:TS:2019:2506) consideró que un nuevo certificado del RGAUV en el que se reflejaba la existencia de un testamento que se había omitido en un primer certificado, justificaba la revisión de una sentencia firme que declaraba la nulidad de un testamento. En este caso, se había declarado por la Audiencia la nulidad del testamento otorgado el día 16 de julio de 1998, por lo que recobraba su fuerza el testamento anterior de 8 de febrero de 1980 (que era el que constaba en un primer certificado). Con posterioridad a la sentencia se solicitó un nuevo certificado en el que constaba que se había otorgado otro testamento en 1987. El TS accede a la revisión y argumenta: «No cabe duda de que es un «documento recobrado», pues la demandante de revisión acudió en su día al Registro de Actos de Ultima Voluntad, ente en el que no se le informó del testamento de 1987, indicándole que solo existía constancia del de 1980 junto con el anulado; siendo en 2018, cuando ante una nueva petición se obtiene la información, por lo que la demandante nunca pecó de indolencia, sino que fue víctima de un error administrativo, por lo que concurrió fuerza mayor».

Sobre supuestos de responsabilidad de la Administración por errores en el contenido de los certificados del RGAUV, vid. la STS (3ª) 11 octubre 2004 (ECLI:ES:TS:2004:6343), en la que se concede un indemnización por daños morales (por haber conducido al recurrente a una situación anímica desastrosa, y al alcoholismo), además de 1.257.173,32 €, equivalentes al importe de la herencia. Las SSAN (Cont., Secc. 3ª) de 26 de febrero de 2018, y de 6 de julio de 2007, reconocen igualmente el derecho a indemnización a quien se creyó heredero como consecuencia del error por los gastos realizados y por daños morales.

En el caso de sucesiones transfronterizas, para el conocimiento del testamento otorgado por un español en el extranjero, o el que pueda haber otorgado un extranjero con intereses en España, se aplica el Convenio de Basilea de 16 de mayo de 1972, relativo al establecimiento de un sistema de inscripción de testamentos. A través del mismo los estados contratantes se obligan a establecer, con arreglo a las disposiciones del Convenio, un sistema de inscripción de testamentos destinado a facilitar después del fallecimiento del testador el descubrimiento del testamento.

Desde una perspectiva internacional, debe tenerse presente la regulación del *Certificado Sucesorio Europeo* prevista en los arts. 62 y ss. del Reglamento (UE) 650/2012. Según el art. 69.5 el *certificado* será un título válido para la inscripción de la adquisición hereditaria en el registro competente de un

Estado miembro, sin perjuicio de que la naturaleza y el régimen de inscripción de los derechos reales exceden el ámbito material del Reglamento.

Las RRDGRN 1 julio 2015 (BOE núm. 192, de 12 de agosto, págs. 73337 y ss.), 28 julio 2016 (BOE núm. 228, de 21 de septiembre, págs. 67676 y ss.) y 2 febrero 2017 (BOE núm. 45, de 22 febrero, págs. 12471 y ss.) consideran que para el acceso al Registro de la Propiedad de una partición causada por el fallecimiento de un extranjero, debe aportarse certificado del Registro General de Actos de Última Voluntad del país de la nacionalidad del causante o acreditarse que en dicho país no existe dicho Registro de Actos de Última voluntad o que por las circunstancias concurrentes al caso concreto no sea posible aportar dicho certificado.

Por lo que se refiere a la validez formal de las disposiciones *mortis causa* realizadas por escrito, debe tenerse presente el contenido del art. 27 del Reglamento (UE) 650/2012. No obstante este Reglamento deja a salvo los convenios internacionales que hayan suscrito los Estados miembros en el momento de su adopción y se refieran a materias en él reguladas (art. 75.1), salvo los celebrados exclusivamente entre dos o más Estados miembros. Por lo tanto en España el contenido del citado art. 27, en lo que atañe a la validez formal de los testamentos, queda desplazado por el Convenio de La Haya el 5 de octubre de 1961, sobre los conflictos de Leyes en materia de forma de las disposiciones testamentarias.

2.3. Tipos de testamento

El art. 676 CC dispone que el testamento «puede ser común o especial». El CC no define cada una de estas categorías, sino que se limita a enumerar los tipos de testamentos que forman cada grupo. El testamento común puede ser ológrafo, abierto y cerrado (art. 676.II CC). En cambio, son testamentos especiales el militar, el marítimo y el hecho en país extranjero (art. 677 CC). El criterio de la distinción entre testamentos comunes y especiales no está del todo claro, pero parece responder a las circunstancias especiales en que puede encontrarse el testador que pueden afectar a su persona, al lugar y al tiempo del otorgamiento, lo que determina que las formalidades requeridas sean mayores o menores en cada caso.

De todas formas, se puede afirmar que, en sentido propio, hay tres tipos de testamentos: el abierto, el cerrado y el ológrafo. Todas las demás modalidades que aparecen en el CC son variantes de los testamentos abierto y cerrado, incluidos el militar y el marítimo, con las formalidades adecuadas. En realidad, lo que diferencia unas y otras clases de testamentos es la concurrencia de las referidas circunstancias especiales. En los testamentos comunes no concurre ninguna circunstancia especial, y es el testador el que puede escoger una u otra forma, en función de sus preferencias y de que quiera o no mantener secreto el contenido de su testamento. En los testamentos que el CC denomina especiales aparece alguna de estas circunstancias, que además deben concurrir en el momento de su otorgamiento. Desde esta perspectiva es preferible diferenciar los siguientes tipos de testamento:

a) Testamentos *ordinarios:* abierto (arts. 694-795 CC), cerrado (arts. 706-715 CC) y ológrafo (arts. 688-693 CC).

b) *Variantes y excepciones de los testamentos abierto y cerrado* en atención a circunstancias especiales del testador: el de la persona con discapacidad (art. 665 CC), el expresado en lengua que no conozca el Notario (art. 684 CC), el testamento del que no sabe o no puede firmar (arts. 697.1º y 707.5º CC), el del que no sabe o no puede leer (art. 708 CC), el de las personas con discapacidad visual (arts. 708 y 709 CC), y el testamento de quienes no pueden expresarse verbalmente, pero sí escribir (art. 709 CC).

c) Testamentos *especiales:* el militar (arts. 716-721), el marítimo (arts. 722-731 CC), el hecho en país extranjero (arts. 732-736 CC), el otorgado en peligro de muerte (art. 700 CC) y en caso de epidemia (art. 701 CC).

Algunos de estos testamentos se puede otorgar de forma oral, ante testigos (cuyo número varía en función de la modalidad), pero requieren el cumplimento posterior de determinados requisitos hasta llegar a su protocolización. De acuerdo con el régimen previsto en los arts. 64 y 65 LN, la presentación, adveración, apertura y protocolización de los testamentos otorgados en forma oral se efectuará ante Notario competente, y puede ser solicitada por cualquier interesado. El art. 64.3 LN dispone: «A la solicitud se acompañará la nota, la memoria o el soporte en el que se encuentre grabada la voz o el audio y el vídeo con las últimas disposiciones del testador, siempre que permita su reproducción, y se hubieran tomado al otorgarse el testamento». Además. según el art. 65.5 LN: «Si la última voluntad se hubiere consignado en nota, memoria o soporte magnético o digital duradero, en el acto del otorgamiento, se tendrá como testamento lo que de ella resulte siempre que todos los testigos estén conformes en su autenticidad, aun cuando alguno de ellos no recuerde alguna de sus disposiciones y así se reflejará en el acta de protocolización a la que quedará unida la nota, memoria o soporte magnético o digital duradero». Conviene advertir que ello no supone la admisión nuevas formas testamentarias: no existe en nuestro Derecho el testamento digital, audiovisual o mediante grabación sonora. Se trata exclusivamente de medios extrínsecos que pueden coadyuvar a la fijación de la efectiva voluntad testamentaria, a efectos de que quede fielmente reflejada en el acta de protocolización, con la conformidad de los testigos intervinientes.

2.4. El testamento como negocio jurídico solemne: las formalidades testamentarias

La declaración de voluntad en que consiste el testamento debe guardar alguna de las formalidades previstas por la ley. Desde esta perspectiva el testamento en un negocio jurídico solemne, porque se exige para plasmar la declaración de voluntad una forma *ad solemnitatem*, cuya omisión acarrea la nulidad del testamento (art. 687 CC). En cualquier caso, el testamento es un acto sin eficacia hasta que se produce la muerte del causante. Aunque éste no tuviera capacidad para testar, sólo se puede impugnar un testamento tras el fallecimiento [STS (1ª) 23 marzo 2010 (ECLI:ES:TS:2010:1544)].

Las formalidades testamentarias están perfectamente delimitadas en el CC, y las clases de testamento son las que se regulan en la ley con carácter de *numerus clausus*. En este sentido, el art. 672 CC dispone que toda disposición que sobre institución de heredero, mandas o legados haga el testador, refiriéndose a cédulas o papeles privados que después de su muerte aparezcan en su domicilio o fuera de él, será nula si en las cédulas o papeles no concurren los requisitos prevenidos para el testamento ológrafo. El cumplimiento de los requisitos del testamento ológrafo aunque confiere validez a este tipo de documentos, lo hace desde la perspectiva de considerarlo como un nuevo testamento, con independencia del anterior al que se refieran o intenten adicionar.

En el caso resuelto por la STS (1ª) 20 noviembre 2007 (ECLI:ES:TS:2007:7456) no se considera como memoria testamentaria un sobre dirigido a los herederos, que se encontraba en una caja de seguridad bancaria en la que se había depositado una cierta cantidad de monedas de oro y plata, aunque sí llega a tenerse en cuenta a la hora de interpretar el alcance del legado referido a tales monedas que se había realizado en testamento.

En la STS (1ª) 4 noviembre 2009 (ECLI:ES:TS:2009:6848) se discute si estamos ante un caso testamento en inminente peligro de muerte del art. 700 CC cuando, en presencia de cinco testigos, el enfermo declaró que quería que su última voluntad fuese la que había manifestado en su domicilio unos días antes a la oficial de la Notaría, quien habría recogido en unas notas las previsiones sucesorias del causante, que se archivaron en un documento informático, en el ordenador de la notaría, pero no se llegó a elevar a testamento debido a la mala salud del declarante. La sentencia se plantea todas las posibles hipótesis, pero finalmente rechaza que haya existido una auténtica voluntad testamentaria, y considera que tales notas ni siquiera pueden ser consideradas como un testamento ológrafo.

Por otro lado, según el art. 785.4º CC, tampoco son admisibles las instrucciones reservadas que pudiera haber dictado el testador a alguna persona. Así, en el caso resuelto por la STS (1ª) 19 mayo 2004 (ECLI:ES:TS:2004:3436), se considera que un testamento ológrafo estaba incurso en el ap. 4º del art. 785 CC, ya que contenía y se refería a instrucciones reservadas comunicadas por la testadora, lo que conduce a la ineficacia de dicho instrumento testamentario.

Aunque las formalidades testamentarias se van a estudiar dentro de las principales clases de testamento, sí podemos destacar la existencia una serie de elementos comunes, sin perjuicio de las matizaciones que más adelante se harán sobre cada una de aquellas clases.

2.4.1. El Notario o persona autorizante

Dependiendo del tipo de formalidad testamentaria que se vaya a utilizar, cobra especial importancia la persona autorizante de la última voluntad, que va a dar fe de la declaración y del contenido de ésta. La cuestión no se plantea en el testamento ológrafo, pero sí en los testamentos abierto y cerrado, así como en los testamentos especiales, en los que no es indiferente la persona que autoriza el testamento.

Dejando a un lado los testamentos especiales, es en los testamentos notariales donde la figura del Notario que autoriza el testamento cobra mayor importancia. El Notario debe intervenir en los testamentos abiertos ordinarios, y en todos los testamentos cerrados (salvo en los denominados testamentos especiales, como ocurre por ejemplo en el caso del testamento militar cerrado ante un Comisario de guerra: art. 717 CC). La peculiaridad que plantea la intervención del Notario radica en que confiere al negocio jurídico testamentario autenticidad y eficacia mientras no sea impugnado de nulidad por falsedad o vicio de forma o fondo. Sucede así que, a través de la actuación notarial, se hace innecesario un control para verificar o declarar la autenticidad del negocio o del título de heredero o sucesor universal.

El art. 694 CC exige que se trate de Notario hábil para actuar en el lugar del otorgamiento. La expresión «Notario hábil» significa Notario con competencia territorial en el sitio donde va a ser otorgado el testamento. Un Notario en el ejercicio de sus funciones tiene una competencia territorial determinada por el territorio donde puede ejercer sus funciones. La cuestión se regula en los arts. 7 y 8 LN y en los arts. 116 a 125 RN, de los que se deduce que si se otorga testamento ante Notario que no sea competente, el testamento será nulo. En su actuación el Notario se rige por lo dispuesto en la legislación notarial, pero especialmente por lo que determina el CC (o la legislación civil autonómica que corresponda). Así, según el art. 29 LN, «lo dispuesto en los artículos que preceden, relativamente a la forma de los instrumentos y al número y cualidades de los testigos, y a la capacidad de adquirir lo dejado o mandado por el testador, no es aplicable a los testamentos, y demás disposiciones *mortis causa*, en la cuales regirá la ley o leyes especiales del caso».

Según el art. 754 CC (y el art. 22 LN), el testador no puede disponer del todo o parte de su herencia en favor del Notario que autorice su testamento, o del cónyuge, parientes o afines del mismo dentro del cuarto grado, con la excepción establecida en el art. 682 CC. Esta disposición se refiere tanto al testamento abierto como al cerrado, pues tiene como finalidad eliminar cualquier duda acerca de la conducta del Notario que autorice el testamento. Se trata, pues, de evitar una influencia directa en la voluntad el testador, el ocultamiento de la falta de capacidad para testar, o incluso la propia manipulación del testamento. No obstante, la prohibición no alcanza a la posibilidad de nombrar al Notario como albacea y contador-partidor, a pesar de que pueda cobrar honorarios en este último concepto (art. 139 RN).

2.4.2. Identificación del testador

La necesidad de que la persona del testador quede plenamente identificada es un elemento fundamental en todas las clases de testamentos. Al ser esencial determinar si existe o no capacidad para testar en el momento del otorgamiento (arts. 663 y 665 CC), es preciso que quede perfectamente determinada la identidad de la persona que expresa su última voluntad.

La manera de identificar a la persona del testador varía en cada una de las formas testamentarias. En el caso del testamento ológrafo, el art. 688 CC exige que esté todo el escrito y firmado por el testador, pero además existe un procedimiento posterior de adveración para comprobar la identidad de su autor (arts. 691 a 693 CC).

En los testamentos notariales, el art. 685 CC determina que el Notario debe conocer al testador (art. 23 LN). El conocimiento directo por parte del Notario es el principal sistema de identificación. El legislador exige conocimiento entendido como posibilidad de distinguirlo de cualquier otra persona. Y en cuanto a la referencia del testador en la comparecencia debe tenerse presente la legislación notarial, dejando constancia de los siguientes datos:

nombre, apellidos, edad (si es mayor de edad basta que así se exprese), estado civil, vecindad civil, domicilio y DNI. En la parte expositiva suele hacerse constar el nombre de los padres, si éstos han fallecido y el lugar de nacimiento. No obstante, la falta de alguna de estas circunstancias no determina la nulidad del testamento si cumple con los demás requisitos, pues la fe de conocimiento sólo afecta a la identidad, y no a las circunstancias personales.

Si el Notario no conoce al otorgante, se necesita identificarlo con dos testigos que lo conozcan y sean conocidos del mismo Notario, o mediante la utilización de documentos expedidos por las autoridades públicas cuyo objeto sea identificar a las personas. Ambos medios de identificación están colocados en el mismo rango y no tiene uno preferencia respecto del otro. Cuando la identificación corre a cargo de los testigos estamos ante los denominados *testigos de conocimiento* (art. 184 RN), cuya única misión es acreditar la identidad del testador. Como luego veremos, los testigos instrumentales pueden intervenir como testigos de conocimiento (arts. 698 CC y 180.III RN).

Como hemos destacado, el art. 685 CC determina igualmente que el Notario debe asegurarse de que, a su juicio, el testador tiene la capacidad legal necesaria para testar. El momento clave para apreciar dicha capacidad es precisamente el del otorgamiento del testamento (art. 666 CC), y en él habrá que apreciar si el testador es mayor de catorce años y si puede conformar o expresar su voluntad (arts. 662 y 663 CC), debiendo dejarse de ello constancia documental (art. 696 CC). En el caso de personas con discapacidad el juicio de capacidad no requiere la intervención de facultativos (como exigía el antiguo art. 665 CC), y funciona como presunción *iuris tantum* mientras no se demuestre lo contrario [SSTS (1ª) 26 abril 2008 (ECLI:ES:TS:2008:2218) y 8 abril 2016 (ECLI:ES:TS:2016:1627)].

Cuando por ninguno de los medios previstos en el art. 685 CC se puede identificar a la persona del testador se aplica lo dispuesto en el art. 686 CC: se declarará esta circunstancia por el Notario, o por los testigos en su caso, reseñando los documentos que el testador presente con dicho objeto y las señas personales del mismo. De acuerdo con el art. 156 RN, al menos habrá que indicar nombre, apellidos, edad, estado civil y domicilio del otorgante. Si el testamento es impugnado por este motivo la prueba de la identidad del testador corresponderá al que sostenga su validez, pues no existe en este caso identificación bajo fe pública notarial.

2.4.3. *Los testigos*

Los testigos son las personas que presencian el acto del otorgamiento del testamento de manera voluntaria, enterándose de su contenido o al menos de que se ha otorgado la última voluntad. No obstante, el legislador se refiere a los testigos de muy diverso modo y asignándoles un diferente cometido, distinguiendo entre testigos *instrumentales* y testigos de *conocimiento*.

Los testigos *instrumentales* son los que presencian el acto de la lectura, consentimiento, firma y autorización (art. 180 RN). Dentro de los diferentes tipos de testamentos, en el caso del abierto los testigos instrumentales no sólo presencian el acto del otorgamiento sino que se enteran del contenido del testamento; mientras que tratándose de testamento cerrado, sólo presencian su entrega, la declaración del testador de que en la cubierta que entregue se contiene su última voluntad, y el acta del otorgamiento. Los testigos de *conocimiento* tienen como misión identificar a los otorgantes a quienes no conozca directamente el Notario (arts. 23 LN y 184 RN). Su único cometido es, pues, acreditar la identidad del testador, no siendo necesario que el testador conozca a los testigos si éstos conocen al testador. Los testigos instrumentales pueden ser testigos de conocimiento (arts. 698.1º CC y 180.III RN). En ocasiones se exige, incluso, que los testigos instrumentales conozcan al testador. Así, según el art. 685 CC, en los supuestos de testamento en peligro de muerte y en caso de epidemia, los testigos tienen «obligación de conocer al testador y procurarán asegurarse de su capacidad». De acuerdo con la función que los testigos desempeñen en el acto de otorgamiento, a los testigos de conocimiento se les puede limitar la lectura a la parte que les corresponda, que se reducirá a la identificación del testador (art. 193 RN).

Desde la Ley 30/1991, de 30 de diciembre, se ha flexibilizado la exigencia de presencia de testigos a la hora de hacer testamento. Como regla general, no son necesarios en los testamentos notariales comunes, salvo cuando concurren en la persona del testador determinadas circunstancias, en cuyo caso se requieren dos testigos idóneos. Si se trata de testamento abierto, estas circunstancias se recogen en el art. 697 CC. Para el testamento cerrado sólo son necesarios en los casos a que se refiere el art. 707.5ª y 7ª CC.

3. LOS TESTAMENTOS NOTARIALES

El CC incluye los testamentos notariales (abierto y cerrado) dentro de las formas testamentarias que denomina *comunes* en el art. 676. El testamento abierto se regula en los arts. 694 a 795 CC, y el cerrado en los arts. 706 a

715 CC. En cuanto testamentos comunes no concurre ninguna circunstancia especial, ni subjetiva ni objetiva, por lo que el testador puede optar por una u otra en función de sus preferencias, y de que quiera o no mantener secreto el contenido de su testamento.

3.1. El testamento abierto

Según el art. 679 CC «el testamento abierto es aquel en el que el testador manifiesta su última voluntad en presencia de las personas que deben autorizar el acto, quedando enteradas de lo que en él se dispone». Las personas que presencian el otorgamiento se enteran del contenido del testamento, ya sea porque el testador expresa verbalmente su voluntad o bien porque la presenta por escrito. De acuerdo con el art. 695 CC, tras advertir al testador del derecho que tiene a leer el testamento por sí, lo leerá el Notario en alta voz para que el testador manifieste si está conforme con su voluntad. Según este mismo precepto, el testador expresará oralmente, por escrito o mediante cualquier medio técnico, material o humano su última voluntad al Notario. Con esta declaración se inicia el proceso de formación del documento testamentario por el Notario, quien debe ajustarse a lo dispuesto en el CC o normativa autonómica civil aplicable y en la legislación notarial.

Estamos ante una expresión de voluntad previa, real, efectiva y personal, sin que sea posible que el testador ratifique el testamento redactado por el Notario siguiendo las instrucciones de una tercera persona. Por ello el art. 695 CC insiste en que la iniciativa de la expresión de la voluntad testamentaria parta del propio testador. No obstante, es habitual que el otorgante haya solicitado previamente los servicios de un Abogado, para asesorarse sobre la manera de canalizar el destino *mortis causa* de sus bienes, y que presente al Notario una *minuta que* contiene el borrador del testamento. El art. 695 debe interpretarse en el sentido de que la ley requiere como requisito necesario de fondo para la formación del negocio testamentario una previa y efectiva expresión de su voluntad, por el testador al Notario, que puede efectuarse antes o después de haberse entregado la minuta, o declarado verbalmente su voluntad; pero exigiéndose que aquella expresión exista realmente ante Notario antes del otorgamiento y firma del testamento (lo que concuerda con las exigencias del art. 17 LN y el art. 147 RN). Lo que no es posible admitir es que el testador se limite responder a las preguntas que el Notario le dirija en orden o confeccionar su última voluntad, pues la iniciativa no partiría en este caso del testador.

Una vez exteriorizada la voluntad del testador, la redacción del testamento corresponde al Notario, utilizando un estilo claro, puro, preciso, sin frases ni términos oscuros o ambiguos (art. 148 RN). Según el art. 695 CC se debe expresar lugar, año, mes, día y hora de su otorgamiento. La expresión de la fecha y hora, ambas sirven para determinar la capacidad del testador (art. 666 CC), la idoneidad de los testigos (art. 683 CC) y, en su caso, si se trata del último testamento válido (art. 739 CC). El cumplimiento de estos requisitos formales es ineludible, sin que quepa su convalidación posterior (art. 687 CC).

Redactado el testamento por el Notario, y advertido el testador del derecho que tiene a leerlo por sí, lo leerá el Notario en alta voz para que el testador manifieste si está conforme con su voluntad (art. 695 CC). Con la lectura se pretende que el testador compruebe que su última voluntad ha quedado plasmada en el testamento, como cuestión previa a que preste su conformidad mediante la firma (art. 25 LN). La lectura del testamento debe ser completa y en alta voz. Debe realizarse en presencia del testador, e igualmente de las demás personas que en su caso deban intervenir, realizándose en un solo acto. Una vez realizada la lectura del testamento, el testador debe manifestar expresamente y de manera clara que la redacción es conforme a su voluntad. Esta conformidad es interpretada de manera flexible por la STS (1ª) 21 marzo 2006 (ECLI:ES:TS:2006:1472), que admite la validez de la manifestación de quedar enterado, seguida de la firma del testamento por un testigo, al no saber hacerlo el testador. El testamento termina con la autorización por parte del Notario, que se realiza por medio de la firma, rúbrica y signo que utilice (art. 19 LN). La firma del Notario, a diferencia de la del testador no se puede suplir, y su omisión se sanciona con nulidad (art. 27 LN).

Según el art. 699 CC, todas las formalidades relativas al testamento abierto se practicarán «en un solo acto» que comenzará con la lectura del testamento, sin que sea lícita ninguna interrupción, salvo la que pueda ser motivada por algún accidente pasajero. Se consagra así el requisito de la *unidad de acto*, entendida en sentido amplio, con lo que se pretende evitar que, durante las interrupciones, se puedan intercalar cuestiones diferentes a las manifestadas por el testador, que se pueda influir en su libre voluntad, o que se pueda desvirtuar la trascendencia del acto de otorgar testamento. Si el testamento abierto se declara nulo por inobservancia de las solemnidades exigidas, el Notario puede incurrir en responsabilidad (art. 705 CC, art. 14 LN y arts. 24, 25 y 146 RN).

3.2. El testamento cerrado

Según el art. 680 CC, el testamento es cerrado «cuando el testador, sin revelar su última voluntad, declara que ésta se halla contenida en el pliego que presenta a las personas que han de autorizar el acto». El testamento cerrado se caracteriza por la certeza de su otorgamiento y el secreto de su contenido. Y ello hasta el punto de que, una vez otorgado el testamento no puede ser extraído del pliego en que se contiene, ni siquiera por el propio testador. Éste podrá afirmar que sus disposiciones son unas u otras, pero no podrá mostrar el contenido del testamento (LACRUZ). Su utilización en la práctica es minoritaria. De hecho, algunos notarios son reacios a practicarlo.

Además de las reglas generales de capacidad del art. 663 CC, de acuerdo con el art. 708 CC no pueden hacer testamento cerrado las personas que no sepan o no puedan leer. La finalidad de esta norma es evitar fraudes que podrían producirse al no poder comprobarse personalmente, por las personas que no saben o no pueden leer, que el escrito que se introduce en la cubierta es efectivamente su testamento.

Las personas con discapacidad visual pueden otorgar testamento cerrado utilizando medios mecánicos o tecnológicos que les permitan escribirlo y leerlo, siempre que se observen los restantes requisitos de validez establecidos en el CC, de manera especial los específicamente recogidos en el art. 709 CC. Es esencial que el testador con discapacidad visual compruebe por sí mismo, y no por medio de otra persona, que el escrito que se introduce en la cubierta es su testamento. Por ello el último apartado del art. 709 CC dispone: «Las personas con discapacidad visual, al hacer la presentación del testamento, deberán haber expresado en la cubierta, por medios mecánicos o tecnológicos que les permitan leer lo escrito, que dentro de ella se contiene su testamento, expresando el medio empleado y que el testamento está firmado por ellas».

La *fase previa al otorgamiento* se regula en el art. 706 CC, en el que se prevén diversas modalidades con un nexo común: debe tratarse en todo caso de un testamento *escrito*, sin que se admita otro tipo de fijación de la voluntad testamentaria, ya se trate de dispositivos de sonido o de imagen. En cuanto a la confección de este testamento por escrito el art. 706 CC admite tres formas posibles: a) Escrito de puño y letra del testador. b) Escrito por cualquier medio técnico. c) Escrito por otra persona a ruego del testador. En estos dos últimos casos el testador pondrá su firma en todas sus hojas y al pie del testamento. Si el testamento se ha redactado en soporte electrónico, debe firmarse con una firma electrónica reconocida.

La *fase de otorgamiento* en sentido propio se regula en el art. 707 CC. Aunque no se dice expresamente, se exige la unidad de acto en el cumplimiento de las siguientes formalidades: a) Introducción del pliego que contenga el testamento en cubierta cerrada y sellada. b) Comparecencia del testador ante Notario y, en su caso, dos testigos idóneos. c) Manifestaciones del testador en el acto de la comparecencia de que el pliego contiene su testamento. d) Extensión del acta notarial de otorgamiento. e) Lectura, conformidad y firma del acta.

Una vez autorizado el testamento cerrado, según el art. 710 CC, el Notario lo entregará al testador, después de incorporar al protocolo ordinario *testimonio* (traslado literal) del acta de otorgamiento (art. 17 LN y arts. 272 a 282 RN). En cuanto a la conservación del testamento cerrado, según el art. 711 CC el testador podrá conservarlo en su poder, o encomendar su guarda a persona de su confianza, o depositarlo en poder del Notario autorizante para que lo guarde en su archivo. Dado que ya ha finalizado la actuación del Notario, es ahora el testador el que debe buscar el medio de conservación que le ofrezca mayores garantías. El art. 742 CC contempla una causa específica de revocación del testamento cerrado: se presume revocado el que aparezca en el domicilio del testador con las cubiertas rotas o los sellos quebrantados, o borradas, raspadas o enmendadas las firmas que lo autoricen.

El CC regula en los arts. 712 y 713 la obligación de presentar el testamento cerrado ante el Notario competente, una vez fallecido el testador, y la responsabilidad en la que puede incurrir el tenedor en determinadas circunstancias. Para la apertura y protocolización del testamento cerrado el art. 714 CC se remite a la legislación notarial (arts. 57 a 60 LN).

Si el testamento cerrado se declara nulo por inobservancia de las solemnidades exigidas, el Notario puede incurrir en responsabilidad (art. 715 CC). La posible nulidad del testamento cerrado por inobservancia de las formalidades establecidas plantea una peculiaridad en el art. 715 CC: que pueda considerase válido como testamento ológrafo, si todo él estuviere escrito y firmado por el testador y tuviere las demás condiciones propias de este testamento. Nos encontramos aquí ante un supuesto de *conversión del negocio nulo* (testamento cerrado), que persigue la finalidad de conservar los efectos de este negocio, en relación con la presunta intención del testador, haciéndolo valer como otro negocio (testamento ológrafo) cuando cumple los requisitos formales de éste (TORRES GARCÍA).

4. EL TESTAMENTO OLÓGRAFO

Frente a los testamentos notariales, que se pueden otorgar desde los 14 años, el testamento ológrafo exige ser mayor de edad. Según el art. 678 CC es ológrafo el testamento que el testador escribe por sí mismo en la forma y con los requisitos que se determinan en el art. 688 CC. Se precisa que todo el testamento esté escrito y firmado por el testador, con expresión del año, mes y día en que se otorgue. Y en el caso de que contuviese palabras tachadas, enmendadas o entre renglones, las debe salvar el testador bajo su firma. El requisito de la autografía excluye los testamentos escritos a máquina o en un medio informático, aunque estén firmados (Torres García). Las referencias que se hacen en el art. 62 LN a la «letra y firma del testador», a que «fue manuscrito y firmado por él», y a la posibilidad de practicar una «prueba pericial caligráfica», expresan la necesidad de que esté redactado de su puño y letra habitual, excluyendo la letra de imprenta.

El requisito de la firma del testador es esencial. Según la STS (1ª) 5 mayo 2011 (ECLI:ES:TS:2011:2644), cumple la función de requisito «ad solemnitatem» del testamento ológrafo y la general de asunción del contenido de lo expresado en el texto desde el momento en que se ha declarado su autenticidad y autoría. En esta misma sentencia se aclara que el CC no exige que se trate de la firma habitual o usual del testador, y que debe entenderse que es suficiente con la que usa en el momento actual, la habitual en el momento presente, en función de la persona y de sus circunstancias (por ejemplo, la edad), sin poder obviar que la firma evoluciona a través del tiempo y no siempre es idéntica en circunstancias distintas.

El testamento ológrafo es un documento privado. Por este motivo, de acuerdo con el art. 704 CC, «es ineficaz si no se eleva a escritura pública y se protocoliza en la forma prevenida en la legislación notarial». Para ello, tras la muerte del testador, hace falta su *adveración* y su posterior *protocolización* o archivo notarial (Torres García). Estos trámites se rigen por los arts. 61 a 63 LN y se realizan ante Notario, no ante el Juez, como ocurría antes de la reforma de la LJV. Deben iniciarse en los cinco años siguientes al fallecimiento del testador (art. 689 CC y art. 61.4 LN).

La persona que tenga en su poder un testamento ológrafo debe presentarlo ante Notario competente en los diez días siguientes a aquel en que tenga conocimiento del fallecimiento del testador, siendo responsable en caso contrario de los daños y perjuicios que haya causado (art. 690 CC). También puede presentarlo cualquiera que tenga interés en el testamento como heredero, legatario, albacea o en cualquier otro concepto.

La *adveración* supone la comprobación de la autenticidad del testamento. Si al menos tres testigos, que conocieran la letra y firma del testador, declaran que no abrigan duda racional de que fue manuscrito y firmado por él, se puede prescindir de las declaraciones testificales que falten. A falta de testigos idóneos o si dudan los examinados, el Notario puede acordar, si lo estima conveniente, que se practique una prueba pericial caligráfica.

Adverado el testamento y acreditada la identidad de su autor, se procede a su *protocolización*. Si el Notario considera justificada la autenticidad del testamento, autoriza el acta de protocolización y expide copia de la misma a los interesados que la soliciten (art. 63 LN). En caso contrario, lo hará constar así, cerrará el acta y no autorizará la protocolización del testamento. Autorizada o no la protocolización del testamento, los interesados no conformes pueden ejercer su derecho en el juicio que corresponda. Finalmente, en su caso, el Notario deberá enviar al RGAUV copia del acta de protocolización del testamento ológrafo [art. 3.c) Anexo II del RN].

Como se puede observar el tiempo que puede transcurrir hasta que se cumplen todos los trámites puede ser bastante largo. Por ello, a efectos del Impuesto de Sucesiones, es discutible en qué momento se inicia el plazo de declaración o autoliquidación del impuesto. La Resolución del Tribunal Económico-Administrativo Central de 25 de marzo de 2021 ha considerado que ese momento es el de la adquisición de le herencia, que se produce con la adveración y protocolización del testamento ológrafo. En cambio, la STSJ Madrid (Secc. 9ª) 30 de septiembre de 2022 (ECLI:ES:TSJM:2022:12187) considera que la adveración y protocolización de un testamento ológrafo no interrumpe el devengo del Impuesto de Sucesiones. A nuestro juicio, este criterio parece más acertado ya que la normativa del impuesto regula cómo proceder cuando el heredero es desconocido (art. 22.2 LISD y art. 75 RISD).

5. REVOCACIÓN DEL TESTAMENTO

Ya hemos destacado que el testamento es un acto *esencialmente revocable* (§ 2.1). Según el art. 737 CC el testamento es revocable, aunque el testador se comprometa a no revocarlo: una cláusula de este tipo se tiene por no puesta. Lo mismo sucede con aquellas cláusulas que pretendan dejar sin efecto disposiciones futuras, o aquellas en que se ordene que no valga la revocación del testamento si no la hiciere el testador con ciertas palabras o señales.

La revocación puede ser *expresa* o *tácita* y requiere cumplir las mismas formalidades que para testar (art. 738 CC). No es preciso que el testamento se revoque otorgando otro de la misma clase que el que pretende revocarse. La revocación es, pues, un acto formal [STS (1ª) 29 septiembre 1986 (ECLI:ES:TS:1986:8011)]. La *expresa* se produce cuando el testador manifiesta su voluntad de dejar sin efecto total o parcialmente un testamento anterior. No se precisa que se designen sucesores: se puede revocar totalmente un testamento anterior de manera que se abra la sucesión abintestato.

La revocación es *tácita* cuando el testador otorga un nuevo testamento, sin manifestar su voluntad de revocar el anterior. Y ello, salvo que el testador exprese su voluntad de que aquél subsista en todo o en parte (art. 739.I CC).

Según las SSTS (1ª) 7 mayo 1990 (ECLI:ES:TS:1990:3577), 14 mayo 1996 (ECLI:ES:TS:1996:2886) y 28 julio 2009 (ECLI:ES:TS:2009:5810), la «voluntad» que se exige en el art. 739 CC para dejar subsistente un testamento anterior puede ser, no sólo la explícita o expresa en tal sentido, sino también la que se deduzca del tenor de ambos testamentos cuando, aplicando las reglas de interpretación que establece el artículo 675 CC, aparezca evidente la intención del testador de mantener o conservar el testamento anterior, respecto del cual el posterior sea complementario, aclaratorio o simplemente modificativo.

Cabe hablar también de *revocación real,* como causa específica de revocación del testamento cerrado, prevista en el art. 742 CC: se presume revocado el que aparezca en el domicilio del testador con las cubiertas rotas o los sellos quebrantados, o borradas, raspadas o enmendadas las firmas que lo autoricen. Como regla especial, el testamento se considera válido cuando se pruebe haber ocurrido el desperfecto sin voluntad ni conocimiento del testador o hallándose este afectado por alteraciones graves en su salud mental. No obstante, si aparece rota la cubierta o quebrantados los sellos, es necesario probar además la autenticidad del testamento para su validez.

Los efectos de la revocación dependen de que sea total o parcial. En el primer caso, se produce la completa ineficacia del testamento anterior. Si es parcial, sólo serán ineficaces las disposiciones del testamento anterior determinadas por el testador o que sean incompatibles con el segundo testamento. Le revocación produce efectos aunque el nuevo testamento no despliegue su eficacia por incapacidad de los herederos o los legatarios, o por repudiación o renuncia de unos y otros (art. 740 CC).

La revocación de un testamento no conlleva la reviviscencia del que se hubiera otorgado con anterioridad al revocado. Ello sólo es posible cuando así lo declare el testador. El art. 739.II CC es muy claro: «el testamento anterior recobra su fuerza si el testador revoca después el posterior *y declara expresamente ser su voluntad que valga el primero*».

Por excepción, podemos encontrarnos con determinadas disposiciones que, si se incorporan a un testamento, son irrevocables. Así ocurre con el reconocimiento de un hijo hecho en testamento (art. 120.2º CC) que, según el art. 741 CC, «no pierde su fuerza legal aunque se revoque el testamento en que se hizo o éste no contenga otras disposiciones, o sean nulas las demás que contuviere» (García Goldar y Ammerman Yebra). El problema es que, tras la reforma de 2007, el RN ya no contempla la obligación de los Notarios de expedir «testimonio de los reconocimientos de hijos no matrimoniales hechos en testamento para su anotación marginal en el Registro Civil» (antiguo art. 254 RN). Por ello, quien sospeche que el causante pudo reconocerlo en alguno de los testamentos que otorgó durante su vida, deberá pedir copia de todos ellos y no solo del último, aunque sólo tendrá legitimación para, en su caso, obtener información del testamento en que se le reconoció (MARSAL GUILLAMET).

6. INTERPRETACIÓN DEL TESTAMENTO

La interpretación del testamento permite solventar las dudas que puedan surgir sobre el alcance de las disposiciones que contiene. El CC dedica un único precepto a establecer los criterios de interpretación del testamento: el art. 675. Como se afirma en la STS (1ª) 29 enero 1985 (ECLI:ES:TS:1985:1577) a diferencia de lo que ocurre en los actos jurídicos *inter vivos*, en los que la interpretación debe tratar de resolver el posible conflicto de intereses entre el declarante y el destinatario de la declaración, en la interpretación de los actos testamentarios de lo que se trata es de investigar la voluntad real o al menos probable del testador, en sí misma considerada.

El art. 675 CC ha sido objeto de una abundante jurisprudencia de la que cabe destacar lo siguiente:

a) El objeto de la interpretación debe ser la búsqueda de la voluntad real, exacta o al menos probable del testador [STS (1ª) 29 abril 2008 (ECLI:ES:TS:2008:2025), y RDGSJFP 15 diciembre 2023 (BOE núm. 16, de 18 enero 2024, págs. 6852 y ss.)].

b) Por lo que se refiere a los criterios de interpretación, hay que estar al sentido literal de las palabras cuando no suscite dudas sobre la verdadera voluntad del testador [STS (1ª) 3 marzo 2009 (ECLI:ES:TS:2009:876)]. El elemento literal o gramatical permite presumir que las palabras utilizadas por el testador reproducen fielmente su voluntad [STS (1ª) 18 julio 2005 (ECLI:ES:TS:2005:4879)]. En los testamentos autorizados por Notario las palabras utilizadas tienen el significado técnico que les asigna el ordenamiento, dada su obligación de que la redacción se ajuste a la voluntad del testador en estilo preciso y observando la propiedad en el lenguaje [RDGSJFP 16 marzo 2023 (BOE núm. 77, de 31 marzo, págs. 46864 y ss.)].

c) Cabe utilizar igualmente los elementos sistemático, lógico y finalista, empleados de forma conjunta o combinada, sobre la base de la consideración del testamento como unidad [STS (1ª) 19 diciembre 2006 (ECLI:ES:TS:2006:7802)].

d) En los casos de duda, es posible igualmente acudir a medios de prueba extrínsecos, ya sean coetáneos, previos o posteriores al acto testamentario [STS (1ª) 21 enero 2003 (ECLI:ES:TS:2003:223)]. Así, cabe atender a los actos del propio testador previos y posteriores a su otorgamiento [STS (1ª) 28 julio 2009 (ECLI:ES:TS:2009:5810)]; a la posibilidad de constatar la opinión personal que se transmitió al Notario autorizante, y la del albacea testamentario [STS (1ª) 9 junio 1987 (ECLI:ESTS: 1987:4029)] o a la conducta de los llamados como medio interpretativo [STS (1ª) 18 marzo 2011 (ECLI:ES:TS:2011:1314)].

e) La interpretación de los testamentos es competencia de los tribunales de instancia siempre que se mantenga dentro de los límites racionales y no sea arbitraria, y sólo puede ser revisada en casación cuando las conclusiones a que se haya llegado en la interpretación sean ilógicas o contrarias a la voluntad del testador o a la Ley [STS (1ª) 22 junio 2010 (ECLI:ES:TS:2010:3902)].

7. VICIOS DE LA VOLUNTAD TESTAMENTARIA

La declaración de voluntad contenida en el testamento se debe haber formado libremente, sin vicios que la invaliden. Según el art. 673 CC «será nulo el testamento otorgado con violencia, dolo o fraude». En estos casos en que hay nulidad declarada por la ley, el testador no puede prohibir que se impugne el testamento (art. 675.II CC).

La *violencia* debe ser entendida en sentido amplio, comprendiendo igualmente la intimidación (amenaza) como vicio de la voluntad testamentaria. El *dolo o fraude*, utilizando el mismo criterio de los arts. 1269 y 1270 CC en sede de contratos, supone utilizar palabras o maquinaciones insidiosas para inducir al causante a otorgar un testamento que, sin ellas, no hubiera hecho.

El art. 673 CC no menciona el *error* dentro de los vicios de la voluntad testamentaria. Frente a la opinión de algunos autores que consideran que no puede negarse al error transcendencia para viciar la declaración testamentaria, consideramos que sólo se puede tener en cuenta en los casos en que el legislador le otorga relevancia en materia testamentaria. En este sentido, dispone el art. 743 CC que «serán ineficaces en todo o en parte las disposiciones testamentarias, *sólo en los casos expresamente prevenidos en este*

Código» (v.gr. en los supuestos de los arts. 767 y 773 CC). Este criterio es el que asume la STS (1ª) 29 enero 2008 (ECLI:ES:TS:2008:327).

Aparte de la nulidad del testamento otorgado con violencia, dolo o fraude, ejercitando la correspondiente acción de nulidad del testamento ante los Tribunales por aquel que tenga un interés legítimo, probando la existencia del vicio de la voluntad testamentaria, el art. 674 CC sanciona la conducta de quien, sobre la base de los mismos vicios, impide que una persona otorgue libremente su última voluntad. Hasta el punto de que si resulta ser heredero abintestato (porque no se hizo testamento o por resultar nulo), queda privado de su derecho a la herencia, sin perjuicio de la responsabilidad criminal en que pueda haber incurrido. Esta conducta se contempla además como causa de indignidad en el art. 756.5º y 6º CC, lo que tiene trascendencia si, como consecuencia de la nulidad del testamento, resulta de aplicación un testamento anterior en que se haya instituido a quien ha utilizado el dolo, fraude o violencia.

BIBLIOGRAFÍA

DOMÍNGUEZ LUELMO, Andrés, «El testamento» y «El testamento notarial», en GETE-ALONSO Y CALERA, M.C. (Dir.), *Tratado de Derecho de Sucesiones*, I, 2ª ed., Civitas, Thomson Reuters, Cizur Menor, 2016, págs. 391-471.

GARCÍA GOLDAR, Mónica; AMMERMAN YEBRA, Julia, «Reconocimiento de filiación en testamento y reclamación de alimentos», *Revista de Derecho Civil*, núm. 1, 2017, págs. 77-124 (*https://nreg.es/ojs/index.php/RDC/article/view/239/201*).

GARCÍA MAYO, Manuel, *El testamento ológrafo electrónico (Una propuesta de lege lata)*, Aranzadi, Cizur Menor, 2024.

GARRIDO MELERO, Martín, *El testamento y su interpretación*, Tirant lo Blanch, Valencia, 2021.

GONZÁLEZ ACEBES, Begoña, *La interpretación del testamento*, Tirant lo Blanch, Valencia, 2012.

LÓPEZ SUÁREZ, Marcos, *El testamento mancomunado en la Ley de Derecho Civil de Galicia*, Colegios Notariales de España, Madrid, 2003.

MARSAL GUILLAMET, Joan, «Ineficacia y revocación del testamento», en GETE-ALONSO Y CALERA, M.C. (Dir.), *Tratado de Derecho de Sucesiones*, I, 2ª ed., Civitas, Thomson Reuters, Cizur Menor, 2016, págs. 673-690.

MUNAR BERNAT, Pedro; VERDERA IZQUIERDO, Beatriz, «Interpretación del testamento», en GETE-ALONSO Y CALERA, María del Carmen (Dir.), *Tratado de Derecho de Sucesiones*, I, 2ª ed., Civitas, Thomson Reuters, Cizur Menor, 2016, págs. 691-724.

OLIVA BLÁZQUEZ, Francisco; PÉREZ VELÁZQUEZ, Juan Pablo; CADENAS OSUNA, Davinia, *Tratado teórico práctico del testamento notarial abierto*, Bosch, Barcelona, 2018.

TORRES GARCÍA, Teodora Felipa, *El testamento ológrafo*, Montecorvo, Madrid, 1977.

TORRES GARCÍA, Teodora Felipa, «El testamento ológrafo en el Código civil», en GETE-ALONSO Y CALERA, María del Carmen (Dir.), *Tratado de Derecho de Sucesiones*, I, 2ª ed., Civitas, Thomson Reuters, Cizur Menor, 2016, págs. 473-495.

TORRES GARCÍA, Teodora Felipa; GARCÍA RUBIO, María Paz, *La libertad de testar: el principio de igualdad, la dignidad de la persona y el libre desarrollo de la personalidad en el Derecho de sucesiones*, Fundación Coloquio Jurídico Europeo, Madrid, 2015.

VAQUER ALOY, Antoni, *La interpretación testamentaria*, Reus, Madrid, 2008.

VAQUER ALOY, Antoni, *Libertad de testar y libertad para testar*, Olejnik, Buenos Aires, 2018.

LECCIÓN 11

CONTENIDO DEL TESTAMENTO: LA INSTITUCIÓN DE HEREDERO

Andrés Domínguez Luelmo
Catedrático de Derecho civil
Universidad de Valladolid

Henar Álvarez Álvarez
Catedrática de Derecho civil
Universidad de Valladolid

1. CONTENIDO TÍPICO Y ATÍPICO

La definición de testamento del art. 667 CC alude tan solo al contenido típico del testamento. Sin embargo, el testamento puede tener una variedad de contenidos: patrimoniales (contenido típico) y no patrimoniales (contenido atípico).

Contenido típico: El causante ordena el destino *post mortem* de sus bienes y derechos que no se extingan con su muerte. Dentro del contenido típico, podemos distinguir entre declaraciones o disposiciones principales y declaraciones o disposiciones instrumentales, accesorias o indirectas.

Las *principales* vendrían constituidas por la institución de heredero, los legados y las cargas modales. La institución de heredero es sin duda la más importante disposición testamentaria típica, junto con el legado.

Las declaraciones *accesorias* serían las relacionadas con la ejecución de la voluntad del testador (v.gr., el nombramiento de albacea o de contador-partidor o árbitro así como la delimitación de sus facultades, disposiciones sobre administración de los bienes dispuestos a favor de menores, el testamento puramente revocatorio de otro anterior, la fijación del orden de pago de los legados, la desheredación de un heredero forzoso y las mejoras, las disposiciones sobre la colación o partición, o las disposiciones relativas al cuidado de los animales de compañía). El hecho de que se clasifiquen como *accesorias* no significa que no tengan importancia, como la tiene, por ejemplo, la desheredación de un legitimario. Sólo se pretende destacar que el contenido principal viene constituido por la institución de heredero y la ordenación de legados.

Contenido atípico: El contenido atípico del testamento se refiere a *otras posibles manifestaciones que no son patrimoniales*. Ya nos hemos referido a ello en otras lecciones. Podemos así destacar cuestiones como las siguientes:

— El reconocimiento de un hijo del causante (arts. 120.2° y 741 CC).

— Reconocimiento de deudas.

— Nombramiento de tutor (arts. 202 a 204 CC) o de curador (art. 276.4º CC).

— Disposiciones para ordenar sufragios, funerales, enterramiento o exequias del testador (art. 902.1ª CC).

— Disposiciones sobre el destino y cuidado de animales de compañía (art. 914 bis CC).

— Consentimiento para la fecundación *post mortem* (art. 9 Ley 14/2006, de 26 de mayo, sobre técnicas de reproducción humana asistida).

— Designación del beneficiario de un seguro de vida (artículo 84 Ley 50/1980, de 8 de octubre, reguladora del contrato de seguro).

— Constituir una fundación (art. 9 Ley 50/2002, de 16 de diciembre, de Fundaciones).

— Designación de la persona encargada de ejercitar las acciones en defensa del honor, la intimidad y la propia imagen del fallecido (art. 4 LO 1/1982, de 5 de mayo).

— Designación de la persona encargada de defender ciertas facultades que dimanan del derecho moral del autor de una obra sujeta a propiedad intelectual (art. 15 del Texto Refundido de la Ley de Propiedad Intelectual).

— Expresar que se quiere morir intestado.

Ahora bien, es preciso en todo caso que las disposiciones testamentarias, sean de la índole que sean, tengan *sentido imperativo*, constando con claridad la intención de testar, pues los meros ruegos, admoniciones o consejos, aunque formen parte del testamento, no pueden considerarse disposiciones testamentarias de obligado cumplimiento.

En nuestro CC no es necesario que el testamento contenga institución de heredero ni nombramiento de legatario (art. 741, 764 y 891 CC), por lo que el testamento puede contener únicamente disposiciones atípicas o no patrimoniales.

Ello contrasta con el Derecho civil catalán, en el que es necesario para su validez que el testamento contenga institución de heredero. Así según el art. 422-1.3 CCCat: «Son nulos los testamentos que no contienen institución de heredero, salvo que contengan nombramiento de albacea universal o sean otorgados por una persona sujeta al derecho de Tortosa». Igualmente, según el art. 423-1.1: «El testamento debe contener necesariamente institución de heredero».

Además, el art. 658 CC recoge el principio de *compatibilidad entre la sucesión testamentaria y la intestada*, que ya hemos analizado.

También en esto el CC es diferente en el Derecho civil catalán, cuyo art. 411-3.2 dispone: «La sucesión intestada solo puede tener lugar en defecto de heredero instituido, y es incompatible con el heredamiento y con la sucesión testada universal».

2. INSTITUCIÓN DE HEREDERO

Mediante la institución de heredero el testador designa sucesor a título universal de sus bienes a una o varias personas, llamadas herederos. El heredero sucede al fallecido y pasa a ocupar la misma posición que ostentaba el difunto. Ahora bien, como acabamos de destacar, el testamento es válido aunque no contenga institución de heredero propiamente dicha (art. 764 CC).

No existen limitaciones en cuanto al número de herederos que pueden ser instituidos en el mismo testamento. Tampoco es preciso que se agote todo el patrimonio del testador en la institución de heredero, pues la sucesión puede deferirse en una parte por la voluntad del testador y en otra por disposición de ley, es decir, una misma sucesión puede deferirse de manera testada e intestada (art. 658 CC). Es posible incluso, que todo el patrimonio del testador se distribuya en legados (art. 891 CC). Pero el testador debe respetar las normas relativas a los derechos de los legitimarios por tener naturaleza imperativa. Ello afecta a la libertad de disposición del testador, pero no determina cuál ha de ser la institución de heredero.

Cuando el causante designa como sucesor a varias personas, si establece lo que desea atribuir a cada uno de los llamados, cada instituido recibirá solo la parte que se le haya adjudicado. Para el supuesto de que siendo varios herederos y el testador no haya previsto la cuota o la cuantía en la que deban sucederle, el art. 765 CC dispone que «los herederos instituidos sin designación de partes heredarán por *partes iguales*», con una *excepción*, contemplada en el art. 770 CC para cuando se instituye herederos a los hermanos, si se da el caso de que existan hermanos de doble vínculo y de vínculo sencillo. En ese caso, por aplicación de la regla del art. 949 CC prevista para la sucesión intestada, los hermanos de doble vínculo heredarán el doble que los medio hermanos. Sin embargo, es posible que el testador manifieste en testamento que sus hermanos y medio hermanos hereden por partes iguales, pues la regla contenida en el art. 949 CC es de carácter imperativo solo en el caso de que se trate de una sucesión intestada.

El art. 769 CC se refiere al nombramiento individual y colectivo de herederos, lo cual no significa que los colectivamente nombrados (por ejemplo, los hijos de una determinada persona) tengan diferente cuota que los identificados individualmente, sino que todos tendrán la misma cuota en la herencia, a no ser que conste de un modo claro que ha sido otra la voluntad del testador.

Por su parte, el art. 771 CC se refiere a la *simultaneidad de llamamientos*, en el sentido de que si el testador llama a la sucesión a una persona y a sus hijos, se entenderán todos instituidos simultánea y no sucesivamente, concurriendo a la herencia, salvo que otra cosa se manifestare, por partes iguales. Si el deseo del testador fuera que se tratara de una institución sucesiva (primero una persona y, después, sus hijos) tendría que establecer expresamente una sustitución fideicomisaria (arts. 781 y 783 CC).

Ya hemos destacado en otras lecciones que la disposición de los bienes del causante que integran su herencia puede hacerla el testador de dos formas: a título de herencia o de legado. Es el testador el que debe configurar a su voluntad estos títulos sucesorios. Lo ideal es que el testador exprese claramente si instituye a una persona heredera o legataria. Sin embargo, aunque el testador no utilice la palabra «heredero», si su voluntad es clara, habrá que considerar que es una disposición hecha a título universal, es decir, a título de heredero (art. 668 CC).

Del mismo modo, si el testador utiliza la expresión «heredero» en el testamento, pero dispone a su favor de un bien concreto, se presume que estamos ante un legatario (art. 768 CC: «*El heredero instituido en una cosa cierta y determinada será considerado como legatario*»).

Pero la cuestión no es pacífica. Al respecto la doctrina se ha planteado la calificación técnica del título sucesorio: si el testador quiso instituir al beneficiario como heredero o como legatario. Ello tiene gran importancia a los efectos de fijar las funciones de cada uno de los llamados, la responsabilidad por deudas y las facultades que tienen unos y otros beneficiarios.

Según la teoría del *nomen* o denominación como heredero o legatario realizada por el testador, sería heredero el que así es designado por el testador, y legatario el que haya sido designado como tal (*criterio subjetivo*).

Según la teoría de la *asignatio*, si el llamado lo ha sido a toda la herencia o a una parte alícuota de la misma, será heredero, y será legatario quien haya sido designado como titular de uno o varios bienes determinados, con independencia de cómo lo haya calificado el testador (*criterio objetivo*).

En definitiva, se plantea si es suficiente para que el llamado lo sea como heredero que el causante le haya instituido como sucesor a título universal, o bien si es preciso ir más allá y averiguar la verdadera voluntad del causante. ¿Debe prevalecer el *nomen* sobre la *asignatio*? O lo que es lo mismo, si el testador instituye heredero por el hecho de nombrarlo así, ¿lo será sin tener en cuenta la disposición realmente realizada?

En el Derecho romano prevalecía el *nomen* sobre la *asignatio*. Sin embargo en nuestro sistema jurídico la jurisprudencia más reciente ha sentado varios criterios, teniendo en cuenta la interpretación que se ha realizado de los art. 660 y 768 CC, que recogen un *criterio objetivo*, frente a lo preceptuado por los art. 668.2 y 675 CC, donde reside un criterio subjetivo, basado en la búsqueda de la voluntad del causante: prevalece la voluntad del causante sobre los términos de la disposición, pero se presume la cualidad de heredero si el llamamiento es a la totalidad de los bienes o a una cuota o remanente, siendo en calidad de legatario si lo es a un bien determinado. No obstante, estas presunciones quedarían destruidas si se logra demostrar que la voluntad real del testador fue otra, respetándose en todo caso los rasgos esenciales del título de heredero o legatario, según corresponda [SSTS (1ª) 22 enero 1963 (ECLI:ES:TS:1963:2285) y 9 marzo 1993 (ECLI:ES:TS:1993:1393)].

La STS (1ª) 16 diciembre 2014 (ECLI:ES:TS:2014:5728) fija como doctrina jurisprudencial que la designación de una persona como usufructuario sobre la totalidad de la herencia, o una parte o una cuota, no puede ser asimilada a una institución de heredero.

2.1. Figuras intermedias

Se trata de supuestos dudosos de institución, partiendo de la diferenciación de que el heredero es instituido en la totalidad o en una cuota de la herencia y el legatario en un bien concreto. La institución *ex re certa* se trata en el art. 768 CC, mientras que no se regula el legado de parte alícuota.

2.1.1. Institución ex re certa

Cuando la institución de heredero no se refiere a la totalidad o a una parte alícuota de la herencia, sino a un bien concreto, ¿el instituido debe considerarse un heredero o se trata de un legatario? El art. 768 CC establece al respecto que «el heredero instituido en una cosa cierta y determinada será considerado como legatario».

El tenor literal del precepto es claro, considerando que el instituido es un legatario, en contraposición con el Derecho romano, donde la institución de heredero era imprescindible para la validez del testamento, por lo que la institución *ex re certa* se consideraba hecha en calidad de heredero y de toda la herencia, siempre y cuando no hubiera otros herederos, para no tener que abrir la sucesión intestada.

En la actualidad lo que prima es la verdadera voluntad del testador, con independencia de las expresiones que utilice, por lo que si la voluntad es clara acerca del concepto de heredero, se considerará como tal al instituido, aunque no haya utilizado la palabra heredero.

En la actualidad, la jurisprudencia del TS [STS (1ª) 9 marzo 1993 (ECLI:ES:TS:1993:19068)], la RDGRN 23 octubre 2019 (BOE núm. 281, de 22 noviembre, págs. 128863 y ss.) y la mayoría de los autores entienden que el art. 768 CC no tiene carácter imperativo, sino que recoge una mera cuestión de interpretación testamentaria, cuando se logre probar que el causante quería instituir al llamado como un auténtico heredero.

Sobre esta base, la doctrina mayoritaria mantiene que en los casos de institución en cosa cierta, si existen dudas, se trata de un legatario, salvo prueba en contrario en la que se demuestre que la institución de heredero en cosa cierta es a título de heredero y no de legatario:

— En este sentido, se considera que el llamado es heredero en los casos de partición hecha por el testador porque la cosa cierta puede suponer la concreción de una cuota, garantizando que el bien recale en el heredero instituido *ex re certa* (art. 1056 CC).

— También se considera heredero y no legatario cuando se prueba que el testador a la hora de hacer testamento pensaba que la cosa que se atribuye al heredero constituía la totalidad del patrimonio hereditario o la mayor parte de él.

— Igualmente cuando el testador enumera todos sus bienes y los deja a una persona aunque no lo designe como heredero.

— Tampoco sería legatario cuando el testador expresara en testamento que el instituido responde del pasivo de la herencia, ni cuando se realiza la institución de herederos atribuyendo a cada uno de ellos un cuerpo de bienes separados (art. 983 CC).

Lo fundamental del régimen jurídico de esta institución es que el heredero en cosa cierta y determinada *queda excluido de la comunidad hereditaria*, y *no tiene aplicación en su caso el derecho de acrecer*, pues se trata de un llamamiento con especial designación de partes.

2.1.2. Legado de parte alícuota

El legado de parte alícuota consiste en una disposición testamentaria en virtud de la cual el testador «lega» o atribuye a una persona una cuota de la herencia. En la práctica es habitual el legado de uno de los tercios de le herencia, legar el usufructo del tercio destinado a mejora, o la participación que pueda corresponder al testador en la sociedad de gananciales. El legatario de parte alícuota al ser considerado como un legatario no tendrá que hacer frente a las deudas del causante.

Parte de la doctrina niega la existencia de esta figura y entiende que cuando se llama a una persona a una parte alícuota de la herencia en realidad se produce el llamamiento como heredero, salvo que logre probarse que la voluntad del testador fue la de llamar al favorecido para sucederle a título singular y por tanto como legatario (vr. gr., cuando el favorecido es llamado a recibir una parte alícuota del remanente de la herencia o una parte de los bienes hereditarios cuando las deudas han sido pagadas).

De hecho existe una cierta equiparación entre el heredero y el legatario de parte alícuota desde el punto de vista procesal, pues en los art. 782 y ss. LEC se prevé la posibilidad de que el legatario de parte alícuota pueda solicitar medidas cautelares durante el tiempo en el que la herencia esté indivisa, y le concede también, al igual que al heredero, legitimación procesal para solicitar la división y la partición de la herencia, dada su participación en la comunidad hereditaria. Por otro lado, la STS (3ª) 17 julio 2023 (ECLI:ES:TS:2023:3313) admite la legitimación del legatario de parte alícuota para comparecer en un procedimiento económico-administrativo interpuesto por el causante y pendiente de resolución en el momento del fallecimiento de éste.

También se le reconoce la posibilidad de solicitar y obtener la anotación preventiva de su derecho en el Registro de la Propiedad en los mismos términos que los herederos, los cuales podrán pedir anotación de su derecho hereditario en abstracto, pero no como cotitulares sobre bienes concretos, pues aún no se ha practicado la partición de la herencia (art. 42 LH y 146.3 RH).

Para nosotros está clara la admisibilidad de la figura del legatario de parte alícuota. Este legatario no es llamado como el heredero a una cuota de la herencia, es decir, tanto al activo como al pasivo, sino que es llamado a una cuota del remanente activo. Así pues, el legatario de parte alícuota no se subroga en la posición del causante, sino que es un mero adquirente de bienes, es decir, adquiere una parte de los bienes que se reparten una vez liquidadas las deudas [STS (1ª) 26 mayo 2020 (ECLI:ES:TS 2020:1507)].

2.2. Identificación del heredero

El CC no somete a formalidades especiales la institución de heredero, ni establece ninguna fórmula especial o determinada para hacer la designación. No es preciso tampoco que se emplee el término «heredero», bastando cualquier forma que revele la voluntad de instituir heredero.

La designación de heredero se realiza necesariamente por el causante en testamento, al no admitir el CC la sucesión contractual. Es conveniente que el testador *identifique correctamente al instituido heredero*, que la persona designada esté determinada, o por lo menos que sea determinable, pues si *la institución se realiza a favor de persona incierta o es imposible determinarlo, la institución será nula* (art. 750 CC). La designación de heredero puede ser *nominal* o por *circunstancias*.

Nominal: Es la que menos dudas ofrece, por lo que resulta siempre aconsejable que el testador realice una designación nominal, es decir, que designe al beneficiario por su nombre y apellidos, de manera que no pueda dudarse quién es el instituido (art. 772.1 CC). Con ella el testador identifica con claridad a la persona a la que llama a su herencia. En el caso de que haya dos herederos que tengan el mismo nombre y apellidos, el testador deberá señalar alguna circunstancia por la que se conozca al instituido. La rectificación registral de la mención relativa al sexo de las personas y, en su caso, el cambio de nombre, al amparo de la Ley 4/2023, de 28 de febrero, no puede suponer un obstáculo para la identificación del instituido/a.

Por referencias o circunstancias: Es también posible que el testador realice la designación de heredero por referencia a circunstancias o cualidades personales del llamado, que permitan, aunque se omita su nombre y apellidos, identificarlo. Es decir, basta con que en el testamento se contengan los datos o circunstancias necesarias para que se pueda identificar a la persona a quien se ha querido instituir como heredero, pues lo fundamental es saber con seguridad a quién ha querido designar el testador (art. 772.2 CC). Por su interés, podemos destacar algunos supuestos de institución por referencias que han llegado a los tribunales [se recogen otros en la SAP Valencia (Secc. 8ª) 20 octubre 2010 (ECLI_ES:APV:2010:4862)]:

a) La persona que fuese «director» de una determinada sociedad cultural [STS (1ª) 21 enero 1895 (ECLI:ES:TS:1895:790)].

b) El pariente más cercano y más joven de las ramas de los padres del testador [STS (1ª) 15 noviembre 1907 (ECLI:ES:TS:1907:1257)].

c) Disponer que al fallecimiento de la usufructuaria pasen los bienes en pleno dominio a los hijos y nietos de otra persona que vivan al tiempo de aquella, heredando lo primeros por derecho propio y los últimos por derecho de representación [STS (1ª) 20 marzo 1916 (ECLI:ES:RS: 1916:1269)].

d) Institución a favor de «Pazicos de mi vida», en la que queda claro que se instituye al esposo, al que la testadora llamaba así siempre, por ser diminutivo del apellido de José Pazos, que además era la persona a la que estaba dirigida la primera carta de novios, en cuyo reverso se escribe un testamento ológrafo [STS (1ª) 8 junio 1918 (ECLI:ES:TS:1918:700)].

e) Designar a «la persona que durante mi última enfermedad me cuide y asista asiduamente, y que además se preste gustosa a hacerse cargo de la perra que tengo llamada Hortensia, a la que deseo se atienda con cariño...» [STS (1ª) 21 diciembre 1920 (ECLI:ES:TS:1920:721)].

Si el causante sufre un *error en el momento de designar heredero*, de acuerdo con el art. 773 CC, el error en el nombre del llamado no vicia la designación cuando de otra manera pueda saberse ciertamente cual sea la persona nombrada. Sin embargo, si fuera imposible identificar la persona del instituido, se produce la nulidad de la designación, por no saberse con certeza cuál ha sido la persona que el testador ha querido instituir heredero.

El art. 767 CC se refiere a la irrelevancia de los motivos de la designación, lo que se conoce con la expresión de «causa falsa». Al respecto, el precepto trata de salvar la validez de la voluntad del causante quitándole valor a los motivos que le indujeron a establecer la institución de heredero o el nombramiento de legatario, expresando que los motivos serán considerados como no escritos, a no ser que del testamento resulte que el testador no habría hecho tal institución o legado de haber conocido la falsedad de la causa.

La institución de heredero a favor del cónyuge o pareja de hecho presenta algunas especialidades por su tratamiento jurisprudencial, cuando en el momento del fallecimiento se ha producido el divorcio o la ruptura de la convivencia. Así, en el aplicación del art. 767 CC, la STS (1ª) 28 septiembre 2018 (ECLI:ES:TS:2018:3263) declara la ineficacia de la institución de heredero del cónyuge del testador porque en el momento de la apertura de la sucesión se había producido el divorcio.

En este caso la hermana de la causante, sin descendencia, solicitaba la ineficacia de la institución de heredero del ex marido de ésta del que se había divorciado en 1994 y al que había instituido como «su único y universal heredero de todos sus bienes, derechos y acciones presentes y futuros» mediante testamento otorgado en 1972, constante matrimonio. Frente al criterio del Juzgado de 1ª instancia y de la Audiencia, que consideraban relevante el dato de que desde que se había producido el divorcio en 1994 hasta el fallecimiento en 2011 no se había revocado el testamento, el TS estimó el recurso de casación declarando la ineficacia de la institución de heredero del ex marido sobre la base de lo dispuesto en el art. 767 CC. Según el TS: «El empleo del término «esposo» para referirse al instituido no puede ser entendido como una mera descripción de la relación matrimonial existente en el momento de otorgar el testamento, ni como mera identificación del instituido, a quien ya se identificaba con su nombre y apellidos. La mención del término «esposo» revela el motivo por el que la testadora nombraba a E. como su heredero, sin que haya razón para pensar que, de no ser su esposo, la testadora lo hubiera instituido heredero. Producido el divorcio después del otorgamiento del testamento, la institución de heredero quedó privada de la razón por la que se otorgó y, en consecuencia, no puede ser eficaz en el momento en el que se produce la apertura de la sucesión». La SAP Guipúzcoa (Secc. 2ª) 18 junio 2021 (ECLI:ES:APSS:2021:1046) aplica este mismo criterio y mantiene que no tiene derecho a la herencia la esposa que obtuvo el divorcio del causante en otro país, aunque no se haya seguido en España el procedimiento de exequátur.

En cuanto a las uniones extramatrimoniales utiliza un razonamiento similar, aplicando igualmente el art. 767 CC, la STS (1ª) 26 septiembre 2018 (ECLI:ES:TS:2018:3378): «La mención a «su pareja» revela el motivo por el que el testador ordenaba un legado a favor de C., sin que haya razón para pensar que, de no ser su pareja, el testador la hubiera favorecido con un legado. Producida la extinción de la relación de pareja después del otorgamiento del testamento —lo que la sentencia recurrida declara como hecho probado—, la disposición testamentaria a favor de C. quedó privada de la razón por la que se otorgó y, en consecuencia, no puede ser eficaz en el momento en el que se produce la apertura de la sucesión».

En los casos de divorcio o ruptura de la convivencia parece, pues, aconsejable revocar el testamento y otorgar uno nuevo, para evitar que los herederos tengan que iniciar un procedimiento judicial solicitando la ineficacia de la institución de heredero.

2.3. Designaciones genéricas y colectivas

El testamento es un acto personalísimo, cuya formación no puede dejarse ni en todo ni en parte al arbitrio de un tercero, por lo que tiene que ser el testador y sólo él quien designe nominalmente la persona o personas que le van a suceder cuando los instituidos lo sean nominalmente. Sin embargo, cuando la designación es genérica o colectiva, el testador puede encomendar a un tercero la distribución de los bienes que deje a parientes, pobres o establecimientos de beneficencia.

Antes hemos visto que la designación de la persona del heredero puede realizarse nominalmente o por referencia a circunstancias o cualidades personales del llamado. En ambos casos la persona del instituido es cierta. Sin embargo, existe una tercera modalidad que recoge una designación genérica o colectiva, que tiene lugar cuando el causante designa como sucesor a una colectividad o a un grupo de personas, siendo preciso un acto posterior de determinación.

En estos casos de indeterminación relativa del instituido, el testador señala la finalidad que quiere alcanzar, y el CC, respetando esa voluntad, establece los criterios que deben seguirse para realizar la distribución de los bienes y determinar las personas que se deben considerar beneficiadas. Se hace preciso interpretar la verdadera voluntad del testador, y para ello se aplican los arts. 747 (sufragios u obras piadosas), 749 (pobres) y 751 CC (parientes).

2.3.1. Institución en favor del alma

Se trata de aplicar unos bienes hereditarios en obras en favor del alma del testador o de otra persona por él designada, mediante la realización de sufragios (oraciones y celebraciones de misas) o de obras piadosas (limosnas, actos de beneficencia) de acuerdo con lo previsto en el art. 747 CC.

La disposición puede realizarse referida a bienes concretos o de todo o una parte de la herencia. El precepto tiene carácter dispositivo y supletorio, por lo que solo se aplica para el caso de que el testador no haya precisado el destino de sus bienes en testamento o cuando haya facultado al albacea o al contado-partidor para aplicar los bienes a esos fines [RDGRN 9 septiembre 2006 (BOE núm. 239, de 6 de octubre, págs. 34794 y ss.)]. Puede utilizar igualmente el art. 671 CC para encomendar su encargo a un tercero.

Si se atribuyen todos los bienes en favor del alma, estaríamos ante un supuesto de *herencia sin heredero*. En caso contrario, sería el albacea, y el heredero a falta de éste, el que asuma el cometido de ejecutar la voluntad del testador para realizar sufragios y obras piadosas en beneficio de su alma. Una vez que el albacea liquide la herencia, deberá vender los bienes atribuidos en favor del alma y distribuirá su importe por mitad, entregándole una mitad al obispo de la diócesis y la otra al Subdelegado del Gobierno (el art. 747 CC se refiere a la extinguida figura del Gobernador Civil) o al delegado de la Comunidad Autónoma con competencias transferidas en materia de beneficencia.

El precepto debería ser modificado para acomodar su contenido (en cuanto al reparto de las cantidades obtenidas) a la realidad actual, en la que ninguna confesión tiene carácter estatal (art. 16.3 CE).

2.3.2. Institución en favor de los pobres

Al igual que en el supuesto anterior, estamos ante un supuesto de *herencia sin heredero*, pues los pobres son beneficiarios en la cuantía establecida por el testador, pero no puede considerárseles herederos, ni responden por tanto de las deudas del causante. Si la disposición se realiza a favor de los *pobres en general*, sin designar ni personas ni población, se entenderá referida a los pobres del domicilio del testador en el momento de su muerte (art. 749 CC).

La distribución de los bienes y la calificación de los pobres se realizará por la persona que haya designado el testador, y en su defecto, por los albaceas. Si hubiera heredero, será este quien decida sobre el destino concreto de los bienes en favor de los pobres. Si no hubiera ni heredero ni albacea, lo hará el Párroco o la autoridad religiosa equivalente en el caso de que el causante no sea católico, el alcalde o el Juez de Primera Instancia (el precepto hace referencia al Juez Municipal), los cuales resolverán por mayoría. Pero si el testador hubiera designado a los pobres de una parroquia o pueblo determinado, serán estos los beneficiarios. Desde luego parece aconsejable que el testador utilice la vía del art. 671 CC, encomendando expresamente a un tercero la distribución de las cantidades así como la elección de las personas a las que deben aplicarse.

Dependiendo de cuál sea la naturaleza de los bienes y de las circunstancias del caso concreto, habrá supuestos en los que resulte más procedente vender los bienes y aplicar su importe a los pobres.

Como en el caso anterior, si no se utiliza el art. 671 CC, el precepto requiere una modificación para acomodar su contenido a la realidad actual, en la que ninguna confesión tiene carácter estatal (art. 16.3 CE). Es conocido el caso de una viuda sin hijos que en 1962 hizo testamento a favor de los pobres del pueblo de Sahagún (León). Tras fallecer en 2004, el Ayuntamiento publicó en 2007 una convocatoria de ayudas de entre 400 y 500 euros anuales para personas con ingresos inferiores a

7.000 euros al año. La picaresca y las dificultades para probar tales datos han hecho que, tras veinte años, todavía siga abierto el problema.

2.3.3. *Institución genérica en favor de los parientes*

Cuando el testador instituye herederos genéricamente a sus parientes, el art. 751 CC suple la falta de designación específica de los parientes que el testador quiere que hereden, presuponiendo la voluntad del causante. En este caso, se llama a los *parientes más próximos en grado.*

Solo puede aplicarse lo previsto en este precepto cuando en el testamento no conste que fue otra la voluntad del testador, por ejemplo, porque ha utilizado el art. 671 CC para encomendar expresamente a un tercero la elección de los parientes. Si hay varios parientes dentro del grado más próximo, aunque sean de líneas distintas, heredarán por partes iguales, en aplicación del criterio interpretativo recogido en el art. 765 CC. Lo previsto en el art. 751 CC será de aplicación analógica a los casos en los que el testador instituya genéricamente a los parientes de otra persona, entendiendo que el llamamiento se refiere a los parientes más próximos en grado de esa persona.

2.4. Institución de herederos bajo condición, término o modo

El testador puede realizar la designación de su sucesor de forma pura o simple, por lo que una vez que concurran los presupuestos de toda sucesión y el llamado reúna los requisitos de capacidad y dignidad para suceder, se convertirá en heredero tras la aceptación de la herencia.

Pero también puede suceder que el testador someta la eficacia de la designación de heredero a una condición, a un término o a un modo o carga. En todo caso, tal disposición deberá respetar las reglas sobre intangibilidad de la legítima. La institución de herederos bajo condición, término o modo se regula en los art. 790 a 805 CC.

2.4.1. *Institución de heredero bajo condición*

Dispone el art. 790 CC que la institución de heredero y legatario se puede realizar bajo condición, con lo que su eficacia se hace depender de un hecho futuro e incierto. Aunque en sede de sucesiones tiene diferente sentido que en materia de obligaciones, para lo no previsto, *se aplicarán supletoriamente las reglas generales de las obligaciones condicionales* siempre y cuando sea posible (art. 791 CC).

2.4.1.1. Tipos de condiciones admitidas

La condición en la institución de heredero, como suceso futuro e incierto, puede ser *suspensiva* o *resolutoria*. Si del suceso futuro e incierto se hace depender el inicio de la eficacia de la institución de heredero, se tratará de un heredero sometido a condición suspensiva; mientras que si del suceso futuro e incierto se hace depender el fin de la institución, estaremos ante una condición resolutoria.

El CC recoge en los art. 792 y siguientes el régimen jurídico de la institución de heredero bajo condición, pero solo se ocupa de regular de forma expresa la institución de heredero bajo condición suspensiva. La ausencia de regulación del heredero bajo condición resolutoria no impide su existencia, pues se aplican supletoriamente las reglas de las obligaciones condicionales resolutorias.

Estaremos ante una institución de heredero bajo *condición suspensiva* en los supuestos en los que los efectos propios que produce la institución hereditaria dependen del acaecimiento de la condición, es decir, mientras no se produzca el evento futuro e incierto, los efectos propios de la institución se encuentran en suspenso, no se generan.

Por el contrario, estaremos ante una institución de heredero bajo *condición resolutoria* en los supuestos en que los efectos de la institución de heredero se producen hasta que tenga lugar el evento futuro o incierto, de forma inmediata tras el fallecimiento del causante, como si no existiera condición, pero el acaecimiento de la condición supone la ineficacia sobrevenida de lo dispuesto en el testamento.

Si se instituye heredero bajo una *condición imposible, contraria a las leyes o a las buenas costumbres*, la condición se tiene por no puesta y el heredero se entiende instituido puro, de modo que sucede desde la muerte del causante (art. 792 CC), a diferencia de lo que ocurre en sede de obligaciones condicionales, que provoca la nulidad de la obligación (art. 1116 CC).

La disposición según la cual el heredero instituido bajo la condición de que nombre a su vez heredero al causante o a la persona que este le diga es nula (art. 794 CC), pues se pondría en cuestión el principio de la libertad de testar. Es lo que se conoce con el nombre de *condiciones captatorias*.

También se prohíbe en el art. 675.II CC la condición de no impugnar el testamento en los casos en que haya nulidad declarada por la ley (STS (1ª)

15 febrero 1911 (ECLI:ES:TS:1911:518). En cuanto a la prohibición de dividir la herencia se aplica el régimen especial del art. 1051 CC.

En la jurisprudencia se admite la cláusula de reducir los derechos sucesorios a la legítima estricta si se impugna el testamento, salvo cuando se lesionan los derechos de los legitimarios, o la partición adolece de algún vicio, o las operaciones del contador-partidor se apartan de la voluntad del testador, pues negar la posibilidad de impugnación en tales casos conculcaría el ordenamiento sucesorio [SSTS (1ª) 20 septiembre 1994 (ECLI:ES:TS:1994:18031), 8 junio 1999 (ECLI:ES:TS:1999:4050), 6 abril 2009 (ECLI:ES:TS:2009:1837), 2 noviembre 2010 (ECLI:ES:TS:2010:6249), y SAP Girona (Secc. 1ª) 642/2021, de 9 de noviembre (ECLI:ES:APGI:2021:1442)].

Cuando se instituye heredero bajo la condición de no contraer matrimonio, o de no volver a contraerlo, se considera como una condición no puesta, salvo que la condición se haya puesto al viudo o viuda del difunto o por los ascendientes o descendientes de este (art. 793 CC). Parte de la doctrina (Torres García y García Rubio) se ha planteado si la prohibición absoluta de contraer matrimonio recogida en el art. 793 CC tiene justificación, por entrar en conflicto con dos valores fundamentales de nuestra Constitución, a saber, el de dignidad de la persona y el del libre desarrollo de la personalidad (art. 10 CE), así como con el derecho fundamental a contraer matrimonio (art. 32 CE).

No obstante, en la jurisprudencia se admiten este tipo de condiciones, por cuanto no limitan ningún derecho constitucional (no impiden contraer matrimonio), y solamente se utilizan por el testador para condicionar la institución de heredero, siempre y cuando se respete la legítima. El testador tendría la misma libertad para no instituir a estas personas. Así, por ejemplo, en la SAP A Coruña (Secc. 5ª) 26/2021, de 2 de febrero, se analiza un supuesto en que se había instituido heredero al cónyuge con la condición de que no contrajera nuevo matrimonio. La sentencia admite la validez de la condición e incluso la extiende a no convivir more uxorio con otra persona, apreciando en este caso la existencia de convivencia marital. De este modo se considera incumplida la condición, «pasando a ser herederos los hermanos de la causante (...), sin perjuicio de la cuota vidual usufructuaria que le corresponda a aquél, y condenar al demandado a la restitución de los bienes de la herencia, declarando nulas las trasmisiones que pudiera haber realizado de dichos bienes, así como las inscripciones registrales correspondientes, con cancelación de las mismas, conforme a lo solicitado en la demanda».

La SAP Castellón (Secc. 3ª) 2 marzo 2010 (ECLI:ES:APCS:2010:421) considera igualmente lícita y dentro del art. 793 CC, respetando la legítima, la condición de no constituir una pareja de hecho. No obstante, sugiere que el art. 793 CC tiene su fundamento en el respeto a la memoria del premuerto y extensión del deber de fidelidad propio de la unión conyugal, así como en el mantenimiento del grupo familiar en el que se integran los familiares directos del causante. En nuestra opinión, no tiene sentido hablar de un deber de fidelidad «post mortem». Además, como destaca la STS (1ª) 2 marzo 1959 (ECLI:ES:TS:1959:132), la reserva vidual del art. 968 CC ya se encarga de la protección de los intereses de los hijos del primer matrimonio, sin que se trate de una sanción a la falta de respeto a la memoria del difunto.

La RDGSJFP 14 octubre 2021 (BOE núm. 271, de 12 noviembre, págs. 139665 y ss.) admite la validez de la institución de heredera a favor de una hermana «mientras permanezca soltera», con sustitución vulgar en caso contrario a favor de unos sobrinos.

Se consideran válidas las instituciones de herederos sometidas a *condiciones mixtas*, es decir, que parte de su contenido está sujeto a incertidumbre y parte dependen del obligado instituido (art. 796 CC).

Si la condición existiese o estuviese ya cumplida al hacerse el testamento estaríamos ante lo que se denomina *condición impropia*, por faltar el requisito de la incertidumbre típico de las condiciones. En ese caso, el art. 796 CC establece dos supuestos, dependiendo de que el testador ignore que la condición estaba ya cumplida o que por el contrario lo conozca.

— En el primer caso, existe una incertidumbre subjetiva, pues el testador no sabía que la condición ya estaba cumplida, por lo que la condición se tiene a todos los efectos como cumplida y producirá sus efectos normales.

— Pero en el segundo supuesto, cuando el testador sabía al otorgar el testamento que el hecho puesto como condición ya se había producido, solo se considerará cumplida la condición cuando fuera de tal naturaleza que no pueda ya existir o cumplirse de nuevo, por lo que si la condición es susceptible de reiteración, será necesario que se cumpla otra vez.

2.4.1.2. Efectos de la institución de heredero condicional

En cuanto a los *efectos de la institución de heredero condicional* debe diferenciarse su régimen jurídico dependiendo de si se trata de una institución hereditaria sometida a condición suspensiva o bien a condición resolutoria.

1) *Condición suspensiva*:

Si se trata de una *condición suspensiva*, mientras la condición no se cumpla el designado como heredero no puede ni aceptar ni repudiar la herencia, pues aún no está cierto de su derecho hereditario, que depende de que se cumpla la condición (art. 991 CC). Tampoco puede pedir la partición de la herencia (art. 1054 CC). Es titular de una mera expectativa, digna de protección, por lo que el art. 801 CC dispone que los bienes de la herencia deben ponerse en administración «hasta que la condición se realice o haya certeza de que no podrá cumplirse».

Para la designación de administrador se sigue el orden de los arts. 802 y 803 CC: 1° El heredero o herederos instituidos sin condición, cuando entre ellos y el heredero condicional exista derecho de acrecer. 2° Cuando el heredero condicional no tiene coherederos o, aunque los tenga, no existe entre ellos derecho de acrecer, la administración se confía el propio heredero instituido bajo condición, siempre que preste fianza. 3° Si el heredero condicional no presta fianza, se atribuye la administración al heredero presunto, también bajo fianza (se entiende por «heredero presunto» aquel a quien correspondería la herencia si no llegare a cumplirse la condición, o cuando, cumplida la condición, se repudie la herencia). 4° Si ninguno de los dos presta fianza, debe nombrarse por los Tribunales a un tercero administrador, que igualmente debe prestar fianza con intervención del designado como heredero.

La fianza a que se refiere el art. 803 CC tiene por objeto garantizar el buen desempeño de la administración, y asegurar los intereses del heredero que, según los casos, pueda tener derecho a los bienes de la herencia. El art. 804 CC atribuye al administrador los mismos derechos y obligaciones que tiene el representante del ausente (arts. 184 y ss. del CC, y arts. 71, 73 y 75 LJV).

De la lectura de los art. 759 y 799 CC se observa que ambos contienen normas contradictorias, pues el primero de ellos no reconoce derecho alguno al heredero condicional hasta que la condición se cumpla, mientras que el segundo sí que se los reconoce. De los antecedentes históricos se deduce que la regla aplicable a las instituciones de heredero bajo condición es la del art. 759 CC, esto es, la no adquisición de derechos hasta que la condición se cumpla, porque pendiente la condición suspensiva el instituido no es ni heredero ni legatario, y lo dispuesto en el art. 799 CC es aplicable a la institución de heredero a término, no a condición. Así pues, si el designado como heredero muere antes de que la condición suspensiva se cumpla, aunque sobreviva al testador, no trasmite derecho alguno a sus herederos.

Una vez que la condición se cumple, el heredero tendrá que decidir si acepta o si por el contrario repudia la herencia. Si acepta, se convierte en heredero con efectos retroactivos al día de apertura de la sucesión. Si muere, tras el cumplimiento de la condición, antes de aceptar o repudiar, transmite el *ius delationis* a sus sucesores por aplicación del art. 1006 CC.

Si *la condición no llega a cumplirse nunca*, el instituido no será heredero y habrá que estar a lo que el testador haya señalado para ese supuesto (sustitución vulgar), o a si concurren los presupuestos del derecho de acrecer cuando se haya llamado a otras personas sin especial designación de partes. Como última opción se abrirá la sucesión intestada.

La utilización de una condición suspensiva puede ser una manera indirecta de proteger a personas con discapacidad. Así, la institución sometida a la condición de cuidar y asistir, sea al testador o a una persona con discapacidad (incluyendo o no una sustitución). En estos casos es fundamental cómo se configura la condición en el testamento. Así se destaca en la STS (1ª) 3 marzo 2021 (ECLI:ES:TS:2021:858), en la que se pone de relieve la importancia de poner en conocimiento del instituido o sustituto esa obligación de cuidar y asistir a la persona, precisamente para que pueda cumplir la condición.

En estos casos, a efectos de determinar el momento del devengo del Impuesto de Sucesiones, surge la duda de si el plazo de liquidación de seis meses previsto legalmente ha de contarse desde el fallecimiento del causante o, por el contrario, desde que se constata (en su caso, por el albacea) a través de documento notarial el cumplimiento de las condiciones impuestas. Aunque el criterio general es tomar en consideración la fecha del fallecimiento, consideramos que resulta aplicable el art. 24 LISyD: «Toda adquisición de bienes cuya efectividad se halle suspendida por la existencia de una condición, o cualquier otra limitación, se entenderá siempre realizada el día en que dichas limitaciones desaparezcan». En este sentido se pronuncia la STSJ de Asturias (Cont., Secc. 1ª) 1 febrero 2018 (ECLI:ES:TSJAS:2018:284).

2) *Condición resolutoria*:

A diferencia del supuesto anterior, cuando estamos ante una condición resolutoria, el instituido heredero lo será desde el momento en el que se abre la sucesión, para el caso de que acepte la herencia.

Si el designado acepta la herencia, *mientras la condición está pendiente* es el verdadero titular de los bienes hereditarios, pero los efectos de los negocios de disposición se extinguirán en el momento en el que se cumpla la condición. Y ello porque la titularidad en los bienes no es definitiva, y los efectos de tales actos dispositivos están llamados también a resolverse con el cumplimiento de la condición, a salvo claro está, la protección de los adquirentes de buena fe conforme a los art. 464 CC y 34 y 37 LH.

Si la *condición se cumple*, deja de ser heredero desde el momento del cumplimiento de la condición, y el llamamiento al heredero condicional deviene ineficaz de forma retroactiva o *ex tunc* al día del fallecimiento del testador, debiéndose llamar a la sucesión al que hubiera sido designado por el testador como sustituto vulgar, o bien al heredero con derecho de acrecer, o abriéndose en último lugar la sucesión intestada. En caso de cumplimiento de la condición el heredero condicional debe devolver el caudal remanente, pero no los frutos percibidos (art. 451 CC).

Pero si *la condición no llega a cumplirse nunca*, será heredero de forma indefinida.

2.4.2. *Institución de heredero a término*

El CC sólo dedica un precepto al término o plazo (art. 805 CC), en el cual se limita a señalar la validez del mismo. Tiene lugar cuando el testador señala un momento cierto y determinado a partir del cual el designado heredero puede serlo si acepta la herencia (*término inicial o suspensivo*) o a partir del cual el llamado dejará de ser heredero (*término final o resolutorio*).

En ambos casos es posible fijar una fecha fija o una fecha indeterminada pero inexorable, como por ejemplo, la muerte de una persona. Téngase en cuenta que para que pueda hablarse de término, no debe haber incertidumbre sobre la llegada del mismo, pues ello es lo que lo diferencia de la condición (si existe incertidumbre sobre si llegará o no el día, estamos ante una condición).

En cuanto a los *efectos*, si el término es *inicial*, hasta que llega el momento señalado por el causante, el designado heredero no tiene un *ius delationis* actual sobre la herencia. No obstante, si fallece antes de que llegue el término, transmite su derecho a sus herederos (art. 799 CC). Por el contrario, si el término es *final*, el llamado puede aceptar o repudiar la herencia desde la muerte del causante. Si la acepta, será heredero hasta que se cumpla el término o plazo fijado por el testador, por lo que se trata de un heredero temporal. Durante el lapso temporal que media mientras el instituido a término tiene que esperar para adquirir su derecho, o bien tras haber perdido su condición como heredero, se abrirá la sucesión intestada.

Lo más coherente será hacer el llamamiento al heredero intestado que lo fuera en el momento de abrirse la sucesión, no en el momento de cumplirse el término.

— Si se trata de un término inicial, el llamado intestadamente tendrá que prestar caución suficiente para poder adquirir la posesión de los bienes (art. 805 CC).

— Si el instituido es a término final, y este llega, solo deberá restituir los bienes de la herencia, pero no los frutos percibidos.

2.4.3. *Institución de heredero con modo o carga*

Según las SSTS (1ª) de 4 junio 1965 (ECLI:ES:TS:1965:924) y 28 mayo 1994 (ECLI:ES:TS:1994:4168) «la institución modal es aquella en que el testador impone al heredero instituido la obligación de hacer u omitir algo para una finalidad determinada, pudiendo consistir en una carga real o meramente personal, pero sin atribuir a un tercero el derecho a exigir para sí la prestación pues en este supuesto se estaría ante un legado».

El testador puede, pues, imponer al heredero la realización de algún tipo de contraprestación, obligación o actividad, es decir, imponerle una carga. El modo o carga no se configura como un simple ruego o recomendación al instituido, sino que funciona como un deber jurídico de obligado cumplimiento.

Lo único que se precisa es que el acto u omisión en que consista la carga sea determinado, lícito y posible. De no reunir esas características, el modo se tendrá por no puesto manteniéndose la validez de la institución de heredero o el legado (por aplicación analógica del art. 792 CC). La legítima estricta debe entregarse libre de gravámenes, por lo que no cabe que se grave con un modo (art. 813 CC).

El instituido con la carga modal tiene derecho a adquirir los bienes desde el momento de apertura de la sucesión, sin que sea necesario que se haya hecho efectivo el cumplimiento de la carga. Pero, ¿en qué momento habrá de cumplirse la obligación? El cumplimiento resulta exigible desde que el instituido acepta la herencia, salvo disposición en contra del testador, de conformidad con lo previsto en el art. 797. 2 CC.

Las dudas se plantean en cuanto el régimen jurídico aplicable cuando el *heredero incumple la carga* impuesta. Parece claro que habrá que estar, en primer lugar, a lo que haya dispuesto el testador para el caso de incumplimiento. También deberá tomarse en consideración si el modo es la razón determinante de la disposición. Aparte de estos casos, consideramos que el incumplimiento del modo debe dar lugar a la resolución o revocación de la atribución modal. A esta interpretación conduce el ap. 2º del art. 797 CC, ya que, para entregar los bienes a los herederos gravados, exige que éstos «afiancen el cumplimiento de lo mandado por el testador, y la devolución de lo percibido con sus frutos e intereses, si faltaren a esta obligación». No tendría sentido exigir esta garantía si no se pudiera solicitar la devolución como consecuencia del incumplimiento.

Sin embargo, cuando *la carga se incumple por imposibilidad sobrevenida que no se deba a culpa del instituido*, el modo se entenderá cumplido permitiéndose también el cumplimiento sustitutorio en tales casos, es decir, sustituir el contenido del modo por otro análogo cuando el fijado por el causante no pueda realizarse (art. 798 CC).

Legitimados para exigir el cumplimiento del modo así como la resolución de la institución en caso de incumplimiento serán los herederos, el albacea y el beneficiado de manera indirecta por una estipulación del testamento. Pero si el instituido gravado fallece antes de cumplir, la obligación o carga no se extingue, sino que se transmite a sus herederos, salvo que se trate de un hacer personalísimo.

La institución con carga modal puede confundirse con la condición potestativa, pero en caso de duda, en aplicación del art. 797 CC ha de entenderse que el testador ha querido instituir *sub modo*, pues supone una menor restricción a la disposición testamentaria que la condición, salvo que se demuestre que fue otra su voluntad. Se dice que «el modo obliga pero no suspende, y la condición suspende pero no obliga» [STS (1ª) 9 octubre 2003 (ECLI:ES:TS:2003:6147)]. Como cualquier heredero, el instituido *sub modo* tiene derecho a la herencia tras aceptar el llamamiento, a diferencia del heredero instituido bajo condición, donde la condición hace depender los efectos de la institución al cumplimiento de la misma.

2.4.4. *Disposiciones testamentarias sobre el cuidado de los animales de compañía propiedad del testador.*

Con una evidente falta de sistemática, la Ley 17/2021, sobre el régimen jurídico de los animales, ha añadido al CC un art. 914 bis (dentro de la disposiciones generales sobre la sucesión intestada), referido a la ausencia de disposición testamentaria relativa a los animales de compañía propiedad del causante, estableciendo que «estos se entregarán a los herederos o legatarios que los reclamen de acuerdo con las leyes». En realidad el tiempo transcurrido hasta conocer quiénes van a ser los sucesores puede ser bastante amplio (habrá que dirigirse al RGAUV, obtener después copia autorizada del testamento y, si la certificación es negativa, tramitar notarialmente la declaración de herederos abintestato), lo que deja prácticamente vacío de contenido el art. 914 bis CC, pues la atención y cuidado de los animales exige que tenga lugar con inmediatez. Desde esta perspectiva no tiene ningún sentido que el precepto comience refiriéndose a «los herederos o legatarios que los reclamen de acuerdo con las leyes». En realidad, es el ap. 2º del precepto el que tiene mayor relevancia, pues el resto de previsiones no se pueden realizar «de inmediato» por las razones apuntadas. Así, salvo que los familiares o allegados del causante se hagan cargo de los animales, será el órgano administrativo o centro que tenga encomendada la recogida de animales abandonados quien se ocupe del cuidado del animal de compañía.

Por las razones apuntadas (dilación en el tiempo), el testamento no es el mejor cauce para una disposición de este tipo, aplicable a los animales como seres vivos dotados de sensibilidad (art. 333 bis CC). Es preferible que deje instrucciones concretas sobre el cuidado inmediato de los animales, al margen de las solemnidades testamentarias: instrucciones que pueden ser conocidas inmediatamente, y que incluso el causante en vida puede haberse preocupado de advertir. No se trata de designar heredero o legatario sin las formalidades exigidas, sino de expresar quién o quiénes se deben ocupar del cuidado de los animales de manera transitoria hasta que se conozca quién va a suceder en la titularidad del animal. El ap. 2º del art. 914 bis CC da pie a esta interpretación cuando habla de la necesidad de garantizar de inmediato el cuidado del animal de compañía «cuando sea necesario por falta de previsiones sobre su atención». En ausencia de tales previsiones, como hemos destacado, el animal se entregará al órgano administrativo o centro que tenga encomendada la recogida de animales abandonados.

Es posible que quien se crea heredero o quienes tengan la condición de legitimarios asuman voluntariamente el cuidado de los animales. Esta actividad por sí sola pueda considerarse como una aceptación tácita de la herencia. El ap. 4º del art. 999 CC se limita a aclarar que «*los actos de mera conservación o administración provisional no implican la aceptación de la herencia, si con ellos no se ha tomado el título o la cualidad de heredero*». Así pues, no supone aceptación el cuidado de los animales de compañía. Sí, en cambio, los actos de disposición sobre los mismos.

No cabe, por razones obvias, nombrar sucesor al propio animal. De incluirse una disposición de este tipo se podría interpretar de manera similar a como hace el art. 482.4 del CC suizo: cuando un animal es beneficiario de una disposición *mortis causa*, dicha disposición debe ser entendida como un encargo al heredero de cuidar al animal de forma apropiada. Aparte de ello el testador puede prever que los herederos o legatarios dediquen determinadas cantidades de dinero a los cuidados del animal de compañía. Este tipo de previsiones pueden configurarse como una condición o como un modo, resultando esencial que se designe un albacea encargado de verificar el cumplimiento de las previsiones del testador.

3. EL DERECHO HEREDITARIO Y SU PROTECCIÓN REGISTRAL

El derecho hereditario que, mediante la aceptación, se atribuye a los coherederos, es un derecho en abstracto al conjunto de bienes que integran la herencia. No es un derecho concreto sobre bienes determinados mientras no se lleve a efecto la partición [RDGRN 28 junio 2019 (BOE núm. 177, de 25 julio, págs. 80317 y ss.)].

Preceptúa el art. 42.6 LH que podrán obtener anotación preventiva de sus respectivos derechos en el registro correspondiente, «los herederos, respecto de su derecho hereditario, cuando no se haga especial adjudicación entre ellos de bienes concretos, cuotas o partes indivisas de los mismos». En este sentido, el art. 46.1 LH dispone que «el derecho hereditario, cuando no se haga especial adjudicación a los herederos de bienes concretos, cuotas o partes indivisas de los mismos, sólo podrá ser objeto de anotación preventiva». Por tanto, la protección registral del derecho hereditario se realiza mediante *anotación preventiva*, no a través de inscripción. Lo recogido en estos dos preceptos se refiere exclusivamente al derecho hereditario cuando no se haga especial adjudicación a los herederos. La práctica de esta anotación preventiva no se puede realizar de oficio por el Registrador, por lo que debe solicitarse por cualquiera de los que tenga derecho a la herencia, acompañando los documentos fehacientes a los que se refiere el art. 16 LH.

De acuerdo con el art. 146 RH, la anotación preventiva sobre el derecho hereditario se practicará mediante solicitud de los herederos, de los legitimarios, de los legatarios de parte alícuota y de los acreedores de la herencia, cuyos créditos no estén garantizados especialmente o afianzados por los herederos, siempre que justifiquen su crédito mediante escritura pública. Es decir, la anotación preventiva podrá ser solicitada por cualquiera que tenga derecho a la herencia o acredite tener un interés legítimo en el derecho que se trata de anotar. Este derecho de los acreedores a instar la anotación preventiva del derecho hereditario es diferente del intento de embargo de los derechos hereditarios de un heredero con motivo de las deudas que tenga frente al acreedor. Al respecto, para instar anotación preventiva del derecho hereditario así como para embargar los derechos hereditarios, el acreedor debe acreditar la condición de heredero o legatario de parte alícuota del deudor.

Es requisito imprescindible para poder realizar la anotación del derecho hereditario que existan dos o más herederos en una misma sucesión, es decir, la existencia de una comunidad hereditaria o una situación de pluralidad de herederos, y que no se haya procedido entre ellos ni a la adjudicación de bienes concretos ni de cuotas ni de partes indivisas de ellos. Además, los coherederos deben ser llamados por delación simultánea, no sucesivamente. Si hay un único heredero o varios pero no nace la comunidad hereditaria (v.gr. porque el testador ha realizado directamente la partición de sus bienes al amparo del art. 1056 CC), el acceso al Registro de la Propiedad no se producirá en virtud de anotación preventiva sino de inscripción. También accede a través de un asiento de inscripción la constancia registral de las parcelas de reemplazo resultantes de un proceso de concentración parcelaria pertenecientes a una comunidad hereditaria (Torres García).

En definitiva, para poder realizar la anotación del derecho hereditario, es requisito indispensable que no conste la partición, es decir, que haya comunidad hereditaria. También es necesario que en la inscripción de los bienes en el Registro figure como titular registral el causante [RDGRN 9 julio 2015 (BOE núm. 193, de 13 agosto, págs. 73707 y ss.)]. De hecho, la RDGRN 1 febrero 2014 (BOE núm. 50, de 27 febrero, págs. 18750 y ss.) establece que para solicitar la anotación preventiva de derecho hereditario hay que justificar ser heredero del titular registral y la porción hereditaria que le corresponde. En sentido inverso, la falta de titularidad registral a favor del causante de los bienes sobre los que se solicita la inscripción es un obstáculo determinante que impide la práctica de la anotación preventiva de derecho hereditario recogida en el art. 46.2 LH [*vid.* la RDGRN 6 septiembre 2013 (BOE núm. 246, de 14 octubre, págs. 83498 y ss.)]. La anotación preventiva se practicará exclusivamente sobre los bienes inmuebles de la herencia. Será la partición de la herencia la que origine la cancelación del asiento de anotación preventiva, pues con ella se extingue el derecho hereditario.

El art. 209.1 RH establece que la cancelación de la anotación preventiva del derecho hereditario tendrá lugar cuando se haya practicado la partición de la herencia o cuando la finca o derecho real anotado haya sido transmitido conjuntamente por todos los herederos. La caducidad del asiento de anotación preventiva se rige por las reglas generales (art. 86 LH). Pero no podrá cancelarse la anotación preventiva por caducidad cuando conste en el Registro el acuerdo de indivisión o la prohibición de división de los art. 400 y 1051 CC, mientras no transcurran los plazos señalados para la indivisión o se justifique por documento público haber cesado la comunidad, o cuando se haya solicitado expresamente por los interesados.

Los efectos de esta anotación de derecho hereditario son los derivados del principio de legitimación registral y sirve de enlace entre la inscripción del causante y la que posteriormente se practique a favor de los herederos o cesionarios de éstos, manifestación del principio de tracto sucesivo del art. 20 LH.

El derecho hereditario anotado preventivamente puede ser objeto de transmisión o gravamen, así como de otra anotación preventiva apoyada en la anotación preventiva del derecho hereditario (Torres García). La forma que debe adoptar la transmisión del derecho hereditario es un documento público para la cesión de los derechos hereditarios (art. 1280.4º CC). Como toda anotación preventiva, la de derecho hereditario tiene por finalidad esencial la de enervar la posible aparición futura de terceros protegidos por el principio de fe pública registral (art. 34 LH). En el caso concreto de la anotación preventiva de la transmisión del derecho hereditario (a su vez, previamente anotado), se consigue evitar que dicho heredero transmitente aparezca en el Registro con facultades para transmitirlo libremente a cualquier tercero, pues ya constaría registralmente haberlo transmitido previamente a un adquirente concreto. Mediante la referida anotación preventiva también se enerva, o al menos se modaliza, la aplicación del principio de prioridad registral, pues si con posterioridad a ella accediera al Registro un mandamiento de embargo de tal derecho hereditario transmitido, la eventual anotación preventiva de dicho embargo tendría peor rango que la previa anotación de transmisión de dicho derecho hereditario [RDGSJFP 21 octubre 2022 (BOE núm. 274, de 15 noviembre, págs. 155812 y ss.)].

Cabe también la posibilidad de solicitar anotación preventiva a favor de los legatarios (art. 42.7 LH), a los efectos de proteger al legatario frente a los actos dispositivos del heredero sobre los bienes hereditarios y para impedir la inscripción a favor del heredero. De igual modo, en los casos en los que sea de aplicación el art. 15 LH y 85 RH, a efectos de terceros se producirá la constatación de la legítima por mención en la inscripción de bienes hereditarios o por nota marginal en la asignación de bienes concretos.

BIBLIOGRAFÍA

Albaladejo García, Manuel, *La institución de heredero bajo condición,* Real Academia de Jurisprudencia y Legislación, Madrid, 1983.

Cañizarez Laso, Ana (Dir.), *Condiciones y negocios jurídicos mortis causa,* Tirant lo Blanch, Valencia, 2023.

Cerdá Gimeno, José, *El legado de parte alícuota,* Madrid, 1992.

Cobacho Gómez, José Antonio, «La institución a favor de los pobres», *Act. Civ.*, 1988-2, págs. 2333-2350.

Crespo Allué, Fernando; Fernández-Prida Migoya, Francisco; Hidalgo García, Santiago; Martínez Escribano, Celia, *La sucesión hereditaria y el juicio divisorio,* 2ª ed., Thomson Reuters, Aranzadi, Cizur Menor, 2015.

DOMÍNGUEZ LUELMO, Andrés (Dir.), *Comentarios a La Ley Hipotecaria,* 3ª ed., Thomson Reuters-Aranzadi, Cizur Menor, 2019.

DOMÍNGUEZ LUELMO, Andrés, *La Ley 17/2021, sobre régimen jurídico de los animales. Comentario y aplicación práctica,* Reus, Madrid, 2022.

DOMÍNGUEZ LUELMO, Andrés; GARCÍA RUBIO, Maria Paz (Dirs.), *Estudios de Derecho de Sucesiones. Liber Amicorum T. F. Torres García,* Wolters Kluwer, Madrid, 2014.

GÓMEZ CALLE, Esther, *El error del testador y el cambio sobrevenido de las circunstancias existentes al otorgamiento del testamento,* Cizur Menor, Aranzadi, 2007.

LAMARCA MARQUÉS, Albert, *El modo sucesorio. Código de Sucesiones Catalán y Código Civil,* Cizur Menor, Aranzadi, 2006.

LÓPEZ BELTRÁN DE HEREDIA, Carmen, «Aspectos relevantes de la institución condicional de heredero y su modernización por los notarios», RJN, 2011, págs. 327 y ss.

MARTOS CALABRÚS, María Angustias, «El animal de compañía en la sucesión *mortis causa*», en CERDEIRA BRAVO DE MANSILLA, Guillermo (Dir.), *Un nuevo Derecho civil para los animales,* Reus, Madrid, 2022, págs. 461-477.

MINGORANCE GOSÁLVEZ, Carmen, «La anotación preventiva del legado de parte alícuota», RJN, n.º 72, octubre-diciembre 2009.

MURGA FERNÁNDEZ, Juan Pablo, *Comunidad hereditaria y Registro de la Propiedad,* Aranzadi, Cizur Menor, 2024.

NÚÑEZ MUÑIZ, María del Carmen, *El legado de parte alícuota. Su régimen jurídico,* Edijus, Madrid, 2001; «Revisión crítica y propuesta *lege ferenda* del concepto de legado de parte alícuota», RCDI, 2012, págs. 1660 y ss.

QUESADA GONZÁLEZ, María Corona, *La institución de heredero sometida a condición, a término o a modo (Derecho Común y Foral),* Reus, Madrid, 2018.

RUBIO RODRÍGUEZ, Juan José, «La institución de heredero y las causas pías», La Ley, 1984-2, págs. 962-977.

SERRANO GÓMEZ, Eduardo, *Ineficacia de disposiciones testamentarias por cambio en las circunstancias personales o familiares del testador,* Reus, Madrid, 2021.

Toribios Fuentes, Fernando, «Comentario del art. 57 LH», en Domínguez Luelmo, Andrés (Dir.), *Comentarios a La Ley Hipotecaria,* Cizur Menor, Thomson Reuters Aranzadi, 3ª ed., 2019, págs. 905 y ss.

Torres García, Teodora Felipa, «Comentario del art. 46 LH», en Domínguez Luelmo, Andrés (Dir.), *Comentarios a La Ley Hipotecaria,* Cizur Menor, Thomson Reuters Aranzadi, 3ª ed., 2019, págs. 849 y ss.

Torres García, Teodora Felipa; García Rubio, María Paz, *El principio de igualdad, la dignidad de la persona y el libre desarrollo de la personalidad en el Derecho de sucesiones,* Fundación Coloquio Jurídico Europeo, Madrid, 2014.

LECCIÓN 12

LOS LEGADOS

Andrés Domínguez Luelmo
Catedrático de Derecho civil
Universidad de Valladolid

Henar Álvarez Álvarez
Catedrática de Derecho civil
Universidad de Valladolid

1. CONCEPTO Y CARACTERES

Concepto:

La normativa sobre los legados es escasa y confusa. ALONSO PÉREZ afirmaba que tratar de escribir sobre la figura del legado es casi pretender un imposible jurídico: «*difícilmente se encontrará en el Derecho civil una figura tan lábil y plurivalente. Su complejidad intrínseca y en su aplicación práctica, sus variados matices y sus muchas diversificaciones, condenan de antemano la tarea emprendida a una labor de escaso éxito*». Sin embargo, a pesar de estas dificultades «*intentarlo, con todo, puede ser una idea atrevida, pero siempre gratificadora con independencia del éxito alcanzado*».

Ciertamente establecer un concepto general de legado es tarea difícil. El art. 660 CC dispone que «*llámase heredero al que sucede a título universal, y legatario al que sucede a título particular*»; por su parte, en el art. 668 CC se expresa que «el testador puede disponer de sus bienes a título de herencia o de legado». Sin embargo, el CC no establece un concepto de legado, por lo que hay que deducirlo de los art. 858 a 891 CC, que se dedican a su regulación. De lo preceptuado en ellos se puede concluir que el legado es una disposición testamentaria por la que el testador dispone de bienes de su patrimonio a favor de una o varias personas, denominadas legatarios, que no responden de las deudas pendientes del causante.

Si partimos del concepto de heredero como sucesor a título universal del causante, el legatario es un sucesor a título singular. No obstante, el legatario en realidad no es un sucesor, pues a veces no sucede en nada al causante porque no asume una relación jurídica o derecho del causante (v.gr. los legados de rentas o prestaciones periódicas). Incluso en ocasiones el testador no lega sus bienes propios, sino ajenos. Y no siempre supone un acto de disposición de bienes del testador. Es habitual que el legado sea un acto de liberalidad, pero puede imponerse una carga, que iguale o supere el valor de la atribución realizada.

Caracteres:

1. El legado solo puede existir en la sucesión testamentaria, no puede haber legado sin un testamento que lo recoja, por lo que no son posibles legados intestados, a diferencia de lo que sucede con la designación de heredero.

2. Es preciso que la voluntad del causante sea clara y vinculante en cuanto a la creación del legado, aunque no es preciso que se establezca de forma expresa, sino que es suficiente que conste la voluntad del testador de crearlo, no bastando la mera sugerencia, insinuación o recomendación hecha a los herederos dejando la efectividad del ruego al criterio o discreción del heredero o a su buena fe. Al ser un acto voluntario del testador, puede revocarse libremente en cualquier momento.

3. El legatario no responde de las deudas del causante, pues solo sucede al causante en un bien determinado. El legatario se limita a recibir el derecho o el bien objeto del legado sin quedar afectado por las demás relaciones jurídicas. De hecho, el legatario asume la posición de acreedor frente al heredero en el sentido que tiene derecho a exigirle la entrega del legado. Ello no es obstáculo para que el legatario reciba un gravamen junto con el legado, aunque su responsabilidad no va más allá del valor de lo legado (art. 858.2 CC).

4. El legado es una atribución patrimonial *mortis causa* a título particular. En ocasiones es difícil determinar si la disposición testamentaria que realiza el testador se realiza como sucesor a título de heredero o bien a título de legatario. Es posible que el legatario no solo reciba bienes o derechos concretos, sino también partes alícuotas de la herencia, siempre y cuando se refieran no a la herencia en su conjunto, sino a bienes o al valor remanente de la herencia una vez liquidadas las deudas y cargas de la misma. Los criterios diferenciadores entre la atribución como sucesor universal o como sucesor a título particular en ocasiones son confusos, pero el más aceptado por su claridad por la doctrina es el que considera que en la sucesión a título universal el heredero asume, en relación con los bienes que se le atribuyen, la misma posición que tenía el causante. El valor de lo recibido es secundario hasta tal punto que puede ocurrir que quien es llamado a una herencia como heredero reciba bienes de menor valor que el bien que pueda recibir un llamado como legatario.

5. Lo habitual es que el legado implique una liberalidad por parte del causante. Se trata de una atribución patrimonial de carácter gratuito basada en el ánimo de liberalidad del testador. Sin embargo, aunque el legado tenga un contenido jurídico patrimonial y constituya un acto de

liberalidad, el causante puede atribuir un legado imponiendo al legatario la realización de una contraprestación por lo que recibe como legado. Es por ello que no es necesario que en todo caso exista un enriquecimiento del legatario.

6. La propiedad de la cosa legada se adquiere cuando el heredero transmite al legatario la posesión de la cosa, salvo que se trate de un legado de cosa especifica y determinada propia del testador, en cuyo caso el legatario adquirirá la propiedad desde la muerte del testador.

2. SUJETOS Y OBJETO

Sujetos:

En una disposición testamentaria a título de legado intervienen tres elementos personales: el *testador* o disponente, el *gravado* con el legado (es quien tiene que proceder a entregar el legado, pudiendo ser un heredero o un legatario, hablándose en este caso de *sublegado*) y el *legatario* (es el beneficiario o favorecido por el acto de liberalidad del testador. Puede serlo un tercero, o incluso un heredero, y en este último caso estaríamos ante un *prelegado*).

El legado es una atribución patrimonial por causa de muerte, por lo que el legatario debe cumplir los requisitos de capacidad exigibles a los herederos (art. 745 CC). Ahora bien, hay supuestos en los que la ley prohíbe ser heredero y permite ser legatario, como en caso del Notario autorizante del testamento, que no puede ser heredero ni legatario salvo que se trate de un legado de escasa importancia (art. 754 CC).

En los casos de *prelegado*, el heredero ocupa en la herencia dos posiciones diferentes, una derivada de su condición de heredero, y otra como acreedor de la misma en tanto legatario. Al ser dos llamamientos diferentes en una misma herencia, puede obrar de manera independiente en relación con cada uno de ellos: «renunciar la herencia y aceptar el legado, o renunciar éste y aceptar aquélla» (art. 890 CC). En los casos de *sublegado*, el legatario está obligado a responder del gravamen solo hasta donde alance el valor de su legado (art. 858 CC). Si el gravamen supera el valor de lo legado podrá pedir la reducción del mismo.

En cuanto a las *personas gravadas con el pago del legado*, pueden plantearse varias hipótesis:

A) Que el testador se limite a ordenar el legado sin precisar sobre quién recae la carga de proceder a su entrega, existiendo varios herederos. Los coherederos podrán ser testamentarios o intestados, incluyendo los legitimarios, siempre y cuando se respete su legítima. El art. 859 CC dispone que los coherederos quedarán obligados en la misma proporción en que sean herederos, es decir, mancomunadamente, si han aceptado pura y simplemente. Si aceptan a beneficio de inventario, solo responderán en la medida de lo recibido como herederos.

B) Que el testador grave con el legado a uno de sus coherederos. En este caso ese heredero es el único que queda obligado al cumplimiento del legado (art. 859.2 CC). Cuando se lega una cosa propia de un heredero, se entiende tácitamente que ese heredero es el gravado con el pago (art. 863 CC).

C) Que el testador grave expresamente con el legado a varios herederos excluyendo a otros. En este supuesto se aplica analógicamente lo previsto en el art. 859.2 CC, por lo que los herederos gravados expresamente quedarán obligados en la misma proporción en que sean herederos, de forma mancomunada, salvo que el testador haya dispuesto expresamente que respondan solidariamente.

D) Que el gravado con el legado sea otro legatario. En este caso el importe de la carga no puede exceder el valor de lo percibido en concepto de legado (art. 858 CC).

E) Que el testador grave a varios legatarios excluyendo a otros. Se aplicarán analógicamente las mismas reglas que para los casos de varios herederos gravados, es decir, los legatarios quedarán obligados en proporción al valor de sus respectivos legados, pero con la limitación de que no podrá exceder su obligación del valor de lo recibido a título de legado.

Objeto:

Respecto de los bienes que pueden ser objeto de legado el legislador sigue un criterio negativo, al disponer el art. 865 CC que *«es nulo el legado de cosas que están fuera del comercio»*. Siendo más precisos, pueden ser legados los bienes, tanto cosas como derechos propios o ajenos del testador, presentes o futuros, siempre que sean susceptibles de apropiación y de transmisión, así como cualquier prestación lícita y posible.

El CC realiza una regulación casuística de legados típicos por razón de su objeto, pero no son los únicos admisibles. No se trata de un *numerus clausus*, pues cualquier atribución patrimonial *mortis causa* a título singular será constitutiva de legado, siempre que no contravenga lo dispuesto en el art. 865 CC.

Ahora bien, en nuestro ordenamiento jurídico existen limitaciones a la facultad de legar como consecuencia del sistema de legítimas. Si el testador no tiene herederos forzosos, puede distribuir sus bienes en la forma que desee, incluso puede distribuir toda su herencia o parte de ella en legados. Sin embargo, si tiene herederos forzosos, solo podrá disponer de legados a favor de extraños en cuanto quepan en la parte de libre disposición (ver Lecciones 15 y 16).

3. ADQUISICIÓN DEL LEGADO Y RÉGIMEN JURÍDICO

El art. 881 CC dispone que la condición de legatario se adquiere de forma automática, *ipso iure*, desde el instante mismo de la muerte del testador, es decir, desde el momento en el que se produce la delación, salvo que el legado esté diferido, esto es, sujeto a condición suspensiva o a término inicial (pues el legado puede quedar sometido a las mismas modalidades accesorias que la institución de heredero) o bien porque así lo haya establecido expresamente el testador en su testamento, retrasando el momento de adquisición del legado.

Se trata de una transmisión que opera independientemente de la voluntad del legatario. El legado se adquiere de forma inmediata. Todo lo contrario ocurre con la adquisición de la cualidad de heredero, pues es precisa una declaración de voluntad, expresa o tácita del llamado a la herencia por la que manifiesta su intención de suceder al causante. Mientras no se produce esa aceptación, tanto si se trata de una sucesión testamentaria como intestada, la herencia está yacente, cosa que no sucede con respecto al legado.

Sin embargo debe hacerse una matización, pues dada la gran variedad de tipos de legados que existen, su adquisición produce diferentes efectos en función del tipo de legado ante el que nos encontremos.

Si se trata de un *legado de una cosa específica y determinada, propia del testador*, se transmitirá la propiedad o el derecho real sobre la cosa desde el mismo momento de apertura de la sucesión (se trataría de un legado con eficacia real o directa). El derecho legado entra en el patrimonio del legatario desde el momento de la apertura de la sucesión, no siendo necesario que manifieste su voluntad de adquirirlo, aunque tendrá que pedir al heredero o al albacea la entrega de los bienes.

Ahora bien, si se trata de un *legado que consista en una prestación de hacer, en una obligación de dar una cosa no individualizada o una cosa ajena*, se adquirirá un derecho de crédito para la obtención de lo legado contra el gravado con el mismo (sería un legado con eficacia indirecta, personal u obligacional). Tal sería el caso de los legados de cosa ajena, genérica, de prestación periódica o de derecho de crédito.

En ambos casos, tanto si se trata de legados de eficacia directa como si son de eficacia indirecta, se impone al gravado la obligación de poner al legatario en posesión del objeto legado.

El legatario tiene derecho a recibir la cosa legada con todos su accesorios y en el estado en que se halle al morir el testador (art. 883 CC), y sin que el obligado a su entrega pueda sustituirla por su valor (art. 886 CC).

3.1. Aceptación del legado

Como vimos en la Lección 2, la aceptación del legado no es necesaria, y, si se produce, lo que hace es confirmar una adquisición que ya se había producido, convirtiendo dicha adquisición en irrevocable.

La aceptación del legatario no reviste ninguna forma especial, pudiendo efectuarse tanto expresa como tácitamente, y debe hacerse pura y simplemente, no pudiéndose efectuar bajo condición o término. No es necesario que se realice al heredero que tiene la carga de cumplir el legado, pero sí es conveniente que la aceptación se manifieste ante el heredero o ante el albacea, para que tengan conocimiento de la aceptación.

3.2. Renuncia al legado

Ya hemos visto (Lección 2) que la adquisición del legado coincide con su delación, que se produce en el momento de la apertura de la sucesión. El hecho de que en la adquisición del legado se prescinda de la voluntad (e incluso del conocimiento) del legatario, *no significa que éste no pueda renunciar al legado.* Si el legatario no quiere aceptar el legado, es preciso que exprese su voluntad de no querer ser legatario mediante un acto de renuncia. No es preciso que la renuncia revista una determinada forma, pero para ser válida requiere que se realice por cualquier medio que deje constancia de su existencia. Pero así como la repudiación de la herencia supone rechazar la oferta en que consiste el *ius delationis*, y está sujeta a las formalidades del art. 1008 CC, la repudiación del legado no está sometida a ninguna formalidad, y convierte en ineficaz la adquisición operada *ex lege* a favor del legatario.

A diferencia de lo que sucede con la aceptación de la herencia, en la que se prohíbe una aceptación o repudiación parcial (art. 990 CC), el legado puede ser repudiado o renunciado en parte siempre que la parte renunciada no sea la onerosa. Así se deduce de los art. 889 y 890 CC.

El art. 889 CC dispone que el legatario no podrá aceptar una parte del legado y repudiar la otra, si ésta fuera onerosa. *A sensu contrario*, si las dos parte de un legado son del mismo tipo, se pueden aceptar las dos o solamente una de ellas. Lo mismo dispone el art. 890 CC, según el cual si un legatario lo es de dos legados, y uno es oneroso, no se puede aceptar uno y repudiar el otro. Ahora bien, si los dos legados son onerosos o gratuitos, el legatario puede bien aceptar los dos, bien uno solo de ellos.

Sin embargo, los art. 889 y 890 CC no son imperativos, por lo que si el testador establece que el legatario puede repudiar el legado oneroso o la parte del legado que sea onerosa, y aceptar el gratuito o la parte gratuita, es válido que el legatario acepte uno y repudie el otro.

En el caso del prelegado, el prelegatario puede aceptar la herencia y repudiar el legado o viceversa, pues herencia y legado tienen un tratamiento diferenciado cada uno sometido a su propio régimen (art. 890.2 CC).

Respecto a la herencia, tanto la aceptación como la repudiación de la misma, una vez practicadas, son irrevocables. Sin embargo, no debe llegarse a la misma conclusión en relación con los legados. La aceptación del legado, por no llevar implícita ninguna obligación, es esencialmente revocable hasta que se produzca el pago del mismo. Pero cuando el legado está sujeto a una carga, su aceptación sí es irrevocable (Diaz Cruz), considerándose que tiene efectos desde el momento del fallecimiento del causante.

La renuncia al legado tiene carácter retroactivo desde el momento de apertura de la sucesión. En ese caso, el art. 888 CC dispone que tras la renuncia, el objeto legado se refundirá en la masa hereditaria, salvo que exista sustitución o derecho de acrecer a favor de los colegatarios designados conjuntamente, por expresa remisión de los art. 789 y 987 CC. En caso de que no haya sustitutos del legatario, o bien que no opere el derecho de acrecer, lo legado se repartirá entre los herederos del caudal relicto en proporción a sus cuotas. Ahora bien, por aplicación analógica del art. 1001 CC, los acreedores del legatario renunciante pueden pedir autorización judicial para aceptar el legado, para así poder satisfacer sus créditos, refundiéndose en la herencia sólo el sobrante si lo hubiera.

3.3. Consecuencias de la muerte del legatario

Cuando el legado es puro y simple y ha sido adquirido por el legatario, si éste muere, trasmite el legado a sus herederos, al igual que sucede con el resto de los bienes y deudas de su patrimonio. Si el legatario muere antes de aceptar el legado y tiene varios herederos, uno de ellos puede aceptar la parte que le corresponda en el legado y otro heredero repudiar su parte. Si el legatario premuere antes de que se cumpla la condición suspensiva, el legado se extingue, pues es necesario que cuando se cumpla la condición el legatario viva, y nada transmite a sus herederos (art. 759 CC), salvo que el testador haya dispuesto lo contrario. Si el legado está sometido a término inicial, el legatario trasmite a sus herederos su derecho de adquirir el legado, pero solo podrán exigirlo cuando el término se cumpla (art. 799 CC: aunque el precepto literalmente se refiere a la condición, como vimos, doctrina y jurisprudencia entienden que se refiere al término).

3.4. Gastos de la entrega

En cuanto a los gastos necesarios para la entrega de la cosa legada, serán a cargo de la herencia, sin perjuicio de la legítima (art. 886 CC), por lo que si los gastos perjudican la legítima, se pagarán de la parte de libre disposición de la herencia. De lo que se trata es de que el legatario reciba íntegramente el valor de lo legado. Salvo que el testador disponga otra cosa, la entrega o pago de los legados la realizarán los herederos.

El legado debe hacerse efectivo en la forma que haya establecido el testador, y si se produce algún cambio, debe ser aprobado por el legatario. Si se trata de un sublegado, el sublegatario responderá de los gastos de la entrega, porque tales gastos son de cuenta del gravado, pero hasta el límite del valor de su legado.

3.5. Tiempo de la entrega

Por lo que respecta al tiempo para reclamar la entrega de la cosa legada, habrá que estar a lo dispuesto por el testador, y si nada ha dicho, cuando el legado es puro y simple puede reclamarse desde el momento de aceptación de la herencia por el heredero o desde que el albacea ocupe su cargo. Si éstos se retrasan en la entrega incurren en mora desde el mismo momento en que el legatario pida la entrega del legado, o si el testador fijó un plazo, si la entrega no se produce dentro del mismo.

Mientras la herencia no se haya aceptado por los herederos, los legatarios no podrán reclamar sus legados, pero pueden interpelar notarialmente al heredero para que acepte o repudie la herencia (art. 1005 CC). No obstante, si los herederos han solicitado el derecho a deliberar o el beneficio de inventario, mientras dure este período los legatarios no pueden reclamar el pago de los legados (art. 1025 y 1027 CC).

Como luego veremos, cuando tiene por objeto una cosa específica, el legado se entrega con todos sus accesorios, en el estado en que se encontraba al morir el testador, salvo que el causante haya dispuesto otra cosa. Por lo que respecta a la posesión, aunque el legatario adquiere tras el fallecimiento del causante la propiedad de la cosa legada, no sucede lo mismo con la posesión. El art. 885 CC determina que el legatario no puede ocupar la cosa legada, sino que debe pedir su entrega y posesión al heredero o al albacea. Ello está en consonancia con lo previsto en el art. 440 CC en el que se establece que el heredero tiene la posesión civilísima, es decir, que la posesión se entiende transmitida al heredero sin interrupción desde el momento de la muerte del causante.

Sin embargo, existen supuestos en los que el legatario puede tomar la cosa legada directamente, sin necesidad de pedírsela a los herederos, al albacea o al administrador. Son los casos siguientes:

a) Cuando el legatario tiene ya con carácter previo la posesión del objeto legado, bien porque la cosa fuera antes parcialmente suya, o bien porque se encontrase en posesión de la cosa con el consentimiento del causante. La RDGRN 5 julio 2018 (BOE núm. 174, de 19 de julio, págs. 72758 y ss.) y la RDGSJFP 4 marzo 2021 (BOE núm. 97, de 23 de abril, págs. 46746 y ss.) consideran que se puede acreditar el hecho de la posesión por el legatario a través de un acta de notoriedad (art. 209 RN). Con ella es suficiente para entender que el legatario se halla en posesión de la cosa legada y no es necesaria su entrega.

b) Cuando el testador haya facultado expresamente al legatario para tomar posesión de la cosa legada y no existieran legitimarios [art. 81.a) RH].

c) Cuando se trate de un prelegado a favor de un único heredero y no hubiera legitimarios.

d) Cuando el testador distribuye toda la herencia en legados y no ha designado un albacea o un contador-partidor para entregarlos (art. 81 d) RH).

Es por ello que, en función de la modalidad de pago, los legados pueden ser reales u obligaciones. Los legados son reales en la mayoría de los casos, porque se produce una adquisición inmediata de la propiedad tras la muerte del causante, pero deben pedir la entrega de la posesión al gravado (arts. 881, 882 y 885 CC). Son obligacionales si el legatario ostenta un derecho de crédito frente al gravado, consistente en dar, hacer o no hacer alguna cosa, como sucede en los legados de cosa ajena o en los legados de rentas o prestaciones periódicas (García Rubio).

3.6. Responsabilidad por evicción y vicios ocultos

Como ocurre con otros actos a título gratuito (art. 638 CC para las donaciones), el gravado con un legado no queda obligado al saneamiento de los bienes legados: cumple con entregar lo que haya establecido el testador, aunque el favorecido se vea privado de la cosa con posterioridad por el mejor derecho de un tercero. No obstante, el art. 860 CC dispone que el obligado a la entrega del legado responde en caso de evicción «si la cosa fuere indeterminada y se señalase sólo por género o especie». La mayoría de la doctrina considera que el mismo régimen de responsabilidad cabe aplicar cuando la cosa legada tiene vicios ocultos.

Existen, pues, diferencias en cuanto al *régimen del saneamiento por evicción o vicios ocultos que* pudiera tener la cosa legada. Si se trata de un legado de cosa específica y determinada propia del testador, el obligado a la entrega no responde en caso de evicción ni de vicios ocultos (art. 860 CC *a sensu contrario*). Sin embargo, si la cosa fuera indeterminada o genérica o no propia del testador, el obligado a la entrega del legado responde por evicción (art. 860 y 869.3º CC).

En definitiva, como el legatario es propietario de lo legado desde la muerte del testador, los riesgos por pérdida o deterioro de la cosa legada corren a su cargo, así como los aumentos y mejoras (art. 882 CC). Pero si la cosa se deteriora por el gravado o por una tercera persona en el período de tiempo que va desde la muerte del causante hasta la entrega al legatario, este tiene derecho a indemnización o a ejercitar la acción de reparación. De acuerdo con el art. 1183 CC, se presume la culpabilidad del gravado con el legado por la pérdida o deterioro, salvo prueba en contrario.

3.7. Preferencia entre legatarios

La entrega de los legados se hará una vez que se haya liquidado y adjudicado la herencia, satisfaciendo previamente a los acreedores de la misma (art. 1027 CC). Cuando los bienes de la herencia no alcanzan para cubrir el pago de todos los legados, el art. 887 CC establece un orden de preferencia para el pago, que deberá respetarse siempre, salvo que el testador haya establecido otro orden: 1º Los legados remuneratorios (aquellos que se hacen por los servicios prestados al testador que no sean deudas exigibles). 2º Los legados de cosa cierta y determinada, que forme parte del caudal hereditario. 3º Los legados que el testador haya declarado preferentes. 4º Los legados de alimentos. 5º Los legados de educación. 6º Los demás a prorrata.

Dentro de una misma clase el pago se realizará a prorrata. Este orden de prelación es excluyente, lo que significa que si los bienes de la herencia se agotan al satisfacer una determinada preferencia, los restantes legados quedarán sin efectividad, salvo que el testador haya establecido preferencias a favor de alguno de los legatarios.

El ámbito de aplicación del art. 887 CC es diferente al del art. 820 CC, pues el primero de ellos se refiere a la relación entre legatarios cuando no existe colisión entre legitimarios y legatarios, y el segundo a la relación entre legitimarios y legatarios.

En definitiva, si los legados lesionan la legítima, se aplicará el art. 820 CC, debiéndose reducir todos ellos a prorrata, salvo que el testador hubiera dispuesto que se pague cierto legado con preferencia a otros. No habiendo lesión a la legítima, si los legados no caben en la parte de libre disposición, se aplica el orden previsto en el art. 887 CC.

La prelación del art. 887 CC es además de aplicación para el caso de que los gravados con el pago del legado sean los herederos que hayan aceptado la herencia a beneficio de inventario, pues en ese caso el heredero solo queda obligado al pago de los legados hasta donde alcance el valor de los bienes de la herencia. Por ello, este orden de preferencia se establece para cuando el importe de los legados sea superior al activo hereditario.

Sin embargo, si el o los herederos han aceptado la herencia pura y simplemente, asumen la obligación de abonar los legados no solo con los bienes de la herencia, sino también con los suyos propios, por lo que en este caso no habrá que seguir el orden de prelación establecido en el art. 887 CC, pues deberán pagarse *todos* los legados.

3.8. Ineficacia del legado

Prevé el art. 869 CC tres casos de ineficacia aplicables con carácter general a todos los legados:

1.º Si el testador transforma la cosa legada, no conservando ni la forma ni la denominación que tenía, siempre y cuando la transformación se haya realizado voluntariamente por el propio testador.

2.º Si el testador enajena, por cualquier título, la cosa legada o parte de ella. En este último caso se entiende que el legado solo queda sin efecto respecto a la parte enajenada. Si después de la enajenación vuelve la cosa a dominio del testador, aunque sea como consecuencia de la nulidad del contrato, no por ello vuelve a ser eficaz el legado, salvo que la adquisición se realice por pacto de retroventa. Esta excepción se justifica en que la voluntad del testador en la venta con pacto de retro no es desprenderse de manera definitiva de la cosa a favor de un tercero, ya que se reserva la posibilidad de readquirirla.

Ambos supuestos constituyen una revocación tácita que se fundan en un acto voluntario del testador o más bien en una voluntad presunta del mismo.

Por lo que se refiere a la enajenación, la STS (1ª) 29 junio 2020 (ECLI:ES:TS:2020:2087) considera que es la voluntariedad del acto del testador lo que permite privar de eficacia al legado, de manera que, si la enajenación no depende de su voluntad, conserva su eficacia por subrogación, como sucede en el supuesto de la expropiación forzosa sobre el justiprecio o sobre la finca de reemplazo, en el caso de la concentración parcelaria.

En el supuesto resuelto por esta sentencia se mantiene la eficacia del legado de un inmueble que había sido enajenado con autorización judicial por la tutora de la causante en interés y beneficio de ésta. No se aplica el art. 869.2º CC por considerar que la enajenación del bien legado no supone una manifestación de la voluntad revocatoria de la testadora sobre su eficacia, ya que ésta siempre conservó su voluntad de transmitir mortis causa el bien legado mientras mantuvo su capacidad. En este caso la enajenación no dependía de un acto voluntario que pudiera interpretarse como una manifestación tácita de revocar el legado, sino que era consecuencia de una autorización judicial instada por la tutora.

3.º También es ineficaz el legado si la cosa legada perece del todo viviendo el testador o después de su muerte, sin culpa del heredero. Esta causa se funda en la imposibilidad de que el legado tenga efecto, pues no interviene la voluntad del testador.

Existen otros supuestos de ineficacia no contemplados expresamente en el art. 869 CC (premoriencia, incapacidad, indignidad, repudiación o muerte del legatario antes del cumplimiento de la condición suspensiva, nulidad del testamento o del legado). Asimismo, algunas causas de ineficacia del legado se aplican a determinados tipos de legado, como son las previstas para los legados de cosa ajena y para el legado de crédito (art. 862, 870 y 871 CC), que serán objeto de análisis más adelante.

En cualquier caso, de acuerdo con el art. 888 CC el efecto de la ineficacia del legado implica que lo legado se refundirá en la masa de la herencia, salvo que proceda sustitución o derecho de acrecer, pero solo si el objeto legado es propio del testador, ya que si no lo era, se extingue la obligación del gravado de adquirirla.

4. RESPONSABILIDAD DEL LEGATARIO

En principio el obligado a responder de las deudas de la herencia es el heredero, incluso con sus bienes propios, salvo que acepte a beneficio de inventario (Lección 6). El heredero tiene una responsabilidad directa en las deudas de la herencia, mientras que el legatario ostenta una responsabilidad indirecta o de afección, pues sus derechos sobre la herencia solo podrán verse realizados una vez que se hayan satisfecho los créditos de los acreedores, tal y como indica el viejo aforismo «antes es pagar que heredar» presente en la fase de liquidación de la herencia. Así se deduce de lo previsto en los art. 818, 1027 y 1029 CC.

El único supuesto que expresamente contempla nuestro CC en el que los legatarios responden directamente de las deudas del causante se produce cuando el testador distribuye toda su herencia en legados. En ese caso, se prorratearán las deudas y gravámenes de la herencia entre los legatarios en proporción a sus cuotas, salvo que el testador hubiera dispuesto otra cosa estableciendo que el pago se haga por los legatarios en distinta proporción, por ejemplo, ordenando que las deudas y gravámenes recaigan tan solo sobre alguno de ellos, e incluso alterando la proporción en la que los legatarios deben responder de las deudas (art. 891 CC).

Sin embargo, pueden producirse otras situaciones en las que se haga responder de las deudas del causante al legatario, pues el art. 858 CC establece la posibilidad de gravar con legados a cualquier sucesor, ya sea a título universal o particular. Serían los supuestos siguientes:

1. El legatario responde de las deudas si ha sido gravado con un legado, es decir, en los casos en los que hay un *sublegado* (art. 858.2 CC). Pero en este caso, a diferencia del heredero, la responsabilidad llegará

como máximo al valor del legado. La doctrina discute si la responsabilidad del legatario por el sublegado se refiere a los bienes recibidos o a su valor, lo cual tiene trascendencia en el caso de que la cosa legada sufra menoscabo o perezca. La doctrina mayoritaria se inclina por esta última postura.

2. Cabe también la posibilidad de que *el testador imponga al legatario el pago de alguna de sus deudas añadiendo una condición o una carga* (art. 797 CC). A pesar de ello, el acreedor no pierde su acción contra el heredero, salvo que lo consienta expresamente.

3. Cuando los herederos aceptan la herencia a beneficio de inventario, si después de pagados los legados aparecieran más acreedores, éstos solo se podrán dirigir contra los legatarios si en la herencia no quedaran bienes bastantes para pagarles (arts. 1027 y 1029 CC). En este supuesto el acreedor tiene derecho a pedir la reducción de los legados.

Aunque no lo diga expresamente el Código, a todos estos casos en los que el legatario responde de las deudas de la herencia es de aplicación el art. 858 CC, por lo que la responsabilidad del legatario debe entenderse limitada a la cuantía de sus respectivos legados, y de ser varios, la responsabilidad será proporcional a sus respectivas cuotas o al valor de lo legado. Ahora bien, si entre los legatarios alguno ostenta la condición de legitimario, su derecho de legítima debe ser respetado antes que el de los legatarios no legitimarios.

5. CLASES DE LEGADO

Doctrinalmente se han propuesto numerosas clasificaciones en torno a los legados, pero todas ellas pueden reducirse a dos: legado de cosa propia del testador y legado de cosa ajena al testador. Además de las distinciones de legado que veremos a continuación, que podemos denominar «legados típicos», por estar contemplados y regulados en el CC, es posible que el testador configure otros en virtud de su libre voluntad, que se someterán a lo que se establezca en el testamento y supletoriamente a los principios que se deducen de los expresamente regulados.

5.1. Legado de cosa determinada propia del testador

Se trata del supuesto más frecuente de legado en la práctica. El testador dispone de una cosa de su propiedad a favor del legatario. La cosa propia del testador que constituye el objeto de este legado puede ser específica y determinada, o bien genérica.

A) Si se trata de un *legado de cosa específica y determinada*, el legatario adquiere automáticamente la propiedad de la cosa legada desde la muerte del testador (art. 882 CC), pero no puede tomarla por sí mismo, sino que tiene que pedir su entrega y posesión al heredero o albacea, cuando éste se halle autorizado para darla (art. 885 CC), con motivo de la adquisición de la posesión civilísima de la herencia por el heredero desde la apertura de la sucesión (art. 440 CC). Este legado requiere en todo caso que estemos en presencia de un «objeto cierto», es decir, plenamente identificado e individualizado [STS (1ª) 4 junio 2019 (ECLI:ES:TS:2019:1726)]. Ello tiene especial importancia cuando se lega un inmueble inscrito en el Registro de la Propiedad. La RDGRN 21 diciembre 2018 (BOE núm. 24, de 28 enero 2019, págs. 7689 y ss.) entiende que, en caso de duda, la interpretación de cuál fue la voluntad del testador respecto a la cosa legada corresponde a todos los herederos e interesados en la sucesión.

El gravado u obligado debe entregar la cosa «con todos sus accesorios y en el estado en que se halle al morir el testador» (art. 883 CC). Como el legatario es propietario de la cosa legada desde el fallecimiento del causante, le corresponden los frutos o rentas pendientes desde ese momento, pero no las rentas devengadas y no satisfechas antes de la muerte del testador. La cosa legada en estos casos no integra la comunidad hereditaria.

B) Cuando el *legado es de cosa genérica*, el testador designa la cosa objeto del legado por referencia al género al que pertenece, por lo que se precisa de un acto posterior de elección o concentración por parte del heredero. De acuerdo con los art. 875 a 877 CC, se distingue su régimen jurídico dependiendo de que se trate de un bien mueble o inmueble.

a) Si el legado es de cosa mueble, será válido aunque no haya cosas muebles en la herencia. En ese caso, el gravado estará obligado a adquirir la cosa mueble.

b) Si se trata de un legado de cosa inmueble que no esté determinada, el legado solo será válido si la hubiere de su género en la herencia.

Al heredero le corresponde elegir la cosa dentro del género, que no debe ser de calidad inferior ni superior, aunque también el testador puede facultar al legatario para que realice la elección de la cosa, en cuyo caso puede elegir la cosa que desee. Una vez hecha, la elección es irrevocable. Si el heredero o legatario no pueden hacer uso de la facultad de elección, elegirán sus herederos.

El legatario tiene derecho a los frutos que produzca la cosa no desde la muerte del causante, sino desde que la cosa genérica se convierte en específica por la concentración, salvo que el testador disponga lo contrario (art. 1095 y 884 CC). El gravado responde del saneamiento por evicción y vicios ocultos, por si elige una cosa susceptible de evicción o con vicios ocultos (art. 860 CC).

El legado de cosa genérica tiene efecto obligacional, lo que significa que el legatario no adquiere por la muerte del testador la cosa, sino el derecho a exigir la entrega de la cosa que se elija para adquirir su propiedad.

Una modalidad especial de legado genérico es el legado de dinero. Debe ser pagado en esta especie aunque en la herencia no exista (art. 886 CC), en cuyo caso el gravado podrá proceder a la venta de bienes para obtener dinero y posteriormente satisfacer el legado.

Los legados de criptomonedas no son legados de dinero, por lo que no se les aplica el régimen del art. 886 CC. Las criptomonedas no son dinero sino bienes digitales. El saldo de criptomonedas del causante se refleja normalmente en una billetera electrónica («wallet») a la que solo se puede acceder a través de una clave. Aunque exista la posibilidad de guardar las criptomonedas en una «billetera fría» (memoria USB o cualquier dispositivo de almacenamiento), en todo caso para usar o trasferir las criptomonedas se precisa una clave privada que legitima a una persona como dueño de las mismas. Si el heredero o legatario desconocen esa clave no pueden acceder a las criptomonedas y ello supone la pérdida de la billetera. Un legado de criptomonedas funciona como un legado de cosa específica propia del testador, siempre que éste facilite la clave de acceso, con un valor aleatorio, en función del que tengan las criptomonedas en el momento del fallecimiento.

5.2. Legados de cosa ajena: tipos

Resulta cuando menos extraño que siendo el testamento un negocio jurídico a través del cual el testador dispone de sus bienes *mortis causa*, pueda disponer de bienes que no son propios. Sin embargo tal posibilidad es admitida por la ley, porque se sobreentiende que lo que el causante impone al gravado con el legado es la obligación de adquirir el bien para posteriormente entregárselo al legatario. Por ello se trata de un *legado de efectos obligacionales*, porque el legatario adquiere el derecho a exigir al gravado el cumplimiento de una obligación: la entrega de la cosa tras haber obtenido su propiedad. Hay varios tipos, dependiendo de a quién pertenezca la cosa:

A) *Legado de cosa perteneciente a un tercero*. Dispone el art. 861 CC que el legado será válido si el testador, al realizar el legado de cosa ajena, sabía que lo era. En cambio, si el testador ignoraba que la cosa que legaba era ajena, el legado será nulo, aunque será válido si la adquiere después de otorgado el testamento (art. 862 CC). La carga de la prueba de que el testador tenía o no conocimiento de que la cosa era ajena corresponde al legatario (art. 861.2 CC) por lo que le conviene probar que el testador sabía que la cosa era ajena.

Si el testador conocía que la cosa era ajena, y por tanto el legado es válido, el gravado tiene la obligación de adquirir la cosa para luego entregársela al legatario. Si no puede adquirirla, deberá entregar su valor en dinero.

B) *Legado de cosa que en parte pertenece al testador y en parte a un tercero*. Habrá legado de cosa ajena cuando el testador expresamente declare que lega la cosa entera; en caso contrario, se entenderá que lega solo su parte en la cosa (art. 864 CC).

C) *Legado de cosa propia del heredero o legatario gravado con el legado*. El gravado puede elegir entre entregar al legatario la cosa legada o su valor (art. 863 CC). En este caso no es necesario que se acredite que el testador conocía que la cosa es ajena para la validez del legado [STS (1ª) 19 mayo 1992 (ECLI:ES:TS:1992:3982)].

D) *Legado de cosa propia del legatario*. En este supuesto no se produce el ánimo de liberalidad del testador al realizar el legado, pues no atribuye un bien al legatario, sino que le concede algo que ya es suyo. Por ello dispone el art. 866 CC que no produce ningún efecto el legado en el que su objeto pertenezca al legatario en el momento de realizarse el testamento. Sin embargo, la propiedad del bien puede haberse modificado con posterioridad. Por ello, el art. 878 CC distingue dos posibles situaciones:

a) Si la cosa que era del legatario no lo es en el momento de la apertura de la sucesión porque la hubiera enajenado a un tercero, el legado sigue siendo ineficaz.

b) Si la cosa la ha adquirido el legatario con posterioridad a la realización del testamento y le pertenece en el momento de apertura de la sucesión, si el legatario la adquirió a título oneroso, puede pedir al heredero que le indemnice por lo que haya pagado por adquirirla, pero si la adquirió a título lucrativo, no podrá pedir nada.

Si sobre la cosa propia del legatario tuviese algún derecho un tercero, el heredero no tiene obligación de eliminar el gravamen salvo que el testador así lo haya dispuesto expresamente (art. 866 CC).

5.3. Legado de cosa gravada

Se regula en los art. 867 y 868 CC. En este caso el testador dispone a favor del legatario de una cosa sobre la que pesa una carga o un gravamen. En función de la naturaleza de la carga o gravamen, pueden distinguirse dos tipos de legados de cosa gravada:

— *Legado de cosa empeñada o hipotecada en aseguramiento de una deuda*. Se presume que era voluntad del testador legarla sin esa carga, por lo que el heredero gravado debe proceder a la cancelación de la carga. Si el heredero no satisface la deuda cuyo cumplimiento asegura la prenda o la hipoteca y lo hiciera el legatario, se subrogará en el lugar y derechos del acreedor para así poder reclamar al heredero (art. 867 CC).

— *Legado de cosa sujeta a otro tipo de gravamen*. Se trataría de gravamen que produce rentas, intereses, réditos o algún beneficio para su titular (usufructo, uso, habitación, servidumbre, derechos reales de adquisición, etc.). Se presume que fue voluntad del testador que la cosa pasase al legatario con la referida carga, adquiriendo su propiedad limitada. En consecuencia, salvo disposición en contra del testador, el favorecido adquirirá la cosa con esa carga, debiendo respetarla hasta que legalmente se extinga. Sin embargo, todas las rentas, intereses o réditos devengados hasta la muerte del testador son a cargo de la herencia, porque la adquisición del legado solo tiene lugar tras la muerte del causante. El legatario debe pagar todas las rentas, intereses o réditos que se devenguen después.

5.4. Legados de crédito y deuda: tipos

Legado de crédito. El testador lega al legatario un derecho de crédito que tiene frente a un tercero. De esta manera, el legatario asume la condición de acreedor que tenía el causante. El heredero debe entregar al legatario todas las acciones que tuviera contra el deudor. Este legado solo surte efecto en la parte del crédito subsistente al tiempo de producirse la muerte del testador.

El legado de crédito comprende también los intereses que se debieran al morir el causante (art. 870 CC). Este legado caduca si el testador, después de haberlo hecho, demanda judicialmente al deudor, aunque el pago no se haya producido al tiempo del fallecimiento (art. 871 CC).

Legado de liberación o perdón de deuda. El testador, que era acreedor del legatario, le condona o perdona el importe de la deuda mediante el legado, es decir, lega al legatario el importe del crédito pendiente, tanto el principal como los intereses que se debieran al tiempo del fallecimiento del testador. Los herederos del causante no pueden reclamar la deuda al legatario, y deben entregarle carta de pago.

Este legado queda sin efecto si el testador después de haberlo hecho demanda judicialmente al legatario el pago de la deuda (art. 871 CC). El legado solo se refiere a las deudas existentes al tiempo de hacerse el testamento, y no las posteriores, salvo que el testador disponga lo contrario (art. 872 CC).

Legado en pago de deuda. Según el art. 873 CC, «el legado hecho a un acreedor no se imputará en pago de su crédito, a no ser que el testador lo declare expresamente». De esta manera, si el testador, que era deudor del legatario, le deja un legado, y declara de manera expresa que se dedique a saldar la deuda, no estamos ante ninguna liberalidad, porque el causante lega lo que en realidad debía al legatario.

Ahora bien, en este caso, el mismo precepto dispone que «el acreedor tendrá derecho a cobrar el exceso del crédito o del legado»:

— Si la cosa legada tiene un valor inferior al importe del crédito, el acreedor sigue teniendo derecho a cobrar la parte del crédito no cubierta con el legado.

— Si el valor de la cosa legada es superior al del crédito, el legatario tiene derecho a recibir todo el legado (la parte que imputa al pago de su crédito más el exceso).

— En caso contrario, cuando el testador no declara que el legado se impute al pago del crédito, el legatario-acreedor puede reclamar por dos títulos, uno como acreedor y otro como legatario.

5.5. Legado de prestaciones periódicas

Lo característico de este tipo de legado es la forma en que ha de verificarse la prestación al legatario. El testador atribuye al legatario el derecho a percibir de forma periódica (según se determine, por días, semanas, meses o años) unas determinadas prestaciones, consistentes en dinero o en otras cosas, durante cierto tiempo o bien con carácter vitalicio. Se produce un crédito a favor del legatario y una deuda de la persona gravada con el legado a la que se le impone la obligación de realizar la prestación periódica. El art. 880 CC se refiere al legado de rentas o pensiones periódicas, del que son una especie los legados de educación y de alimentos, regulados en el art. 879 CC.

5.5.1. Legado de rentas o pensiones

Consiste en el derecho a percibir por el legatario, periódicamente, una cantidad de dinero de manera temporal o vitalicia. Se trata de un legado con eficacia meramente obligatoria, y el legatario puede dar a la cantidad que reciba al destino que desee. Según el art. 880 CC, el legatario tiene derecho a reclamar el pago del primer período desde que muera el testador y los siguientes al principio de cada uno de los periodos. Si el legatario muere antes de terminar uno de los periodos ya comenzados, no se puede restituir las cantidades percibidas. El legado deberá pagarse por todos los herederos, salvo que el testador lo imponga a un heredero en concreto.

Una variedad de este legado es el previsto en el art. 788 CC, referido a la obligación impuesta al heredero de invertir ciertas cantidades periódicas en obras benéficas.

5.5.2. Legados de educación y de alimentos

Los legados de educación y de alimentos se regulan en el art. 879 CC y en ambos se entrega una cantidad de dinero al legatario.

— En el *legado de educación* el testador lega al legatario los medios económicos necesarios para su educación. Se extingue cuando el legatario adquiera la mayoría de edad.

— En el *legado de alimentos* el testador lega al legatario los medios necesarios para atender a su subsistencia. Salvo que el testador disponga otra cosa, tiene duración vitalicia, hasta que fallezca el legatario.

En ambos legados, si el testador no fijó una cantidad de bienes para atender a la educación y alimentos del legatario, se fijará en función del estado y condición del legatario y del importe de la herencia, a no ser que respecto al legado de alimentos el testador durante su vida entregase determinadas cantidades al legatario. En este caso tales cantidades se entenderán como cuantía del legado si el importe total de la herencia permite mantenerlas.

5.6. Legado alternativo

El legado alternativo es aquel cuyo objeto está constituido por varios bienes o derechos, de los cuales el gravado solo debe entregar uno de ellos al legatario. El art. 874 CC se remite en cuanto al régimen jurídico aplicable a lo dispuesto para las obligaciones alternativas (arts. 1131 a 1136 CC).

La elección de la cosa a entregar corresponde en principio al gravado, a no ser que el testador haya dispuesto que corresponde al legatario. Según la RDGSJFP 12 julio 2021 (BOE núm. 180, de 29 julio, págs. 91562 y ss.) no corresponde al contador-partidor la facultad de elegir en los legados alternativos. El legatario no puede ser compelido a recibir parte de una cosa y parte de otra. Según la STS (1ª) 20 mayo 2010 (ECLI:ES:TS:2010:2290), la elección, como declaración unilateral de voluntad no exige formalidad alguna ni precisa de aceptación por la otra parte. El derecho de elección se pierde si solo es posible la entrega de una de las cosas en que alternativamente consiste el legado.

5.7. Disposición testamentaria de bienes gananciales

El art. 1379 CC establece que cada uno de los cónyuges puede disponer por testamento de la mitad de los bienes gananciales. Con ello se está en realidad fijando un puro límite cuantitativo a la disposición testamentaria que un cónyuge pueda hacer de los bienes comunes.

La interpretación de este precepto se debe hacer en consonancia con lo previsto en los arts. 1344 y 1404 CC. Es decir, liquidada la sociedad de gananciales conforme se establece en los arts. 1396 y ss. (con el pago de las deudas comunes, los reintegros que procedan y las deducciones a que alude el art. 1404 CC), el remanente se divide por mitad entre ambos cónyuges. Pues bien, lo que el art. 1379 CC permite es disponer testamentariamente de la mitad de ese remanente, como *tope máximo de la disposición*.

Ahora bien, a renglón seguido, el art. 1380 CC viene a resolver las cuestiones que se suscitan con las disposiciones testamentarias de bienes gananciales concretos, dado que éstos pueden adjudicarse en uno u otro lote tras la liquidación.

En este sentido, se establece la eficacia de tales disposiciones cuando dichos bienes sean adjudicados en la herencia del testador; previéndose que, en caso contrario, es decir, cuando los concretos bienes gananciales se adjudiquen en el lote del cónyuge sobreviviente, se entenderá legado el valor que tuvieran al tiempo del fallecimiento.

En definitiva, los arts. 1379 y 1380 CC regulan no sólo el legado de cosa ganancial (que es a lo que parece ceñirlo la mayor parte de los autores), sino cualquier disposición testamentaria sobre bienes gananciales, sea a título de herencia o de legado.

Así, ya que durante el matrimonio los cónyuges carecen de una titularidad concreta sobre cada uno de los bienes integrantes de la sociedad conyugal, la disposición testamentaria que recaiga sobre una cosa perteneciente a dicho patrimonio debe interpretarse hecha, en principio, con cargo a la participación que en la liquidación de la sociedad de gananciales corresponda al testador.

No sobrepasando dicho límite las diversas disposiciones concretas sobre bienes comunes, lo que hace la ley es subordinar el definitivo cumplimiento de la disposición a los resultados de la liquidación. Así, ya haya sido hecha a título de herencia o de legado, la eficacia de la misma será plena si dichos bienes se adjudican en la herencia del testador. En caso contrario, *cuando los concretos bienes gananciales se adjudiquen en el lote del cónyuge sobreviviente, se entiende que existe un legado de valor*, referido al que tuvieran los bienes al tiempo del fallecimiento.

La STS (1ª) 11 mayo 2000 (ECLI:ES:TS:2000:3884) considera aplicables los arts. 1379 y 1380 CC a las disposiciones testamentarias que recaen sobre bienes de la comunidad postganancial mientras no se proceda a su división.

6. GARANTÍAS DEL LEGATARIO

Dispone el art. 881 CC que el legatario adquiere su derecho al legado desde la muerte del testador. Pero hasta que se produzca la entrega por parte de los gravados, puede transcurrir un lapso de tiempo más o menos extenso, y los gravados podrían eludir su obligación realizando actos dispositivos sobre los bienes hereditarios. Para evitarlo, nuestro ordenamiento jurídico prevé las siguientes garantías a favor de los legatarios:

6.1. Anotación preventiva sobre los bienes hereditarios (art. 42.7 LH)

La pueden solicitar todos los legatarios, a excepción de los de parte alícuota, pero con una matización, pues si el testador ha prohibido al legatario de parte alícuota promover el procedimiento de división judicial de la herencia, sí podrá pedir la anotación preventiva.

— Si se trata de *legado de cosa inmueble y determinada del testador*, la anotación preventiva se practica sobre los bienes objeto de legado.

— Si son *legados de créditos o pensiones sobre inmuebles determinados*, la anotación se obtiene sobre los mismos inmuebles que están afectados con el pago (art. 47 LH).

— Si se trata de *legados de género o cantidad*, la anotación preventiva se puede solicitar sobre cualesquiera bienes inmuebles de la herencia que sean bastantes para cubrir su valor, siempre y cuando no sean inmuebles especialmente legados a otro. No será obstáculo para la obtención de la anotación preventiva que otro legatario de género o cantidad haya obtenido otra anotación a su favor sobre los mismos bienes (art. 48 LH).

En el primer caso, con la anotación preventiva se impide que el heredero pueda inscribir a su favor los bienes legados y anticipa los efectos de la inscripción para cuando se entregue el legado. En los otros dos supuestos, el legatario que haya obtenido anotación preventiva será preferido a los acreedores del heredero que haya aceptado la herencia pura y simplemente. También tendrá preferencia el legatario frente a cualquier acreedor que haya adquirido algún derecho sobre los bienes anotados con posterioridad a la anotación preventiva, por aplicación del principio de prioridad registral. Todos los legatarios que hayan practicado la anotación preventiva de su derecho dentro de los ciento ochenta días siguientes a la muerte del testador tendrán preferencia frente a los que no realizaron la anotación. Los que la practicaron, no tendrán preferencia entre sí, salvo que tuviera alguna preferencia de acuerdo con la legislación civil general.

6.2. Anotación preventiva de legados de rentas o prestaciones periódicas

En este caso, el art. 88 LH prevé la posibilidad de exigir que la *anotación preventiva obtenida se convierta en inscripción de hipoteca* sobre los bienes de la herencia que se hubieran adjudicado al heredero o legatario gravado con la pensión. En cuanto a los bienes en los que puede exigirse la constitución de la hipoteca hay que estar a lo previsto en los art. 89 a 91 LH. El heredero o legatario gravado con la pensión periódica debe constituir la hipoteca sobre los bienes inmuebles en los que recae la anotación preventiva, si se le adjudicaren, o bien sobre cualesquiera otros inmuebles de la herencia que se le adjudiquen.

La elección de los bienes corresponde al gravado, pero tiene que recaer sobre bienes procedentes de la herencia y el pensionista deberá admitir la hipoteca que aquél le ofrezca, siempre que sea bastante y la imponga sobre bienes procedentes de la herencia. El procedimiento para la constitución de la hipoteca se regula en el art. 157 RH, y su razón de ser radica en que al tratarse de una obligación del gravado de tracto sucesivo, es precisa una garantía permanente como la hipotecaria.

7. LA DISTRIBUCIÓN DE TODA LA HERENCIA EN LEGADOS

Como ya hemos destacado, según el art. 891 CC: «*si toda la herencia se distribuye en legados, se prorratearán las deudas y gravámenes de ella entre los legatarios a proporción de sus cuotas, a no ser que el testador hubiera dispuesto otra cosa*».

De acuerdo con la doctrina actual para que se pueda aplicar el art. 891 CC no es necesario que estemos ante un caso de inexistencia de herederos legítimos, ya que los legitimarios pueden serlo por cualquier título, como herederos o como legatarios. No es preciso que exista heredero para que el testamento sea válido. El testador puede disponer de toda su herencia en legados, tanto si tiene legitimarios como si no.

Cuando el testador disponga de toda su herencia en legados, la distribución de la responsabilidad por las deudas del causante entre los legatarios se hará a prorrata salvo que otra cosa señale el testador expresamente. En tal caso esa modificación de la distribución de la deuda solo tendrá efectos entre los legatarios, pues el causante no puede modificar los créditos de sus acreedores.

En cuanto a si la responsabilidad de los legatarios cuando se distribuye toda la herencia en legados es solidaria o mancomunada, cada legatario responderá solidariamente por el total de la deuda hasta el límite del legado, pues es la regla general existente en nuestro ordenamiento, pero podrá repetir en la relación interna con los demás legatarios en función del prorrateo, por aplicación analógica del art. 1084 CC y para no empeorar la condición del acreedor, pues frente a los acreedores cada legatario responde por el total de la deuda hereditaria hasta el límite del legado (García Rubio). Esta postura no es unánime en la doctrina, pues también se ha señalado, aunque de manera minoritaria, que en estos casos existe mancomunidad (Garrote Fernández-Díez).

La distribución de toda la herencia en legados determina que al ser un supuesto de herencia sin heredero, los legatarios podrán ocupar por sí mismos los bienes legados [arts. 885 CC y 81.d) RH], salvo que exista albacea, contador o administrador encargado de entregárselos.

Una cuestión no pacífica en la doctrina es lo que sucede cuando se distribuye toda la herencia en legados, pero por determinadas circunstancias, existen más bienes en la herencia. Es decir, en principio el testador quiso distribuir toda su herencia en legados, no instituyendo herederos, pero sin embargo a la hora de procederse a la distribución del patrimonio hereditario entre los legatarios, hay bienes que no fueron adjudicados a ninguno de ellos.

Tales supuestos pueden darse, por ejemplo, si alguno de los legatarios no puede o no quiere recibir su legado, por premoriencia del legatario (no hay derecho de acrecer), o también si existió algún bien en el patrimonio del testador que éste no legó. ¿Qué ocurre con esos bienes? ¿Se distribuyen entre los legatarios o bien van a parar a los herederos abriéndose la sucesión intestada? Para un sector minoritario en la doctrina, los bienes vacantes corresponderían al heredero, debiendo abrirse entonces la sucesión intestada si existe un remanente de bienes no adjudicados. Para la doctrina mayoritaria, deberán recibirlos los propios legatarios, pero no como herederos, sino como legatarios, pues ello es más conforme con la voluntad o con la intención del testador, que quería distribuir toda su herencia en legados (García Rubio).

BIBLIOGRAFÍA

Alonso Pérez, Mariano, «Sobre el legado y sus rasgos esenciales», *Estudios jurídicos en homenaje al profesor Luis Díez-Picazo,* Tomo IV, Thomson Civitas, Madrid, 2003, págs. 5107 y ss.

Álvarez Álvarez, Henar, *El legado de rentas o prestaciones periódicas: su protección registral,* La Ley Wolters Kluwer, Madrid, 2007.

Álvarez Álvarez, Henar, «Comentario a los arts. 88 a 91 LH», en Domínguez Luelmo, Andrés (Dir.), *Comentarios a La Ley Hipotecaria,* 3ª ed., Thomson Reuters-Aranzadi, Cizur Menor, 2019, págs. 1083-1122.

Argelich Comelles, Cristina, «Sucesión testamentaria en blockchain y herencia de activos digitales en el Metaverso: del Derecho español e italiano al *soft law* del ELI y UNIDROIT», en *Diritto delle Successioni e della Famiglia,* 3/2023, págs. 1135-1169.

Cuadrado Iglesias, Manuel, «Responsabilidad por razón de legados», *Estudios jurídicos en homenaje al profesor Luis Díez-Picazo,* Tomo IV, Thomson Civitas, Madrid, 2003, págs. 5177 y ss.

Cuadrado Pérez, Carlos, *El legado alternativo,* Dykinson, Madrid, 2003.

Crespo Allué, Fernando, «El legado de alimentos», RCDI, 1985, págs. 1245 y ss.

Crespo Allué, Fernando; Fernández-Prida Migoya, Francisco; Hidalgo García, Santiago; Martínez Escribano, Celia, *La sucesión hereditaria y el juicio divisorio,* 2ª ed., Thomson Reuters, Aranzadi, Cizur Menor, 2015.

DÍAZ CRUZ, Mario, *Los legados,* Instituto Editorial Reus, Madrid, 1951.

DOMÍNGUEZ LUELMO, Andrés (Dir.), *Comentarios al Código civil,* Lex Nova, Valladolid, 2010.

DOMÍNGUEZ LUELMO, Andrés, «La disposición testamentaria de bienes gananciales», *Anuario de Derecho Civil,* 1990, págs. 793-850.

DOMÍNGUEZ LUELMO, Andrés, «Transmisión *mortis causa* de finca hipotecada», *Estudios de Derecho de sucesiones: «Liber Amicorum» T.F. Torres García»,* La Ley, Wolters Kluwer, Madrid, 2014, págs. 383-403.

ECHEVARRÍA DE RADA, Teresa, *El legado de cosa propia del legatario (art. 866 y 878 del Código Civil),* Dykinson, Madrid, 2001.

ESPÍN ALBA, Isabel, «Legados», en GETE-ALONSO Y CALERA, María del Carmen (Dir.) y SOLÉ RESINA, Judith (Coord.), *Tratado de Derecho de Sucesiones,* I, 2ª ed., Civitas, Thomson Reuters, Cizur Menor, 2016, págs. 1159-1191.

GARCÍA CANTERO, Gabriel, «Ensayo de una clasificación de los legados en particular en el CC», RCDI, 1973, págs. 781 y ss.

GARCÍA RUBIO, María Paz, *La distribución de toda la herencia en legados. Un supuesto de herencia sin heredero,* Civitas, Madrid, 1989.

GARROTE FERNÁNDEZ-DÍEZ, Ignacio, «Comentario del art. 891 CC», en BERCOVITZ RODRÍGUEZ-CANO, R. (Coord.), *Comentarios al Código Civil,* 5ª ed., Thomson Reuters, Aranzadi, Cizur Menor, 2021, págs. 1263-1265.

GONZÁLEZ PAKANOWSKA, Isabel, *El legado de cosa ajena,* Montecorvo, Madrid, 1985.

GUTIÉRREZ JEREZ, Luis Javier, *El legado de usufructo en el Derecho civil común,* Tirant lo Blanch, Valencia, 1999.

LLAMAS POMBO, Eugenio, «El legado de cosa ajena», *Estudios de Derecho de sucesiones: «Liber Amicorum» T.F. Torres García»,* La Ley Wolters Kluwer, Madrid, 2014, págs. 747-769.

MENÉNDEZ MATO, Juan Carlos, *El legado de legítima estricta en el Derecho común español,* Dykinson, Madrid, 2012.

MUÑOZ SÁNCHEZ-REYES, Evelia, *El artículo 891 del Código Civil: la distribución de toda la herencia en legados,* Tirant lo Blanch, Valencia, 1996.

OSSORIO SERRANO, Juan Miguel, «El legado de deuda», ADC; 1985, págs. 941 y ss.

REQUEIXO SOUTO, Xaime Manuel, «Clases de legados», en GETE-ALONSO Y CALERA, María del Carmen (Dir.) y SOLÉ RESINA, Judith (Coord.), *Tratado de Derecho de Sucesiones*, II, 2ª ed., Civitas, Thomson Reuters, Cizur Menor, 2016, págs. 1193-1246.

SÁINZ-CANTERO CAPARRÓS, María Belén, *El legado de cosa hipotecada,* Tirant lo Blanch, Valencia, 2006.

SERRANO GARCÍA, José Antonio, *Los legados de educación y de alimentos en el código civil,* Tecnos, Madrid, 1994.

LECCIÓN 13

LAS SUSTITUCIONES

Andrés DOMÍNGUEZ LUELMO
Catedrático de Derecho civil
Universidad de Valladolid

Henar ÁLVAREZ ÁLVAREZ
Catedrática de Derecho civil
Universidad de Valladolid

1. CONCEPTO, CLASES Y FUNDAMENTO
   1.1. Concepto y clases
   1.2. Fundamento
2. LA SUSTITUCIÓN VULGAR
   2.1. Concepto y naturaleza jurídica
   2.2. Presupuestos
   2.3. Pluralidad de sustitutos
   2.4. Efectos y relación con el derecho de transmisión, el derecho de acrecer, el derecho de representación y las legítimas
3. LA SUSTITUCIÓN FIDEICOMISARIA
   3.1. Concepto
   3.2. Presupuestos
   3.3. Límites en los llamamientos
   3.4. Clases

1. CONCEPTO, CLASES Y FUNDAMENTO

1.1. Concepto y clases

Con el nombre de sustituciones se engloban una serie de figuras jurídicas de naturaleza muy heterogénea en las que el testador sustituye a la persona del instituido por otra u otras cuando concurren determinadas circunstancias. Su régimen jurídico se establece en los arts. 774 a 789 CC. Se pueden distinguir dos grupos: en el primero incluimos la sustitución vulgar y la sustitución fideicomisaria, y en el segundo, la sustitución pupilar. También estaría integrada en este segundo grupo la denominada sustitución ejemplar, que regulaba el art. 776 CC, derogado por la Ley 8/2021, quedando sometida a un particular régimen transitorio. La antigua sustitución ejemplar solo resulta aplicable cuando la persona sustituida hubiera fallecido antes de la entrada en vigor de la Ley 8/2021, es decir, antes del 3 de septiembre de 2021.

Por lo que se refiere al primer grupo, la sustitución consiste en el llamamiento a varias personas no para que hereden conjuntamente y de manera simultánea, sino uno en defecto de otro (sustitución vulgar) o uno después de otro (sustitución fideicomisaria). Así pues, se pueden distinguir dos clases fundamentales de sustitución:

a) La *vulgar*, que es una sustitución subsidiaria (*en defecto de*), ya que en ella el segundo o ulterior heredero se nombra únicamente para el caso en que el primero o anterior instituido no lleguen a heredar.

b) La *fideicomisaria*, en la que, por el contrario, la pluralidad de llamamientos implica pluralidad de favorecidos. En esta sustitución todos los llamados van a tener derecho a la herencia *sucesivamente*, aunque con la obligación de conservarla para que posteriormente se cumpla lo previsto por el testador.

Además de estas dos sustituciones, el segundo grupo quedaría integrado por la sustitución *pupilar*, caracterizada porque el ascendiente nombra un heredero al descendiente ante la imposibilidad de que este haga testamento por razones de edad. Antes de su derogación, en este grupo se incluía la sustitución *ejemplar,* en la que igualmente el ascendiente nombraba heredero al descendiente mayor de catorce años cuya capacidad hubiera sido modificada, judicialmente, cuando éste no podía testar.

1.2. Fundamento

Cada una de las sustituciones tiene un fundamento diferente:

— La *vulgar* pretende básicamente evitar que se apliquen las reglas de la sucesión intestada. De esta manera se consigue que la herencia se defiera a quien realmente ha querido el testador, y no a quienes resulten de aplicar las reglas de la sucesión intestada.

— La *fideicomisaria* tiene la finalidad de conservar determinados bienes (por ejemplo de una determinada procedencia familiar) y permite al causante determinar el destino futuro de tales bienes.

— La *pupilar* pretende también evitar la apertura de la sucesión intestada; pero con la peculiaridad de que no se trata de la sucesión intestada del causante, sino la del heredero sustituido menor de edad. De acuerdo con el art. 663 CC, no puede testar la persona menor de catorce años. Así, en el caso de que fallezca antes de los catorce años, la única manera de evitar el juego de la sucesión intestada consiste en suplir su falta de capacidad para testar por medio de esta sustitución.

Finalmente hay que tener en cuenta que, según el art. 789 CC, todo lo dispuesto en él para las sustituciones respecto a los herederos se entiende también aplicable a los legatarios.

2. LA SUSTITUCIÓN VULGAR

2.1. Concepto y naturaleza jurídica

En la sustitución vulgar estamos ante una sustitución «subsidiaria» o «en defecto de», porque el sustituto (ulterior heredero) se nombra únicamente para el caso en que el primer instituido (el anterior heredero) no llegue a heredar. Así se contempla en el art. 774 CC: «Puede el testador sustituir una o más personas al heredero o herederos instituidos *para el caso en que mueran antes que él, o no quieran, o no puedan aceptar la herencia*». Se denomina también «sustitución directa», porque el sustituto pasa a ser heredero o legatario del testador directamente, no a través del instituido en primer lugar.

Sólo puede establecerla el testador. Por lo tanto únicamente es posible plantear su aplicación en la sucesión testada (nunca en la intestada).

Por lo que se refiere a su naturaleza jurídica, la mayoría de la doctrina considera que la sustitución vulgar es un llamamiento a la herencia de carácter condicional. Sin embargo, conviene distinguir los casos en que el llamado no pueda aceptar, de aquellos otros en que no quiere aceptar.

En los primeros, el llamamiento al sustituto es eficaz desde la apertura de la sucesión (por ejemplo, cuando el llamado en primer lugar ha premuerto al testador), y no hay ninguna condición. En los segundos, en cambio, una ver abierta la sucesión, todo depende de que el llamado no quiera aceptar, por lo que se trata de un llamamiento condicional al sustituto.

2.2. Presupuestos

Los presupuestos para que pueda tener lugar la sustitución vulgar prevista por el testador son los siguientes: 1) Que el designado como heredero le *premuera*. 2) Que sea *incapaz para sucederle* por la causas de los arts. 745 y siguientes y el art. 756 CC. 3) Que *repudie* su herencia.

Si no se indica nada, la sustitución actúa en los tres casos (se la denomina *sustitución simple* en el ap. 2º del art. 774 CC), pero puede limitarse a dos o solamente a uno de ellos. En definitiva, en defecto de voluntad delimitadora por el testador se entiende que la sustitución abarca todos los casos expuestos.

2.3. Pluralidad de sustitutos

Los arts. 774 y 778 CC admiten que puedan existir varios instituidos y varios sustitutos, con lo que podemos encontrarnos con las siguientes combinaciones (Cámara Lapuente):

a) *Un sustituto para un instituido.* Es el supuesto más sencillo, que se describe en el art. 744 CC.

b) *Un sustituto para varios instituidos.* Se recoge en el inciso final del art. 778 CC. Es un caso que se ha discutido en la doctrina y que se hace depender de cómo esté redactada la cláusula en el testamento, pues puede provocar interferencias con el derecho de acrecer, si no se redacta de manera clara.

Entendemos que la sustitución prevalece sobre el acrecimiento de los llamados en primer lugar, de manera que no es necesario que falten todos para que tenga lugar la sustitución. Y ello, porque si la voluntad del testador hubiera sido que tuviera lugar el acrecimiento, el sustituto habría sido nombrado para el último instituido que faltara [RDGSJFP de 22 febrero 2022 (BOE núm. 62, de 14 marzo, págs. 30294 y ss.)].

c) *Varios sustitutos para un instituido.* Se recoge en el primer inciso del art. 778 CC. Los varios sustitutos pueden ser llamados conjuntamente de manera simultánea, o de forma sucesiva. La fórmula usada en algunos testamentos hace dudar del tipo de llamamiento.

Cuando se utiliza la expresión «serán sustituidos por sus respectivos descendientes» o se dice que la sustitución se realiza en general «a favor de los descendientes por estirpes», el TS considera que existe «una serie de sustituciones vulgares» sucesivas, sin que pueda considerarse que el testador se refiere exclusivamente a la primera generación de los descendientes del sustituido: se entiende así que la sustitución vulgar incluye un llamamiento a otros posibles descendientes de grado ulterior [STS (1ª) 22 octubre 2004 (ECLI:ES:TS:2004:6720) y RDGSJFP de 22 febrero 2022 (BOE núm. 62, de 14 marzo, págs. 30281 y ss.)].

En los supuestos de sustitución «conjunta», si el testador no concretó las partes de cada uno, los sustitutos son llamados por partes iguales (art. 765 CC). Caben también varios llamamientos sucesivos «en defecto de» quien haya sido instituido o del sustituto anterior.

d) *Varios sustitutos para varios instituidos.* El testador debe establecer si hay un sustituto para cada instituido, o si designa sustitutos (conjuntos o sucesivos) en defecto de todos los instituidos, conforme a las reglas anteriores.

e) *Varios herederos sustituidos entre sí.* Se trata de la denominada «sustitución vulgar *recíproca*», contemplada en el art. 779 CC: «*Si los herederos instituidos en partes desiguales fueren sustituidos recíprocamente, tendrán en la sustitución las mismas partes que en la institución, a no ser que claramente aparezca haber sido otra la voluntad del testador*».

La norma tiene carácter dispositivo y tiene una redacción muy defectuosa pues puede darse el caso de que sólo existan dos sustitutos recíprocos con cuotas desiguales: en este caso cada uno sustituye al otro por el todo (y así se evita la apertura de la sucesión intestada, conforme a la presumible intención del testador).

Literalmente el precepto está pensado para cuando existan tres o más instituidos en cuotas desiguales. Por ejemplo: se llama como herederos a Antonio en el 50%, a Belén en el 40%, y a Celia en el 10%, y se les sustituye recíprocamente.

Si falla Antonio, su cuota vacante se reparte en proporción a la cuota en que han sido instituidos los demás (Belén recibirá otro 40%, y Celia otro 10%, que sumarán a la parte que ya les correspondía).

Por el contrario, si son instituidos Andrés en el 60 % de la herencia y Beatriz en el 40 %, la sustitución recíproca entre ellos, sin que en el testamento se hagan otras precisiones, no conlleva a que, por aplicación literal del art. 779 CC, fallando Andrés, Beatriz reciba sólo un 40 % más de la herencia, abriéndose la sucesión intestada en el otro 20%, sino que Beatriz será la heredera única de toda la herencia. La ley 222 de la Compilación de Derecho Civil Foral de Navarra es mucho más precisa en su redacción y expresamente contempla esta situación en su apartado final («si dos personas fueran llamadas conjuntamente a una liberalidad y una de ellas fuese sustituida por la otra, el sustituto de esta se entenderá llamado a las dos partes»).

2.4. Efectos y relación con el derecho de transmisión, el derecho de acrecer, el derecho de representación y las legítimas

Ya hemos estudiado en la Lección 4 las diversas situaciones que se producen cuando varias personas son llamadas a una herencia y una de ellas falla en la sucesión. Vamos ahora a analizar con algún detalle las diversas situaciones que se pueden producir.

Está claro que el *ius delationis* del sustituto vulgar se produce (tras la apertura de la sucesión) una vez que falla el llamamiento del instituido, y que sucede directamente al testador. Dicho *ius delationis* es independiente de otros llamamientos a su favor, pero por un título diferente, dentro de esa misma herencia. El sustituto se coloca, pues, en la misma posición que el sustituido. Según el art. 780 CC: «*El sustituto quedará sujeto a las mismas cargas y condiciones impuestas al instituido, a menos que el testador haya dispuesto expresamente lo contrario, o que los gravámenes o condiciones sean meramente personales del instituido*». Vamos a ver ahora qué tipo de interferencias se pueden producir con otras figuras (Cámara Lapuente):

a) *Sustitución vulgar y derecho de transmisión*. El derecho de transmisión del primer instituido (que, por tanto, sobrevive al testador y muere sin ejercitar el *ius delationis*) provoca que la facultad de aceptar o repudiar pase a sus propios herederos. En tal caso el derecho de transmisión prevalece sobre la sustitución vulgar.

b) *Sustitución vulgar y derecho de acrecer.* La sustitución vulgar prevalece sobre el derecho de acrecer, de acuerdo con la voluntad expresa del testador.

c) *Sustitución vulgar y derecho de representación.* Como la sustitución vulgar se aplica únicamente en la sucesión testamentaria, las posibles interferencias sólo pueden aparecer con esos supuestos especiales que analizamos del derecho de representación en la sucesión testada. Y debe recordarse que en tales casos lo que estaba en juego era la legítima. Aquí sí que podemos decir que el derecho de representación previsto para los casos de indignidad (art. 761 CC), desheredación justa (art. 857 CC) y preterición (art. 814 CC) prevalece sobre la sustitución vulgar.

Así pues, los descendientes del hijo indigno o desheredado ocuparán el lugar de éste en la legítima a partes iguales, y en el caso de premuerte, ocuparán su lugar en la porción que le hubiera correspondido a su padre no preterido, sin que el testador pueda alterarla en beneficio de uno de ellos como sustituto vulgar, y mucho menos en beneficio de un sustituto extraño.

d) *Sustitución vulgar y repudiación de un legitimario.* Si un legitimario repudia su legítima, su parte corresponderá a los colegitimarios sin que pueda aplicarse el derecho de acrecer. El ap. 2º del art. 985 CC dispone: «Si la parte repudiada fuere la legítima, *sucederán en ella los coherederos por su derecho propio,* y no por el derecho de acrecer».

Debe además recordarse que el art. 929 CC dispone: «No podrá representarse a una persona viva *sino en los casos de desheredación o incapacidad*». No ha lugar, por tanto, a plantearse una posible aplicación del derecho de representación. Se trata aquí de proteger la legítima, y el que repudia lo hace por sí y por su estirpe. Por tanto, no es posible aplicar a la legítima una posible sustitución vulgar, aunque el testador haya previsto que los sustitutos vulgares sean los descendientes del repudiante [STS (1ª) 10 julio 2003 (ECLI:ES:TS:2003:4886) y RDGSJFP 18 enero 2022 (BOE núm. 40, de 16 de febrero, págs. 19745 y ss.)].

3. LA SUSTITUCIÓN FIDEICOMISARIA

3.1. Concepto

Según el art. 781 CC: «*Las sustituciones fideicomisarias en cuya virtud se encarga al heredero que conserve y transmita a un tercero el todo o parte de la herencia, serán válidas y surtirán efecto siempre que no pasen del segundo grado, o que se hagan en favor de personas que vivan al tiempo del fallecimiento del testador»*.

El precepto peca de algunas inexactitudes. El heredero no tiene un simple «encargo» de conservar y transmitir los bienes de la sucesión. Hay siempre una llamamiento a la sucesión a otra persona para después del primer heredero, que constituye un verdadero gravamen. Además, el segundo llamado no recibe los bienes del primero. Ambos son herederos del testador, por lo que suceden al testador tanto el primer llamado como el segundo. El art. 82 RH es muy claro al respecto: «*En las inscripciones de herencia o legado con sustitución fideicomisaria que se practiquen a favor de los fiduciarios, se hará constar la cláusula de sustitución. Cuando los bienes pasen al fideicomisario se practicará la inscripción a favor de éste en virtud del mismo título sucesorio y de los que acrediten que la transmisión ha tenido lugar*».

Las personas que intervienen en la sustitución fideicomisaria, además del causante que la ordena (*fideicomitente*) son:

— *Fiduciario* es el primer heredero, que adquiere los bienes con el encargo de transmitirlos a los ulteriormente llamados. También se denominan fiduciarios a los segundos o ulteriores llamados con ese mismo encargo (dentro de los límites a los llamamientos establecidos legalmente).

— El *fideicomisario* es el último de los llamados que adquiere los bienes sin ningún tipo de carga en cuanto a su conservación o transmisión.

Se denominan *bienes fideicomitidos* a los bienes que reciben los fiduciarios con la carga de transmitirlos a los ulteriormente llamados.

Como las sustituciones fideicomisarias suponen la vinculación temporal de unos bienes (que hay que conservar y, después, transmitir), el CC establece una limitaciones al número de llamamientos (art. 781 CC), y exige que se hagan de manera expresa (o al menos inequívoca en el sentido del art. 785.1° CC).

Las *diferencias entre la sustitución vulgar y la fideicomisaria* son muy claras:

1) Mientras en la vulgar existe en definitiva alguien favorecido (*en defecto de*), en la fideicomisaria existen varios beneficiarios sucesivos (*después de*).

2) La sustitución fideicomisaria debe establecerse expresamente o de manera inequívoca (art. 783 y 785 CC) y tiene límites en el número de

llamamientos (art. 781), mientras que esas restricciones no existen en la vulgar, que puede ser tácita y comportar llamamientos subsidiarios sin límite.

3.2. Presupuestos

En toda sustitución fideicomisaria deben concurrir tres presupuestos que han sido puesto de relieve por la jurisprudencia:

1) Un llamamiento (doble o múltiple) a varias personas, realizado de manera inequívoca.
2) La imposición de un gravamen al primer llamado (fiduciario) para que transmita los bienes fideicomitidos al llamado o llamados en segundo lugar.
3) El establecimiento de un orden sucesivo y cronológico en los llamamientos para suceder en los bienes fideicomitidos.

3.3. Límites en los llamamientos

Según el art. 781 CC, la ordenación de una sustitución fideicomisaria será válida y surtirá efecto siempre que no pase del segundo grado, o que se haga en favor de personas que vivan al tiempo del fallecimiento del testador.

La palabra «grado» que se utiliza en este precepto, no debe entenderse referida a grado de parentesco en el sentido del art. 915 CC, sino como llamamientos, es decir, como transmisiones. Por ello es posible llamar al fiduciario y a dos fideicomisarios, ya que el primer instituido (fiduciario) se excluye del cómputo de llamamientos. Así lo ha reconocido el TS en numerosas sentencias.

Si el testador no respeta este límite y realiza llamamientos más allá del límite legal no se anula el testamento. Tampoco provoca la nulidad de la sustitución, excepto naturalmente la institución del primer llamado. Lo que debe hacerse es reducirla en lo que exceda del límite legal, que se tendría por no puesto. Esta es la solución que consagra de una manera un tanto confusa el art. 786 CC: «*La nulidad de la sustitución fideicomisaria no perjudicará a la validez de la institución ni a los herederos del primer llamamiento; sólo se tendrá por no escrita la cláusula fideicomisaria*». Aunque el precepto se refiere sólo al primer llamamiento, la mayoría de la doctrina considera que se deben permitir dos sustituciones o dos llamamientos, de manera que serían ineficaces exclusivamente los llamamientos que sobrepasen ese límite.

La limitación del art. 781 CC pretende evitar una vinculación perpetua de los bienes fideicomitidos, o que sea tan prolongada en el tiempo que se limite la libre circulación de los bienes. Por este motivo no plantean problemas los llamamientos sucesivos a favor de personas que vivan al tiempo del fallecimiento del testador. Como se trata de personas que viven de manera simultánea no existe el riesgo de que se prolongue demasiado la vinculación de los bienes fideicomitidos.

3.4. Clases

Las sustituciones fideicomisarias pueden ser clasificadas en función de diversos criterios, dando lugar a la aplicación de un régimen jurídico diferente, según los casos.

3.4.1. En relación al momento en que deben restituirse los bienes fideicomitidos

En función del momento en que deben restituirse los bienes fideicomitidos, y de que exista o no certeza sobre la llegada de ese momento, se distingue entre sustitución fideicomisaria a término y condicional. En uno y otro caso el fideicomisario deriva sus derechos del testador, y no del fiduciario.

Si la sustitución fideicomisaria se somete a *término* la entrega de los bienes tendrá lugar con la llegada del día señalado. También se considera a término la sustitución que tome como referencia la muerte del fiduciario. En ambos casos, si el fideicomisario fallece antes que el fiduciario, transmite su derecho a sus herederos (art. 784, en relación con el art. 799 CC).

Si la sustitución fideicomisaria se somete a *condición* la restitución de los bienes dependerá de que se cumpla un evento futuro e incierto. En tal caso el fideicomisario ha de ser capaz para suceder cuando la condición se cumpla. En caso contrario no transmite nada a sus herederos (art. 759 CC). La jurisprudencia es reiterada en el sentido de que el art. 784 CC no se aplica a las sustituciones fideicomisarias sometidas a condición.

3.4.2. La sustitución «si sine liberis decesserit»

Dentro de la sustitución fideicomisaria condicional es muy frecuente la denominada si *sine liberis decesserit* (si mueres sin hijos), en la que se designan fideicomisarios solo para el caso de que el fiduciario fallezca sin hijos [STS (1ª) 12 febrero 2002 (ECLI:ES:TS:2002:900)]. Si se cumple la condición, es decir, si fallece sin hijos, los bienes los recibirá el fideicomisario. En definitiva, salvo que el testador disponga otra cosa, debe entenderse que los hijos están en la condición y no en la sustitución.

Ello quiere decir que, si tiene hijos, éstos no acreditan derechos como fideicomisarios por no cumplirse la condición negativa, y el fiduciario puede disponer libremente de los bienes como pleno propietario, pues ya no se aplica la sustitución.

Por ejemplo: el testador instituye a Andrés, como fiduciario, y a Susana, como fideicomisaria, sólo para el caso de que Andrés fallezca sin hijos. Si Andrés tiene un hijo (Jorge), ni Susana, ni Jorge son fideicomisarios, y no tienen ningún derecho sobre los bienes fideicomitidos. Al no haberse cumplido la condición para que se entendiera llamada la fideicomisaria, Andrés deviene pleno propietario y puede disponer libremente de los bienes como propios. Su hijo Jorge aparecía en la condición, pero no como beneficiario de la sustitución. Por ello, ni siquiera hay que examinar su capacidad respecto al causante fideicomitente.

3.4.3. Sustitución fideicomisaria ordinaria y de residuo

Desde otra perspectiva, en función de las facultades del fiduciario sobre los bienes fideicomitidos, se puede hablar de sustitución fideicomisaria *ordinaria*, caracterizada porque el fiduciario tiene la obligación de conservar los bienes para su entrega a los fideicomisarios (art. 781 CC); y de sustitución fideicomisaria *de residuo*, en la que el fiduciario tiene cierto poder de disposición sobre los bienes, de manera que los fideicomisarios sólo recibirán los que queden (admisible al amparo del art. 783 CC cuando dice «*salvo el caso en que el testador haya dispuesto otra cosa*»). El fideicomiso de residuo plantea unos problemas específicos, que son analizados en el § 3.8.

3.5. Posición jurídica del fiduciario y del fideicomisario

3.5.1. Fiduciario

El fiduciario es un heredero. Así se desprende de los arts. 781, 785 y 786 CC. Se hace, por tanto, propietario de los bienes fideicomitidos, aunque lo sea con carácter temporal (hasta que llegue el plazo fijado para la transmisión) o condicional (hasta que se produzca el evento que da lugar a la transmisión). Como propietario hace suyas las accesiones y los frutos (art. 353 y 354 CC), sin que pueda ser asimilado a un mero usufructuario (que, además, en cuanto tal no puede ser considerado como heredero).

No obstante, ese carácter temporal o condicional de la propiedad implica una serie de limitaciones, ya que tiene la obligación de conservar los bienes y administrarlos diligentemente para poder restituirlos a los fideicomisarios.

La obligación principal del fiduciario es la de conservar los bienes fideicomitidos. La diligencia exigible (art. 1094 CC) depende de la naturaleza de los bienes y está en función de su ulterior entrega. Ello implica la necesidad de hacer gastos de conservación o reparación de los bienes, que serán en todo caso de su cuenta. Según el art. 783 CC solo pueden deducirse las cantidades «*que correspondan por gastos legítimos, créditos y mejoras, salvo el caso en que el testador haya dispuesto otra cosa*».

Entre los gastos legítimos sólo deben incluirse los gastos de conservación extraordinarios, pero no los ordinarios derivados del uso y disfrute en su propio beneficio. En cuanto a los créditos deducibles se incluyen los que ostentaba el fiduciario contra el causante, que se consideran como no extinguidos por confusión por el carácter temporal de su adquisición.

Por lo que se refiere a la responsabilidad por deudas y cargas de la herencia cabe defender dos posturas:

a) Al ser heredero con carácter temporal, responde de las mismas de manera limitada, en función del tiempo en que sea propietario. Esta postura no es admisible ya que dejaría desprotegidos a los acreedores, que verían aplazados el pago de sus créditos sin ninguna cobertura legal.

b) Responde frente a los acreedores ilimitadamente (o con los límites del beneficio de inventario), pero al tratarse de un gasto legítimo, podrá exigir su completa restitución al fideicomisario en el momento de la restitución. Entendemos que esta es la postura correcta.

La facultad de disposición sobre los bienes fideicomitidos es discutida. En principio, debería negarse, pues si tiene que restituir los bienes no podrá disponer de los mismos, salvo que tenga el consentimiento de los fideicomisarios. No obstante, como destaca Lacruz, la obligación de conservación no implica una prohibición de disponer, sino solo una limitación a la facultad de enajenar en cuanto puede perjudicar el derecho de los fideicomisarios. En este sentido, se ha mantenido la posible aplicación analógica del ap. 3º del art. 186 CC, que permite al representante del ausente enajenar los bienes del ausente en caso de necesidad o utilidad evidente, con la preceptiva autorización judicial, que ha de determinar el empleo de la cantidad obtenida.

Debe entenderse que cabe la enajenación de los bienes con sujeción a los límites temporales o condicionales de la titularidad del fiduciario, de lo que debe dejarse constancia a efectos de terceros adquirentes. Para que se puedan transmitir los bienes fideicomitidos como libres se debe contar con el consentimiento de los fideicomisarios.

Por lo que se refiere a los arrendamientos concertados por el fiduciario, dado que tiene una propiedad temporal, en principio se resolverán al extinguirse su derecho (art. 480 CC, por analogía). No obstante, deben tenerse presentes la especialidades contenidas en la legislación especial sobre arrendamientos urbanos y rústicos (art. 13 LAU y art. 10 LAR).

3.5.2. Fideicomisario

La situación jurídica del fideicomisario es diferente dependiendo de que su llamamiento dependa o no del cumplimiento de una condición.

Cuando no depende del cumplimiento de ninguna condición, el fideicomisario adquiere su derecho a la herencia desde el momento de la apertura de la sucesión y lo transmite a sus herederos si muere antes de que tenga lugar la restitución (art. 784 CC). Hasta entonces puede ejercitar todos los derechos y acciones en defensa de su derecho (por ejemplo, impugnar las enajenaciones del fiduciario hechas fuera de los límites de la sustitución).

Cuando el llamamiento al fideicomisario está sometido a condición, éste sólo tiene una expectativa de consolidar su adquisición. Si muere antes de que la condición se cumpla no transmite su derecho a sus herederos (art. 759 CC). Por analogía con el art. 1121 CC cabe defender que el fideicomisario puede ejercitar las acciones procedentes para la conservación de su derecho. Es posible solicitar la realización de un inventario de los bienes fideicomitidos y exigir garantías para asegurar la efectividad de su futuro derecho (argumento *ex art.* 805 CC).

En ambos casos el art. 82 RH permite exigir que, en la inscripción en el Registro de la Propiedad, conste la cláusula de sustitución, que garantiza la posición del fideicomisario al advertir a los terceros de la existencia del gravamen.

Una vez que se cumplan el término o la condición impuestas, y tras aceptar la delación a su favor, el fideicomisario se convierte en heredero definitivo. Está legitimado para pedir la posesión de los bienes al fiduciario o a sus causahabientes. Desde el punto de vista registral, el art. 82 RH dispone que «*cuando los bienes pasen al fideicomisario se practicará la inscripción a favor de éste en virtud del mismo título sucesorio y de los que acrediten que la transmisión ha tenido lugar*».

Desde la perspectiva de la responsabilidad por deudas y cargas de la herencia, su responsabilidad depende de que haya aceptado pura y simplemente o a beneficio de inventario. Generalmente recibirá una herencia ya liquidada por el fiduciario. Ya hemos destacado que, al tratarse de un gasto legítimo (art. 783 CC), podrá exigir su completa restitución al fideicomisario en el momento de la restitución.

3.6. Sustitución fideicomisaria y legítimas

Como se analiza en la Lección 16 (§ 1.4.2), aunque la sustitución fideicomisaria por regla general no puede gravar la legítima, el art. 782 CC la admite cuando existen legitimarios descendientes y recae sobre el tercio destinado a mejora, que sólo puede hacerse en favor de descendientes, como fideicomisarios (*vid.* igualmente el art. 813 CC).

Pero, además, puede incluso gravar la legítima estricta si se hace en beneficio de uno o varios hijos del testador que se encuentren en una situación de discapacidad. Según el art. 808 CC (al que se remite el art. 782 CC), en tal caso el testador puede establecer una sustitución fideicomisaria que grave la legítima estricta de los demás legitimarios sin discapacidad, siendo fiduciarios los hijos o descendientes con discapacidad y fideicomisarios los demás. Esta cuestión será estudiada en la Lección 15 (§ 5.2.3).

3.7. Extinción de la sustitución fideicomisaria

De modo natural la sustitución fideicomisaria se extingue al llegar el momento en que han de restituirse los bienes al fideicomisario. Se dice entonces que la sustitución se purifica, pues adquiere ya los bienes el último de los fideicomisarios. Pero además cabe plantear otras situaciones más complejas.

Utilizando conceptos que hemos estudiado en la Lección 4, si el fideicomisario no puede heredar (por premoriencia, indignidad, incapaz para suceder, o por no cumplirse la condición) o repudia la herencia, salvo que otra cosa haya dispuesto el testador, el gravamen se purifica y el fiduciario consolidad la plena y definitiva propiedad de los bienes.

En cambio, cuando el fiduciario no llega a ser heredero, el TS entiende que toda sustitución fideicomisaria implica una *sustitución vulgar implícita*, de manera que, en lugar de abrir la sucesión intestada, el fideicomisario puede adquirir los bienes desde el momento de la apertura de la sucesión del testador fideicomitente. En la RDGSJFP de 15 julio 2021 (BOE núm. 180, de 29 julio, págs. 91641 y ss.) se destaca que la sustitución fideicomisaria prevalece sobre el derecho de transmisión de los herederos del fiduciario.

3.8. El fideicomiso de residuo

La figura del fideicomiso de residuo constituye una sustitución fideicomisaria especial, en la que se atribuyen al fiduciario facultades de disposición sobre los bienes fideicomitidos. Su admisión se justifica en el inciso final del art. 783 CC cuando excepciona los casos en que «*el testador haya dispuesto otra cosa*».

En función de la amplitud de la facultad de disposición que el testador permita sobre los bienes se pueden distinguir dos tipos de fideicomiso de residuo.

a) Fideicomiso *de eo quod supererit* («de lo que quede»). En este caso, el fideicomisario debe recibir necesariamente algunos bienes de los bienes fideicomitidos, pues el testador no ha autorizado al fiduciario a disponer de todos los bienes.

b) Fideicomiso si *aliquid supererit* («si queda algo»). En tal caso el testador no ha impuesto límites a la facultad de disposición del fiduciario, de manera que el fideicomisario puede llegar a no recibir nada, o lo que quede si es que no se dispuso de la totalidad de los bienes.

Todo depende, pues, de la amplitud de las facultades dispositivas que haya permitido el testador, y de si éste ha restringido de algún modo los actos de disposición permitidos (por ejemplo, autoriza para disponer *inter vivos* sólo a título oneroso, y no a título gratuito; o autoriza los actos de disposición sólo en caso de necesidad). En la duda, procede una interpretación restrictiva (lo que implica favorecer que los bienes se queden en la herencia). Por ello, en la jurisprudencia se entiende que la facultad de disponer *inter vivos* a título gratuito se debe otorgar expresamente [SSTS (1ª) 12 febrero 2002 (ECLI:ES:TS:2002:900), 30 octubre 2012 (ECLI:ES:TS:2012:9156), y RRDGSJFP 6 septiembre 2022 (BOE núm. 247, págs. 139951 y ss.) y 13 diciembre 2023 (BOE núm. 16, de 18 enero 2024, págs. 6722 y ss.)].

En la jurisprudencia ha sido habitual identificar el fideicomiso de residuo con una sustitución condicional. Desde luego en el fideicomiso *de eo quod supererit* no cabe apreciar la existencia de ninguna condición, porque el llamamiento al fideicomisario es cierto, recayendo la incertidumbre exclusivamente sobre el *quantum* de los bienes que va a percibir finalmente el fideicomisario. Tampoco parece que pueda hablarse de condición en el fideicomiso si *aliquid supererit*, porque no es su calidad de sustituto lo que está sometido a condición, sino la cuantía de los bienes que va a recibir, que pueden no existir, pero que no impide con ello que se convierta en heredero.

Los llamados al residuo disponen de las acciones procedentes para la protección de su derecho, de manera especial la de impugnar los actos de disposición del fiduciario que no se ajusten a las previsiones del testador.

3.9. Sustitución preventiva de residuo

Diferente del fideicomiso de resido es la figura de la sustitución preventiva de residuo. En ella, al primer llamado (sustituido) se le concede un poder de disposición ilimitado, que incluye no solo los actos *inter vivos*, tanto a título oneroso como gratuito, sino también los actos *mortis causa* [STS (1ª) 12 febrero 2002 (ECLI:ES:TS:2002:900)]. Se habla de sustitución «preventiva» porque con ella el testador pretende evitar la sucesión intestada del sustituido, pues únicamente si éste no ha dispuesto ni *inter vivos* ni *mortis causa*, adquirirá los bienes el sustituto. Frente a lo que ocurre en la sustitución fideicomisaria, en la sustitución preventiva de residuo no hay un orden sucesivo de llamamientos: se designa solo al primer llamado, y únicamente si este no dispone de los bienes *inter vivos*, ni designa un sucesor *mortis causa* (para lo que tiene completa libertad), en prevención de esta circunstancia, adquirirá los bienes el sustituto. La delación a favor de éste opera si quedan bienes (residuo) de los que no haya dispuesto ni *inter vivos* ni *mortis causa* el instituido.

Como se afirma en la RDGSJFP 12 diciembre 2023 (BOE núm. 16, de 18 enero 2024, págs. 6685 y ss.), el fideicomiso de residuo permite la enajenación *inter vivos*, pero no la *mortis causa*, mientras que la sustitución preventiva de residuo únicamente operará en caso de que, no habiendo dispuesto de los bienes *inter vivos*, el sustituido no hubiese nombrado sucesor testamentario. Se aprecia así que el fundamento de la sustitución preventiva de residuo es distinto al de la sustitución fideicomisaria (dentro de la cual se incluye al fideicomiso de residuo). En la sustitución fideicomisaria, esencialmente, el causante pretende mantener un patrimonio dentro de su círculo familiar. En la sustitución preventiva de residuo, el testador lo que intenta evitar es únicamente la sucesión intestada con respecto a los bienes procedentes de su patrimonio, de los que su heredero o legatario no haya dispuesto.

La sustitución preventiva de residuo tiene una regulación específica en el 426-59 CCCat. Aunque el CC no la regula, es admitida sobre la base del principio de autonomía de la voluntad, entre otras en las SSTS (1ª) 2 septiembre 1987 (ECCLI:ES:TS:1987:8838) y 6 febrero 2002 (ECLI:ES:TS:2002:718), y en la SAP León (Secc. 2ª) 4 noviembre 2015 (ECLI:ES:APLE:2015: 986). Ha provocado cierta litigiosidad su inclusión cuando los cónyuges hacen testamento el mismo día en las RDGRN 26 junio 2017 (BOE núm. 173, de 21 julio, págs. 64050 y ss.), 19 diciembre 2019 (BOE núm. 63, de 12 marzo, págs. 24824 y ss.) y RDGSJFP 2 julio 2020 (BOE núm. 211, de 5 agosto, págs. 64026 y ss.). Se discute en ellas, con distintas soluciones, si puede afirmarse que el cónyuge que muere en último lugar ha ejercitado propiamente las facultades dispositivas mortis causa conferidas por su esposo/a en el testamento otorgado el mismo día, o si por el contrario debe considerarse que solo ejerce estas facultades si ha otorgado un testamento posterior disponiendo de los bienes de su esposo/a.

4. LA SUSTITUCIÓN PUPILAR

Según el art. 775 CC, «los padres y demás ascendientes podrán nombrar sustitutos a sus descendientes menores de catorce años, de ambos sexos, para el caso de que mueran antes de dicha edad». Parece claro que lo que se quiere evitar con esta sustitución es que se abra la sucesión intestada de los descendientes que no puedan testar por sí mismos (porque no tienen capacidad para hacer testamento en función de su edad: art. 663.1º CC). La sustitución pupilar se utiliza muy pocas veces en la práctica, frente al uso frecuente que se hacía de la sustitución ejemplar, antes de su derogación.

4.1. Naturaleza jurídica

El problema de la naturaleza jurídica de la sustitución pupilar es discutido en la doctrina. La disputa se centra en determinar: a) Si el sustituyente hace testamento por el menor de edad (al que se designa legalmente como sustituido), *abarcando* dicho testamento los *bienes que le deje el sustituyente y los que el menor de edad puedan tener* por otros títulos. b) Si lo que implica esta sustitución es simplemente la designación de un sucesor *en los bienes que le deje el sustituyente* al menor para el caso de que muera antes de los catorce años.

Es decir, estas dos posturas se mueven entre dos alternativas:

a) Considerar que se trata de un *testamento otorgado, no por el propio causante, sino por otra persona en su lugar.*

b) Entender que lo que se hace es regular una *sucesión ajena a través del mismo testamento del sustituyente, pero únicamente* en cuanto a los bienes comprendidos en la sustitución.

El efecto práctico de esta contraposición de teorías, es el siguiente:

a) Según la primera, la sustitución comprende *todos los bienes* del menor sustituido. Así pues, el ascendiente testa por el descendiente, de manera que el sustituto recibe la totalidad del caudal hereditario del sustituido.

b) Según la segunda, la sustitución *sólo comprende los bienes transmitidos* por el sustituyente al menor.

Por tanto, el sustituto recibe únicamente los bienes que el testador le haya dejado a su descendiente.

Como se puede ver las dos posturas presentan dificultades a nivel dogmático y práctico. La primera, porque el art. 670 CC (que establece que el testamento es un acto personalísimo) sólo admite las excepciones expresamente previstas en el CC. Y entre estas no aparecen el art. 775 CC. La segunda, porque no encaja con el art. 777 CC, que admite la validez de la sustitución pupilar *siempre que no perjudique la legítima de los herederos forzosos del sustituido*. Nótese que en este caso el sustituyente no dispone de los bienes del sustituido, sino de sus propios bienes, para los que designa un sustituto. Por ello, los legitimarios del sustituido no se ven perjudicados, ya que tales bienes no forman parte del patrimonio propio del sustituido, sino que siguen el cauce previsto por el sustituyente. Además, esta segunda postura se critica porque se puede llegar al mismo resultado *a través* de una sustitución fideicomisaria, que haría innecesario acudir a la sustitución pupìlar.

El TS considera mayoritariamente que la sustitución pupilar comprende todo el patrimonio del sustituido. Es decir, entiende que constituye una excepción al carácter personalísimo del testamento según el art. 670 CC.

Diferencias con la sustitución vulgar. Las diferencias entre la sustitución pupilar y la sustitución vulgar son claras: en la sustitución pupilar el destinatario último de la herencia sucede *no «en defecto del» sustituido* (menor de edad) porque no pueda o no quiera heredar, sino *después de éste*, pues el sustituido pupilar es incapaz para testar, pero no para heredar. Desde esta perspectiva la sustitución pupilar se asemeja más al funcionamiento de la sustitución fideicomisaria.

4.2. Sujetos: sustituyentes, sustituidos y sustitutos

Los sujetos que intervienen son el ascendiente (*sustituyente*), que sustituye al menor (*sustituido*), nombrando un heredero posterior (*sustituto*) al sustituido.

Sustituyentes:

Puede ser sustituyente cualquiera de los ascendientes. Lo que no se resuelve es el criterio de preferencia a aplicar en caso de que varios sustituyentes establezcan una sustitución. Si se sigue la segunda teoría (la de la sustitución sólo en los bienes que se le dejan al sustituido) no se plantean problemas, pues cada ascendiente aplicará la sustitución a sus bienes propios. Cuando se sigue la primera teoría (la del testamento sustitutorio), ni el CC ni la jurisprudencia que ha consagrado la tesis amplia resuelven la cuestión. La doctrina aporta soluciones diferentes: a) Considerar que debe prevalecer la sustitución del primer ascendiente que la haya utilizado. b) Considerar que debe prevalecer la del último ascendiente que la haya utilizado. c) Prevalece la del ascendiente que antes fallezca. d) Prevalece la sustitución de quien ejerza la patria potestad o la tutela sobre el menor. e) Prevalece la sustitución del ascendiente más próximo desde la perspectiva del parentesco. f) Diferenciar entre los bienes de los sustituyentes (en los que se prefiere a cada testador) y los del sustituido (por partes iguales).

Sustituidos:

En la sustitución *pupilar*, los sustituidos pueden ser todo tipo de descendientes siempre que sean «menores de catorce años» (art. 775 CC) y mueran antes de dicha edad.

Sustitutos:

Se puede designar sustituto a cualquier persona, sin que se precise que tenga parentesco con el sustituido. Pero es necesario que el sustituto sobreviva al sustituyente, e igualmente al sustituido. Además, debe tener capacidad para suceder al sustituido, que es su causante. Se puede designar a varios sustitutos, de forma conjunta, sucesiva o mixta (art. 778 CC).

4.3. Efectos

La sustitución no produce efectos en vida del sustituyente. Pero tras el fallecimiento de éste, el descendiente (sustituido) se convierte en heredero de aquel mediante aceptación, en su caso, de sus representantes legales. Tras el fallecimiento del sustituido, el sustituto se convierte en heredero de éste (del sustituido), no del sustituyente. Por ello recibe toda la herencia del menor, salvo que en el testamento se establezca lo contrario.

La corriente jurisprudencial de considerar al sustituto como heredero del sustituido, y no del sustituyente, concuerda con la regulación, a efectos tributarios, de la sustitución pupilar y ejemplar en el art. 26.f) de la Ley 29/1987, de 18 de diciembre, del Impuesto de Sucesiones: «En la sustitución vulgar se entenderá que el sustituto hereda al causante y en las sustituciones pupilar y ejemplar que hereda al sustituido».

Finalmente, salvo que otra cosa haya dispuesto el testador sustituyente, si el menor premuere a éste, puede entenderse que existe una sustitución vulgar tácita.

4.4. Extinción

Se considera causa de extinción que fallezcan antes que el sustituyente tanto el sustituido como el sustituto. Aparte de esta causa general, la sustitución *pupilar* se extingue cuando el descendiente cumpla catorce años (art. 775 CC), dado que a partir de ese momento puede otorgar testamento notarial (art. 663.1° CC), aunque no testamento ológrafo (art. 688 CC). La extinción se produce en el momento de cumplir los catorce años, sin que se precise que efectivamente otorgue testamento.

5. LA DEROGACIÓN DE LA SUSTITUCIÓN EJEMPLAR Y EL RÉGIMEN TRANSITORIO PREVISTO EN LA LEY 8/2021

La Ley 8/2021 derogó el art. 776 CC, que regulaba la denominada *sustitución ejemplar* en los siguientes términos: «El ascendiente podrá nombrar sustituto al descendiente mayor de catorce años, que, conforme a derecho, haya sido declarado incapaz por enajenación mental. La sustitución de que habla el párrafo anterior quedará sin efecto por el testamento del incapacitado hecho durante un intervalo lúcido o después de haber recobrado la razón». El funcionamiento y el régimen jurídico aplicable a esta sustitución era similar al de la sustitución pupilar del art. 775 CC. La designación de sustituto por el ascendiente se realizaba por el mismo motivo (falta de capacidad para testar del sustituido) cuando se hubiera incapacitado o modificado la capacidad de obrar del descendiente mayor de catorce años, con arreglo al régimen existente antes de la reforma del CC por Ley 8/2021.

Se discutía en qué momento debía producirse la incapacitación o la modificación judicial de la capacidad para que la sustitución fuera válida. El núcleo del problema venía siendo si el testamento otorgado por el sustituido, con anterioridad a la sentencia, impedía o no la eficacia de la sustitución ejemplar. Según el TS la declaración de incapacidad del sustituido no constituía una solemnidad testamentaria y podía hacerse antes o después del testamento del ascendiente, siempre que precediera al momento de la efectividad de la sustitución (*muerte del sustituido*), porque ninguna razón imponía privar a los ascendientes de esa facultad exigiendo que la incapacitación fuera previa. Pero era indudable que un testamento anterior de quien posteriormente era incapacitado, o veía modificada judicialmente su capacidad de obrar, impedía que tuviera efecto la sustitución. En definitiva, lo que determinaba la eficacia de la sustitución era la muerte del sustituido, sin haber otorgado —antes o después de su incapacitación o de la modificación judicial de su capacidad— testamento válido, evitando así la apertura de la sucesión intestada.

Por lo que se refiere a su extinción, el art. 776 CC sólo contemplaba dos causas para la sustitución *ejemplar,* relacionadas con la recuperación de manera transitoria o definitiva de la capacidad de testar: a) Por testamento del incapacitado durante intervalo lúcido (art. 665 CC). b) Por testamento «después de haber recobrado la razón». Parte de la doctrina sostenía que era suficiente con recobrar la razón, aunque no se llegara a hacer testamento, aunque la redacción del precepto inclinaba a interpretar que era preciso que se otorgara efectivamente testamento. Más discutible era si dejaba ineficaz la sustitución la revocación de la sentencia de incapacitación o de modificación judicial de la capacidad. A nuestro juicio esta era la solución más correcta (equiparable al supuesto en que el menor cumple catorce años y ya puede testar notarialmente), aunque el que recobraba la plena capacidad no otorgara testamento, pues desaparecía la circunstancia o requisito que permitía al ascendiente nombrar sustituto al descendiente.

Frente a la poca utilización que se hace en la práctica de la sustitución pupilar, la doctrina más reciente venía destacando las ventajas que aportaba la sustitución ejemplar como posible medio de protección de las personas con discapacidad. Y ello porque permitía al sustituyente disponer que los bienes dejados al sustituido, tras su muerte, pasasen al sustituto que le hubiera cuidado en vida, fomentando de esta manera que determinadas personas se ocuparan de aquel. Es más, el testador podía someter la institución del sustituto a la condición de cuidar y asistir a la persona con discapacidad. Desde esta perspectiva, valoramos la derogación del art. 776 CC para el futuro como una equivocación del legislador. Se ha puesto el énfasis en la idea de que esta sustitución suponía «testar por otro», por lo que se consideraba contraria a los principios inspiradores de la reforma. Pero se debería haber mantenido para los supuestos de discapacidad grave, en personas que no pueden comprender ni manifestar el alcance de este tipo de disposiciones (art. 665 CC). La desaparición de la sustitución ejemplar no sólo no va a beneficiar a estas personas, que no pueden expresar una voluntad testamentaria, sino que únicamente permitirá la aplicación de las reglas de sucesión intestada (de la persona con discapacidad). De esta manera, quien se ha ocupado de dicha persona no va a tener ninguna ventaja sobre otros parientes del mismo grado que no le hayan prestado ninguna atención o cuidado, o puede verse desplazada por parientes de un grado más próximo que en absoluto se han preocupado de su situación en vida.

Aunque el art. 776 CC ha sido derogado, es evidente que en el momento de entrar en vigor la Ley 8/2021 podían existir testamentos, válidamente otorgados, en los que se había incluido una sustitución ejemplar, con arreglo al sistema entonces vigente. La Disposición transitoria cuarta de la Ley 8/2021 establece un régimen transitorio especial para las sustituciones ejemplares realizadas en virtud del art. 776 CC. Este régimen es, literalmente, el siguiente: «Cuando se hubiera nombrado sustituto en virtud del art. 776 CC, en el caso de que la persona sustituida hubiera fallecido con posterioridad a la entrada en vigor de la presente Ley, se aplicará lo previsto en esta y, en consecuencia, la sustitución dejará de ser ejemplar, sin que pueda suplir el testamento de la persona sustituida. No obstante, la sustitución se entenderá como una sustitución fideicomisaria de residuo en cuanto a los bienes que el sustituyente hubiera transmitido a título gratuito a la persona sustituida».

Parece claro que las sustituciones ejemplares realizadas bajo el imperio de la normativa anterior sólo se van a aplicar en sus propios términos cuando la persona sustituida haya fallecido con anterioridad a la entrada en vigor de la Ley 8/2021. Así pues, para aplicar el régimen que se deroga, el fallecimiento del sustituido se tiene que haber producido antes del 3 de septiembre de 2021.

Si el fallecimiento tiene lugar a partir del 3 de septiembre de 2021, la sustitución ejemplar ordenada, deja de ser tal, y se transforma *ope legis* en una sustitución fideicomisaria de residuo, referida exclusivamente a los bienes que el sustituyente hubiera transmitido a título gratuito a la persona sustituida. El sustituido (persona con discapacidad) se convierte, pues, en fiduciario; y el sustituto en fideicomisario. Como se puede comprobar, el legislador prescinde de la interpretación mayoritaria del TS de considerar que la sustitución comprende *todos los bienes* de la persona con discapacidad sustituida, de manera que el sustituto recibe la totalidad del caudal hereditario del sustituido. Al transformarse en sustitución fideicomisaria de residuo, esta sustitución sólo puede comprender *los bienes transmitidos* por el sustituyente a la persona con discapacidad. Por tanto, el sustituto recibirá únicamente los bienes que el testador le hubiera dejado a su descendiente. No se especifica tampoco cuáles son los límites de las facultades dispositivas del sustituido. Aplicando los criterios jurisprudenciales anteriormente estudiados, debemos entender que se restringe a los actos *inter vivos* a título oneroso.

Ahora bien, la Disposición transitoria cuarta no se refiere sólo a los bienes dejados en el testamento, sino «a los bienes que el sustituyente hubiera transmitido *a título gratuito* a la persona sustituida», lo que literalmente incluye otras atribuciones *inter vivos* (básicamente, donaciones) realizadas al margen del testamento. Ello no puede significar que todas las donaciones realizadas con anterioridad por el ascendiente sustituyente a favor del sustituido queden incorporadas a esta sustitución fideicomisaria sobrevenida, de manera que reviertan igualmente a los fideicomisarios a la muerte del sustituido. Se tratará de donaciones ordinarias y la citada cláusula de reversión solo podrá haber sido prevista por el donante con las mismas limitaciones previstas para las sustituciones (art. 641 CC).

Podría entenderse que la transitoria se refiere a aquellas donaciones realizadas por el ascendiente con una cláusula de reversión equivalente a una sustitución ejemplar, al amparo del art. 641 CC, pero ello exigiría que las donaciones se hubieran realizado en su momento con este carácter. La interpretación más coherente con el sentido que inspira la reforma y la supresión de la sustitución ejemplar es la siguiente. Está claro que el legislador lo que ha querido es eliminar la posibilidad de que otra persona pueda suplir el testamento de la persona sustituida. Por ello, la nueva sustitución fideicomisaria en que se reconvierte la sustitución ejemplar no abarca todo el patrimonio del sustituido, sino exclusivamente los bienes que le hubiera transmitido el sustituyente. Es aquí donde se puede encontrar un equilibrio entre la voluntad expresada por el sustituyente al hacer testamento, y el texto de la Disposición transitoria. Como el ascendiente puede haber realizado donaciones al descendiente al margen de los bienes que le deja en testamento (al establecer la sustitución ejemplar), lo que pretende el legislador es someter al nuevo régimen las donaciones que ese mismo ascendiente hubiera realizado a favor del sustituido, que se conserven en su patrimonio. De esta manera la nueva sustitución no abarca todo el patrimonio del sustituido, sino que comprende exclusivamente los bienes transmitidos por el sustituyente a la persona con discapacidad, pero no solo los que le tramita en el testamento al ordenar la sustitución, sino también aquellos que le fueron donados por ese mismo ascendiente a título gratuito (y no los demás que integran el patrimonio del sustituido, que éste pueda tener por cualquier otro título).

BIBLIOGRAFÍA

ALBALADEJO GARCÍA, Manuel, *Sustituciones hereditarias*, Oviedo, 1956.

ÁLVAREZ ÁLVAREZ, Henar, «Las disposiciones testamentarias en beneficio de la persona c on discapacidad: la sustitución fideicomisaria», en ESPEJO LERDO DE TEJADA, Manuel – CERDEIRA BRAVO DE MANSILLA, Guillermo (Dir.), *La persona con discapacidad en el Derecho de sucesiones*, Aranzadi, Cizur Menor, 2023, págs. 355-373.

AMUNÁTEGUI RODRÍGUEZ, Cristina, *La sustitución ejemplar como medida de protección de la persona*, Reus, Madrid, 2018.

AMUNÁTEGUI RODRÍGUEZ, Cristina; MARTÍNEZ MARTÍNEZ, María, *Derecho de sucesiones y discapacidad. Retos y cuestiones problemáticas*, Fundación Coloquio Jurídico Europeo, Madrid, 2020.

BOTELLO HERMOSA, PEDRO, «La sustitución ejemplar y su incomprensible supresión en el Anteproyecto de Ley de 2018 por la que se reforma la legislación civil y procesal en materia de discapacidad», en MUÑIZ ESPADA, E. (Dir.), *Contribuciones para una reforma de la discapacidad. Un análisis transversal del apoyo jurídico a la discapacidad»*, La Ley, Wolters Kluwer, Madrid, 2020, págs. 397-419.

CÁMARA LAPUENTE, Sergio, La *fiducia sucesoria secreta*, Dykinson, Madrid, 1996.

CÁMARA LAPUENTE, Sergio (Coord.); MARTÍNEZ DE AGUIRRE ALDAZ, Carlos; DE PABLO CONTRERAS, Pablo; PÉREZ ÁLVAREZ, Miguel Ángel, *Curso de Derecho civil (V), Derecho de Sucesiones*, 2ª ed., Edisofer, Madrid, 2022.

CAÑIZARES LASO, Ana, *Comunidad hereditaria y transmisión en la empresa*, Tirant lo Blanch, Valencia, 2019.

DÍAZ ALABART, Silvia, E*l fideicomiso de residuo. Su condicionalidad y límites*, Bosch, Barcelona, 1981.

DOMINGO AZNAR, Antonio, *El fideicomiso y la sustitución fideicomisaria*, Marcial Pons, Madrid, 1999.

DOMÍNGUEZ LUELMO, Andrés (Dir.), *Comentarios al Código civil*, Lex Nova, Valladolid, 2010.

DOMÍNGUEZ LUELMO, Andrés, «Sustitución ejemplar y existencia de testamento válido otorgado por el sustituido antes de su incapacitación. Comentario a la RDGRN de 10 mayo 2018», *Cuadernos Civitas de Jurisprudencia Civil*, núm. 108, 2018, págs. 367-379.

DOMÍNGUEZ LUELMO, Andrés, «La sucesión *mortis causa* en los casos de premuerte y renuncia del instituido», *Revista Jurídica del Notariado*, núm. 117, 2023, págs. 11-84.

ESPEJO LERDO DE TEJADA, MANUEL, «La sustitución ejemplar en el Código civil español. Las reformas de la legislación civil para el apoyo a las personas con discapacidad», en CERDEIRA BRAVO DE MANSILLA, G.; PÉREZ GALLARDO, L.B. (Dir.), y GARCÍA MAYO, M. (Coord.), *Un nuevo Derecho para las personas con discapacidad*, Ediciones Olejnik, Santiago de Chile, 2021, págs. 435-458.

GETE-ALONSO Y CALERA, María del Carmen, «Las sustituciones hereditarias», en GETE-ALONSO Y CALERA, María del Carmen (Dir.), *Tratado de Derecho de Sucesiones*, I y II, 2ª ed., Civitas-Thomson Reuters, Cizur Menor, 2016, págs. 1001-1015.

GÓMEZ GÁLLIGO, Francisco Javier, «La sustitución fideicomisaria en la legítima estricta a favor del discapacitado», *Revista Crítica de Derecho Inmobiliario*, núm. 687, 2005, págs. 11-30.

LÓPEZ FRÍAS, Ana, «Repudiación de la herencia y sustitución vulgar: la atribución de la vacante sucesoria por renuncia en supuestos complejos», *Revista de Derecho Civil*, núm. 1, 2019, págs. 133-176.

MARTÍN MELÉNDEZ, María Teresa, *La sustitución fideicomisaria sobre la legítima estricta en presencia de incapacitados*, Dykinson, Madrid, 2010.

MORENO FLÓREZ, Rosa María, «La sustitución fideicomisaria a favor del incapacitado», en *Estudios de Derecho de Sucesiones, Liber Amicorum T.F. Torres García*, Wolters Kluwer-La Ley, Madrid, 2014, págs. 1003-1024.

MORETÓN SANZ, María Fernanda, «El contenido de la sustitución pupilar y cuasi pupilar o ejemplar: el patrimonio del menor de catorce años e incapacitados», *RCDI*, núm. 726, 2011, págs. 2292-2310.

NIETO ALONSO, Antonia, *Sustitución fideicomisaria de residuo, usufructo testamentario de disposición y donación: la atribución de facultades dispositivas y la repercusión de la situación de necesidad,* Wolters Kluwer, La Ley, Madrid, 2014.

SOLÉ RESINA, Judith, «Sustitución fideicomisaria en el Código civil», en GETE-ALONSO Y CALERA, María del Carmen (Dir.), *Tratado de Derecho de Sucesiones,* I y II, 2ª ed., Civitas-Thomson Reuters, Cizur Menor, 2016, págs. 1017-1049.

VALLET DE GOYTISOLO, Juan B., *Panorama del Derecho de Sucesiones, I, Fundamentos,* Civitas, Madrid, 1982; y *II, Perspectiva dinámica,* Civitas, Madrid, 1984.

LECCIÓN 14

EL ALBACEAZGO

Andrés Domínguez Luelmo
Catedrático de Derecho civil
Universidad de Valladolid

Henar Álvarez Álvarez
Catedrática de Derecho civil
Universidad de Valladolid

1. CONCEPTO, NATURALEZA Y FUNCIONES

Concepto: El testamento es un negocio *mortis causa*, pero sus efectos y el cumplimiento de las disposiciones en él contenidas queda sustraído al control del testador. En principio el cumplimiento y la ejecución de las disposiciones testamentarias corresponde a los herederos. Pero también el testador puede encomendar la ejecución de su última voluntad manifestada en testamento a una o varias personas, que reciben el nombre de albaceas. *El albacea es el ejecutor de la voluntad testamentaria, que se encarga de que tenga efectividad lo dispuesto en el testamento.* Debe cumplir de manera rigurosa la voluntad del testador.

El régimen jurídico del albacea se contempla en los art. 892 a 911 CC. Por el contrario, el CC no regula la ejecución testamentaria por los herederos. Si el heredero es único, no surgirán problemas de ejecución de la voluntad del testador. Pero si son varios, lo más lógico es entender que en esos casos, si no hay acuerdo unánime de los coherederos, bastará con el acuerdo mayoritario como regla de actuación, a los efectos de no paralizar la ejecución del testamento.

En cuanto a la capacidad que se exige para ser albacea, se requiere capacidad para obligarse (art. 893 CC). Algún sector doctrinal considera que puede serlo también el menor emancipado (el art. 247 CC lo equipara al mayor de edad), así como las personas jurídicas.

Naturaleza jurídica: Existen doctrinalmente varias teorías sobre la naturaleza jurídica del albacea. Unas consideran que el albacea es un mandatario *post mortem* del testador, lo cual es discutible porque se trataría en tal caso de un mandato unilateral, ya que no existe relación contractual entre el albacea y el testador y además son múltiples las diferencias con el mandato como contrato. Otras entienden que el albacea es un representante del causante, lo cual es difícil de aceptar porque representaría a una persona fallecida, carente de personalidad. Se ha defendido igualmente que el albacea es un gestor de negocios ajenos.

La tesis dominante es la que estima que el albacea es una institución propia, de naturaleza privada, que tiene caracteres particulares que impiden asimilarla a ninguna otra.

Funciones: Aunque la ley no lo exija expresamente, en la práctica el albacea suele ser una persona de la máxima confianza del causante, que vela porque las disposiciones testamentarias sean fielmente cumplidas. El testador le concede una serie de facultades que implican una limitación de las que, caso de no haberse nombrado albacea, corresponderían a los herederos. Esas facultades o funciones del albacea son las siguientes:

1) La función principal es cumplir y ejecutar la voluntad del causante contenida en el testamento. Si el testador se ha limitado a nombrarlo sin especificar sus funciones o tareas que le encomienda, asumirá las que la ley le impone con carácter general.

2) El albacea realiza también funciones de vigilancia en el cumplimiento de las órdenes dadas por el causante a terceras personas.

3) Igualmente se le pueden atribuir funciones como administrador de la herencia y como contador-partidor de los bienes.

2. CARACTERES

El albaceazgo se caracteriza por las siguientes notas:

1) Es un *cargo testamentario*: debe designarse por el causante en testamento. Sin embargo, no es preciso que sea designado en el testamento en el que el causante disponga de sus bienes (se le puede designar en otro). El nombramiento del albacea en testamento debe ser cierto, y le son aplicables las mismas reglas de la designación de heredero, admitiéndose incluso su designación bajo condición o término.

2) El desempeño del cargo de albacea es *gratuito*, pero el art. 908 CC permite al testador fijar la remuneración que tenga por conveniente. Si son varios albaceas, el importe de la remuneración fijada por el causante se repartirá entre todos los que hayan aceptado el cargo. En caso de que alguno no acepte o renuncie al cargo, su parte acrecerá a los demás (art. 908 CC).

Si realiza trabajos de partición u otros de carácter facultativo o profesionales en el ejercicio de sus funciones, tiene derecho a cobrar por ellos, pero solo en el caso de que ostente la condición de facultativo o profesional. Si no la ostentase, deberá encargar esos trabajos facultativos a un tercero.

Además, cuando la remuneración fijada por el testador para el albacea fuera excesiva, el exceso se computará como legado. A pesar de que el albaceazgo tenga carácter gratuito, si el albacea realiza gastos o desembolsos en el cumplimiento del encargo, tiene derecho a que se le reintegren, siempre y cuando se trate de gastos o desembolsos justificados y necesarios.

3) Es un *cargo voluntario*, pues la aceptación del mismo es voluntaria, aunque de forma indirecta la ley trata de imponerla, pues sanciona con la pérdida de lo que le hubiese dejado el testador si no acepta el cargo o si renuncia a él tras haber aceptado sin existir justa causa, salvo que tuviera derecho a la legítima (art. 899 y 900 CC). La aceptación puede ser expresa o tácita [cuando el albacea no rechaza el cargo dentro de los seis días siguientes a aquel en el que tenga noticia de su nombramiento, o si ya lo conocía, a los seis días desde que conoció la muerte del testador (art. 898 CC)].

Una vez aceptado el cargo, su desempeño es obligatorio (art. 899 CC). No obstante, se admite la renuncia alegando justa causa. La renuncia al cargo se realiza ante Notario o ante Letrado de la Administración de Justicia. A ellos les corresponderá determinar si existe o no justa causa para la renuncia. La alegación de justa causa solo es necesaria cuando se renuncia a seguir desempeñando el cargo. Si se trata de no aceptarlo, no es necesario fundamentarla ni invocarla ante Notario o ante Letrado de la Administración de Justicia, siendo suficiente manifestar con carácter formal la voluntad de no desempeñar el cargo de albacea [RDGRN 16 mayo 2011 (BOE núm. 136, de 8 junio, págs. 57417 y ss.)].

4) Tiene *carácter temporal*, ya que debe realizar su función en el plazo señalado por el testador (que puede fijar el plazo que estime conveniente, sin ninguna limitación) o en su defecto en el fijado por la ley.

Tanto el plazo fijado por el testador como por la ley son susceptibles de prórroga (art. 904 a 906 CC). El albacea debe obrar diligentemente, para evitar que la voluntad del testador quede indefinidamente pendiente de cumplimiento.

5) Es un *cargo de confianza*, por tanto *personalísimo*, al disponer el art. 909 CC que «no podrá delegar el cargo si no tuviese expresa autori-

zación del testador». Sin embargo, se admite que el albacea se apoye en otros colaboradores para ejecutar sus funciones.

El carácter personalísimo del albaceazgo lo hace intransmisible *mortis causa*, por lo que termina por la muerte del albacea, no pudiendo sus herederos continuar con las obligaciones del albacea (art. 910 CC). Ahora bien, si el albacea incurre en responsabilidad en el ejercicio de su cargo, dicha responsabilidad sí será transmisible a sus herederos y por tanto exigible.

3. CLASES DE ALBACEAS

Existen varios criterios de clasificación. Los más comunes distinguen entre albaceas universales y particulares; sucesivos, mancomunados y solidarios; testamentarios, legítimos y dativos.

Albaceas universales y particulares

El art. 894 CC distingue entre albacea universal y particular, en función de las facultades que el testador hubiera atribuido al albacea. Si tiene atribuidas facultades específicas y limitadas, será albacea particular. Pero si es designado para cumplir la voluntad del causante hasta la adjudicación y entrega de los bienes de la herencia y para ello goza de las más amplias facultades, será albacea universal. Si el testador nada dice, el albacea será universal, y tendrá las facultades que señalan los art. 902 y 903 CC.

Albaceas sucesivos, mancomunados y solidarios

El testador puede designar uno o varios albaceas. Si son varios, la designación puede realizarse conjuntamente o de manera sucesiva (actuando uno en defecto de otro estableciendo un orden para el caso de ineficacia, remoción o extinción).

Si hay pluralidad de albaceas, actúan de manera simultánea, ya sea solidaria o mancomunadamente. Su actuación será solidaria o mancomunada, dependiendo de si las facultades del cargo las puede ejercitar uno o bien si deben intervenir todos, respectivamente (art. 894.2 CC).

En caso de duda, se entienden nombrados mancomunadamente (art. 897 CC). Si los albaceas fueran mancomunados, los art. 895 y 896 CC establecen unas reglas para su actuación:

— En principio solo valdrá lo que hagan todos ellos de común acuerdo, o lo que haga uno de ellos siempre que esté autorizado por los demás.

— En caso de disidencia entre ellos, basta el acuerdo de la mayoría. La STS (1ª) 7 noviembre 2018 (ECLI:ES:TS:2918:3721), consideró válida la enajenación realizada por dos de los tres albaceas mancomunados, ya que el testador les había autorizado para vender los bienes de la herencia e integrar el precio obtenido en la dotación de una fundación que debían constituir (interpretando que no era necesaria la autorización del protectorado de la fundación).

— En casos de suma urgencia puede uno de los albaceas mancomunados practicar, bajo su responsabilidad, los actos que fueren necesarios, dando cuenta inmediatamente a los demás.

Albaceas testamentarios, legítimos y dativos

En rigor los únicos y verdaderos albaceas son los *testamentarios*, es decir, los designados por el testador en su testamento para ejecutar su voluntad.

Impropiamente, se denomina *albaceas legítimos* a los herederos cuando no hay albaceas, bien porque no aceptan el cargo o bien porque el testador no ha designado albacea en testamento. En realidad los herederos no actúan como albaceas, sino como sucesores del testador y deben cumplir lo dispuesto en testamento por él.

Se habla de *albacea dativo* en los supuestos de intervención y administración del caudal hereditario, donde el juez podrá nombrar a una persona para que efectúe y garantice el inventario y proceda a la administración del caudal hereditario (art. 790 y ss. LEC).

4. FACULTADES DEL ALBACEA

En principio habrá que estar a lo que haya designado el testador. El art. 901 CC dispone que los albaceas tienen todas las facultades que expresamente les haya conferido el testador. El causante tiene plena libertad para fijar esas facultades, siempre y cuando no sea contrario a la ley ni a los derechos de los herederos.

En general su principal obligación será vigilar la ejecución de todo lo que haya ordenado el causante en testamento, y deberá hacerlo con una diligencia media.

Las facultades del albacea en determinados ámbitos pueden estar limitadas por la ley. Así, a efectos del acceso a contenidos gestionados por prestadores de servicios de la sociedad de la información sobre personas fallecidas, el art. 96.1.c) de la Ley Orgánica 3/2018 dispone que el albacea testamentario (así como aquella persona o institución a la que el fallecido hubiese designado expresamente para ello) puede solicitar, con arreglo a las instrucciones recibidas, el acceso a estos contenidos con vistas a dar cumplimiento a dichas instrucciones. El albacea, y el resto de personas legitimadas para el acceso a los contenidos digitales por el art. 96 de esta ley (personas vinculadas al fallecido por razones familiares o de hecho, así como sus herederos), pueden decidir acerca del mantenimiento o eliminación de los perfiles personales de personas fallecidas en redes sociales o servicios equivalentes, salvo que así lo establezca una ley, o cuando el fallecido lo hubiese prohibido expresamente, o hubiera decidido acerca de esta circunstancia, en cuyo caso se estará a sus instrucciones (Lección 1, § 5.5).

Si el testador solo ha realizado su nombramiento, *sin especificar más*, el albacea tendrá las obligaciones y facultades previstas en el CC con carácter supletorio en los art. 902 y 903 CC (es decir, las denominadas *facultades legales*).

4.1. Facultades legales

1) Pagar los sufragios y el funeral del testador, siempre que la aceptación del cargo de albacea se haya producido en un momento que le permita ocuparse de ello. Realmente se trata de cargas de la herencia.

2) Satisfacer los legados que consistan en metálico, con el conocimiento y beneplácito del heredero. La obligación del pago de los legados que no sean metálico corresponde a los herederos. No obstante, el art. 885 CC admite que el testador pueda haber autorizado al albacea para la entrega de la cosa legada.

Si el testador gravó a un heredero o legatario con algún legado en metálico, el gravado deberá hacer el pago y el albacea supervisarlo.

3) Vigilar la conservación y custodia de los bienes hereditarios. Para ello tomará las medidas necesarias con intervención de los herederos presentes.

4) Sostener, siendo justo, la validez en juicio y fuera de él del testamento. Tiene legitimación activa para impugnar la validez de un testamento que fuera posterior a aquel en el que fue designado albacea.

5) Enajenar bienes hereditarios en caso de que fuera necesario para el pago de funerales y legados, *siempre y cuando los herederos no lo pagaran con su propio patrimonio* (art. 903 CC). En dicho precepto se prevé un orden de prelación para la enajenación de los bienes (primero se promueve la venta de los bienes muebles; y no alcanzando éstos, la de los inmuebles, con intervención de los herederos).

4.2. Facultades derivadas de la voluntad del testador

Se trata en ocasiones de facultades que, aunque no se recogen expresamente en el CC, hay que entenderlas implícitas en cuanto necesarias para desempeñar correctamente la función de albacea encomendada. El testador puede concederle una mayor o menor intervención en la ejecución de su voluntad, atribuyéndole incluso facultades que puedan exceder de las de una simple ejecución, y que constituyen actos de gestión y disposición sobre el caudal relicto. Las facultades más habituales son las siguientes:

a) Posibilidad de contar y hacer la partición de los bienes si el testador expresamente le atribuye esa facultad, respetando en todo caso las legítimas. Las SSTS (1ª) 5 julio 1947 (ECLI:ES:TS:1947:1722) y 5 enero 2012 (ECLI:ES:TS:2012:90) consideran que cuando el testador le confiere al albacea la facultad de hacer la partición no por ello ostenta dos cargos, sino solo el de albacea, en el que caben, conforme al art. 901 CC, cuantas facultades sean necesarias para cumplir las disposiciones testamentarias que no sean contrarias a las leyes.

b) Facultad de interpretar la voluntad del causante ya que, en caso contrario, no podría ejecutarla. La DGRN considera que el albacea, especialmente cuando se le atribuyen las funciones de contar y partir, tiene esta facultad de interpretar el testamento en el desempeño de sus funciones, por lo que en sede registral solo se puede rechazar esa interpretación si se prescinde de las pautas del art. 675 CC [RRDGSJFP 15 noviembre 2022 (BOE núm. 291, de 5 diciembre, págs. 166948 y ss.) y 19 septiembre 2023 (BOE núm. 256, de 26 octubre, págs. 141490 y ss.)].

c) El albacea tiene la consideración de poseedor de los bienes de la herencia, pues si no fuera así no podría cumplir con la obligación de conservación y custodia de los mismos.

d) El testador le puede atribuir la función de administrar la herencia, e incluso enajenar bienes y entregar su importe a los herederos, pudiendo también gravarlos con el objeto de cumplir los fines previstos por el testador [RDGSJFP 3 octubre 2022 (BOE núm. 261, de 31 octubre, págs. 148358 y ss.)].

e) Puede cancelar hipotecas, retirar depósitos bancarios, o destinar los bienes hereditarios a una determinada inversión.

f) Puede realizar operaciones de modificación hipotecaria, como divisiones o segregaciones necesarias para la partición, e incluso pagar excesos de adjudicación [RDGRN 27 mayo 2014 (BOE núm. 180, de 25 julio, págs. 59430 y ss.)].

g) Puede cobrar créditos, así como pagar deudas y legados.

h) Puede actuar incluso como amigable componedor entre los herederos.

i) Puede acreditar el cumplimiento o incumplimiento de condiciones a efectos de la práctica de inscripciones, siempre que se trate de hechos que queden acreditados [RDGRN 27 mayo 2014 (BOE núm. 180, de 25 julio, págs. 59430 y ss.)].

Por el contrario, el testador no puede atribuir al albacea facultades que sean contrarias a las leyes, como sería, por ejemplo, disposiciones que afectasen a la intangibilidad de las legítimas, o eximirle de la obligación de rendir cuentas de su gestión frente a los herederos.

Cuando el testador concede al albacea, sin más, las más amplias facultades para el desempeño de su cargo, habrá que estar a la naturaleza del acto de que se trate. La RDGSJFP 11 junio 2020 (BOE núm. 207, de 31 julio, págs. 61186 y ss.) considera que, en el caso de un albacea al que se encarga distribuir legados, entre las facultades que le corresponden está la de dividir horizontalmente el edificio a fin de configurar los distintos elementos susceptibles de aprovechamiento independiente, que eran objeto de atribución particular. La RDGRN 30 septiembre 2013 (BOE núm. 253, de 22 octubre, págs. 85858 y ss.) admite la inclusión en el cuaderno particional de los pisos concretos entregados a cada uno de los coherederos en ejecución de la voluntad del causante, procedentes de una permuta de solar por obra futura y de una división horizontal existente con anterioridad a su fallecimiento, por considerar tal determinación como un acto meramente instrumental para llevar a cabo la partición.

5. PLAZO PARA REALIZAR EL ENCARGO

El cargo de albacea es *temporal*. Debe cumplir el encargo de ejecutar las disposiciones testamentarias dentro de un determinado plazo de tiempo.

Ese plazo puede ser fijado *por el propio testador* (en cuyo caso no existe ninguna limitación en cuanto a la duración) o en su defecto *por la ley*.

El *dies a quo* o inicio del cómputo del plazo será el de la aceptación o desde que terminasen los litigios sobre la validez o nulidad del testamento o de algunas de sus disposiciones (art. 904 CC).

— *Si el testador señaló un plazo*, deberá el albacea ceñirse al mismo, pero si resulta insuficiente, puede el testador prever su prórroga, que durará lo que haya establecido el mismo, *y si no lo hubiera fijado*, se entenderá prorrogado por el plazo de un año. Si transcurrida esa prórroga no ha terminado de ejecutar la voluntad testamentaria, el Notario o el Letrado de la Administración de Justicia discrecionalmente podrán conceder otra (art. 905 CC).

— Si *el testador no fijó plazo* para el ejercicio del cargo de albacea, el plazo será de un año (art. 904 CC). En este caso de acuerdo con la doctrina mayoritaria podrá prorrogarse por un año más, aplicándose analógicamente el art. 905 CC.

— Según la STS (1ª) 29 marzo 2001 (ECLI:ES:TS:2001:2600) y la RDGSJFP 22 junio 2023 (BOE núm. 167, de 14 julio, págs. 102033 y ss.), la prórroga deberá solicitarse en todo caso antes de que se haya extinguido el albaceazgo por cumplimiento del período inicial o, en su caso, de las prórrogas.

Cabe destacar finalmente que, tanto si la duración ha sido fijada por el testador como si ha sido señalada por la ley, los herederos y legatarios de común acuerdo pueden prorrogar el plazo para el ejercicio del albaceazgo por el tiempo que consideren necesario. Si la prórroga solo fue acordada por la mayoría, no podrá exceder de un año (art. 906 CC).

6. EXTINCIÓN Y RENDICIÓN DE CUENTAS

La causa lógica de extinción del albaceazgo es el cumplimiento por parte del albacea de la misión encomendada por el testador [STS 1ª) 13 abril 1992 (ECLI:ES:TS:1992:3192)]. Según las SSTS (1ª) 11 junio 1955 (ECLI:ES:TS:1955:107) y 5 enero 2012, una vez otorgado el correspondiente cuaderno particional, cesan en su función los ejecutores testamentarios a quienes se haya otorgado dicha facultad. No obstante, el art. 910 CC recoge otros supuestos de extinción del albaceazgo. Son los siguientes:

1) *Muerte del albacea*. Al ser un cargo de confianza sus sucesores no pueden continuar en el cargo, salvo que así lo disponga el causante. A la muerte se equipara la declaración de fallecimiento. Si el albacea es persona jurídica, su extinción determina también la del albaceazgo.

2) *Imposibilidad física o jurídica para desempeñar el cargo* (ej.: modificación judicial de la capacidad del albacea, enfermedad duradera en el tiempo, etc.).

3) *Renuncia del albacea*, con o sin justa causa. Para renunciar no es preciso alegar justa causa, pero en ese caso perderá lo que el causante le haya dejado (art. 900 CC).

4) *Remoción del albacea*. Se trata de una resolución judicial que pone fin al albaceazgo por incumplimiento de sus obligaciones. El CC no establece ni las causas de remoción ni el procedimiento a seguir en ese caso. La doctrina entiende aplicables las mismas causas que determinan la remoción del tutor, curador o defensor judicial (arts. 223, 278 y 297 CC), así como por el hecho de incumplir los deberes impuestos por el testador. Legitimados para instar la remoción estarían los herederos y los legatarios. La remoción debe ser apreciada por el juez (art. 910 CC).

5) Por el *transcurso del plazo de duración del cargo*, así como de su prórroga.

Una vez que finaliza su actuación, uno de los deberes que le corresponden al albacea es rendir cuentas de su gestión. De acuerdo con el art. 907 CC la rendición de cuentas se realiza a los herederos y excepcionalmente al juez para el caso de que el nombramiento del albacea se hubiese realizado para dar a los bienes la inversión o distribución señalada por el testador (art. 671, 747 y 749 CC). El testador no puede exonerar al albacea de la obligación de rendir cuentas, pero los herederos pueden renunciar a exigirla. Los trámites procesales para la rendición de cuentas se recogen en el art. 91 LJV.

Junto a la rendición de cuentas, el albacea está obligado a restituir las cantidades o bienes hereditarios de los que tenga la posesión por razón de su cargo (art. 1720 CC, analógicamente).

Además, responde tanto del cumplimiento defectuoso como del incumplimiento, debiendo proceder a indemnizar los daños y perjuicios causados salvo que se hubieran producido por caso fortuito o fuerza mayor. La acción para exigir responsabilidad al albacea prescribe a los 5 años (art. 1964 CC).

BIBLIOGRAFÍA

Albaladejo García, Manuel, *El albaceazgo en el Derecho español*, Tecnos, Madrid, 1969.

Álvarez-Sala Walther, Juan, «Pasado y futuro del albaceazgo», RCDI, n.º 765, 2018, págs. 195 a 209.

Castán Vázquez, José María, «La constitución del albaceazgo», RDP, 1962, págs. 401 y ss.

Cobas Cobiella, María Elena, *El albaceazgo*, Aranzadi, Cizur Menor, 2007.

DOMÍNGUEZ LUELMO, Andrés (Dir.), *Comentarios al Código civil*, Lex Nova, Valladolid, 2010.

FERRER Y RIBA, Jordi, en GETE-ALONSO Y CALERA, María del Carmen (Dir.), *Tratado de Derecho de Sucesiones*, I, 2ª ed., Civitas, Thomson Reuters, Cizur Menor, 2016, págs. 725-787.

MARTÍNEZ GALLEGO, Eva María, «Análisis de la obligación esencial del albacea de rendir cuentas de la gestión realizada», en *Estudios de Derecho de sucesiones «Liber amicorum» Teodora F. Torres García,* VV. AA., Wolters Kluwer La Ley, Madrid, 2014, págs. 893 a 906.

PUIG FERRIOL, Luis, *El albaceazgo,* Bosch, Barcelona, 1967.

IV.

LIMITACIONES A LA LIBERTAD DE TESTAR

LECCIÓN 15

LAS LEGÍTIMAS (I) PROTECCIÓN DE LA LEGÍTIMA

Andrés DOMÍNGUEZ LUELMO
Catedrático de Derecho civil
Universidad de Valladolid

Henar ÁLVAREZ ÁLVAREZ
Catedrática de Derecho civil
Universidad de Valladolid

1. LEGÍTIMAS Y SISTEMAS DE LIBERTAD DE TESTAR

El CC parte del principio de libertad de testar del causante, pero impone una serie de restricciones a la misma cuando existen determinados parientes, denominados herederos forzosos o legitimarios. Según el art. 763 CC, «el que no tuviere herederos forzosos puede disponer por testamento de todos sus bienes o de parte de ellos *en favor de cualquiera persona que* tenga capacidad para adquirirlos». Pero seguidamente añade que el que tuviere herederos forzosos *sólo podrá disponer de sus bienes en la forma y con las limitaciones que* se establecen en la sección dedicada a las legítimas (arts. 806 a 822 CC). Las legítimas, por tanto, suponen una restricción a la libre disposición *mortis causa* del patrimonio de una persona.

El derecho a legítima sólo surge tras el fallecimiento del causante: en vida existe una mera expectativa de determinados parientes. Por ello el art. 816 CC declara nula toda renuncia o transacción sobre la legitima futura.

2. LA LEGÍTIMA EN EL CÓDIGO CIVIL: NATURALEZA JURÍDICA

La naturaleza jurídica de la legítima ha sido tradicionalmente objeto de debate. Aunque el art. 806 CC se refiere a ella como una porción de bienes *reservada por la ley*, no se atribuye de manera directa por la ley a los legitimarios. La discusión se ha centrado en si los legitimarios deben ser o no considerados en todo caso como herederos. Aunque por motivos históricos el CC denomine a los legitimarios «herederos forzosos», lo cierto es que éstos no tienen que recibir su legítima necesariamente investidos de la cualidad de herederos. Es minoritaria la postura de considerar la legítima *pars hereditatis* y sostener que el legitimario tiene derecho a una cuota en el activo y pasivo de la herencia.

El art. 806 CC nos dice que la legítima es una *porción de bienes*, y el art. 815 CC que se puede dejar «por cualquier título» (herencia, legado o donación). Por ello la postura mayoritaria en la doctrina y la jurisprudencia es que la legítima tiene naturaleza de *pars bonorum* [SSTS (1ª) 28 septiembre 2005 (ECLI:ES:TS:2005:5646), 7 noviembre 2006 (ECLI:ES:TS:2006:7778) y 21 octubre 2010 (ECLI:ES:TS:2010:7702); y RDGRN 11 enero 2018 (BOE núm. 23, de 26 de enero, págs. 10195 y ss.)]. Ello significa que, como regla general, la legítima debe ser pagada con bienes de la herencia, *in natura*, salvo en los supuestos en que el propio CC prevé que pueda pagarse con dinero extrahereditario (arts. 821, 841-847 y 1056.2), en cuyo caso, para los perceptores del metálico este derecho se transforma en *pars valoris bonorum*, tomando como referencia el valor de los bienes de la herencia [RDGRN 14 febrero 2019 (BOE, núm. 61, de 12 de marzo, págs. 23552 y ss.)]. El causante puede disponer *inter vivos* o *mortis causa* de los bienes, pero respetando la intangibilidad cualitativa y cuantitativa de la porción debida a los legitimarios, que pueden recibir por cualquier título apto el contenido patrimonial a que tienen derecho, y no solo como herederos. El legitimario del CC, a diferencia de lo que ocurre en los Derechos civiles de Cataluña y Galicia, no tiene un simple derecho de crédito (*pars valoris*), sino un derecho a recibir un determinado valor patrimonial *en bienes de la herencia*, sin que por ello tenga que responder necesariamente de las deudas de la herencia (sólo responderá si efectivamente es instituido heredero).

La legítima del CC se traduce así en ese derecho a recibir una cuota del activo líquido, deducidas las deudas. Pero esta afirmación no debe conducir a mantener que la legítima es un *tertium genus*, un tercer modo de suceder al lado de la sucesión testada e intestada (arts. 609, 658 y 1009 CC). Considerada la legítima como un conjunto de medidas de freno a la libertad de testar, lo que ocurre es que el legitimario, en cuanto que puede recibir su legítima o ser destinatario de un valor sin necesidad de ser nombrado heredero, no responde en estos casos de las deudas (ya que será legatario o donatario). Sólo cuando efectivamente se instituye heredero al legitimario, queda obligado al pago de las deudas, pero no en cuanto legitimario, sino en cuanto heredero. El legitimario dispone de una serie de facultades y medios para proteger su legítima:

1) *Desde el punto de vista formal*, destaca el derecho a ser tenido en cuenta en el testamento, aunque sea para desheredarlo, incurriéndose en caso contrario en preterición (art. 814 CC). En caso de desheredación injusta dispone de la acción que le concede el art. 851 CC.

2) *Desde el punto de vista material*, unas medidas protegen la integridad *cualitativa* de la legitima, en concreto la prohibición de imponer sobre ella gravámenes, condiciones y sustituciones de cualquier especie,

salvo las previstas en el art. 813 CC. En cuanto a las medidas protectoras de la integridad *cuantitativa* de la legítima se deben destacar: a) Derecho a pedir el complemento de la misma en los casos de asignación insuficiente (art. 815 CC). b) Derecho a pedir la inoficiosidad de las disposiciones testamentarias que mengüen la legítima (art. 817 CC), y de las donaciones en el mismo caso (arts. 654 y 819 CC). c) Derecho a impugnar los actos del causante realizados en fraude de la legítima.

Las disposiciones relativas a la legítima tienen carácter imperativo. En cuanto freno a la libertad dispositiva del causante se aplican igualmente en la sucesión intestada. Así, si la cuota que corresponde abintestato a uno de los legitimarios es insuficiente para cubrir su derecho, podrá pedir la reducción de las donaciones hechas en vida en la medida necesaria para recibir su legítima.

3. CUANTÍA DE LA LEGÍTIMA: DESCENDIENTES, ASCENDIENTES Y CÓNYUGE VIUDO

En el régimen del CC son legitimarios, en primer lugar, los hijos y descendientes. A falta de éstos, los padres y ascendientes. Y en todo caso (pudiendo concurrir con descendientes o ascendientes) el cónyuge viudo, siempre que no se halle separado del causante legalmente o de hecho. La legítima del viudo es en usufructo. La cuantía de la legitima es la siguiente: A) Hijos y descendientes tienen derecho a 2/3 del haber hereditario (arts. 808 y 823 CC). De estos 2/3, uno de ellos se puede utilizar como mejora para desigualar a los hijos. B) Padres y ascendientes tiene derecho a 1/2 del haber hereditario, si no concurren con el cónyuge del descendiente causante, y a 1/3 si concurren con dicho cónyuge (art. 809 CC). C) El cónyuge viudo tiene derecho al usufructo de 1/3 (el destinado a mejora) en concurrencia con descendientes; al usufructo de 1/2, si concurre con ascendientes; y al usufructo de 2/3 si no concurre con los anteriores, sino con extraños (arts. 834, 837 y 838 CC).

En el siguiente cuadro, se especifica la cuantía de las legítimas que corresponde en cada caso, es decir, la de los descendientes cuando concurren o no con el cónyuge del finado, la de los ascendientes, en igual caso, y finalmente la del cónyuge cuando concurre con descendientes, ascendientes o con extraños.

DESCENDIENTES		ASCENDIENTES		CÓNYUGE		
con cónyuge	sin cónyuge	con cónyuge	sin cónyuge	con descendientes	con ascendientes	con extraños
2/3	2/3	1/3	1/2	1/3 usufructo	1/2 usufructo	2/3 usufructo

4. CÁLCULO DE LA LEGÍTIMA

El CC cuantifica la legítima en función de determinados porcentajes del «haber hereditario», pero en realidad tales porcentajes van referidos a la *base de cálculo de la legítima* del art. 818 CC. Para realizar este cálculo el art. 818 CC obliga a tomar en consideración el caudal relicto, deducidas las deudas de la herencia, y a sumarle todas las donaciones realizadas en vida, para evitar precisamente que se puedan burlar los derechos de los legitimarios (las donaciones se suman de manera ficticia, no se exige desplazamiento patrimonial). El art. 818 CC se refiere a la legítima global, por lo que habrá que estar al tipo de legitimarios que concurran a la sucesión para fijar las legítimas de cada grupo de parientes. La operación del art. 818 CC es puramente contable a los efectos de saber si existe o no inoficiosidad [STS (1ª) 17 septiembre 2019 (ECLI:ES:TS:2019:2854)].

a) *Fijación del «relictum»*. En primer lugar debe atenderse al valor de todos los bienes relictos que queden a la muerte del testador. El precepto se refiere al activo *líquido*, pues del valor del *relictum* hay que deducir el pasivo de la herencia (tanto deudas como cargas). El pasivo afecta a los legitimarios, con independencia del título por el que el testador les atribuya su derecho, pues si es superior al activo no existirá legítima (salvo que se hayan hecho donaciones en vida). Los bienes relictos deben ser valorados en dos momentos. En primer lugar, en el de la apertura de la sucesión, para determinar si los bienes asignados por el testador cubren o no la cuota de los legitimarios. Pero como puede transcurrir mucho tiempo hasta la partición, deben volver a valorarse en este momento, al tiempo de liquidarles la porción correspondiente, para evitar que las fluctuaciones de valor puedan perjudicar sus derechos.

b) *Determinación del «donatum»*. El art. 818 dispone que al valor líquido de los bienes relictos se agregue el de las donaciones colacionables. El precepto utiliza impropiamente la expresión «colacionables», pues no se refiere a las que están sujetas a la *colación* en el sentido de los arts. 1035-1050 CC, sino a *todas* las donaciones realizadas en vida por el testador, operación que se denomina *computación*. No obstante, queda exceptuada de la computación la donación del derecho de habitación a favor de un legitimario que se encuentre en una situación de discapacidad (art. 822 CC). Además, las donaciones remuneratorias, onerosas y modales sólo son computables en lo que excedan del valor del servicio remunerado, o del gravamen o modo impuesto.

La estimación de los bienes donados se realiza teniendo en cuenta el estado físico que tuvieran al tiempo de la donación, pero según su valor en el momento en que se evalúen los bienes hereditarios, evitando con ello incluir en la valoración las mejoras introducidas por el donatario [SSTS (1ª) 22 febrero 2006 (ECLI:ES:TS:2006:728) y 10 diciembre 2009 (ECLI:ES:TS: 2009:7228)]. Y si se tratara de dinero, debe procederse a su actualización conforme al IPC [SSTS (1ª) 20 junio 2005 (ECLI:ES:TS:2005:3981) y 15 junio 2007 (ECLI:ES:TS:2007:5013)].

4.1. Computación e imputación de donaciones

La *computación* del CC se refiere a la suma ficticia del valor de *todas* las donaciones, tanto las realizadas a favor de legitimarios como a favor de extraños. Ya hemos destacado que esta operación puramente contable de sumar al *relictum* líquido el valor del *donatum* sirve para fijar la base de cálculo de la legítima global del grupo de legitimarios de que se trate. Pero para determinar si se ha cumplido con el deber correspondiente respecto de cada uno de los legitimarios, debe procederse a realizar una operación diferente: la *imputación* de lo recibido *inter vivos* o *mortis causa* por cada uno de los legitimarios a su cuota respectiva, a lo que se refieren los arts. 819, 825 y 828 CC [SSTS (1ª) de 15 febrero 2001 (ECLI:ES:TS:2001:1026), de 17 septiembre 2019 (ECLI:ES:TS:2019:2854) y 21 junio 2021 (ECLI:ES:TS: 2021:2367)]. Es posible así que no se aprecie ninguna lesión a la legítima global, con arreglo al art. 818 CC, pero que, dentro del colectivo de legitimarios, unos hayan recibido una porción superior en perjuicio de otros, lo que se pondrá de relieve con la imputación de lo recibido por cada uno de ellos a su cuota individual, sea a título de herencia, legado o donación.

A través de la *imputación* se colocan en la parte de legítima o en la parte libre las donaciones, legados e instituciones *ex re certa* realizados por el causante, tanto a favor de legitimarios como de extraños, con el objeto de comprobar si resultan o no inoficiosos, lo que en su caso dará lugar al ejercicio de la correspondiente acción de reducción. El art. 819 CC recoge las reglas relativas a la imputación de las donaciones realizadas en vida por el causante.

— Las donaciones hechas a *extraños* se imputan a la parte libre, cuya cuantía vendrá determinada por la clase de legitimarios que concurran (arts. 808, 809 y 834 y ss. CC). En cuanto excedan de la parte libre, las donaciones realizadas a favor de extraños se pueden reducir por inoficiosas (arts. 636 y 654 CC).

— Las donaciones hechas a favor de *legitimarios* se imputan a su legítima, y el exceso se imputa a la parte libre, si cabe en la misma. En caso contrario son inoficiosas.

El ap. 3º del art. 819 se aplica tanto en los casos en que la donación se ha hecho a favor de un extraño como de un legitimario [STS (1ª) 20 mayo 2006 (ECLI:ES:TS:2006:3345)]. La imputación presenta unos perfiles propios cuando se trata de la legítima de los descendientes, por lo que será tratada en la Lección 16.

4.2. Derecho de habitación sobre la vivienda habitual a favor del legitimario que se encuentre en una situación de discapacidad psíquica, física o sensorial

El art. 822 CC consagra un derecho de habitación sobre la vivienda habitual del causante a favor del legitimario que se encuentre en una situación de discapacidad psíquica, física o sensorial (a efectos de lo que debe entenderse por persona con discapacidad en este precepto hay que estar a la Disposición Adicional cuarta del CC).

El precepto regula dos maneras de atribuir este derecho: una voluntaria (a través de una donación o de un legado realizado por el titular de la vivienda habitual), y otra por ministerio de la ley.

a) Atribución voluntaria:

El titular de la vivienda habitual puede atribuir el derecho de habitación, en vida, a través de una donación, o vía testamentaria, para que tenga efectos a su muerte, por medio de un legado. La donación requiere que sea aceptada por el habitacionista, por sí, o con los apoyos que requiera, según los casos.

A efectos sucesorios, en ambos casos es preciso distinguir si, *en el momento del fallecimiento*, el legitimario en situación de discapacidad está o no conviviendo en esa vivienda con el disponente. Así pues, tanto la discapacidad como la convivencia deben existir en el momento de la apertura de la sucesión, aunque tales circunstancias no concurrieran en el momento de realizar la donación o el testamento.

— Si *hay convivencia*, el valor del derecho de uso donado o legado no se computa para el cálculo de las legítimas, por lo que estamos ante una excepción al art. 818 CC (la donación no se computa a efectos de una posible inoficiosidad), y el valor de lo legado se entrega al legitimario sin computárselo en su haber (a efectos prácticos es como si el valor del derecho de uso legado no formara parte del *relictum* para fijar la base de cálculo de la legítima). En definitiva, el art. 822 CC está reconociendo un nuevo derecho al legitimario en situación de discapacidad, que se añade a la legítima ordinaria de éste, y que en consecuencia repercutirá negativamente en la legítima de los demás. Entendemos por ello que a través del art. 822 CC pueden quedar gravadas las legítima estrictas del resto de los legitimarios.

— Si *no hay convivencia*, funcionan como cualquier otra donación o legado. Por lo tanto, la donación se computará al igual que todas las demás donaciones (art. 818 CC) y se imputará a la legítima del habitacionista (ap. 1° del art. 819 CC), pudiendo llegar a ser inoficiosa. El legado se imputará a la legítima del beneficiario, aplicándose la regla del art. 828 CC.

b) Atribución legal:

El mismo derecho de habitación se atribuye por ministerio de la ley al legitimario que se encuentre en la situación descrita, siempre que lo necesite y que estuviera conviviendo en la vivienda con el causante. No obstante, esta atribución legal no tendrá lugar si el testador ha dispuesto otra cosa (v.gr., contemplando una ventaja diferente para el legitimario con discapacidad) o lo ha excluido expresamente. El titular de este derecho no puede impedir que continúen conviviendo los demás legitimarios en la vivienda mientras lo necesiten. Como la atribución legal de este derecho solo está prevista para el caso de que exista convivencia con el causante, tampoco debe ser tenido en cuenta para al cálculo de las legítimas, en el sentido anteriormente indicado.

Este derecho es aplicable tanto en la sucesión testada como intestada, pero exige que concurra el estado de necesidad de la persona con discapacidad, de manera que a nuestro juicio se extinguirá cuando la persona con discapacidad ya no lo necesite (otra postura doctrinal considera que se trata de un derecho vitalicio o que durará al menos mientras subsista la situación de discapacidad).

El conocimiento y la información sobre la existencia de este derecho de origen legal revisten especial importancia: si el legitimario en situación de discapacidad no lo exige, por desconocerlo, quedará privado del mismo, ya que no quedará reflejado en la escritura de aceptación y partición de herencia.

El derecho de habitación es intransmisible (concuerda con el art. 525 CC) y no se puede hipotecar (art. 108.3° LH). Además es compatible con los derechos de atribución preferente que se reconocen al cónyuge casado en régimen de gananciales en los arts. 1406 y 1407 CC, en tanto se refieren a la vivienda habitual. El art. 1406.4° CC permite la atribución de la propiedad de la vivienda al cónyuge, lo que implicará que deba soportar el gravamen del derecho de habitación del legitimario en situación de discapacidad. Si por la vía del art. 1407 CC, el viudo solicita a su favor la constitución sobre la vivienda de un derecho de uso y habitación, ambos derechos deben coexistir, siendo la situación similar a la que existía en el momento de fallecer el causante, pues en ambos casos se exige el requisito de la convivencia, aunque puede producirse un conflicto de intereses entre ambos titulares.

A efectos de estos problemas de convivencia, debe tenerse presente que el cónyuge viudo puede no ser el progenitor del legitimario en situación de discapacidad. Además, el contenido del art. 822 CC no se circunscribe a los legitimarios descendientes, de manera que pueden ser titulares del derecho de habitación los ascendientes cuando sean legitimarios y se encuentren en situación de discapacidad, quienes compartirían el uso de la vivienda con su yerno o nuera (y el cónyuge viudo con sus suegros).

A efectos registrales debe tenerse en cuenta la doctrina contenida en las RRDGSJFP 3 marzo 2022 (BOE núm. 71, de 24 marzo, págs. 38163 y ss.) y 12 marzo 2024 (BOE núm. 80, de 11 abril, págs. 40438 y ss.), en el sentido de que no cabe que el derecho de habitación recaiga sobre una mitad indivisa de una vivienda, debiendo recaer sobre la totalidad de la misma. Se entiende que al ser consustancial al derecho de habitación la facultad de ocupar (físicamente) su titular en una casa ajena las piezas necesarias para sí y para las personas de su familia, no es posible que recaiga sobre una mitad indivisa de la casa [en este mismo sentido, la RDGRN 5 octubre 2015 (BOE núm. 259, de 29 octubre, págs. 101815 y ss.)].

5. INTANGIBILIDAD CUALITATIVA DE LA LEGÍTIMA

Dentro de las medidas de protección de la integridad cualitativa de la legítima, el art. 813.II CC prohíbe, como regla general, imponer sobre la legítima gravámenes, condiciones y sustituciones de cualquier especie. Ello incluye cualquier tipo de carga o limitación de carácter real o personal. Fuera de las excepciones a que se refiere este precepto (lo dispuesto en cuanto al usufructo del viudo y lo establecido en los artículos 782 y 808 CC) o las que se recogen en otros artículos del CC (así, el art. 822 CC permite gravar incluso la legítima estricta con un derecho de habitación en favor de otro legitimario en situación de discapacidad), si en el testamento se impone algún tipo de gravamen o condición, el legitimario puede considerarlo como no puesto.

En sentido técnico carecen de la consideración de gravámenes otras atribuciones patrimoniales que no son aptas cualitativamente para cubrir la legítima (v.gr., un legado de cosa ajena, o la atribución de un crédito contra el heredero). En tales casos, el legitimario puede aceptar voluntariamente esta atribución, u optar por reclamar su legítima en bienes de la herencia, pero no ambas cosas a la vez. Como se verá en la Lección 16 (§ 1.4.2) el art. 824 CC permite gravar la mejora, siempre y cuando los gravámenes se impongan a favor de los legitimarios o de sus descendientes.

5.1. Usufructo universal a favor del viudo y *cautela socini*

El art. 813.II CC admite expresamente los gravámenes relativos a lo dispuesto en cuanto al usufructo de viudo. Pero además, dentro de las reglas aplicables a la acción de reducción de disposiciones inoficiosas (§ 6.2 y 6.3), el art. 820.3° CC dispone que si un legado (o una donación, por remisión del art. 654 CC) consiste en un usufructo o renta vitalicia, cuyo valor se tenga por superior a la parte disponible, los legitimarios pueden «escoger entre cumplir la disposición testamentaria o entregar al legatario la parte de la herencia de que podía disponer libremente el testador». En el caso del usufructo, el precepto se refiere al valor de los bienes gravados con relación al computado a efectos de fijar las legítimas. Si se trata de renta vitalicia, debe capitalizarse para saber si sobrepasa o no la porción disponible. En este caso el legitimario puede optar entre recibir su legítima sin el gravamen y entregar al legatario sus derechos en la parte libre, o cumplir la disposición testamentaria.

Al amparo del art. 820.3° CC, la jurisprudencia ha admitido la denominada *cautela socini* (no regulada expresamente en el CC) que aparece de manera habitual en los testamentos otorgados por cónyuges con hijos (denominado en ocasiones como «testamento del uno para el otro»). Consiste en instituir herederos por partes iguales a todos los hijos, pero dejando el usufructo universal a favor del viudo, disponiendo a la vez que aquellos hijos que se opongan únicamente perciban su legítima estricta, acreciendo su parte a quien respete la voluntad del testador. Lógicamente ello tiene sentido cuando existen varios descendientes, de manera que se entienden mejorados los que respeten la voluntad del testador. Por ello es habitual añadir que, si todos se oponen, el cónyuge recibirá el tercio de libre disposición, en plena propiedad, además de su cuota viudal usufructuaria (lo que es aplicable cuando existe un único descendiente legitimario). De esta manera las legítimas de los descendientes, instituidos como nudos propietarios, quedan claramente gravadas con un usufructo sobre todos los bienes de la herencia. Pero la disposición tiene el incentivo de que, si aceptan el gravamen, reciben una porción mayor que consolidarán al convertirse en plenos propietarios cuando fallezca el cónyuge supérstite. Los legitimarios, por tanto, pueden optar entre asumir este gravamen obteniendo una porción mayor de la que legalmente les corresponde, o en caso contrario ver reducida su porción a la legitima estricta [SSTS (1ª) 3 septiembre 2014 (ECLI:ES:TS:2015:3743), 21 abril 2015 (ECLI:ES:TS:2015:1929), y 19 julio 2018 (ECLI:ES:TS:2018:2854)].

5.2. Sustituciones que pueden gravar la legítima

5.2.1. Sustitución vulgar

Es admisible la sustitución vulgar de un único legitimario, ya que está prevista para el caso de que no llegue a serlo (art. 774 CC). En cambio, siendo varios los legitimarios, la sustitución vulgar sólo podrá admitirse cuando sea aplicable el derecho de representación en la sucesión testada a favor de quienes, en defecto del sustituido, serían legitimarios (premuerte, desheredación). La mayoría de la doctrina considera que el eventual derecho de representación en la legítima no se produce en los supuestos de repudiación: la renuncia no convierte en legitimarios a aquellos que no lo eran en el momento de la apertura de la sucesión. Ello significa que, si un hijo repudia la herencia de su padre, sus descendientes no son legitimarios en la herencia del abuelo. El legitimario que repudia lo hace por sí y por su estirpe. Por ello, si un hijo repudia, su porción aumenta la que corresponde a sus hermanos colegitimarios que aceptan (art. 985.II CC). En este sentido, según la STS (1ª) 10 julio 2003 (ECLI:ES:TS:2003:4886): «la renuncia producida abierta la sucesión es válida y quien renuncia, renuncia por sí y lo hace también por su estirpe y se incrementan las cuotas que por legítima, individual, corresponden a los demás legitimarios por derecho propio y no por derecho de acrecer».

5.2.2. Sustitución pupilar

La sustitución pupilar se permite en tanto no perjudiquen la legítima de los herederos forzosos del sustituido (art. 777 CC).

5.2.3. *Sustitución fideicomisaria*

Aunque el art. 782 CC establece como regla general que las sustituciones fideicomisarias nunca podrán gravar la legítima, el mismo precepto recoge como excepción las que se establezcan en beneficio de uno o varios hijos del testador que se encuentren en una situación de discapacidad, en los términos del art. 808 CC. Así pues, el testador puede establecer una sustitución fideicomisaria que grave la legítima estricta de los legitimarios sin discapacidad, siendo en este caso fiduciarios los hijos o descendientes con discapacidad, y fideicomisarios los demás.

A efectos de lo que debe entenderse por situación de discapacidad hay que estar a la Disposición Adicional cuarta del CC (redactada por la Ley 8/2021). La referencia a la discapacidad se entiende hecha al concepto definido en la Ley 41/2003, de 18 de noviembre, así como a las personas que están en situación de dependencia de grado II o III de acuerdo con la Ley 39/2006, de 14 de diciembre. El art. 2.2. de la Ley 41/2003 dispone que únicamente tendrán la consideración de personas con discapacidad: a) Las que presenten una discapacidad psíquica igual o superior al 33 por ciento. b) Las que presenten una discapacidad física o sensorial igual o superior al 65 por ciento. El art. 26 de la Ley 39/2006 clasifica por grados las situaciones de dependencia, y en lo que aquí interesa se considera que existe Grado II (dependencia severa) cuando la persona necesita ayuda para realizar varias actividades básicas de la vida diaria dos o tres veces al día, pero no quiere el apoyo permanente de un cuidador o tiene necesidades de apoyo extenso para su autonomía personal; y que existe Grado III (gran dependencia) cuando la persona necesita ayuda para realizar varias actividades básicas de la vida diaria varias veces al día y, por su pérdida total de autonomía física, mental, intelectual o sensorial, necesita el apoyo indispensable y continuo de otra persona o tiene necesidades de apoyo generalizado para su autonomía personal.

En cuanto a quiénes puede ser fiduciarios el art. 782 CC se refiere a los «*hijos* del testador que se encuentren en situación de discapacidad», cerrando la posibilidad de su aplicación a otros descendientes no legitimarios. El art. 808 CC confirma esta interpretación al utilizar la expresión «cuando alguno o varios de los *legitimarios* se encontraren en una situación de discapacidad». De ello cabe deducir que se exige que el fiduciario sea efectivamente legitimario, sin que se pueda incluir a los nietos en vida de sus padres. Solo cuando los nietos sean legitimarios por derecho de representación podrán ser fiduciarios. En caso contrario el ascendiente de 2º grado solo podrá beneficiar a sus nietos por vía de mejora, sin que pueda afectar a legítimas estrictas de los hijos a través de una sustitución fideicomisaria.

Los arts. 782 y 808 CC contemplan la posibilidad de que existan uno *o varios* hijos del testador que se encuentren en situación de discapacidad. No queda claro si, en este caso, el testador debe o no designar como *fiduciarios a todos ellos*, para justificar el gravamen que la sustitución supone sobre la legítima estricta de los demás legitimarios sin discapacidad. De considerar que, concurriendo varios hijos en situación de discapacidad, el testador puede elegir sólo a *alguno de ellos* como fiduciario, estaríamos admitiendo la posibilidad de gravar la legítima estricta de los demás hijos con discapacidad. La letra del art. 808 CC parece imponer el llamamiento conjunto como fiduciarios a todos los hijos con discapacidad, pues se refiere a que «el testador podrá disponer a su favor de la legítima estricta *de los demás legitimarios sin discapacidad*». De esta manera se están limitando las facultades dispositivas del testador pues la única opción sería, o bien establecer una sustitución fideicomisaria en beneficio de *todos* los hijos con discapacidad, o bien no gravar las legítimas de ninguno de sus hijos.

Aunque el art. 808 CC se refiere a la posibilidad de gravar la «*legítima estricta* de los demás legitimarios sin discapacidad», no impone necesariamente la necesidad de mejorar a los fiduciarios, aunque lo habitual será que les atribuya el tercio de mejora y el de libre disposición. Es dudoso si cabe aplicar el derecho de acrecer entre los fiduciarios en situación de discapacidad. Parece aconsejable que el testador lo establezca así expresamente, aunque consideramos que se puede aplicar el mismo criterio que para admitir el acrecimiento en la mejora (Lección 16, § 1.4.4).

El art. 808 CC dispone además que, salvo disposición contraria del testador, lo así recibido por el hijo beneficiado quedará gravado con sustitución fideicomisaria *de residuo* a favor de los que hubieren visto afectada su legítima estricta y no podrá aquel disponer de tales bienes ni a título gratuito ni por acto *mortis causa*. Así pues, el testador puede gravar la legítima estricta de los legitimarios sin discapacidad, tanto con una sustitución fideicomisaria ordinaria, como con un fideicomiso de residuo. Y en este último caso, el testador puede establecer reglas diferentes sobre la posibilidad de disposición de los bienes por parte del fiduciario (por ejemplo, autorizando expresamente que puedan disponer de los bienes a título gratuito).

El último apartado del art. 808 dispone que, cuando el testador haya hecho uso de esta facultad, corresponderá al hijo que impugne el gravamen de su legítima estricta acreditar que no concurre causa que la justifique, lo que puede ir referido a que no concurre en el fiduciario la situación de discapacidad a que se refiere la DA 4ª del CC, o a que se ha dispuesto de los bienes sin respetar los límites del art. 808 CC.

6. INTANGIBILIDAD CUANTITATIVA DE LA LEGÍTIMA

La intangibilidad cuantitativa de la legítima se protege a través del art. 817 CC, que ordena la reducción de todas las disposiciones testamentarias que disminuyan la parte correspondiente a cada legitimario. Si ello no es suficiente, los arts. 819 y 820 prevén subsidiariamente la reducción de donaciones inoficiosas. Así pues, cuando se perjudica cuantitativamente a un legitimario no preterido ni desheredado injustamente, éste puede utilizar las siguientes acciones: a) Acción de complemento del art. 815 CC, dirigida frente a los herederos para conseguir la reducción de la institución en la medida necesaria para cubrir la legítima. b) Acción de reducción de legados inoficiosos, dirigida frente a los legatarios (art. 820 CC). c) Acción de reducción de donaciones inoficiosas, dirigida frente a los donatarios (arts. 636, 654, 819 y 820 CC) [STS (1ª) 21 junio 2021 (ECLI:ES:TS:2021:2367)].

6.1. Acción de complemento

Según el art. 815 CC el legitimario «a quien el testador haya dejado por cualquier título menos de la legítima que le corresponda, podrá pedir el complemento de la misma». Como se ha recibido menos, la hipótesis excluye la existencia de preterición. Sólo está legitimado para el ejercicio de la acción el legitimario perjudicado, y se dirige frente a la comunidad hereditaria, o frente a todos los herederos si ya se ha practicado la partición. Según la STS (1ª) 30 marzo 1968 (ECLI:ES:TS:1968:2023) no tiene, en cambio, legitimación pasiva el contador-partidor testamentario, cuyas operaciones particionales se mantienen mientras la lesión de la legítima no exceda de la cuarta parte, por aplicación del art. 1074 CC (postura que consideramos equivocada). Lo que se pretende es, por tanto, la reducción de la institución de heredero, salvando la integridad de la propia legítima de éste, pero solo en la medida suficiente para cubrir cuantitativamente la legítima del perjudicado. La STS (1ª) de 21 junio 2021 (ECLI:ES:TS:2021:2367), es muy clara en el sentido de que la acción de complemento «necesariamente debe dirigirse contra los herederos (o contra la comunidad hereditaria antes de la partición)». Si todos los demás herederos han repudiado la herencia, la acción de complemento no puede prosperar. En su caso podrán reducirse los legados (si los hay) o utilizar la acción de reducción de donaciones por inoficiosidad.

Para conocer el *quantum* del complemento a solicitar, resulta necesario que se hayan practicado las operaciones particionales. Según la RDGSJFP 23 abril 2024 (BOE núm. 118, de 15 mayo, págs. 55353 y ss.), no es posible pedir el complemento de legítima sin antes conocer el montante del valor pecuniario que, por legítima estricta, corresponde a cada uno de los herederos forzosos en la herencia. Según se afirma: «la partición no se reduce a la mera distribución y adjudicación de bienes, sino que resuelve el destino de las deudas pendientes y posibilita la certera liquidación del caudal relicto partible, lo cual supone la formación de inventario, avalúo de bienes, determinación del activo y del pasivo, establecimiento de las operaciones precisas para su pago y, por último, fijación del remanente a adjudicar. Por tanto, la viabilidad de la acción de suplemento de la legítima, así como cualquier otra acción dirigida a declarar la inoficiosidad de los legados y disposiciones testamentarias (art. 817 CC), exige la resolución previa de los cálculos de imputación, computación y valoración (art. 818 CC) y, en caso positivo, establecer, con las preceptivas garantías, el haber líquido en el que se ha de traducir el complemento».

Por lo que se refiere al plazo de ejercicio de la acción de complemento, la STS (1ª) de 10 junio 2014 (ECLI:ES:TS:2014:5816) considera, en atención a su naturaleza real, que está sometida al plazo de prescripción de treinta años, desde el día del fallecimiento del causante (art. 1963 CC). A nuestro juicio, este plazo es demasiado largo si se lo compara con el aplicable a otras acciones protectoras de la legítima. Si se entiende que se debe someter a prescripción, nos parece más correcto el plazo de cinco años del art. 1964 CC, pues no se encuentra analogía posible con el plazo de treinta años que el TS aplica a la acción de petición de herencia.

6.2. Reducción de legados inoficiosos

El art. 820.1° CC ordena respetar las donaciones mientras pueda cubrirse la legítima, reduciendo o anulando, si necesario fuere, los legados hechos en testamento. La inoficiosidad de los legados debe ser probada por quien la alega y pretende su reducción. La acción puede ser utilizada: a) Por el legitimario que no es heredero y que no cubre su legítima con lo asignado por el causante. b) Por el legitimario instituido heredero y que ha de pagar unos legados que reducen su legítima.

El objeto de la acción no es incorporar la parte reducida al caudal relicto, sino su entrega al legitimario o legitimarios en la medida del perjuicio sufrido. La reducción se hace a prorrata entre todos los legados, sin distinción (art.

820.2° CC). No obstante, el testador puede prever que, en caso de que tenga lugar la acción de reducción, se pague cierto legado con preferencia a otros. En tal caso, no sufrirá aquél reducción sino después de haberse aplicado éstos por entero al pago de la legítima (art. 820.3° CC).

6.2.1. Reducción de legado de cosa que no admita cómoda división

El art. 821 CC contiene una regla especial aplicable a los casos de legado sujeto a reducción que consista en una finca que no admita cómoda división (por analogía la misma solución es aplicable a cualquier supuesto de cosa indivisible, sea mueble o inmueble). Idéntica regla se aplica, en el mismo caso, para la reducción de donaciones inoficiosas, por remisión del art. 654 CC. La especialidad se explica partiendo de la regla general de la reducción *in natura*, que se excepciona precisamente en el art. 821 CC. Este precepto gira en torno a dos cuestiones: la inoficiosidad y la incómoda división. En aquellos casos en que, por existir inoficiosidad, se deba proceder a la reducción de un legado de cosa indivisible, el legislador permite que determinadas personas puedan quedarse con la totalidad de la misma con la carga de abonar el exceso a los demás interesados, estableciéndose como último recurso la posibilidad de venta en pública subasta. En el precepto se distinguen dos supuestos: a) Que el legado sujeto a reducción se haya hecho a favor de un extraño. b) Que el beneficiario de dicho legado sea a la vez uno de los legitimarios.

a) En el primer caso, el legatario puede quedarse con la totalidad de la cosa y abonar la diferencia en dinero a los legitimarios solamente cuando la reducción no llegue a absorber la mitad de su valor. En caso contrario, es decir, cuando la cuantía de la reducción supera la mitad del valor de la cosa legada, se aplica la misma regla del abono en metálico, pero siendo los legitimarios que ejercitan la acción de reducción los que pueden quedarse con la totalidad de la cosa, pagando al extraño (legatario) la parte del legado que, no siendo inoficiosa, no puede quedar en sus manos en razón de la indivisibilidad o incómoda división.

b) En el segundo caso la regla anterior sufre algunas alteraciones. No se exige que al legatario legitimario le corresponda más de la mitad de la cosa para que pueda proceder al abono del exceso en dinero, sino que impute el legado a la parte libre y a su legítima. En caso de que supere el valor de estas porciones, se procede al abono del exceso a los demás interesados en la cuantía que corresponda. Generalmente en estos casos el legitimario percibirá la mayor parte de la cosa; pero el CC no exige que la reducción afecte a menos de la mitad de la cosa, para que aquél se quede con la totalidad de la misma: cuando el legatario es a la vez legitimario, se le autoriza a quedarse con la totalidad de la cosa legada aunque la reducción supere más de la mitad del valor de aquélla.

La posibilidad de acudir a la venta en pública subasta aparece de manera subsidiaria, cuando los titulares de la opción señalada no quieren ejercitarla. Pero el régimen es diferente del previsto en los arts. 404 y 1062 CC, en que basta que cualquiera solicite la enajenación en pública subasta para que se acuda a la misma. En el art. 821 CC debe respetarse el régimen previsto en el mismo antes de acudir a la venta en pública subasta.

6.2.2. Plazo de la acción de reducción de legados inoficiosos

El CC no regula el plazo de la acción de reducción de legados inoficiosos. La STS (1ª) 8 noviembre 2023 (ECLI:ES:TS:2023:4661) considera que existe identidad de razón para aplicar el mismo plazo que el de la acción de reducción de donaciones inoficiosas, de las que seguidamente nos vamos a ocupar, porque ambas acciones están dirigidas a la tutela cuantitativa de la legítima. Dicho plazo sería el de caducidad de cinco años, computados desde el fallecimiento del causante.

6.3. Reducción de donaciones inoficiosas

En último término se procede a la reducción de las donaciones inoficiosas, que pueden quedar afectadas *a posteriori* por el sistema de legítimas. La donaciones sólo se reducen cuando no puedan cubrirse de otro modo las legítimas [STS (1ª) 22 febrero 2006 (ECLI:ES:TS:2006:728)]. Según el art. 636 CC «ninguno podrá dar ni recibir, por vía de donación, más de lo que pueda dar o recibir por testamento». La *donación es inoficiosa en todo lo que exceda de esta medida*. El problema que plantean las donaciones es que no se puede prever la inoficiosidad en el momento de su realización, sino posteriormente, cuando se produzca la apertura de la sucesión. Una donación aparentemente inocua puede resultar inoficiosa si el donante cae posteriormente en peor fortuna. Una donación excesiva, y aparentemente inoficiosa si el donante falleciera poco después, puede no serlo si mejora su fortuna antes de su muerte (v.gr. un premio de lotería). En cualquiera de los casos, las donaciones son en principio válidas y eficaces.

A efectos de la aplicación del art. 636 CC resulta clave la operación contable del art. 818 CC de sumar al *relictum* líquido el valor del *donatum*, que sirve para fijar la base de cálculo de la legítima global del grupo de legitimarios de que se trate. Pero para determinar si se ha cumplido con el deber correspondiente respecto de cada uno de los legitimarios (y apreciar por tanto si existe inoficiosidad), lo procedente es realizar una operación diferente: la *imputación* de lo recibido *inter vivos* por cada uno de ellos a su cuota respectiva (arts. 819 y 825 CC). Como vimos en el § 4.1 de esta Lección, a través de la *imputación* se colocan en la legítima o en la parte libre las donaciones realizadas por el causante, tanto a favor de legitimarios como de extraños, con el objeto de comprobar si resultan o no inoficiosas, lo que en su caso dará lugar al ejercicio de la correspondiente acción de reducción. A ello se refiere el último apartado del art. 636 CC. Aunque es posible que no exista ninguna lesión a la legítima global, con arreglo al art. 818 CC, puede suceder que, dentro del colectivo de legitimarios, unos hayan recibido una porción superior en perjuicio de otros, lo que se pondrá de relieve con la imputación de lo recibido por cada uno de ellos a su cuota individual a título de donación. Reviste particular importancia, a efectos de la posible inoficiosidad, la regla especial que recoge el art. 825 CC para los descendientes, en cuanto a las donaciones realizadas con carácter de mejora (Lección 16, § 1.4.6).

6.3.1. Régimen de la acción de reducción de donaciones

El régimen de la acción de reducción de donaciones se recoge en el art. 654 CC. Las que sean inoficiosas «deberán ser reducidas en cuanto al exceso; pero esta reducción no obstará para que tengan efecto durante la vida del donante y para que el donatario haga suyos los frutos». La reducción no opera *ipso iure*, sino a petición del perjudicado. Pero una vez ejercitada la acción, el donatario debe restituir los frutos del exceso reducible desde la interposición de la demanda (argumento *ex art.* 651 CC). La remisión que efectúa el art. 654 a los arts. 820 y 821 CC confirma que la reducción se debe efectuar en principio *in natura*. No obstante, cuando el donatario es a su vez legitimario, el testador puede utilizar la vía de los arts. 841 y ss. CC, y prever que aquél se quede con la totalidad de la cosa o cosas donadas, pagando en dinero la medida de la inoficiosidad a los que ejercitaron la acción de reducción (Lección 16, § 1.5.2). Cuando no se puede devolver la misma cosa donada, porque se haya destruido o pasado a manos de un tercero de buena fe, se debe restituir su valor en dinero. El producto de la reducción no se integra en la herencia sino que pasa directamente al legitimario perjudicado.

El art. 654 CC se refiere al cómputo del valor líquido de los bienes del donante al tiempo de su muerte, pero no menciona cuándo ha de procederse a la valoración de los bienes donados. La valoración se determina al tiempo en que se evalúen los bienes hereditarios aplicando el criterio del art. 1045 CC: según el estado físico que mantuviere el bien al tiempo de la donación, pero teniendo en cuenta el correspondiente cuando se evalúen los bienes hereditarios, de manera que con ello se evita la inclusión en la valoración de las mejoras efectuadas por el donatario [STS (1ª) 22 febrero 2006 (ECLI:ES:TS:2006:728)]. La STS (1ª) 766/2005, de 11 octubre, considera que ese momento es el de la partición.

Orden de reducción de las donaciones: Según el art. 636 CC, cuando existen dos o más donaciones, y no caben todas ellas en la parte disponible, «se reducirán en cuanto al exceso las de fecha más reciente». Esta regla difiere de la aplicable a la reducción de legados: el art. 820.2º CC ordena que se realice a prorrata, sin distinción alguna entre los legados. No obstante, en caso de que existan dos o más donaciones de la misma fecha, o cuando no se consiga probar el momento exacto de realización las dos donaciones, se deben reducir ambas a prorrata.

La reducción afecta a *todas* las donaciones realizadas por el causante. Este régimen difiere del previsto en el art. 451-5 CCCat que limita la computación de donaciones (y su posible reducción) a las realizadas en los diez años precedentes a la muerte del causante, salvo que se trate de donaciones otorgadas a legitimarios e imputables a su legítima, en cuyo caso son computables sin límite temporal.

Insolvencia del donatario: Teniendo en cuenta que la reducción se puede realizar en determinados casos restituyendo el valor de la cosa donada en dinero, lo que el art. 656 CC no resuelve es cómo incide la insolvencia del donatario en el orden de reducción, es decir, si el riesgo es en este caso para el legitimario, o si se debe pasar a reducir otras donaciones anteriores en el tiempo a la del insolvente. A nuestro juicio el riesgo de insolvencia del donatario sólo corresponde a los legitimarios, no afectando a los donatarios anteriores: la inoficiosidad de unas u otras donaciones no se hace depender de las solvencia de los donatarios para afrontar la reducción, sino única y exclusivamente de su fecha (todo ello sin perjuicio de que, si el donatario viene a mejor fortuna, pueda el legitimario reclamar su derecho).

6.3.2. Plazo de la acción de reducción de donaciones inoficiosas

El CC no regula el plazo de ejercicio de esta acción. Cabe plantear la posibilidad de aplicar el plazo de prescripción del art. 1964 CC, por tratarse de acciones personales que no tienen señalado plazo especial. Pero también sería posible aplicar por analogía el plazo previsto para la ineficacia sobrevenida de las donaciones según los casos: el plazo de cinco años del art. 646 CC, el de un año del art. 652 CC, o el plazo de cuatro años para los casos en los que excepcionalmente se admite la rescisión (art. 1299 CC), este último con el argumento de la proximidad de la rescisión a la reducción de los contratos válidamente celebrados.

La STS (1ª) 8 noviembre 2023 (ECLI:ES:TS:2023:4661) considera aplicable por analogía el plazo de caducidad de cinco años de art. 646 CC. Se considera además que el plazo de ejercicio de la acción debe comenzar a partir del fallecimiento del causante porque es a partir de entonces cuando la legítima es efectiva, y los legitimarios pueden impugnar los actos dispositivos que la lesione [en el mismo sentido las SSTS 4 marzo 1999 (ECLI:ES:TS:1999:1499) y 21 junio 2021 (ECLI:ES:TS:2021:2367)].

6.4. Impugnación de actos realizados en fraude de la legítima

Como último recurso los legitimarios tienen la posibilidad de impugnar los actos del causante realizados en fraude de sus derechos (Represa Polo). Cabe así aplicar la jurisprudencia sobre actos simulados y en particular la doctrina contenida en las SSTS (1ª) 11 enero 2007 (ECLI:ES:TS:2007:822) y 26 febrero 2007 (ECLI:ES:TS:2007:1185) en el sentido de que una escritura pública de compraventa totalmente simulada no cumple los requisitos del art. 633 CC (aunque se probase que hubo *animus donandi* del donante y aceptación por el donatario del desplazamiento patrimonial), pues el negocio disimulado de donación no reúne los requisitos para su validez y eficacia. El criterio favorable a la validez de la donación disimulada propicia por sí mismo fraude a los acreedores y legitimarios del donante, en cuanto les impone la carga de litigar para que se descubra la simulación, a fin de que se revele el negocio disimulado, y una vez conseguido, combatirlo si perjudica a sus derechos (acción rescisoria) o para que sean respetados (acción de reducción de donaciones por inoficiosidad) [SSTS (1ª) 16 enero 2013 (ECLI:ES:TS:2013:1152) y 18 noviembre 2014 (ECLI:ES:TS:2014:4867)].

En este sentido, según la STS (1ª) 20 junio 2007 (ECLI:ES:TS:2007:4501): «Deben distinguirse, además, las donaciones que lesionan la legítima que pueden ser declaradas inoficiosas y aquellas que pueden ser declaradas nulas por tener causa ilícita. Las donaciones encubiertas o disimuladas con la intención de defraudar a los legitimarios pueden ser declaradas nulas por infringir el art. 1275 CC si tienen causa ilícita, cosa distinta de aquellas que lesionen la legítima, que se regirán por lo dispuesto en los arts. 636 y 654 del CC».

Los actos onerosos realizados en vida por el causante no son en principio impugnables por el legitimario, salvo que se realicen con ánimo de defraudar sus derechos (por su bajo precio, o por las relaciones familiares de las partes).

En la STS (1ª) 15 febrero 2022 (ECLI:ES:TS:2022:608) se considera que no estamos ante un contrato de alimentos del art. 1791 CC, sino ante un acto a título gratuito: «en atención a la edad del cedente (que otorgó el contrato en la etapa final de su vida, superada la estadística de esperanza de vida), a la ausencia de necesidades asistenciales (pues contaba con una pensión, vivía solo en su propia casa y no precisaba especiales cuidados), a la importancia económica de los bienes cedidos y a la escasa exigencia de las obligaciones asumidas por el cesionario, debemos concluir que no se dan los presupuestos para entender que el contrato celebrado fuera de alimentos sino que, como entendió el juzgado, la voluntad de los otorgantes era que el hijo recibiera los bienes del padre sin estar sometido a los límites propios del Derecho de sucesiones y, en consecuencia, sin respetar el derecho de los demás legitimarios».

7. LA PRETERICIÓN: EFECTOS

Como hemos destacado (§ 2), los legitimarios tienen derecho a ser tenidos en cuenta en el testamento, aunque sea para ser desheredados. En caso contrario, se incurre en preterición. La preterición es, pues, la omisión de un legitimario en el testamento, y se regula en el art. 814 CC. Por tanto, no se da en la sucesión intestada. No existe preterición cuando el legitimario ha recibido en vida del causante donaciones por cuenta de su legítima, aunque no se le mencione en el testamento. Si la legítima no ha quedado cubierta con las donaciones, lo que procede es la acción de complemento o la de reducción de disposiciones inoficiosas. Por el contrario, si la legítima quedó cubierta con las donaciones, no tiene sentido exigir el cumplimiento de un deber genérico formal de mencionar en todo caso al legitimario en el testamento, pues de permitirse esta acción no obtendría el preterido ningún beneficio sucesorio. El art. 814 CC distingue entre preterición intencional y preterición no intencional o errónea, estableciendo un régimen jurídico diferente para cada una de ellas, mucho más severo para esta última. Para apreciar el carácter intencional o no intencional de la preterición se debe atender al tiempo del testamento, no al del fallecimiento del testador [SSTS (1ª) 22 junio 2006 (ECLI:ES:TS:2006:3616) y 31 mayo 2010 (ECLI:ES:TS: 2010:2654)].

Del conjunto del art. 814 CC se llega a la conclusión de que existe un tratamiento para la preterición intencional de cualquiera de los legitimarios (descendientes, ascendientes o cónyuge) y otro diferente para la preterición errónea o no intencional, aplicable únicamente a los hijos o descendientes.

De esta manera, la preterición de los ascendientes y del cónyuge es indiferente que sea intencional o no intencional porque siempre recibe el mismo tratamiento que la preterición intencional de cualquiera de los legitimarios.

En cualquiera de los supuestos, según el último párrafo del art. 814 CC: «A salvo las legítimas tendrá preferencia en todo caso lo ordenado por el testador». Ello significa que se debe mantener la voluntad del testador en lo que sea posible, de conformidad con la regla general de los arts. 675 y 763 CC, lo que conduce necesariamente a admitir un criterio amplio en cuanto a la admisión de los medios de prueba para acreditar la voluntad del causante.

7.1. Preterición intencional

Se debe al propósito deliberado del testador de que un legitimario no aparezca mencionado en el testamento. El ap. 1° del art. 814 CC se refiere a este tipo de preterición, y su régimen jurídico resulta aplicable tanto a la preterición intencional de hijos y descendientes, como a la de cualquier otro legitimario (sea o no intencional). Dispone esta parte del precepto: «La preterición de un heredero forzoso no perjudica la legítima. Se reducirá la institución de heredero antes que los legados, mejoras y demás disposiciones testamentarias». Por tanto, el único efecto de la preterición es dejar a salvo la legítima del preterido. Si tenemos en cuenta que, para ello, se procede a reducir primero la institución de heredero, antes que los legados, el régimen jurídico de este tipo de preterición es equiparable al de la desheredación injusta del art. 851 CC. La preterición intencional de hijos y descendientes plantea el problema añadido de determinar si la legítima a que se refiere el precepto es la amplia o la estricta. Teniendo en cuenta la equiparación de efectos con el régimen de la desheredación injusta, entendemos que se trata de la legítima estricta [SSTS (1ª) 6 abril 1998 (ECLI:ES:TS:1998:2295) y 9 julio 2002 (ECLI:ES:TS:2002:5118)]. Pero si el preterido es el único descendiente tendrá derecho a los dos tercios de legítima [STS (1ª) 7 octubre 2004 (ECLI:ES:TS:2004:6286), en un caso en el que el preterido era el único hijo de la causante]. Lo mismo ocurrirá si el preterido concurre con herederos no legitimarios [STS (1ª) 23 junio 2020 (ECLI:ES:TS:2020:2070) en la que concurre con sobrinos del causante].

Según la STS (1ª) 23 junio 2020 (ECLI:ES:TS:2020:2070): «La razón que justifica que solo tenga derecho a la legítima corta el hijo o descendiente preterido intencionalmente que concurre con otros hijos o descendientes del mismo rango es que, contra la voluntad del padre, solo tiene derecho a la legítima estricta, y fuera de ese límite la voluntad del causante es ley de la sucesión (arts. 808 y 675 CC), ya que puede distribuir libremente entre sus descendientes, de ser varios, las porciones previstas en la ley (arts. 808 y 823 CC). Por esta razón, la pauta para interpretar cual es la legítima que la preterición intencional del hijo o descendiente no puede «perjudicar» (art. 814 CC) debe estarse a las facultades de disposición testamentarias del padre. Por esta razón, frente a los demás legitimarios, el preterido tiene derecho a la legítima estricta, pero frente a los extraños, frente a quienes no sean legitimarios, sus derechos son de dos tercios».

7.2. Preterición no intencional de hijos o descendientes

En este caso la falta de mención de un legitimario en el testamento se produce involuntariamente, por error, olvido, o cualquier otra causa involuntaria. Cuando se trata de preterición no intencional de hijos o descendientes, se prevé un régimen especial.

Si resultan preteridos *todos* los hijos o descendientes, se anularán las disposiciones testamentarias de contenido patrimonial. No se anulan, por tanto, aquellas disposiciones que no tengan contenido patrimonial. Así ocurrirá con el reconocimiento de un hijo no matrimonial (arts. 120.2º y 741 CC), el nombramiento de tutor (art. 213 CC) o de curador (art. 276 CC), el nombramiento de albacea (art. 892 CC), o de contador-partidor (art. 1057 CC). Tampoco afectará al consentimiento del marido o del varón no unido por vínculo matrimonial para que se pueda utilizar su material reproductor en los doce meses siguientes a su fallecimiento para fecundar a su mujer o pareja de hecho (art. 9 Ley 14/2006, de 26 de mayo, sobre técnicas de reproducción humana asistida). Igualmente deberán respetarse las disposiciones específicas sobre sufragios, funerales y exequias (art. 902.1ª CC).

Si resultan preteridos sólo *alguno* de los hijos o descendientes se anulará la institución de herederos, pero valdrán los legados y mejoras ordenados por cualquier título, en cuanto unos y otras no sean inoficiosos. No obstante, la institución de heredero a favor del cónyuge sólo se anulará en cuanto perjudique a las legítimas. El art. 831.4 CC regula un supuesto especial cuando se delega en el cónyuge la facultad de mejorar (Lección 16, § 1.4.8) y el preterido de manera no intencional es un descendiente no común (es decir, un descendiente del testador que no lo es del cónyuge supérstite). En este caso «el ejercicio de las facultades encomendadas al cónyuge no podrá menoscabar la parte del preterido». Con ello se está reiterando el contenido del art. 814.2º CC porque el supuesto de hecho de que parte el art. 831.4 CC es que no hayan sido preteridos todos, sino *algunos* (los descendientes no comunes): nunca va a ser posible la preterición no intencional de *todos* los descendientes porque, por hipótesis, los hijos comunes del favorecido con la delegación de la facultad de mejorar no han sido preteridos.

Según la RDGRN 5 octubre 2018 [BOE núm. 256, de 23 octubre, págs. 102827 y ss.] se admite la validez de la partición por los herederos sin necesidad de la previa declaración de nulidad de la institución en el caso de preterición si concurre acuerdo expreso entre «todos» los herederos (instituidos y preteridos), ya que para prescindir de la correspondiente acción judicial de nulidad se exige dicho convenio entre los interesados.

La DGRN no admite que el contador-partidor testamentario pueda por sí mismo, sin el consentimiento de los herederos testamentarios, apreciar la preterición de un heredero forzoso y practicar la partición adjudicando bienes al mismo [RDGRN 14 agosto 1959].

Cuando unos descendientes sean preteridos intencionalmente y otros de manera no intencional, como no existe una acción colectiva de preterición, cada perjudicado deberá utilizar la acción que le corresponda. Si ésta es utilizada únicamente por un legitimario preterido intencionalmente, sólo podrá pedir la reducción de la institución de heredero, antes que los legados, mejoras y demás disposiciones testamentarias. Si la acción es ejercitada también por alguno de los preteridos no intencionalmente, tratándose de hijos o descendientes, la anulación de la institución de heredero arrastrará a los demás.

7.3. Preterición y derecho de representación

Según el ap. 3° del art. 814 CC, «los descendientes de otro descendiente que no hubiere sido preterido, representan a éste en la herencia del ascendiente y no se consideran preteridos». Aunque se ha discutido si ello supone admitir el juego del derecho de representación en la sucesión testada, consideramos que no estamos aquí ante un derecho de representación en sentido técnico. Los efectos son similares, pero sólo actúa cuando el testador, el premuerto y los descendientes de este son parientes en línea recta; y en los casos de premoriencia del «representado» (no en los de desheredación o indignidad, sometidos al régimen del art. 766, en relación con los arts. 761 y 857 CC), aunque los descendientes recibirán lo mismo que hubiera recibido el premuerto.

La finalidad del art. 814.III CC es resolver un problema de preterición, evitando que se pueda plantear una preterición no intencional de la posible descendencia ulterior, utilizando para ello la vía de la representación (por eso se dice al final: «y no se consideran preteridos»), de manera que, a efectos prácticos, no se aplican las reglas de la preterición. No obstante, el art. 814.III CC se refiere literalmente a la representación «en la herencia», y no en la legítima. De ello cabe deducir que los representantes ocupan en la herencia del testador la misma posición que tenía el representado, y reciben toda la porción en la que hubiera sido instituido, y no exclusivamente su legítima (como sucede en los casos de desheredación o indignidad, sometidos al régimen del art. 766, en relación con los arts. 761 y 857 CC). Con todo, la interpretación del art. 814.III, no ha estado exenta de debate, oscilando las diferentes posturas entre considerar que estamos ante un auténtico reconocimiento del derecho de representación en la sucesión testada, o ante una sustitución vulgar tácita a favor de los descendientes ulteriores no mencionados en el testamento.

Literalmente el art. 814.III CC se refiere al hijo, no preterido, que estaba vivo en el momento de hacer testamento, pero que ha premuerto al testador. Si el hijo no preterido tiene descendientes, éstos representan a aquél en la herencia del ascendiente y no se consideran preteridos.

No se incluye dentro de este supuesto el caso del hijo que ha sido efectivamente preterido en el testamento de su padre. Si este hijo preterido muere antes que el testador, según el art. 814.IV, «el testamento surtirá todos sus efectos» (como si no hubiera existido preterición). Pero si tiene descendientes con posterioridad al testamento cabe plantear si a éstos se les puede aplicar el régimen de la preterición. La SAP Asturias (Secc. 7ª) 30 mayo 2008 (ECLI:ES:APO:2008:1313) entiende que sí, y que el carácter intencional o no intencional de su preterición depende del que tenía la preterición del hijo premuerto al causante.

Es dudoso si las solución del art. 814.III CC se puede extender a los legados. En principio la premuerte del hijo designado como legatario provoca que el objeto legado se refunda en la masa hereditaria, fuera de los casos de sustitución y derecho de acrecer (art. 888 CC). No obstante, la SAP Asturias (Secc. 4ª) 23 marzo 2006 (ECLI:ES:APO:2006:958) y la SAP Asturias (Secc. 7ª) 31 marzo 2015 (ECLI:ES:APO:2015:854) sostienen que el art. 814.III CC supone una excepción a esta regla, al consagrar una representación por premoriencia del representado que se extiende a todos los bienes que hubiese podido recibir el progenitor, incluidos los recibidos por vía de legado. Habrá que estar en cada caso a la redacción del testamento de acuerdo con las reglas de interpretación del art. 675 CC.

7.4. Plazo de ejercicio de la acción de preterición

El CC no regula el plazo de ejercicio de la acción de preterición. La jurisprudencia considera aplicable el plazo de caducidad de cuatro años por entender que estamos ante una acción de carácter rescisorio (por analogía con el art. 1299 CC). Podría ser discutible si ese plazo resulta aplicable en los supuestos de preterición no intencional, ya que se puede defender que estamos ante una acción de nulidad. Pero la STS (1ª) 10 diciembre 2014 (ECLI:ES:TS:2014:5773) considera que en este caso también el plazo deber ser el de caducidad de cuatro años.

El día inicial del cómputo del plazo será el momento en que dicha acción pudo ser ejercitada. Aunque se debe tomar como referencia el momento de la apertura de la sucesión, es preciso que el accionante haya tenido conocimiento del testamento. Por ello, en la SAP Santander (Secc. 2ª) 5 julio 2021 (ECLI:ES:APS:2021:889) se considera que el *dies a quo* es aquel en que la hija preterida pudo tener conocimiento de la existencia del testamento ológrafo, otorgado y protocolizado, una vez abierta la sucesión y declarada su filiación.

8. LA DESHEREDACIÓN: CAUSAS Y EFECTOS DE LA DESHEREDACIÓN INJUSTA

La desheredación consiste en la privación de la legítima realizada de manera expresa en el testamento por alguna de las causas que expresamente señala la ley (art. 848 CC). La desheredación tienen cierta relación con la indignidad para suceder (Lección 4, § 1.2.1), hasta el punto de que los arts. 852 a 855 CC se remiten, como causas de desheredación, a algunas de las señaladas para la indignidad. No obstante, la indignidad se refiere a cualquier heredero y a cualquier porción hereditaria atribuida a éste, y opera ante cualquier tipo de sucesión, aunque la causa sea desconocida para el causante. La desheredación, en cambio, sólo se refiere a los legitimarios, va referida a la legítima y la causa debe ser recogida expresamente en el testamento (art. 849 CC).

Únicamente pueden desheredar aquellos que tengan capacidad para testar pues, según el art. 849 CC, la desheredación sólo podrá hacerse en testamento. Siempre que se cumplan las formalidades testamentarias, la desheredación no requiere de ninguna forma especial en cuanto a la manera de realizarse, pero se considera insuficiente desheredar genéricamente «por las causas recogidas en el Código civil» [RDGRN 5 noviembre 2020 (BOE núm.

309, de 25 noviembre, págs. 104598 y ss.)]. Es necesario expresar la causa en la que se funde y la conducta que la justifica (art. 849 CC), ya sea por referencia a la norma que la tipifica o a la imputación de la conducta tipificada. Se requiere igualmente la identificación del sujeto desheredado con el mismo rigor que el art. 772 CC exige para la designación de heredero [RRDGRN 23 mayo 2012 (BOE núm. 153, de 27 junio, págs. 45577 y ss.) y 6 marzo 2019 (BOE núm. 75, de 28 marzo, págs. 32011 y ss.)].

8.1. Causas de desheredación

Aunque se establecen causas específicas para desheredar a cada uno de los grupos de legitimarios, con carácter general el art. 852 CC recoge justas como causas para desheredar a todos ellos las de incapacidad por indignidad para suceder, señaladas en los números 1º, 2º, 3º, 5º y 6º del art. 756 CC.

8.1.1. Desheredación de hijos y descendientes

Según el art. 853 CC, son también justas causas para desheredar a los *hijos y descendientes*: 1.ª Haber negado, sin motivo legítimo, los alimentos al padre o ascendiente que le deshereda. 2.ª Haberle maltratado de obra o injuriado gravemente de palabra.

El concepto de alimentos es el previsto en el art. 142 CC. La negativa a la prestación de alimentos como causa de desheredación debe ser objeto de interpretación restrictiva, pues el posible derecho a percibirlos viene subordinado a lo dispuesto en el art. 146 CC, y a que no concurran las circunstancias del art. 152 CC [STS (1ª) 26 marzo 1993 (ECLI:ES:TS:1993:2011)]. En general, la jurisprudencia considera que no es necesario que los alimentos hayan sido reclamados judicialmente, bastando que la negativa se pruebe por cualquier medio, con arreglo al art. 850 CC; que tampoco es preciso que se haya producido el hecho de quedarse el ascendiente sin alimentos porque otra persona se los haya prestado; que, en caso de haberse decretado judicialmente la obligación de prestar alimentos, aunque ésta se cumpla, si consta la anterior negativa, se habrá producido la justa causa para desheredar; y, finalmente, que no hay razón para exigir, además, mala fe o temeridad en la negativa [STS (1ª) 20 junio 1959 (ECLI:ES:TS:1959:1460), SAP Valencia (Secc. 6ª) 27 febrero 2018 (ECLI:ES:APV:2018:290) y SAP Toledo (Secc. 2ª) 12 julio 2023 (ECLI:ES:APTO:2023:1137)].

El TS ha hecho una interpretación flexible de lo que debe entenderse por «maltrato de obra» al ascendiente, considerando que dentro del art. 853.2ª CC se encuentra también el maltrato psicológico. Para ello resulta esencial realizar una valoración conjunta de la prueba, sobre todo de la testifical y documental. No es relevante el simple «abandono emocional», como expresión de la libre ruptura de un vínculo afectivo o sentimental, pero sí el maltrato psíquico y reiterado, el menosprecio y el abandono, incompatibles con los deberes elementales de respeto y consideración que se derivan de la relación jurídica de filiación [vid. SSTS (1ª) 3 junio 2014 (ECLI:ES:TS:2014:2484), 30 enero 2015 (ECLI:ES:TS:2015:565) y 13 mayo 2019 (ECLI:ES:TS:2019:1523)].

Según la STS (1ª) 24 mayo 2022 (ECLI:ES:TS:2022:2068) no toda falta de relación afectiva o de trato familiar puede ser enmarcada, por vía interpretativa, entre las causas de desheredación establecidas. «Es preciso ponderar y valorar si, en atención a las circunstancias del caso, el distanciamiento y la falta de relación son imputables al legitimario y además han causado un menoscabo físico o psíquico al testador con entidad como para poder reconducirlos a la causa legal del «maltrato de obra» prevista en el art. 853.2ª CC». En este sentido, la STS 19 abril 2023 (ECLI:ES:TS:2023:1676) anuló la desheredación de una hija por su padre por falta de pruebas de que se hubiera producido, por parte de ella hacia él, el maltrato físico o psíquico que el hombre dejó apuntado en su testamento, así como que la falta de relación entre ambos, que ella reconoció, fuese imputable a la hija. La desafección y distanciamiento familiar mutuos no son causa de desheredación [ATS (1ª) 16 junio 2021 (ECLI:ES:TS:2021:8187A) y SAP Cádiz (Secc. 2ª) 330/2021, de 2 de noviembre (ECLI:ES:APCA:2021:2466)].

Según la SAP A Coruña (Secc. 4ª) 16 mayo 2019 (ECLI:ES:APC:2019:1810), no constituye maltrato psicológico el distanciamiento de los hijos debido al carácter violento del padre, ya que no tiene sentido reprochar a quienes realmente han sido víctimas de la conducta agresiva y de menosprecio de su padre el que no le hayan asistido durante los últimos años de su vida.

En cuanto a las expresiones utilizadas en el testamento para describir la ruptura de los vínculos afectivos origen de la desheredación, la STS (1ª) 2 noviembre 2021 (ECLI:ES:TS:2021:3987) considera que no existe intromisión ilegítima al derecho al honor por atribuirla a la actuación de los yernos, y que las concretas manifestaciones vertidas están amparadas por la libertad de expresión.

En el Derecho civil catalán, el art. 451-17.2.e) CCCat ha incorporado expresamente como causa específica de desheredación «la ausencia manifiesta y continuada de relación familiar, si es por una causa exclusivamente imputable al legitimario». Lo cierto es que ello ha provocado un considerable aumento de la litigiosidad en la materia, por la dificultad probatoria del supuesto de hecho [la cuestión se trata con amplitud en la SAP Barcelona (Secc. 4ª) 15 noviembre 2023 (ECLI:ES:APB:2023:11596)].

No se pronuncia el CC sobre la *posibilidad de desheredar a descendientes menores de edad* o, en su caso, cuál sería el mínimo de edad exigible para la desheredación. La RDGSJFP 15 enero 2024 (BOE núm. 48, de 23 febrero, págs. 22027 y ss.) se refiere a un supuesto en que el testador había desheredado a uno de sus hijos, y a dos nietos, de trece y ocho años, hijos del hijo desheredado. La DG sostiene que no cabe negar eficacia patrimonial a un testamento que contenga la desheredación de un menor de edad, pero entiende que, en el ámbito registral, hace falta una previa declaración judicial en la que se aprecie la inimputabilidad del desheredado. No obstante, a falta de ésta, se considera que por debajo de un determinado límite de edad, la solución debe ser diferente. Se utiliza como criterio interpretativo la edad de catorce años, prevista en el art. 3 de la LO 5/2000, de 15 de enero, para exigir responsabilidad penal a los menores, que coincide con la edad necesaria para hacer testamento (art. 663.1° CC), y se considera que por debajo de dicha edad no cabe la desheredación, salvo que exista un pronunciamiento judicial sobre las condiciones de madurez del menor que lo hagan apto para ser desheredado.

8.1.2. Desheredación de padres y ascendientes

En cuanto a los *padres y ascendientes, según el art. 854 CC* son justas causas para desheredarlos las siguientes: 1.ª Haber perdido la patria potestad por las causas expresadas en el art. 170 CC. 2.ª Haber negado los alimentos a sus hijos o descendientes sin motivo legítimo. 3.ª Haber atentado uno de los padres contra la vida del otro, si no hubiere habido entre ellos reconciliación.

La pérdida de la patria potestad solo se puede referir a los padres, no a los abuelos, que nunca tienen la patria potestad sobre sus nietos. La causa de la desheredación se refiere a la privación de la patria potestad, total o parcialmente, por sentencia fundada en el incumplimiento de los deberes inherentes a la misma o dictada en causa criminal o matrimonial. El supuesto nada tiene que ver con la exclusión prevista en el art. 111 CC, en el que el progenitor no ostenta derechos por ministerio de la ley en la herencia de sus hijos o descendientes. En este caso, la exclusión de la patria potestad constituye un imperativo para el juzgador, aunque no haya sido formalmente solicitada [STS (1ª) 12 noviembre 2008 (ECLI:ES:TS:2008:5820)].

Sobre la negativa a la prestación de alimentos como causa de desheredación, nos remitimos a lo ya dicho respecto a los descendientes. En cuanto a haber atentado uno de los padres contra la vida del otro, el ofendido no es el testador sino uno de los progenitores de éste, y no se exige sentencia firme como en el art. 756.1° CC. La eventual reconciliación no parece ir referida al testador y al ofensor, sino a la que puede producirse entre los padres del testador.

8.1.3. *Desheredación del cónyuge*

Finalmente, según el art. 855 CC, son justas causas para desheredar al *cónyuge*: 1.ª Haber incumplido grave o reiteradamente los deberes conyugales. 2.ª Las que dan lugar a la pérdida de la patria potestad, total o parcialmente, por incumplimiento de los deberes inherentes a la misma o dictada en causa criminal o matrimonial (art. 170 CC). 3.ª Haber negado alimentos a los hijos o al otro cónyuge. 4.ª Haber atentado contra la vida del cónyuge testador, si no hubiere mediado reconciliación.

El incumplimiento grave y reiterado de los deberes conyugales se refiere al contenido del art. 68 CC. El incumplimiento de estos deberes es en la actualidad (desde la Ley 15/2005) irrelevante a efectos de la separación o el divorcio, pero se mantiene como causa de desheredación. La SAP Madrid (Secc. 19ª) 14 diciembre 2015 (ECLI:ES:APM:2015:16855) interpreta esta causa de desheredación en el sentido de requerirse un solo incumplimiento pero grave, o bien varios incumplimientos leves pero repetidos.

El art. 152.4º CC dispone que cesa la obligación de dar alimentos «cuando el alimentista, sea o no heredero forzoso, hubiese cometido alguna falta de las que dan lugar a la desheredación». Parece claro que el ámbito en el que opera el art. 152 CC es mucho más amplio, pues se aplica sean o no herederos forzosos los obligados recíprocamente a prestarse alimentos. Ello demuestra que el legislador no ha pretendido establecer una conexión entre las reglas previstas para una institución de Derecho sucesorio y el derecho de alimentos, sino sólo ahorrarse la reiteración de unas reglas que serían prácticamente coincidentes con las de la desheredación.

8.1.4. *La reconciliación posterior del ofensor y del ofendido*

La reconciliación se regula en el art. 856 CC, que se refiere a dos situaciones: a) Reconciliación posterior a la desheredación realizada en testamento: deja sin efectos la desheredación. b) Reconciliación posterior a la ofensa (y anterior al testamento): impide al testador desheredar por esa misma causa (no por otra diferente).

La reconciliación requiere una relación bilateral y recíproca de hecho. La jurisprudencia distingue entre la figura del mero perdón y la de la reconciliación, indicando que en esta última el perdón se ha de extender a la desheredación y no simplemente a la ofensa recibida. Por ello, para extinguir la desheredación, el perdón ha de ser determinado y específico, orientado hacia el acto ofensivo concreto, con intención de rehabilitar al ofensor, no bastando el simple perdón que con carácter general se dirige hacia todos los que en la vida ofendieron al causante. Se añade además, utilizando el mismo criterio que el art. 757 CC dentro de la indignidad, que si la desheredación hubiere sido ordenada en testamento, sólo podrá concederse el perdón bien realizando un testamento posterior en el que se incluya al desheredado o bien remitiendo expresamente al desheredado a través de documento público [SAP Alicante (Secc. 9ª) 8 febrero 2012 (ECLI:ES:APA:2012:289), SAP Pontevedra (Secc. 6ª) 2 diciembre 2015 (ECLI:ES:APPO:2015:2601) y SAP Cuenca (Secc. 1ª) 20 noviembre 2018 (ECLI:ES:APCU:2018:461)].

La existencia o no de reconciliación puede plantear problemas en los casos de falta de relación familiar afectiva. Según la STS (1ª) 27 junio 2018 (ECLI:ES:TS:2018:2492), a pesar de que el art. 856 CC solo menciona la reconciliación como causa que impide desheredar o que priva de eficacia a la desheredación ya hecha, ello no puede impedir la eficacia del perdón de la ofensa concreta que, en caso de acreditarse, fuera causa de desheredación, pues quien puede hacer valer la causa de desheredación también puede remitirla eficazmente.

8.2. Efectos de la desheredación

Cuando el desheredado niegue la causa invocada para la desheredación, según el art. 850 CC han de ser los herederos designados quienes prueben la certeza de la misma. La desheredación hecha sin expresión de causa, que no se base en alguna de las causas previstas en la ley, o que no llegue a probarse, anula la institución de heredero en cuanto perjudique al desheredado, «pero valdrán los legados, mejoras y demás disposiciones testamentarias en lo que no perjudiquen a dicha legítima» (art. 851 CC). Tales efectos son equiparables a los de la preterición intencional.

Según la RDGRN 31 marzo 2005 (BOE núm. 119, de 19 mayo, págs. 16920 y ss.), el contador-partidor no puede declarar ineficaz la desheredación ordenada por el testador cuando se funda en justa causa expresada en el testamento y la certeza de dicha causa no ha sido contradicha por los desheredados, ni puede por tanto privar de su legítima a los hijos y descendientes de los desheredados.

Las RRDGRN 5 octubre 2018 (BOE núm. 256, de 23 octubre, págs. 102827 y ss.) y 3 octubre 2019 (BOE núm. 274, de 14 noviembre, págs. 125844 y ss.), admiten que los desheredados y el instituido heredero se pongan de acuerdo negando la causa de desheredación, para atribuir a los desheredados su legítima, y que para ello no es necesaria una declaración judicial que prive de eficacia a la desheredación ordenada. La RDGSJFP 20 septiembre 2021 (BOE núm. 227, de 19 septiembre, págs. 90631 y ss.) mantiene este mismo criterio, pero considera que, en aplicación de art. 857 CC, si los desheredados tienen hijos o descendientes, estos deben considerarse como «afectados» y prestar también su consentimiento.

Lo anterior plantea un problema de naturaleza tributaria, pues la Consulta vinculante a la DGT núm. V1514/11, de 10 junio, entiende que los desheredados reciben los bienes por donación del instituido, que debe tributar como tal donación. Por el contrario la STSJ de Madrid (Cont., Secc. 9ª) 10 abril 2014 (ECLI:ES:TSJM:2014:9842) y la STSJ de Castilla y León (Cont., Secc. 1ª) 31 julio 2015 (ECLI:ES:TSJCL:2015:3865), consideran que en este caso los bienes se reciben a título de herencia y no de donación, aunque el testamento no haya sido anulado.

El desheredado con causa justa queda privado de su legítima, y de toda participación en la herencia del desheredante (testada o intestada). Las donaciones que hubiera recibido en vida no pueden entenderse revocadas por la desheredación, aunque se hubieran realizado como anticipo de la legítima. Pero si tales donaciones se realizaron en concepto de mejora, la desheredación supone la revocación del carácter de mejora de dicha donación (argumento *ex art.* 827 CC). Cuando el desheredado tenga hijos o descendientes, éstos ocupan su lugar y conservan los derechos de herederos forzosos respecto a la legítima (art. 857 CC, que coincide con el criterio del art. 761 CC para la indignidad).

Los efectos de la desheredación injusta, y en particular los del art. 851 CC, se aplican propiamente cuando los legitimarios desheredados son parientes en línea recta. Tratándose de descendientes, el criterio es el mismo que en los casos de preterición intencional (§ 7.1), por lo que si concurre con otros legitimarios no desheredados, tendrá derecho a su legítima estricta [SSTS (1ª) 23 enero 1959 (ECLI:ES:TS:1959:118) y 6 abril 1998 (ECLI:ES:TS:1998:2295)]. Si el desheredado es el cónyuge viudo, al ser su legítima en usufructo, no se anula la institución de heredero, sino que procede constituir el usufructo vidual en la proporción que corresponda, según con quién concurra (descendientes, ascendientes o extraños).

La desheredación afecta a los seguros de vida contratados por el testador. La SAP Zaragoza (Secc. 4ª) 24 junio 2019 (ECLI:ES:APZ:2019:1676), referida al Derecho Foral de Aragón considera que los descendientes privados de su condición de herederos de manera explícita en el testamento por el asegurado no tienen derecho a la indemnización prevista en el seguro de vida, por no considerarse incluidos en el art. 85 LCS. El mismo argumento serviría para excluir del derecho a la indemnización a los legitimarios desheredados.

8.3. Plazo de ejercicio de la acción de desheredación

La STS (1ª) 25 septiembre 2019 (ECLI:ES:TS:2019:2917), por analogía con el art. 1301 CC, fija como doctrina jurisprudencial que «la acción para impugnar la desheredación que se considera injusta está sujeta en su ejercicio al plazo de cuatro años desde que se abre la sucesión y puede ser conocido el contenido del testamento». Tal plazo es de caducidad, por lo que no resulta aplicable el plazo de prescripción del art. 1964 CC.

BIBLIOGRAFÍA

ALVENTOSA DEL RÍO, Josefina, *Derechos sucesorios del cónyuge y Reglamento sucesorio de la Unión Europea,* Tirant lo Blanch, Valencia, 2021.

CABEZUELO ARENAS, Ana Laura, *Diversas formas de canalización de la Cautela Socini,* Tirant lo Blanch, Valencia, 2002.

DÍAZ ALABART, Silvia, «La indignidad para suceder y la desheredación. Algunas reflexiones tras la promulgación de la Ley (8/2021)», en ESPEJO LERDO DE TEJADA, Manuel – CERDEIRA BRAVO DE MANSILLA, Guillermo (Dir.), *La persona con discapacidad en el Derecho de sucesiones,* Aranzadi, Cizur Menor, 2023, págs. 197-218.

DOMÍNGUEZ LUELMO, Andrés, *El pago en metálico de la legítima de los descendientes,* Tecnos, Madrid, 1989.

DOMÍNGUEZ LUELMO, Andrés (Dir.), *Comentarios al Código civil,* Lex Nova, Valladolid, 2010.

ECHEVARRÍA DE RADA, Teresa, *La desheredación de hijos y descendientes: interpretación actual de las causas del artículo 853 del Código civil,* Reus, Madrid, 2018.

ESPEJO LERDO DE TEJADA, Manuel, *Tendencias reformistas en el Derecho español de sucesiones. Especial consideración al caso de las legítimas,* Notariado hoy, Wolters Kluwer, Madrid, 2020.

GAGO SIMARRO, Clara, *Las donaciones en la sucesión hereditaria,* Thomson Reuters, Aranzadi, Cizur Menor, 2020.

GALLEGO DOMÍNGUEZ, Ignacio, «La preterición en el Código civil» y «La desheredación en el Código civil», en LASARTE ÁLVAREZ, Carlos (Dir.), *Derecho de sucesiones contemporáneo. Aspectos civiles y fiscales,* Tirant lo Blanch, Valencia, 2020, págs. 119-210.

GARCÍA GOLDAR, Mónica, *La legítima en los derechos civiles autonómicos y su reforma en el Código civil,* Andavira, Santiago de Compostela, 2020.

HERAS GARCÍA, Manuel Ángel de las, *La Cautela Sociana frente a la legítima,* Aranzadi, Cizur Menor, 2022.

LÓPEZ BELTRÁN DE HEREDIA, Carmen, *Computación, imputación y colación de donaciones en la sucesión mortis causa,* Tirant lo Blanch, Valencia, 2009.

MAGARIÑOS BLANCO, Victorio, *Libertad para ordenar la sucesión. Libertar de testar,* Dykinson, Madrid, 2022.

MARÍN CALERO, Carlos, *La herencia a favor de un hijo con discapacidad intelectual,* Tirant lo Blanch, Valencia, 2022.

ORDÁS ALONSO, Marta, *La desheredación y sus causas. Derecho civil común y Derecho civiles forales o especiales,* Bosch, Wolters Kluwer, Barcelona, 2020.

RAGEL SÁNCHEZ, Luis Felipe, *La cautela gualdense o Socini y el artículo 820.3º del Código civil,* Dykinson, Madrid, 2004.

REAL PÉREZ, Alicia, *Intangibilidad cualitativa de la legítima,* Civitas, Madrid, 1988.

REAL PÉREZ, Alicia, *El usufructo universal del cónyuge viudo en el Código civil,* Montecorvo, Madrid, 1988.

REPRESA POLO, Patricia, *La desheredación en el Código civil,* Reus, Madrid, 2016.

REPRESA POLO, Patricia, *Negocios entre cónyuges en fraude de legitimarios,* Reus, Madrid, 2019.

ROBLES RAMOS, Karin J., *Intangibilidad cualitativa de la legítima. Excepciones,* Dykinson, Madrid, 2021.

SÁNCHEZ HERNÁNDEZ, Ángel, *El usufructo universal vidual y el artículo 820.2 del CC,* Thomson Reuters, Aranzadi, Cizur Menor, 2020.

TORIBIOS FUENTES, Fernando; DOMÍNGUEZ LUELMO, Andrés, «Los procesos de división patrimonial», en *Practicum Proceso Civil 2020,* Thomson Reuters, Aranzadi, Cizur Menor, 2020.

TORRES GARCÍA, Teodora Felipa, «Legítima, legitimarios y libertad de testar (síntesis de un sistema)», en *Derecho de Sucesiones. Presente y futuro,* APDC, Universidad de Murcia, 2006, págs. 173-227.

TORRES GARCÍA, Teodora Felipa; DOMÍNGUEZ LUELMO, Andrés, «La legítima en el Código civil (I) y (II)», en GETE-ALONSO Y CALERA, María del Carmen (Dir.), *Tratado de Derecho de Sucesiones*, II, 2ª ed., Civitas, Thomson Reuters, Cizur Menor, 2016, págs. 355-475.

TORRES GARCÍA, Teodora Felipa; GARCÍA RUBIO, María Paz, *La libertad de testar: el principio de igualdad, la dignidad de la persona y el libre desarrollo de la personalidad en el Derecho de sucesiones*, Fundación Coloquio Jurídico Europeo, Madrid, 2015.

VALLET DE GOYTISOLO, Juan B, *Panorama del Derecho de Sucesiones, I, Fundamentos*, Civitas, Madrid, 1982; y *II, Perspectiva dinámica*, Civitas, Madrid, 1984.

VAQUER ALOY, Antoni, *Libertad de testar y libertad para testar*, Olejnik, Buenos Aires, 2018.

VAQUER ALOY, Antoni, «El maltrato al causante vulnerable: a favor de una nueva causa de indignidad sucesoria», *Anuario de Derecho Civil*, III, 2020, págs. 1067-1095.

VERDERA SERVER, Rafael, *Contra la legítima*, Fundación Notariado, Madrid, 2022.

VIVES VELO DE ANTELO, M.ª Patricia, *Razones para mantener la legítima y propuesta de regulación*, Fundación Notariado, Madrid, 2024.

LECCIÓN 16

LAS LEGÍTIMAS (II) INDIVIDUALES

Andrés DOMÍNGUEZ LUELMO
Catedrático de Derecho civil
Universidad de Valladolid

Henar ÁLVAREZ ÁLVAREZ
Catedrática de Derecho civil
Universidad de Valladolid

1. LA LEGÍTIMA DE LOS DESCENDIENTES

Los hijos y descendientes constituyen el primer grupo de legitimarios y excluyen como tales a los ascendientes (art. 807 CC). La existencia de un único descendiente excluye como legitimarios a todos los ascendientes. Pero existiendo cónyuge con derecho a legítima los descendientes concurren con éste (art. 834 CC).

Se aplica a los descendientes el principio de proximidad de grado. Habiendo hijos no son legitimarios los nietos. Aunque dentro de la línea recta descendente el grado más próximo excluye al más remoto, se aplica el derecho de representación exclusivamente en los casos que prevé el CC (arts. 761, 814 y 857). De esta manera, si un hijo ha premuerto al causante, es indigno para suceder, o ha sido justamente desheredado, sus descendientes ocupan su lugar y tienen la consideración de legitimarios (no así en caso de que el hijo hubiera renunciado a su parte de la herencia). La manera de actuar el derecho de representación es, sin embargo, diferente. En los supuestos de premoriencia los descendientes heredan por estirpes (art. 814 CC). En cambio, en la situación regulada en los arts. 857 y 761 CC, adquieren la condición de legitimarios pero en la cuantía referida a la legítima estricta.

1.1. Cuantía y beneficiarios

La cuantía global de la legítima de los descendientes toma como base de cálculo la resultante de aplicar el art. 818 CC. Ya exista un único descendiente o varios, dicha cuantía es invariable: dos tercios del haber hereditario. El otro tercio se considera de libre disposición, pudiendo ir destinado a personas ajenas al círculo de legitimarios. No obstante, es posible también que el tercio libre se atribuya con completa libertad a alguno o a todos los descendientes.

De los dos tercios de legitima (denominados legítima *amplia* o *larga*), el testador puede disponer de uno de ellos en concepto de mejora (arts. 808 y

823 CC), con la finalidad de desigualar a sus legitimarios descendientes: sólo hay mejora cuando el tercio de mejora o una parte del mismo se utiliza para atribuir a unos una porción mayor que a otros. La finalidad de la utilización del tercio de mejora es, pues, desigualar a los descendientes [STS (1ª) 22 de noviembre de 1992]. El otro tercio, denominado de legítima *estricta*, tiene que ser objeto de reparto igualitario entre todos los legitimarios (con las salvedades que analizaremos más adelante en cuanto al contenido del art. 808 CC).

La doctrina mayoritaria y la jurisprudencia admiten la posibilidad de mejorar a los nietos en vida de sus padres [STS (1ª) 24 septiembre 2005 (ECLI:ES:TS:2005:5646)]. En este caso los nietos no son legitimarios, sino destinatarios de bienes en concepto de mejora.

1.2. Legítima y tercio de mejora

De los arts. 808 y 823 CC se desprende con claridad que, de los dos tercios de legítima, el testador puede disponer de uno de ellos para aplicarlo como mejora a favor de alguno o algunos de sus hijos o descendientes. Con ello se consigue un reparto desigual de la legítima global de los descendientes. Así pues, sólo hay mejora cuando el tercio de mejora o una parte del mismo se utiliza para atribuir a unos una porción mayor que a otros. La finalidad de la mejora es desigualar. Por ello no existirá mejora (sino legítima amplia o larga), aunque se utilice la expresión «mejora» en el testamento, si se reparte igualitariamente entre todos los legitimarios.

1.3. La mejora

El tercio de mejora constituye una unidad contable que posibilita desigualar a los legitimarios, y constituye el máximo de dicha desigualdad. No debe confundirse tercio de mejora con mejora efectiva. Sólo tendrá la consideración de mejora la parte del tercio utilizada efectivamente para desigualar. El resto tiene la consideración de legítima y debe ser objeto de reparto por igual entre todos los legitimarios descendientes. Teniendo en cuenta que sólo puede utilizarse como máximo un tercio en concepto de mejora, se habla del *tercio de legítima estricta* como la parte absolutamente indisponible de la legitima de los descendientes, que debe ser objeto de reparto igualitario y que, por regla general, no es susceptible de gravamen. Ahora bien, tiene la consideración de *legítima* tanto este tercio, como la parte del tercio de mejora no utilizado como mejora efectiva. Si no hay mejora, los dos tercios de legítima se distribuyen por igual entre todos los legitimarios.

1.4. Régimen jurídico de la mejora

De los dos tercios de legítima correspondiente a los descendientes, el de mejora es legítima frente a extraños, pero no entre los descendientes del testador. Por ello, la parte disponible libremente a favor de los descendientes no queda limitada al tercio libre, sino que abarca también el de mejora, aunque ésta quede afectada por las limitaciones de los arts. 825 y 828 CC [STS (1ª) 18 junio 1982 (ECLI:ES:TS:1982:51)]. No obstante, al ser la mejora una parte de la legítima, se calcula como ésta, aplicándose lo dispuesto en el art. 818 CC.

1.4.1. Objeto de la mejora

El CC distingue dos tipos diferentes de mejora en función de su objeto, que puede recaer sobre *cosa determinada* o ir referida a una *cuota*.

1.4.1.1. Mejora en cosa determinada

El art. 829 CC admite la posibilidad de señalar la *mejora en cosa determinada*, pero en este caso, «cuando el valor de ésta excediere del tercio destinado a la mejora y de la parte de legítima correspondiente al mejorado, deberá éste abonar la diferencia en metálico a los demás interesados». En principio, sólo el testador puede señalar la cosa determinada, sin que esta facultad se pueda encomendar a otro, ni siquiera al propio mejorado [STS (1ª) 18 mayo 1983 (ECLI:ES:TS:1983:1492)]. El art. 829 CC plantea la posibilidad de compensar en dinero los excesos de valor de la cosa, lo que sólo puede ser entendido desde la perspectiva de la indivisibilidad o incómoda división de la cosa en que consista la mejora, aunque puede incluir universalidades o cosas complejas, como una explotación mercantil. El art. 829 pretende evitar que la reducción de los excesos de valor en estos casos se haga *in natura*. Por ello, dependiendo de los casos, pueden variar los posibles perceptores del metálico. Es preciso, pues, aclarar a qué tercio se deben imputar preferentemente los excesos de valor, porque de ello va a depender las determinación de los perceptores del metálico.

Consideramos que el exceso se debe imputar preferentemente al tercio libre antes que a la legítima estricta del mejorado. Esta interpretación se apoya en la STS (1ª) 19 mayo 1951 (ECLI:ES:TS:1951:741) que, de acuerdo con los antecedentes históricos, considera que la expresión «mejora» del CC se puede interpretar de manera extensiva, englobando la parte de libre disposición. Cuando el testador no ha dispuesto del tercio libre, o ha dispuesto del mismo de una manera parcial, si el exceso de lo atribuido al mejorado cabe en esta parte, no tendrán lugar el abono de ninguna diferencia en dinero, dado que siempre encontraremos una zona del tercio de libre disposición a la que imputar el exceso de la que el testador no ha dispuesto a favor de nadie. Los problemas surgen en caso contrario, ya que en cualquiera de los supuestos posibles el mejorado deberá proceder al abono de las oportunas diferencias en dinero. En principio, perceptores del metálico serán los destinatarios del tercio libre (salvo los legatarios de cosa específica), y agotado éste, el resto de legitimarios.

1.4.1.2. Mejora de cuota

A la *mejora de cuota* se refiere el art. 832 CC: «Cuando la mejora no hubiere sido señalada en cosa determinada, será pagada con los mismos bienes hereditarios, observándose en cuanto puedan tener lugar, las reglas establecidas en los artículos 1061 y 1062 para procurar la igualdad de los herederos en la partición de bienes». Tratándose de mejora de cuota no se especifican los bienes con los que se ha de cubrir la parte del tercio de mejora utilizada efectivamente en mejorar. Teniendo en cuenta que, según el art. 815 CC, la legítima se puede atribuir «por cualquier título», la mejora de cuota se puede dejar a título de heredero o de legatario de parte alícuota. La mejora de cuota se debe cubrir *in natura*. Por ello el precepto ordena que, en la medida de lo posible, se procure la formación de lotes cualitativamente iguales, para lo que se remite al régimen de los arts. 1061 y 1062 CC. Si existen cosas indivisibles que impiden la formación de lotes cualitativamente iguales se pueden adjudicar a uno, a calidad de abonar a los otros el exceso en dinero (art. 1062 CC).

1.4.2. La posibilidad de gravar la mejora

La prohibición de establecer gravámenes sobre la legítima que recoge el art. 813 CC se refiere en principio a la legítima estricta, ya que el ap. 2º del art. 782 CC admite que una sustitución fideicomisaria recaiga sobre el tercio destinado a mejora, siempre que se establezca a favor de los descendentes, y el art. 824 CC permite gravar la mejora, siempre que los gravámenes se impongan a favor de los legitimarios o sus descendientes. En caso contrario tales gravámenes no producen efecto y se tienen por no puestos. Los establecidos a favor de los legitimarios o sus descendientes pueden consistir en legados, sustituciones, condiciones, términos, modos, prohibiciones o limitaciones, y se pueden configurar como derechos reales, obligaciones, o incluso como prestaciones personales (v.gr. atender a los hermanos si lo necesitan, o convivir con los ascendientes).

La STS (1ª) 14 de junio de 1907 admitió la limitación impuesta a la hija mejorada de atender a sus hermanos si estos lo necesitaban y acudían a ella. Las SSTS (1ª) 11 de enero de 1915 y 5 de diciembre de 1930, admitieron la validez de la condición de convivencia entre ascendientes y descendientes o su cónyuge. La STS 15 de diciembre de 1922 se refiere a un supuesto en que el tercio de mejora se reparte entre varios descendientes, y el gravamen consiste en la administración por uno solo de ellos. La STS (1ª) 2 de diciembre de 1991 admite la validez de la condición de casarse en casa del otorgante (según la costumbre asturiana de las zonas rurales de casarse en casa), con el beneplácito del testador o de su esposa si ésta le sobrevive, y vivir en compañía del otorgante y su esposa hasta el fallecimiento de ambos, trabajando los bienes propiedad de los mismos. La STS (1ª) 1157/1992, de 11 diciembre, admite la validez de la cláusula según la cual si el mejorado muere sin herederos pase la mejora a otro hermano.

Además de lo anterior, debe tenerse presente que, cuando el cónyuge viudo es legitimario y concurre con hijos o descendientes, su legítima en usufructo grava precisamente el tercio destinado a mejora.

En cualquier caso, como hemos visto (Lección 15, § 5.2.1), una sustitución fideicomisaria puede incluso gravar la legítima estricta si se hace en beneficio de hijos o descendientes que se encuentre en una situación de discapacidad, siendo fiduciarios éstos, y fideicomisarios el resto de colegitimarios.

1.4.3. La renuncia a la mejora

Según el art. 833 CC «el hijo o descendiente mejorado podrá renunciar a la herencia y aceptar la mejora». Este precepto sólo puede ser interpretado de acuerdo con el art. 890 CC. Según el art. 815 CC la legítima se puede atribuir «por cualquier título», por lo que se puede mejorar a título de heredero o de legatario. Si el mejorado ha sido instituido heredero, no puede aceptar o repudiar la herencia de modo parcial, por prohibírselo el art. 990 CC. En este sentido, el art. 833 sólo puede aplicarse cuando el legitimario descendiente ha sido instituido heredero, pero recibe la mejora a título de legado. El art. 890 le permite repudiar la herencia y aceptar el legado, que es el mismo criterio que se plasma en el art. 833. Aunque este precepto no contemple la hipótesis inversa, puede el legitimario rechazar el legado a título de mejora, y aceptar la herencia.

1.4.4. El acrecimiento en la mejora

Si solo había sido mejorado el renunciante, el resto de legitimarios ve incrementada su legítima individual. Existiendo varios descendientes mejorados cabe plantear si la renuncia (o la premuerte) de uno de ellos permite el acrecimiento a los demás. En la doctrina existen opiniones divergentes. La postura clásica considera que el derecho de acrecer no puede operar en la mejora, de manera que si una parte de ésta deja de ser efectiva respecto de alguno de los descendientes (v.gr. por premuerte o renuncia), hay que considerar que pasa a integrar la legítima, debiendo ser objeto de reparto igualitario entre todos los legitimarios. La STS (1ª) 26 diciembre 1989 (ECLI:ES:TS:1989:7716) asume este planteamiento, interpretando de manera literal el art. 985 CC.

Sin embargo, nos parece más correcto admitir el acrecimiento entre comejorados sobre la base de una voluntad presunta del testador, en el sentido de que si mejora a algunos descendientes, y no a otros, es porque desea que si falta alguno, la porción vacante acrezca al resto de los mejorados [este enfoque se acoge en la SAP de Santa Cruz de Tenerife (Secc. 4ª) 4 abril 2005 (ECLI:ES:APTF:2005:657)]. No obstante, consideramos que esta interpretación solo debe aplicarse cuando se trate de mejora de cuota (art. 832 CC), y no de mejora en cosa determinada (art. 829 CC), pues el testador en este caso sí estaría atribuyendo un cuerpo de bienes separado. Teniendo en cuenta lo anterior, entendemos que, excepcionalmente, no es preciso que las cuotas de los mejorados sean iguales para que tenga lugar el acrecimiento. Dado que con la mejora se pretende desigualar a los legitimarios descendientes, cada uno de los mejorados se entiende llamado eventualmente a todo el tercio de mejora, quedando limitado solo a una parte por la presencia de los demás comejorados, llamados junto con él.

1.4.5. La declaración de la voluntad de mejorar: el problema de la imputación de los excesos y las mejoras tácitas

Los arts. 825 y 828 CC exigen en principio que la mejora se realice de manera expresa, o al menos que claramente aparezca la voluntad de mejorar a la hora de atribuir una liberalidad, aunque no se emplee la palabra «mejora» [STS (1ª) 29 mayo 2006 (ECLI:ES:TS:2006:3345)]. Pero el planteamiento del CC varía dependiendo de que la liberalidad a título de mejora se realice *inter vivos* o *mortis causa*, estableciendo un régimen diferente en cada caso.

1.4.6. Régimen de las donaciones

El causante puede realizar donaciones en vida a favor de un descendiente y atribuirle el carácter de mejora. Según el art. 819 CC «las donaciones hechas a los hijos, que no tengan el concepto de mejoras, se imputarán en su legítima». *A sensu contrario*, las realizadas con carácter de mejora deberán imputarse al tercio de mejora, produciendo una reducción en la legítima estricta de los demás. Aún siendo la donación irrevocable, el art. 827 CC pone de manifiesto que lo que sí es revocable es el carácter de mejora atribuido a la donación, con la consecuencia de que deberá imputarse a la legítima del donatario. Por excepción, es irrevocable la mejora cuando se hace en capitulaciones matrimoniales, y ello con independencia de que se haya verificado o no con entrega de bienes. La donación hecha en concepto de mejora por alguno de los padres a un hijo en capitulaciones matrimoniales puede realizarse antes o después de contraer matrimonio (art. 1326 CC), pero una vez efectuada por esta vía ya no se la puede privar del carácter de mejora, salvo modificación de las capitulaciones, con intervención de todos los que participaron en su otorgamiento (art. 1331 CC).

1.4.6.1. Donaciones simples

Cuando una donación no tiene carácter de mejora, una vez imputada a la legítima del descendiente, el exceso puede imputarse al tercio libre (si está disponible), pero nunca al tercio de mejora [SSTS (1ª) 29 mayo 2006 (ECLI:ES:TS:2006:3345), 27 julio 2019 (ECLI:ES:TS:2019:2179) y 17 septiembre 2019 (ECLI:ES:TS:2019:2854)]. En lo que exceda de la legítima del donatario y de la parte que quepa en el tercio libre que esté disponible, será inoficiosa. Un sector doctrinal, en cambio, considera que cabría admitir aquí la existencia de una mejora tácita en cuanto a ese exceso, que podría invadir el tercio de mejora. Se basa para ello en lo previsto en el art. 828 para los legados. A nuestro juicio no cabe entender en estos casos que existe una mejora tácita. El régimen previsto para las donaciones en el art. 825 CC se diferencia netamente del previsto para los legados en el art. 828 CC. De otro modo, el carácter o no de mejora de una donación se haría depender de las operaciones del art. 818 CC, en el momento de fallecer el causante: el que una donación se pudiera considerar mejora no dependería de la voluntad expresa o tácita del causante, sino de la situación patrimonial en el momento de la apertura de la sucesión, por lo que podrían aparecer mejoras involuntarias.

1.4.6.2. Donaciones con carácter de mejora

En cambio, cuando la donación tiene carácter de mejora, debe imputarse inicialmente al tercio de mejora. Y si no cabe en éste, dado que el causante demuestra con ello su voluntad de desigualar, el exceso debe imputarse al tercio libre (en la medida en que esté disponible) y finalmente en la legítima estricta del mejorado. Será, pues, inoficiosa en cuanto al exceso.

1.4.6.3. Donaciones a los nietos

Si tenemos en cuenta que el TS reconoce la posibilidad de mejorar a los nietos en vida de sus padres, una donación realizada a favor de un descendiente no legitimario debe imputarse al tercio libre, si el testador no declaró su voluntad de mejorarlo (art. 819.II CC). Pero si la donación al nieto se hizo con carácter de mejora, deberá imputarse a este tercio, y nunca al de legítima estricta a la que no tienen derecho los nietos mientras vivan sus padres. El exceso, en su caso, podrá imputarse a la parte libre.

1.4.6.4. Supuestos especiales

La imputación de la donación hecha a un *legitimario que repudia la herencia* exige alguna matización. Si el legitimario ha sido instituido heredero en el testamento y repudia, al no tener ya la consideración de legitimario, la donación debe imputarse a la parte libre (como las realizadas a favor de extraños, según el ap. 2º del art. 819 CC). Pero como la legítima puede dejarse por cualquier título (art. 815 CC), es posible que, además de ser instituido heredero, el legitimario sea destinatario de algún legado. El art. 890.II CC permite al heredero, que a la vez sea legatario, repudiar la herencia y aceptar el legado, o renunciar éste y aceptar aquella. En cualquiera de los casos, la donación se imputa a la legítima del donatario, salvo cuando dicha donación se haya hecho con carácter de mejora (art. 833 CC).

Como se afirma en la STS (1ª) 21 junio 2021 (ECLI:ES:TS:2021:2367), «la renuncia impide al legitimario recibir lo que le correspondería por legítima al amparo del título sucesorio al que renuncia (...), pero carece de efecto respecto de otras atribuciones, en particular respecto de las donaciones que recibieron en vida del padre. Ello es así aunque las donaciones se hayan recibido como anticipo de la legítima. La eficacia de las donaciones solo se ve perjudicada si son inoficiosas».

En este mismo sentido, la STS (1ª) 26 junio 1946 (ECLI:ES:TS:1946:607), en la que se da por supuesto que el legitimario que recibe una donación expresamente como anticipo de su legítima, aunque repudie la herencia, mantiene la donación. De manera diáfana la STS (1ª) 20 junio 1986 (ECLI:ES:TS:1986:3485), declara de manera expresa: «la repudiación de la herencia, hecha sin embargo con denominación de renuncia por los herederos testamentarios a pesar de que estaba abierto a su favor el ius delationis, dados los conceptos un tanto confusos en que se mueve la doctrina en punto a su diferenciación, no comporta aceptación de la herencia, conforme a los preceptos citados en el motivo, sin que pueda especularse tampoco con la existencia de donaciones previas a favor de los repudiantes, en el sentido de que tal repudio alcanza a esos negocios jurídicos gratuitos dada la imputación que de esas donaciones se hizo a los distintos tercios en que se divide la herencia para los descendientes y la ratificación que de ellas se hace por vía de legado en el testamento, pues aquellos negocios jurídicos quedaron perfeccionados en su momento con la aceptación de los donatarios (art. 623 CC) y consecuentemente sólo están relacionados e influenciados en orden a su detracción por la apertura del ius delationis de la herencia, en tanto en cuanto fueran inoficiosas».

Si el donatario es un *hijo premuerto que tiene descendientes*, éstos ocupan por estirpes su lugar como legitimarios, por lo que la donación se debe imputar a esa legítima que, muerto el hijo, van a recibir como estirpe suya los descendientes ulteriores. Si el *hijo premuerto no deja descendientes*, la donación se imputará a la parte libre.

La imputación de donaciones hechas a *legitimarios indignos para suceder o desheredados con causa justa* no afecta a éstos, que nada recibirán *mortis causa*, pero sí a otros legitimarios. Según los arts. 761 y 857 CC los hijos del indigno o desheredado conservan sus derechos respecto a la legítima. Según el art. 929 CC en estos casos procede el derecho de representación, por lo que la donación debe imputarse a la legítima del desheredado o indigno que recibirán sus descendientes, que en consecuencia pueden ver reducida la parte que reciban, o incluso dejar sin contenido su legítima. En cambio, si el donatario indigno o desheredado no deja descendientes, la donación se imputa a la parte libre.

1.4.7. Régimen de los legados

Según el art. 828 CC el «legado hecho por el testador a uno de los hijos o descendientes no se reputará mejora sino cuando el testador haya declarado expresamente ser ésta su voluntad, *o cuando no quepa en la parte libre*». Teniendo en cuenta que la legítima se puede dejar por cualquier título (art. 815 CC), el art. 828 CC se refiere específicamente a los legados, aunque la misma solución es aplicable en los casos de institución *ex re certa* y prelegado.

El legado hecho a uno de los legitimarios descendientes se imputa en principio a su legítima. Para que pueda considerarse como mejora y, por lo tanto, imputarlo al tercio del mismo nombre, hace falta que el testador declare al hacer el legado su voluntad de mejorar. Pero aunque no sea así, el art. 828 CC introduce una especialidad y admite la posible existencia de una mejora tácita, considerando que el orden de imputación a los diferentes tercios es el siguiente: primero a la legitima, después a la parte libre, y finalmente a la mejora. En aquellos casos en que, tras ser imputado en la legítima del beneficiario del mismo, el valor de la cosa legada no quepa en la parte libre, el exceso se puede imputar al tercio de mejora (siempre que ello sea posible porque no hay donaciones en concepto de mejora ni otras mejoras expresas en el testamento). Lógicamente, la imputación al tercio libre sólo podrá efectuarse en tanto se pueda realizar a alguna parte del mismo (pues el resto puede estar ocupado por otras disposiciones del testador en el propio testamento, o por existir donaciones a favor de extraños: art. 819.II CC). Si la totalidad del tercio de libre disposición está cubierto, se procede directamente a imputar el exceso en el de mejora [STS (1ª) 19 mayo 1951 (ECLI:ES:TS:1951:741)].

Admitida la posibilidad de mejorar a los nietos en vida de sus padres, el legado hecho a un nieto no puede imputarse a su legítima por no ser legitimario, por lo que procede imputarlo a la mejora cuando no quepa en la parte libre, salvo que otra cosa se desprenda del contenido del testamento.

En cualquiera de los casos, de no permitir el art. 828 CC la imputación del exceso al tercio de mejora, el legado debería ser objeto de reducción, atendiendo a la presumible intención del testador [STS (1ª) 12 junio 2006 (ECLI:ES:TS:2006:3727)]. La solución en este punto del art. 828 CC para los legados difiere, pues, de la que recoge para las donaciones el art. 825 CC.

1.4.8. La delegación de la facultad de mejorar

Con carácter general establece el art. 830 CC (en relación con el art. 670 CC) que «la facultad de mejorar no puede encomendarse a otro». Como excepción, el art. 831 CC recoge un supuesto de *fiducia* sucesoria y permite conferir en testamento, una vez fallecido el testador, amplias facultades al cónyuge para mejorar a los descendientes comunes, incluyendo la posibilidad de distribuir el tercio de libre disposición (respetando las mejoras realizadas en testamento por el delegante). Habitualmente el cónyuge será sucesor del delegante, pero ello no es un requisito necesario para la posible aplicación del precepto.

Favorecido con la delegación únicamente puede serlo quien sea cónyuge en el momento de realizarse el encargo, o la persona con la que el delegante tenga descendencia común, aunque no estén casados entre sí, sin que se exija ni siquiera que hayan llegado a convivir (art. 831.6 CC). El precepto no exige que subsista el vínculo matrimonial en el momento del fallecimiento del delegante, por lo que resulta discutible si debe exigirse o no dicha subsistencia, y qué consecuencias puede tener una crisis matrimonial posterior a la designación testamentaria del fiduciario, anterior al momento de apertura de la sucesión. Se ha defendido que, salvo que el testador haya dispuesto otra cosa en previsión de una futura crisis matrimonial, la delegación debe subsistir porque se basa en la confianza y en la idoneidad del delegado respecto a unos descendientes comunes y no en la subsistencia del vínculo matrimonial (García Rubio). No obstante, consideramos que una separación o divorcio posteriores suponen una quiebra de esa confianza que debe tener como consecuencia la extinción de la delegación, si el testador no ha previsto lo contrario (Pérez Velázquez). En cualquiera de los casos, de acuerdo con el art. 831.5 CC, y salvo que el testador haya dispuesto otra cosa, las facultades conferidas al cónyuge «cesarán desde que hubiere pasado a ulterior matrimonio o a relación de hecho análoga o tenido algún hijo no común».

Sujetos favorecidos con la delegación (que sucederán, pues, al delegante) pueden ser los hijos y descendientes comunes a delegante y delegado, sin que existan obstáculos por la existencia de otros descendientes del causante que no lo sean del delegado (pero aplicándose entonces el art. 831.4 CC).

En cuanto a los bienes sobre los que puede recaer la delegación, el art. 831 CC permite al delegante que la facultad afecte a sus propios bienes, a los bienes de la sociedad conyugal (o a bienes comunes en el caso de parejas no casadas con descendencia común) y que incluso puede llegar a abarcar bienes propios del delegado (art. 831.3°, *in fine*).

Las facultades que se pueden conferir al delegado (art. 831.1 CC) tendrán la amplitud que determine el delegante, abarcando la posibilidad de «realizar a favor de los hijos o descendientes comunes mejoras incluso con cargo al tercio de libre disposición y, en general, adjudicaciones o atribuciones de bienes concretos por cualquier título o concepto sucesorio o particiones, incluidas las que tengan por objeto bienes de la sociedad conyugal disuelta que esté sin liquidar». Puede, por tanto, desigualar a los descendientes distribuyendo los tercios de mejora y de libre disposición, así como realizar una auténtica partición, como la realizaría el causante, incluida la posibilidad de atribuir la empresa familiar al amparo del art. 1056.II CC, y utilizar, si lo ha previsto el testador, la vía de los arts. 841 a 847 CC (*vid.* § 1.5.) Puede, además abonar las legítimas con cargo a sus propios bienes y liquidar unilateralmente la sociedad de gananciales [SAP Madrid (Secc. 12ª) 30 diciembre 2015 (ECLI:ES:APM:2015:18377)]. Y puede determinar el título de heredero o de legatario de los descendientes favorecidos, que serán en todo caso sucesores del causante. Todas estas mejoras, adjudicaciones o atribuciones pueden realizarse por el cónyuge en uno o varios actos, simultáneos o sucesivos.

Desde el punto de vista formal las facultades delegadas se pueden ejercitar tanto en testamento como a través de un acto *inter vivos*. Cabe, pues, que la distribución o mejora pueda realizarse en el propio testamento del cónyuge favorecido con la delegación. Cuando no se le haya conferido la facultad de hacerlo en su propio testamento, o no se le haya señalado plazo, tendrá el de dos años (plazo de caducidad) contados desde la apertura de la sucesión o, en su caso, desde la emancipación del último de los hijos comunes.

El art. 831.3 CC dispone que el cónyuge, al ejercitar las facultades encomendadas, «deberá respetar las legítimas estrictas de los descendientes comunes», pero no contempla un régimen específico para su pago. La STS (1ª) 24 mayo 2019 (ECLI:ES:TS:2019:1634) y la RDGSJFP 20 abril 2022 (BOE núm. 110, de 9 mayo, págs. 64538 y ss.) consideran que el pago de la legítima estricta de los descendientes comunes no puede diferirse *sine die* hasta que el cónyuge viudo ejecute la *fiducia, por lo que no cabe aplazar el pago de dichas legítimas estrictas*.

En esta STS se argumenta: «En aplicación de los principios del sistema sucesorio del CC, hay que resaltar que la legítima estricta (entre otros, arts. 806, 808 y 815 CC) constituye un derecho básico del legitimario cuyo pago no puede quedar sujeto a plazo por el testador, salvo en los casos que expresamente lo disponga la propia norma. Supuestos, entre otros, del art. 1056 CC, caso de la preservación indivisa de una explotación, o del art. 844 CC, caso del pago de la legítima en metálico. El art. 831.3 CC no contempla un régimen específico para el pago de la legítima estricta de los descendientes comunes, por lo que de la interpretación del citado precepto no cabe extraer una excepción, cuál es la aplicación de un plazo, bien el de dos años previsto para el ejercicio de las facultades del cónyuge fiduciario (art. 831.2 CC), o bien el del momento del otorgamiento del testamento del cónyuge fiduciario, que resulta contrario a los principios de nuestro sistema sucesorio y carecen de cobertura expresa por la norma».

Finalmente, de acuerdo con el art. 831.2 CC, corresponderá al cónyuge sobreviviente la administración de los bienes sobre los que pendan estas facultades. No puede, pues, administrar toda la herencia, sino solamente la parte de la misma sobre la que pueda ejercitar las facultades delegadas.

1.5. Pago de la legítima en metálico extrahereditario

Frente a la regla general de la legítima *pars bonorum*, pagadera *in natura* con los mismos bienes de la herencia, el CC permite en algunos supuestos y con diferente fundamento, adjudicar todos los bienes de la herencia a alguno de los legitimarios, con la carga de pagar con dinero extrahereditario la porción correspondiente a los demás. En tales casos, las legítimas individuales de los no adjudicatarios de los bienes se transforman en *pars valoris bonorum*, mientras no se realice el pago [RDGRN 14 febrero 2019 (BOE, núm. 61, de 12 marzo, págs. 23552 y ss.)]. Pero permanece latente la reserva de *pars bonorum* del art. 806 CC, que se actualiza en caso de impago por parte del adjudicatario en el plazo que corresponda, permitiendo a aquéllos actualizar su condición de copartícipes, y reclamar su legítima en bienes de la herencia.

1.5.1. La conservación de la empresa y el art. 1056.2 CC

El art. 1056.2 CC permite al testador utilizar de la facultad de hacer la partición para conservar indivisa una explotación económica o para mantener el control de una sociedad de capital o grupo de éstas. En este sentido se autoriza su adjudicación unitaria, ordenando al adjudicatario que pague en metálico su legítima a los demás interesados. Esta posibilidad se condiciona al interés de la familia o a la intención de conservar la empresa, con lo que en realidad se hace depender de la simple voluntad del testador.

Posibles adjudicatarios de la explotación: El precepto se refiere al pago en metálico de la legítima de los *demás interesados*. Parece clara la posibilidad de que el adjudicatario de la explotación sea uno de los hijos del testador, que se encargaría de pagar en metálico la legítima de sus hermanos. Admitida la posibilidad de mejorar a los nietos en vida de sus padres, tales nietos también pueden ser adjudicatarios de la explotación, y encargarse del pago de la legitima estricta de todos los legitimarios descendientes. Igualmente pueden ser adjudicatarios otros legitimarios no descendientes. En cambio no parece posible adjudicar la explotación a un extraño con la carga de abonar todas las legítimas en metálico extrahereditario.

El precepto habla de pagar en metálico «su legítima a los demás interesados», con lo que se nos quiere dar a entender que la explotación debe adjudicarse a un legitimario, para que éste pague en dinero las legítimas *de los demás*, es decir, de aquéllos que no van a recibir bienes en pago de su legítima. En caso contrario quebraría el principio de intangibilidad cualitativa global de la legítima, que debe ser respetado en todo caso, de manera que la totalidad de los bienes siempre queden en manos de, al menos, un legitimario. Lo que sí es admisible es la adjudicación a más de un legitimario, creando una comunidad exclusivamente entre los adjudicatarios. Ello podría hacer más asequible el pago de las compensaciones en metálico, ya que serían dos o más pagadores, y además, la porción de la legítima a pagar en dinero sería siempre menor que en el caso de adjudicar la explotación a uno sólo de los legitimarios (PALAZÓN GARRIDO).

Cuantía a percibir en metálico por los demás legitimarios: El art. 1056.2 CC se limita a ordenar «que se pague en metálico su legítima a los demás interesados», sin especificar —en el caso de los descendientes— si esta legítima es la larga o la corta. No existirán problemas interpretativos cuando el testador mejore expresamente al destinatario de la explotación y le asigne toda la parte libre, evitando así que las cantidades a pagar sean excesivamente elevadas y gravosas, ya que se reducirían a las legítimas estrictas del resto de legitimarios. Cuando el testador se limita a adjudicar la explotación por vía particional, sin especificar nada más, parece que el dato de elegir como adjudicatario a uno de los descendientes es suficiente para entender que éste ha sido mejorado, salvo que otra cosa se desprenda del testamento. Con esta solución se evita el excesivo endeudamiento del obligado, ya que tendrá que afrontar el pago de menores cantidades de dinero, con lo que se facilita la continuidad de la explotación.

El precepto no regula cómo se valoran las cuotas de los perceptores del metálico, ni quién debe realizar la correspondiente valoración. La fijación de las cantidades a pagar debe realizarse de común acuerdo entre el adjudicatario de la explotación y el resto de los legitimarios. La posibilidad de una valoración de la explotación económica por el propio testador es discutible, aunque desde luego es un perfecto conocedor de las condiciones de la explotación que transmite. Igualmente, nada impide que el testador establezca unos criterios sobre la manera de realizar tal valoración (argumento ex art. 786.1 LEC). Cabe finalmente que la valoración sea realizada por un contador-partidor, cuya misión no sería la de «partir», sino exclusivamente la de «contar» (TORRES GARCÍA); e incluso que los propios interesados nombren a un tercero para que proceda a valorar las correspondientes cuotas.

Aplazamiento del pago: Teniendo en cuenta que no se precisa la existencia de metálico en la herencia para proceder al abono de las legítimas, y considerando el rendimiento futuro de la explotación, el testador puede establecer un aplazamiento del pago de las legítimas que no puede ser superior a cinco años computados desde el momento de la apertura de la sucesión. Lógicamente, cuanto mayor sea la cuota hereditaria que reciba el adjudicatario de la explotación, a través de una mejora efectiva y de la atribución del tercio libre, menores serán las cantidades que deba abonar en metálico. La fijación del plazo, con el mismo límite de los cinco años, se atribuye también al contador-partidor. No existen problemas para que los interesados de común acuerdo puedan ampliar este plazo.

Consecuencias del impago: El precepto no se refiere a las consecuencias de la falta de pago de las legítimas en el plazo fijado para ello. Parece posible aplicar la misma solución prevista en el ap. 2° del art. 844 CC, entendiendo que se debe proceder a repartir la herencia según las disposiciones generales sobre la partición. No obstante, los legitimarios impagados también tienen la opción de accionar para conseguir el pago, una vez que se alza la barrera que para ellos suponía el aplazamiento temporal.

1.5.2. El supuesto regulado en los artículos 841 a 847 CC

Frente a la regla general del pago de la legítima con bienes de la herencia (art. 806 CC), en los arts. 841 a 847 se contempla la posibilidad general de pagar la legítima de los descendientes con dinero extrahereditario, siempre que al menos uno de los descendientes sea el adjudicatario del caudal hereditario. Para ello no hace falta que concurra el requisito objetivo de la indivisibilidad o incómoda división de los bienes, como ocurre en los arts. 821, 829 y 1056 CC. Se puede adjudicar a alguno de los descendientes todo o parte del caudal hereditario, sea éste o no indivisible. Las únicas limitaciones son las contempladas en los arts. 845 y 846 CC (los legados de cosa específica, que se rigen por lo dispuesto en los arts. 882, 883 y 885 CC, y las disposiciones particionales del testador señaladas en cosas determinadas), precisamente porque se trata de bienes que no forman parte de la comunidad hereditaria inicial. El adjudicatario de los bienes no tiene que ser cuantitativamente mejorado, aunque sí parece conveniente que el testador prevea esta posibilidad. En caso contrario lo elevado de las cantidades a pagar puede hacerle desistir de continuar adelante con la facultad de conmutación.

Presupuestos subjetivos: Este régimen resulta aplicable a los hijos o descendientes del testador, pero no a los ascendientes. Teniendo en cuenta que se puede mejorar a los nietos en vida de sus padres, el adjudicatario de la totalidad de los bienes puede ser un nieto, obligado a pagar en metálico todas las legítimas estrictas. A excepción de este supuesto, un tercero ajeno al círculo de legitimarios no puede ser por esta vía adjudicatario de la totalidad de los bienes que componen la herencia.

Facultad de conmutación: Comparado con el régimen del art. 1056.II CC, en el art. 841 CC no se evita *ab initio* el nacimiento de la comunidad hereditaria. El testador concede a los legitimarios a quienes desea atribuir los bienes de la herencia una opción: la de quedarse con los mismos, con la carga de pagar en metálico la porción hereditaria de los demás legitimarios, o bien la de dividir la herencia según las reglas generales sobre la partición. De esta manera, inicialmente surgirá una comunidad hereditaria sobre todos los bienes, y ésta durará hasta el momento en que se haga uso de dicha facultad, en el cual los perceptores del metálico quedarán excluidos de la misma. Esta comunidad se rige, en principio, por las reglas generales, aunque ofrece la especialidad de que sólo uno o algunos de los comuneros (los así señalados en el testamento) tienen en sus manos la posibilidad de hacerla cesar: bien sometiéndose a las reglas de la partición ordinaria, o quedándose con todos los bienes con la carga de abonar el valor de las cuotas que a sus hermanos les hubieran correspondido [STS (1ª) 18 julio 2012 (ECLI:ES:TS:2012:5678)].

Aunque los arts. 841 y 844 CC se refieren al contador-partidor testamentario y dativo, debe entenderse que la elección del adjudicatario de los bienes corresponde siempre al testador. Y ello porque aquél va a tener necesariamente la consideración de heredero, y permitir que el contador-partidor pueda designar heredero contraviene el art. 670 CC (por excepción cabría admitir esta posibilidad por la vía del art. 831 CC). El contador-partidor, sea testamentario o dativo, lo que sí podrá hacer es valorar la porción pagadera en dinero y formalizar las correspondientes adjudicaciones. En cualquier caso, el supuesto regulado en los arts. 841 a 847 CC se refiere al posible pago en dinero extrahereditario. Aun cuando el testador haya previsto esta posibilidad, si se paga al legitimario con dinero hereditario, las operaciones del contador-partidor no están sometidas al régimen de control de estos preceptos [RDGSJFP 23 abril 2024 (BOE núm. 118, de 15 mayo, págs. 55353 y ss.)].

Plazo y efectos de la comunicación de la decisión de pago en metálico: El designado como adjudicatario tienen un plazo de un año desde la apertura de la sucesión para comunicar su decisión a sus hermanos. Siendo varios los designados como adjudicatarios, del art. 842 CC se desprende que se requiere el acuerdo unánime de todos ellos. La comunicación de la decisión de pago en metálico es irrevocable y extingue la opción prevista en el art. 842 CC, produciendo además los siguientes efectos: a) Constituye el *dies a quo* del cómputo del plazo para realizar el pago. b) Impide a los legitimarios acudir al procedimiento para la división de la herencia de los arts. 782 y ss. LEC, y reclamar el pago en dinero mientras no transcurra el nuevo plazo de un año, a que se refiere el art. 844 CC. c) Marca el día a partir del cual se pueden solicitar las garantías de pago pertinentes. d) Al excluir a los legitimarios de la comunidad hereditaria, transforma su pretensión en una *pars valoris bonorum*, aunque no elimina definitivamente la reserva de *pars bonorum* del art. 806 CC, como se desprende de lo dispuesto en el ap. 2º del art. 844 CC.

A efectos tributarios, no puede considerase que estemos ante un exceso de adjudicación que deba tributar como transmisión patrimonial. Según el art. 7.2.B) de la LITPAJD, se considerarán transmisiones patrimoniales a efectos de liquidación y pago del impuesto «los excesos de adjudicación declarados, salvo los que surjan de dar cumplimiento a lo dispuesto en los artículos 821, 829, 1.056 (segundo) y 1.062 (primero) del Código Civil y Disposiciones de Derecho Foral, basadas en el mismo fundamento». Es indudable que el fundamento del supuesto regulado en el art. 841 es el mismo. Sin embargo, la Consulta vinculante a la DGT núm. V0927/19, de 29 abril, considera que la adjudicación realizada al heredero, en la medida que excede de lo que le correspondería de acuerdo con su título sucesorio (paga una parte de la participación hereditaria de la legitimaria con dinero extrahereditario) tributa como exceso de adjudicación. Este criterio es equivocado y solo encuentra justificación en un desmedido afán recaudatorio. El art. 841 CC regula un supuesto de hecho basado en el mismo fundamento que los demás que se citan en la LITPAJD. La solución contraria no puede basarse en que los bienes de la herencia no son indivisibles, porque ese es precisamente el supuesto que el legislador quiso introducir en el CC, incorporando el concepto de «indivisibilidad funcional». El art. 841 CC regula un acto de estricto carácter sucesorio, por lo que debe quedar sujeto exclusivamente al ISD, ya que no estamos ante excesos de adjudicación provocados voluntariamente por los herederos al hacer la partición.

Valoración de los bienes: Por lo que se refiere a la valoración de los bienes y la liquidación de las cantidades a pagar, si no hay confirmación expresa de todos los hijos o descendientes, el art. 843 CC exige la aprobación por el Letrado de la Administración de Justicia (art. 92 LJV) o por el Notario [art. 66.1.c) LN]. Dicha aprobación solo va referida a la valoración de las cantidades a pagar, y no a los requisitos de aplicación de los arts. 841 a 847. Para fijar la suma que haya de abonarse a los hijos o descendientes se atiende al valor de los bienes al tiempo de liquidarles la porción correspondiente, teniendo en cuenta los frutos o rentas producidos hasta entonces (art. 847 CC). Desde esta perspectiva, la cantidad debida a los legitimarios se puede configurar como una deuda de valor. No obstante, una vez que se liquiden las cantidades correspondientes, pasa a ser una deuda de dinero, sometida al principio nominalista, por lo que el inciso final del art. 847 CC establece que, desde la liquidación, el crédito metálico devengará el interés legal.

Plazo para realizar el pago: En cuanto al plazo para realizar el pago de la porción de los no adjudicatarios, a partir del momento de la comunicación de la decisión los beneficiarios de los bienes disponen del plazo de un año para verificar el pago, salvo pacto en contrario (art. 844 CC). Se pueden pactar plazos diferentes con unos y otros perceptores del metálico, solución que puede redundar en beneficio de todos los interesados, al permitir con mayor facilidad la obtención del metálico y su entrega en términos diferentes. Si no se pacta ningún plazo, el subsidiario es de un año, lo que contrasta con el de cinco años que recoge ahora el art. 1056.2 CC, bien es verdad que computados desde el momento de la apertura de la sucesión.

Garantías de los futuros perceptores del metálico: El art. 844 CC atribuye a los perceptores del metálico las garantías de los legatarios de cantidad, aplicándose lo previsto en los arts. 48 a 54 y 87 LH, que les faculta para obtener anotación preventiva sobre cualesquiera bienes inmuebles de la herencia. Estos preceptos no se acomodan bien al supuesto de los arts. 841 y ss. CC por cuanto es preciso, para obtener una plena protección, que la anotación preventiva se solicite dentro del plazo de ciento ochenta días computados desde la apertura de la sucesión (que pueden haber transcurrido antes de que se les comunique la decisión de pago en metálico), salvo que se entienda que en este caso el plazo empieza a contarse en el momento de la notificación (Lección 12, § 6). Los legitimarios apartados de los bienes pueden también utilizar la mención legitimaria del art. 15 LH, o acudir al art. 80.2 RH que constituye una especificación del art. 15 LH para el caso concreto regulado en los arts. 841 y ss. CC. Las anteriores garantías sólo se refieren a bienes inmuebles e impiden, en su caso, la alegación a su favor por un tercero adquirente de la fe pública registral (art. 34 LH). Si la herencia está constituida fundamentalmente por bienes muebles, el legitimario no adjudicatario puede utilizar alguna de las medidas cautelares de los arts. 721 y ss. LEC.

Consecuencias del impago: Según el art. 844.II CC, en caso de impago, se debe proceder a repartir la herencia según las disposiciones generales sobre la partición. Esta solución confirma que, aunque la legítima es en estos casos *pars valoris bonorum*, mientras no se realice el pago, permanece latente la reserva de *pars bonorum* del art. 806, que se actualiza en caso de impago definitivo. La posibilidad de resolver la partición no es una garantía en sentido estricto, pero refuerza enormemente la posición de los legitimarios impagados.

Los arts. 841-847 CC permiten una interpretación extensiva de manera que, siempre que exista una previsión del testador al efecto, y los bienes de la herencia vayan a parar a manos de, al menos, uno de los descendientes (es decir, que se respete la intangibilidad cualitativa global de la legítima de éstos), podrá aplicarse la misma solución en los casos de acción de complemento, acciones de preterición y desheredación injusta, y acción de reducción (tanto de disposiciones testamentarias, como de donaciones inoficiosas).

2. LEGÍTIMA DE LOS ASCENDIENTES

2.1. Cuantía, beneficiarios y reparto

A falta de descendientes, son legitimarios los ascendientes. La cuantía global de la legítima de los ascendientes es variable y toma como base de cálculo la resultante de aplicar el art. 818 CC. Si sólo existen legitimarios ascendientes tienen derecho a la mitad del haber hereditario, pero cuando concurren con el cónyuge viudo del descendiente causante (art. 837 CC) la legítima de los ascendientes se reduce a un tercio (art. 809 CC). Es indiferente que los ascendientes sean matrimoniales, extramatrimoniales o por adopción. Cuando el causante sea un hijo adoptivo pueden tener la condición de legitimarios tanto los adoptantes como los ascendientes de éstos, pero no la familia de sangre del adoptado (art. 178.1 CC).

Conforme al art. 111 CC no tiene derecho a legítima el progenitor: a) Cuando ha sido condenado a causa de las relaciones a que obedezca la generación, según sentencia penal firme. b) Cuando la filiación haya sido judicialmente determinada contra su oposición. Estas restricciones dejan de producir efectos por determinación del representante legal del hijo aprobada judicialmente, o por voluntad del propio hijo una vez alcanzada la plena capacidad (entendiendo por tal tanto la mayoría de edad como la emancipación).

El art. 810 CC determina la manera de distribuir la legítima de los ascendientes entre ambas líneas. El criterio es el mismo que se aplica a la sucesión intestada de los ascendientes, pero aquí no va referido a la totalidad de la herencia, sino a la cuantía que les corresponda como legítima global (la mitad o un tercio, en función de que concurran o no con el cónyuge viudo). Como regla general debe seguirse el criterio de la proximidad de grado: los ascendientes de grado más próximo al descendiente causante excluyen a los más remotos. Esta regla se impone a la de la división por líneas: así, el ascendiente más próximo excluye a los más remotos, aunque sean de distinta línea, pues en la línea recta ascendente, de conformidad con el art. 925 CC, no hay derecho de representación (si vive sólo la madre y los abuelos paternos, únicamente será legitimaria la madre; si concurren los abuelos maternos con los bisabuelos paternos, sólo los primeros serán legitimarios).

Existiendo igualdad de grado, se aplica el criterio de división por líneas y, dentro de la misma línea, por cabezas. Así, la legítima se reparte por igual entre las líneas paterna y materna. Cuando existen varios ascendientes del mismo grado en cada una de las líneas, el reparto se realiza por cabezas en esa línea (si concurren la abuela materna y los dos abuelos paternos, la primera recibe la mitad de la legítima y los segundos la otra mitad, repartiéndosela por partes iguales, es decir, la primera recibe la mitad, y los segundos una cuarta parte cada uno). En línea recta ascendente en ningún caso se aplica el derecho de representación (art. 925 CC). Si dentro de una misma línea y grado de ascendientes legitimarios, uno de ellos es incapaz para suceder o renuncia a su legítima, la situación es la misma que si no existiera el renunciante o incapaz. Por aplicación del art. 985 CC, los demás ascendientes (dentro de esa misma línea y grado) se distribuyen la legitima que les corresponda por cabezas, por derecho propio, y no por el derecho de acrecer.

2.2. El derecho de reversión del artículo 812 CC: sujetos y objeto de la reversión

El art. 812 CC regula un derecho de reversión legal de las donaciones realizadas por el ascendiente a sus descendientes, cuando éstos mueren sin posteridad y los bienes donados existen en la sucesión. De acuerdo con el art. 942 CC, lo dispuesto en el art. 812 CC es aplicable tanto en la sucesión testada como intestada. Estamos ante un supuesto de sucesión anómala y excepcional, a título particular, que se produce al margen de la legítima del ascendiente [SAP Cáceres (Secc. 2ª) 16 junio 2000 (ECLI:ES:APCC:2000:533)]. La efectividad del derecho de reversión no exige que el ascendiente tenga la condición de legitimario: puede ser un abuelo del nieto donatario fallecido, sobreviviendo los padres de éste (en cuyo caso, el abuelo no es legitimario). Pero, aún tratándose de un ascendiente legitimario los bienes donados no se computan para calcular la legítima de aquél ni la del cónyuge viudo, pues quedan excluidos del activo líquido de la herencia del descendiente. El derecho de reversión responde al presumible deseo de los ascendientes de que los bienes no se aparten de la línea descendiente que encabeza el donatario, por lo que puede desvanecer reticencias a la hora de realizar actos de donación a favor de hijos y descendientes, estimuladas por la reducción de la cuota del Impuesto de Donaciones en la mayor parte de las Comunidades Autónomas (en algunas, incluso, existe una bonificación de casi el 100%).

Son requisitos para que opere el derecho de reversión: a) Que un ascendiente haya realizado una donación a favor de un hijo o descendiente. b) Que el descendiente donatario haya fallecido sin tener descendencia. c) Que los bienes donados permanezcan en el patrimonio del donatario a su muerte, aunque se admite el juego de la subrogación real. d) Que el donante sobreviva al donatario.

Es esencial que haya existido una donación efectiva con entrega de bienes, sin que se puedan equiparar otros supuestos como la renuncia de derechos, aunque favorezca al descendiente. Es discutible si la reversión del art. 812 CC opera automáticamente cuando se produce el supuesto de hecho previsto en la norma, o si es precisa una declaración de voluntad del ascendiente. La discusión no es baladí. Si opera automáticamente, fallecido el ascendiente, sus herederos pueden pedir la entrega de la posesión de los bienes objeto de reversión. Si se requiere su ejercicio por el ascendiente, en caso de que fallezca sin haber hecho ninguna declaración caben dos posibilidades: a) Entender que el derecho no tiene carácter personalísimo por lo que, si no se ha ejercitado en vida de aquel, se transmite a sus herederos. b) Entender que tiene carácter personalísimo, de manera que si no ejerció en vida del ascendiente, no se trasmite a los herederos. Esta es la interpretación que consideramos correcta [mantenida por la SAP Cáceres (Secc. 1ª) 7 noviembre 2019 (ECLI:ES:APCC:2019:917)].

Se discute igualmente si este derecho tiene naturaleza sucesoria (lo que para nosotros es claro), o si estamos ante un supuesto de resolución de donaciones [como mantiene equivocadamente la RDGRN 13 junio 2016 (BOE núm. 175, de 21 julio, págs. 51235 y ss.)]. En el primer caso, el donante debe tener capacidad para suceder, mientras que en el segundo tendría derecho sobre los bienes donados aunque fuera incapaz para suceder por indignidad.

El ascendiente tiene derecho a recobrar los mismos bienes donados si existen en la herencia, o a los que se hayan subrogado en su lugar (bienes con que se hayan sustituido en caso de permuta, o indemnización si estaban asegurados). La SAP Almería (Secc. 1ª) 9 octubre 2013 (ECLI:ES:APAL:

2013:1333) admite el derecho de reversión sobre el dinero donado, por tratarse jurídicamente de una cosa mueble, aunque sea fungible. Si fueron enajenados tiene derecho al precio, sin que el ejercicio de este derecho afecte a la titularidad del adquirente, sea a título oneroso o gratuito. Puede además utilizar todas las acciones que tuviera el donatario con relación a los bienes. Los frutos percibidos por el donatario no quedan afectados por el derecho de reversión. Las accesiones y mejoras producto del tiempo o de la naturaleza corresponden al donante. Cuando se deban al trabajo o industria del donatario, las cantidades invertidas en mejoras necesarias y útiles deben reintegrarse por el ascendiente a la herencia. La SAP Granada (Secc. 4ª) 20 marzo 2015 (ECLI:ES:APGR:2015:140) mantiene que «si el donatario realizó mejoras de consideración, los demás herederos podrá reclamar el importe de estas al donante al que retornaron los bienes». Los desperfectos que hayan experimentado los bienes y los gravámenes impuestos por el donatario deben ser soportados por el ascendiente sin derecho a indemnización.

3. LEGÍTIMA DEL CÓNYUGE VIUDO

La legítima del cónyuge viudo se caracteriza por ser en usufructo, y no en plena propiedad, y por tener una cuantía variable en función de con quienes concurra. Además la regulación del usufructo vidual del CC se aplica igualmente en la sucesión intestada, ya sucedan como herederos abintestato los descendientes o los ascendientes.

3.1. El usufructo legal del cónyuge viudo y su cuantía

De acuerdo con los arts. 834, 837 y 838 CC, el cónyuge viudo tiene derecho al usufructo de 1/3 (el destinado a mejora) en concurrencia con descendientes; al usufructo de 1/2, si concurre con ascendientes; y al usufructo de 2/3 si no concurre con los anteriores, sino con extraños (arts. 834 y 835 CC).

Para tener derecho a legítima es preciso que el viudo acredite que, al morir su consorte, no se halle separado de éste legalmente o de hecho (art. 834 CC). En caso contrario no es legitimario ni tiene lugar el llamamiento como heredero abintestato (art. 945 CC). No obstante la separación, si entre los cónyuges hubiera mediado reconciliación notificada al Juzgado que conoció de la separación o al Notario que otorgó la escritura pública de separación (art. 84 CC), el sobreviviente conservará sus derechos. El problema se plantea con la posible reconciliación en los casos de separación de hecho, al no existir una constancia oficial de la misma que, por tanto, en caso de litigio, deberá ser probada a través de los medios ordinarios de prueba. En cualquier caso la existencia de separación de hecho siempre va a provocar problemas de prueba. Según la RRDGSJFP 24 enero 2023 (BOE núm. 38, de 14 febrero, págs. 22977 y ss.): «no puede admitirse una partición hereditaria sin la intervención del cónyuge viudo sobre la base, únicamente, de la afirmación del testador o los herederos acerca de la situación de separación de hecho de los cónyuges». Tal argumentación nos parece correcta referida a la simple afirmación realizada por los herederos, pero no en cuanto a lo expresado en testamento. Como se mantiene en las RRDGSJFP 19 noviembre 2020 (BOE núm. 319, de 19 noviembre, págs. 111807 y ss.) y 15 enero 2024 (BOE, núm. 48, de 23 febrero, págs. 22027 y ss.), recogiendo un criterio reiterado con anterioridad sobre la eficacia de los testamentos: «con carácter general en el ámbito extrajudicial gozarán de plena eficacia los actos y atribuciones particionales que se ajusten al testamento, aunque conlleven exclusión de los derechos legitimarios, mientras no tenga lugar la impugnación judicial de la disposición testamentaria que priva de la legítima».

Si ha mediado divorcio, no hay derecho a legítima. Y como destaca el art. 88 CC, la reconciliación posterior al divorcio no produce efectos legales, si bien los divorciados pueden contraer entre sí nuevo matrimonio. No obstante cabe plantear que la reconciliación se produzca después de interponer la demanda de divorcio y antes de la firmeza de la sentencia o del decreto que así lo declare (art. 89 CC). En tal caso, la reconciliación debe ser expresa y, aplicando el mismo criterio del art. 84 CC, los cónyuges deben ponerlo en conocimiento del juez que conozca la demanda de divorcio. Si se utiliza para el divorcio la vía del mutuo acuerdo, en los casos a que se refieren los arts. 87 CC y 777 LEC, la reconciliación sólo es posible antes de la firmeza del decreto que declare el divorcio, o antes de la manifestación del consentimiento de ambos cónyuges otorgado en escritura pública conforme a lo dispuesto en el art. 87 CC.

Como vimos en la Lección 11 (§ 2.2), lo que puede plantear problemas es la atribución de bienes en el testamento a favor del cónyuge en aquellos casos en que existe un divorcio posterior y el testamento anterior no es objeto de modificación. La cuestión, en realidad, no se refiere a la legítima (a la que no tiene derecho el divorciado) sino la designación de heredero, es decir, si la institución de heredero a favor del cónyuge subsiste en caso de divorcio. Según la STS (1ª) 28 septiembre 2018 (ECLI:ES:TS:20183263): «La mención del término «esposo» revela el motivo por el que la testadora nombraba a E. como su heredero, sin que haya razón para pensar que, de no ser su esposo, la testadora lo hubiera instituido heredero. Producido el divorcio después del otorgamiento del testamento, la institución de heredero quedó privada de la razón por la que se otorgó y, en consecuencia, no puede ser eficaz en el momento en el que se produce la apertura de la sucesión». En este caso, la testadora había fallecido siete años después del divorcio sin haber otorgado nueva disposición testamentaria para revocar la anterior. La interpretación de esta STS coincide con la contemplada en el art. 422-13 CCCat; el art. 208 de la Ley 6/2006, de 14 de junio, de Derecho Civil de Galicia; los arts. 404 y 438 Código de Derecho Foral de Aragón; y ley 200 de la Compilación de Navarra.

En concurrencia con descendientes el usufructo de 1/3 recae sobre el tercio destinado a mejora, y gravará al mejorado o mejorados que reciban los bienes en dicho concepto. Pero cuando no hay mejora efectiva, o el cónyuge concurre con ascendientes o extraños, nada nos dice el CC sobre qué bienes soportan el usufructo del viudo.

En caso de no haber mejora o de no haber utilizado el causante la totalidad del tercio como mejora efectiva, el gravamen recae sobre una parte de la legítima, debiendo procurarse en la partición que el gravamen se reparta de manera equitativa entre todos los legitimarios.

En concurrencia con ascendientes, la existencia del viudo provoca que la legítima de aquellos pase de la mitad a una tercera parte del haber hereditario (arts. 809 y 837 CC). En este caso, consideramos que debe respetarse la intangibilidad cualitativa del tercio de legítima de los ascendientes, por lo que el gravamen del usufructo de 1/2 que le atribuye el art. 837 CC debe recaer sobre los 2/3 que son de libre disposición.

La cuantía del usufructo de 2/3 cuando no existan descendientes ni ascendientes (art. 838 CC) sólo tiene sentido referida a la sucesión testada, pues en la intestada, según el art. 944 CC, «en defecto de ascendientes y descendientes, y antes que los colaterales, *sucederá en todos los bienes del difunto* el cónyuge sobreviviente». Así pues, en la sucesión testada la determinación concreta de la parte de los bienes que van a soportar el gravamen debe realizarse en el momento de la partición. Se aplican las reglas del usufructo del CC con la particularidad de que no es aplicable al viudo la obligación de prestar fianza, salvo que contraiga ulterior matrimonio (art. 492 CC).

3.2. Conmutación del usufructo vidual

Una legítima en usufructo supone concurrir a la herencia sobre bienes determinados con otras personas (los nudos propietarios), que pueden incluso no ser parientes del viudo. Los problemas que pueden surgir entre uno y otros, por el carácter vitalicio del usufructo, han llevado al legislador a facilitar el pago del equivalente a la cuota usufructuaria por otras vías. La iniciativa la pueden tomar los herederos (sean o no legitimarios), y en determinados casos el cónyuge viudo.

3.2.1. *Iniciativa de los herederos*

En el supuesto regulado en el art. 839 CC son los herederos los que deciden la conmutación del usufructo. El cónyuge viudo ni puede tomar la iniciativa ni oponerse a la decisión de los herederos [STS (1ª) 25 octubre 2000 (ECLI:ES:TS:2000:7705)]. Tampoco puede el contador-partidor decidir por sí solo la conmutación. Por excepción lo puede hacer si el causante la impone o le faculta expresamente: si lo ha hecho indicando el medio solutorio, el contador deberá proceder a la conmutación por ese medio. Si se limita simplemente a autorizarla, sin especificar la prestación sustitutoria, el contador debe cumplir lo ordenado en el testamento, quedando a salvo el derecho del viudo o de los herederos para reclamar si se vulneran sus derechos [(RDGRN 4 abril 2017 (BOE núm. 93, de 19 abril, págs. 30550 y ss.)].

Según el art. 839 CC los herederos pueden satisfacer al cónyuge su parte de usufructo, asignándole una renta vitalicia, los productos de determinados bienes, o un capital en efectivo, procediendo de mutuo acuerdo y, en su defecto, por virtud de mandato judicial. Así pues, en cuanto al ejercicio concreto de la conmutación y a la valoración correspondiente hace falta la conformidad del cónyuge viudo y, cuando falta este acuerdo, corresponde a la autoridad judicial la decisión sobre la forma de pagar dicho usufructo [SSTS (1ª) 4 octubre 2001 (ECLI:ES:TS:2001:7563) y 13 julio 2009 (ECLI:ES:TS: 2009:4680) y RRDGSJFP 21 diciembre 2022 (BOE núm. 29, de 3 febrero, págs. 15372 y ss.) y 12 marzo 2024 (BOE núm. 80, de 11 abril, págs. 40438 y ss.]. El art. 839 CC termina diciendo que mientras no se proceda a la conmutación efectiva, «estarán afectos todos los bienes de la herencia al pago de la parte de usufructo que corresponda al cónyuge». Se trata de una afección real que grava los bienes, aunque pasen a manos de un tercero.

3.2.2. *Iniciativa del cónyuge viudo*

En el supuesto regulado en el art. 840 CC es el viudo el que toma la iniciativa de la conmutación, pero para ello hace falta que concurra con hijos sólo del causante. En tal caso puede exigir que su derecho de usufructo le sea satisfecho, *a elección de los hijos*, asignándole un capital en dinero o un lote de bienes hereditarios.

Para valorar el usufructo a efectos de la conmutación, partiendo del carácter vitalicio del usufructo, en la práctica notarial y judicial se tiene en cuenta la edad del usufructuario. Lo que se hace es utilizar el mismo criterio que para calcular la base imponible del impuesto de transmisiones patrimoniales, en concreto el art. 10.2.a) del Texto refundido de la Ley del Impuesto sobre Transmisiones Patrimoniales y Actos Jurídicos Documentados, aprobado por Real Decreto Legislativo 1/1993, de 24 de septiembre: «En los usufructos vitalicios se estimará que el valor es igual al 70 por 100 del valor total de los bienes cuando el usufructuario cuente menos de veinte años, minorando, a medida que aumenta la edad, en la proporción de un 1 por 100 menos por cada año más con el límite mínimo del 10 por 100 del valor total». Ello da lugar a lo que en la práctica se denomina «Regla del 89» expresada en la siguiente fórmula: Valor del usufructo = 89 — edad del usufructuario. Ello nos proporciona el porcentaje aplicable al valor del caudal computable (con un máximo del 70%, y un mínimo del 10%).

Así, por ejemplo, si el caudal computable es de 300.000 y el viudo tiene 70 años, se aplica el 19% sobre 300.000 y se obtiene un valor del usufructo de 57.000. En el mismo caso, si el viudo tiene 50 años, se aplica el 39% y se obtiene un valor del usufructo de 117.000.

Pero este porcentaje no se aplica sobre la totalidad del patrimonio, sino sobre un 1/3 del mismo, la 1/2 del mismo o 2/3 del mismo, dependiendo de la cuantía de la legítima en usufructo, en función de que el viudo concurra con descendientes, ascendientes o extraños.

No procede la conmutación en caso de usufructo universal vitalicio del cónyuge viudo (cautela socini). Así se mantiene en la SAP Sevilla (Secc. 2ª) 18 junio 2020 (ECLI:ES:APSE:2020:424).

En este caso la viuda se había opuesto a las operaciones divisorias, en las que los herederos pretendían la conmutación del usufructo a través del art. 839 CC, a lo que se accede por el Tribunal con estos argumentos: «Solo en el supuesto de la cuota usufructuaria del tercio de mejora, de conformidad con lo dispuesto en el artículo 834 del Código Civil, pueden los herederos conmutar la cuota usufructuaria con la capitalización del usufructo o en su defecto por mandato judicial, de conformidad con lo dispuesto en el artículo 839 del Código Civil que expresamente establece que «Los herederos podrán satisfacer al cónyuge su parte de usufructo, asignándole una renta vitalicia, los productos de determinados bienes, o un capital en efectivo, procediendo de mutuo acuerdo y, en su defecto, por virtud de mandato judicial». Pero dicho precepto no es aplicable a la porción de usufructo que corresponde a la viuda por expresa disposición testamentaria en virtud de legado del causante y que graba los otros dos tercios de la herencia, por cuanto que la viuda no puede ser obligada a aceptar en su lugar un capital en dinero, siendo clara la voluntad del testador de legar el usufructo universal y vitalicio de su herencia a su viuda, y la pretensión de capitalización del usufructo infringe directamente la disposición testamentaria pues se está privando a la viuda del usufructo de todos los bienes de la herencia, por lo que debe desestimarse el recurso interpuesto confirmando en este sentido la sentencia apelada».

BIBLIOGRAFÍA

ALBALADEJO GARCÍA, Manuel, *La mejora*, Servicio de Estudio del Colegio de Registradores, Madrid, 2003.

ÁLVAREZ MORENO, María Teresa, *La mejora a favor de los nietos*, Edisofer, Madrid, 2003.

ARRÉBOLA BLANCO, Adrián, «La posición del cónyuge en el sistema legitimario del Código civil», en ARRÉBOLA BLANCO, Adrián (Dir.), *Retos del Derecho de Sucesiones en el siglo XXI*, Reus, Madrid, 2023, págs. 149-186.

BARBA, Vincenzo, «Legados otorgados a los legitimarios. Función, imputación y asunción de la carga en el Derecho español e italiano», *ADC*, 2024, págs. 7-94.

DOMÍNGUEZ LUELMO, Andrés, *El pago en metálico de la legítima de los descendientes*, Tecnos, Madrid, 1989.

DOMÍNGUEZ LUELMO, Andrés (Dir.), *Comentarios al Código civil*, Lex Nova, Valladolid, 2010.

ECHEVARRÍA DE RADA, María Teresa, «La cautela *socini*: revisión crítica de su concepción actual», *Revista Crítica de Derecho Inmobiliario*, núm. 781, 2020, págs. 2583-2619.

FERNÁNDEZ CAMPOS, Juan Antonio, E*l pago de la legítima al cónyuge viudo: la conmutación del usufructo vidual*, Tirant lo Blanch, Valencia, 2005.

GAGO SIMARRO, Clara, *Las donaciones en la sucesión hereditaria*, Thomson Reuters. Aranzadi, Cizur Menor, 2020.

GARCÍA GOLDAR, Mónica, *La legítima en los derechos civiles autonómicos y su reforma en el Código civil*, Andavira, Santiago de Compostela, 2020.

GARCÍA RUBIO, María Paz, «La reformulación por la Ley 41/2003 de la delegación de la facultad de mejorar», *Anuario de Derecho Civil*, 2008, págs. 58-112.

GÓMEZ GÁLLIGO, Francisco Javier, «La sustitución fideicomisaria en la legítima estricta a favor del discapacitado», RCDI, núm. 687, 2005, págs. 11-30.

López Beltrán de Heredia, Carmen, *Computación, imputación y colación de donaciones en la sucesión mortis causa,* Tirant lo Blanch, Valencia, 2009.

Martín Meléndez, María Teresa, *La sustitución fideicomisaria sobre la legítima estricta en presencia de incapacitados,* Dykinson, Madrid, 2010.

Moreno Flórez, Rosa María, «La sustitución fideicomisaria a favor del incapacitado», en *Estudios de Derecho de Sucesiones, Liber Amicorum Teodora F. Torres García,* La Ley Wolters Kluwer. La Ley, Madrid, 2014, págs. 1003-1024.

Nieto Alonso, Antonia, «La interpretación y calificación como mejora tácita de disposiciones inter vivos y mortis causa», *Actualidad Jurídica Iberoamericana,* núm. 20, 2024, págs. 730-765.

Ordás Alonso, Marta, *La desheredación y sus causas. Derecho civil común y Derecho civiles forales o especiales,* Bosch, Wolters Kluwer, Barcelona, 2020.

Palazón Garrido, María Luisa, *La sucesión por causa de muerte en la empresa mercantil,* Tirant lo Blanch, Valencia, 2003.

Pérez Escolar, Marta, *El cónyuge supérstite en la sucesión intestada,* Dykinson, Madrid, 2003.

Pérez Velázquez, Juan Pablo, «Sobre la exigua utilización del artículo 831 del Código civil. Aporías de su redacción actual», *ADC,* 2019, págs. 1133-1202.

Real Pérez, Alicia, *El usufructo universal del cónyuge viudo en el Código civil,* Montecorvo, Madrid, 1988.

Román García, Antonio, *El derecho de reversión legal (análisis del art. 812 del Código civil),* Montecorvo, Madrid, 1984.

Rueda Esteban, Luis, «La *fiducia* sucesoria del artículo 831 del Código Civil», en Garrido Melero, M. *et al.* (Coord.), *El patrimonio familiar, profesional y empresarial. Sus protocolos,* IV, Bosch, Barcelona, 2005, págs. 155-204.

Toribios Fuentes, Fernando; Domínguez Luelmo, Andrés, «Los procesos de división patrimonial», en *Prácticum Proceso Civil 2020,* Thomson Reuters, Aranzadi, Cizur Menor, 2020.

TORRES GARCÍA, Teodora Felipa; DOMÍNGUEZ LUELMO, Andrés, «La legítima en el Código civil (I) y (II)», en GETE-ALONSO Y CALERA, M.C. (Dir.), *Tratado de Derecho de Sucesiones*, II, 2ª ed., Civitas, Thomson Reuters, Cizur Menor, 2016, págs. 355-475.

TORRES GARCÍA, Teodora Felipa, «Una aproximación al art. 1056.II del CC (posible sucesión *mortis causa* de la empresa)», en *Homenaje al Prof. Manuel Cuadrado Iglesias*, II, Thomson-Civitas, Madrid, 2008, págs. 1653-1671.

VALLET DE GOYTISOLO, Juan B., *Panorama del Derecho de Sucesiones, I, Fundamentos*, Civitas, Madrid, 1982; y *II, Perspectiva dinámica*, Civitas, Madrid, 1984.

LECCIÓN 17

LAS RESERVAS

Andrés DOMÍNGUEZ LUELMO
Catedrático de Derecho civil
Universidad de Valladolid

Henar ÁLVAREZ ÁLVAREZ
Catedrática de Derecho civil
Universidad de Valladolid

1. LAS RESERVAS

Bajo la denominación de «reservas» regula el legislador una serie de supuestos, de diferente naturaleza, que tienen en común la limitación del poder de disposición de determinadas personas sobre ciertos bienes que han adquirido *mortis causa* (o incluso *inter vivos* a título gratuito).

En general, las reservas hereditarias suponen ciertas limitaciones que la ley impone a la libertad de disposición de algunos causantes, al establecer que determinados bienes (denominados *bienes reservables*), aunque primero van a parar a los herederos (*reservistas*), están finalmente destinados a ciertas personas (*reservatarios*), por motivo de su procedencia en el patrimonio del causante.

En algunos casos, en el fundamento de la reserva subyace la idea de *troncalidad*, es decir, que determinados bienes no salgan de la línea de donde proceden, o lo que es lo mismo, que permanezcan dentro de la familia donde comienza su origen. Con ello se evita que los bienes reservados abandonen la línea a través de la cual llegaron al causante, y se protege a ciertos parientes frente a personas extrañas a dicha línea. En otros casos, simplemente se protege a los hijos comunes del causante y del cónyuge viudo.

La libertad de disposición se impone legalmente al reservista. Al fallecer éste, los bienes reservables los adquirirán los reservatarios, siempre y cuando sobrevivan al reservista, y si la reserva no se ha extinguido antes por haberse dado alguna de las causas de extinción de la misma.

La reservas tiene carácter *excepcional* y deben ser objeto de *aplicación restrictiva*, pues solo tienen lugar en los supuestos que la ley señala, en atención a la procedencia u origen de los bienes.

En nuestro CC contamos con dos tipos de reservas hereditarias: a) La reserva *vidual u ordinaria*. b) La reserva *troncal o lineal*. Ambas comparten el mismo fundamento, pero tutelan intereses diferentes, como se verá a continuación.

Diferente de estas dos reservas hereditarias es la *reserva a favor del ausente*, pues no se limita la libertad de disposición de los herederos, sino que más bien se trata de un supuesto de administración temporal de los bienes de la herencia a la que es llamado un ausente. Tal reserva terminaría con la muerte o con la declaración de fallecimiento del ausente.

2. LA RESERVA VIDUAL

2.1. Supuesto de hecho y presupuestos

Los arts. 968 a 980 CC regulan la reserva *vidual*, también denominada reserva *ordinaria*. Consiste básicamente en una obligación que se le impone al cónyuge viudo cuando contrae nuevo matrimonio, o cuando tiene hijos no matrimoniales o adoptivos. La obligación impuesta se traduce en el deber de conservar (*reservar*), a favor de los hijos o descendientes comunes del cónyuge fallecido, los bienes que el viudo haya recibido a título gratuito, ya sea del causante, o de los parientes del difunto por consideración al matrimonio con éste, o de cualquiera de los hijos comunes.

Se neutraliza así el riesgo de que los bienes, como consecuencia del nuevo matrimonio del viudo que hereda, terminen aleatoriamente en manos de personas que nada tiene que ver con el origen de los mismos, en claro detrimento de la rama familiar de donde los bienes proceden. La misma idea subyace en los casos en que el viudo ha tenido o tiene con posterioridad hijos extramatrimoniales, o adopta a una persona.

Según la STS (1ª) 5 junio 2008 (ECLI:ES:TS:2008:2725), en la reserva ordinaria resulta indiferente la procedencia de los bienes que el causante del reservista transmite a éste, pues «opera a partir de la presunción de que el transmitente no habría querido que tales bienes pasaran en ningún caso a la nueva línea creada por un posterior matrimonio». Según se destaca en la STS (1ª) 22 junio 1995 (ECLI:ES:TS:1995:3660) se trata de una «limitación a la facultad de disponer impuesta al cónyuge bínubo, con la finalidad de proteger los intereses de los hijos y descendientes del primer matrimonio, en relación con los bienes procedentes gratuitamente de su progenitor fallecido, frente a la posible presencia de otros hijos nacidos de la segundas nupcias».

La RDGRN 19 mayo 2012 (BOE núm. 148, de 21 junio, págs. 44284 y ss.) se pronuncia expresamente sobre la naturaleza jurídica de la reserva vidual, y considera que el reservatario «no tiene vocación derivada del primer causante, pues no lo llamó como reservatario ni lo pudo llamar en ese momento, dado que la reserva no sólo está sujeta a la condición de la existencia de los reservatarios en el momento de la muerte del reservista sino a un suceso totalmente indeterminado en el momento de la muerte del primer causante cual es las nuevas nupcias del cónyuge supérstite. Tampoco puede considerarse que el reservatario tiene vocación derivada del reservista pues éste no puede decidir libremente acerca de su llamamiento sino que tiene la obligación de respetar la reserva, ni se puede equiparar al supuesto de legítima en que el causante tiene que atribuirla por cualquier título y el legitimario está protegido por la preterición. El reservatario no tiene vocación del reservista porque aunque éste no le llame, adquiere ex lege y es indiferente que le pretendiera llamar como heredero o como legatario, pues los bienes los recibe por su condición de reservatario o sucesor especial. Por todo ello hay que concluir que la vocación o llamamiento del reservatario es legal, pues la determina la ley atendiendo a dos hechos: la celebración de nuevas nupcias o existencia de un hijo extramatrimonial del reservista y el fallecimiento de éste existiendo uno o varios reservatarios».

La reserva vidual exige que concurran dos presupuestos:

1) Que se trate de un matrimonio con hijos o descendientes comunes que sobrevivan tras el fallecimiento del causante, y que el matrimonio se haya disuelto por el fallecimiento de uno de los cónyuges.

Aunque el tenor literal del art. 968 CC se refiere al viudo o viuda (por lo que está pensando en la disolución del matrimonio por fallecimiento de uno de los cónyuges), un sector de la doctrina entiende que se debe aplicar también a los supuestos de nulidad y divorcio del anterior matrimonio, dada la finalidad de la institución y la identidad de razón para aplicar la misma solución en estos casos. Otros autores, en cambio, con los que coincidimos, restringen la aplicación de la reserva al supuesto de fallecimiento.

2) Que el cónyuge supérstite contraiga segundo o ulterior matrimonio (art. 979 CC), o bien que tenga posteriormente hijos (o los haya tenido durante el matrimonio pero fuera de él) o los adopte (salvo que el adoptado sea hijo del consorte fallecido, de acuerdo con el art. 980.2º CC).

Ello contrasta con el régimen de la reserva del bínubo de la ley 273 de la Compilación de Derecho civil foral de Navarra, y con la reserva del art. 120 de la Ley 5/2015, de 25 de junio, de Derecho civil vasco, pues en ambos casos la reserva vidual tiene lugar cuando entre el premuerto y el reservista constituían una pareja de hecho, y también cuando el reservista forma una unión de hecho en lugar de volver a casarse.

El fundamento de la obligación de reservar que se le impone al cónyuge viudo radica, como se ha dicho, en evitar que bienes que recibe de su cónyuge ya fallecido, o de parientes del difunto por consideración al matrimonio con éste, o bien de cualquiera de los hijos comunes, pasen a personas distintas a los hijos o descendientes comunes del anterior matrimonio.

De no existir esta obligación de reservar, parte de los bienes del difunto pasarían a hijos tan sólo del cónyuge supérstite y no del causante, en perjuicio de los hijos o descendientes del difunto. Supone, pues, una especie de voluntad presunta del causante de que sus bienes queden en manos de sus descendientes, y no pasen a extraños. Solo en el caso de que no haya hijos o descendientes comunes, el cónyuge puede disponer libremente de los bienes reservables.

Ejemplo: Eric y Virginia tiene dos hijas matrimoniales: Lía y Bet. Eric instituye heredera en su testamento a su esposa Virginia, dejando a sus hijas lo que por legítima les corresponda. Tras el fallecimiento de Eric, una vez liquidada la sociedad de gananciales, se adjudica a Virginia una casa propiedad de Eric con cargo al tercio de libre disposición. Posteriormente Virginia tiene dos hijas más: Inés y Carlota. Al morir Virginia serían legitimarias sus cuatro hijas. A través del art. 968 CC, la reserva garantiza a las dos primeras (Lía y Bet) la propiedad de la casa (o en su defecto, su valor), de la que era propietario su padre, Eric.

2.2. Elementos personales de la reserva vidual

Por lo que se refiere a los sujetos que intervienen en la reserva, debe distinguirse la situación del reservista y de los reservatarios.

a) *Reservista:*

En cualquiera de los casos es el cónyuge supérstite que recibe de su cónyuge premuerto, de los parientes del difunto por consideración al matrimonio con éste, o de cualquiera de los hijos comunes del primer matrimonio, bienes a título gratuito, ya sea *inter vivos* o *mortis causa*, que constituyen los denominados bienes reservables. Así pues, el cónyuge viudo debe haber recibido los bienes reservables por testamento, por sucesión intestada, donación u otro cualquier título gratuito (pero no son reservables los que reciba por su mitad de gananciales: art. 1344 y 1404 CC).

Está obligado a reservar: a) El viudo o viuda que contraiga nuevo matrimonio [según el art. 979 CC lo dispuesto «para el caso de segundo matrimonio rige igualmente en el tercero y ulteriores»]. b) El viudo o viuda que durante su matrimonio con el causante ha tenido un hijo no matrimonial. c) El viudo o viuda que en estado de viudez tenga un hijo no matrimonial. d) El viudo o viuda que adopte a una persona (*salvo que el adoptado sea hijo del consorte de quien descienden los que serían reservatarios*, en cuyo caso no surgiría la obligación de reservar).

En el primer supuesto la obligación de reservar comienza desde que se contrae nuevo matrimonio. En los tres restantes, desde el nacimiento del hijo no matrimonial o desde la adopción.

b) *Reservatarios:*

Los reservatarios y, por tanto, beneficiarios de la reserva, son los hijos y descendientes comunes del primer (o anterior) matrimonio, a favor de los cuales el viudo o viuda está obligado a reservar los bienes que entren en la categoría de «bienes reservables».

La reserva se establece a favor de los descendientes comunes del matrimonio disuelto. Dentro de la expresión «hijos» que utiliza el art. 968 CC hay que incluir tanto los hijos matrimoniales como los adoptados conjuntamente por ambos cónyuges. No obstante, como el precepto habla de «hijos *o descendientes*» también son reservatarios, en su caso, los descendientes extramatrimoniales o adoptados de esos hijos matrimoniales o adoptados conjuntamente, siempre que sobrevivan al reservista. La STS (1ª) 13 marzo 2008 (ECLI:ES:TS:2008:1328) deja muy claro que la reserva no puede favorecer a descendientes no comunes o a otros hijos del cónyuge premuerto.

2.3. Reserva vidual y legítima de los descendientes

La restricción a la libertad de testar que opera en la reserva vidual hace que se asemeje a la legítima, pero ambas instituciones tienen sustanciales diferencias. En la *reserva* es la procedencia u origen de los bienes lo que fundamenta que su destino esté señalado por la ley, estableciendo quiénes deben recibirlos tras la muerte del reservista; mientras que en la *legítima* son los vínculos de parentesco con el causante los que justifican la limitación a la libre disposición sobre los bienes que conforman su patrimonio.

Además, la legítima no recae sobre bienes concretos, que quedan vinculados a determinados sucesores, como sucede con la reserva, sino sobre el patrimonio general del causante, calculándose sobre el *relictum que* queda a su muerte, al que se añade el *donatum* (art. 818 CC).

Ahora bien, los bienes reservables se computan para el cálculo de la legítima, y se imputan en el haber de los legitimarios que a su vez son reservatarios, pero no en el caso de los legitimarios que no sean reservatarios.

2.4. Objeto de la reserva

El reservista está obligado a reservar *la propiedad o el valor* de los bienes reservables para los reservatarios. Como hemos destacado, son bienes reservables los que puede haber recibido el reservista del cónyuge premuerto, o de los parientes del difunto en consideración al matrimonio con éste, o de cualquiera de los hijos del primer matrimonio, a título gratuito, *inter vivos* (donación, indemnizaciones por la muerte del causante) o *mortis causa* (por testamento o por sucesión intestada).

a) Los bienes del cónyuge premuerto los deben haber recibido, según el art. 968 CC, «*por testamento, por sucesión intestada, donación u otro cualquier título lucrativo*». La referencia a la «sucesión intestada» solo tiene sentido en los casos de renuncia a la herencia por todos los descendientes y ascendientes, pues si hereda porque no hay descendientes ni ascendientes (art. 945 CC) no tiene lugar el supuesto de hecho de la reserva.

Se excepcionan los bienes entregados en usufructo al cónyuge, en concepto de legítima, en la herencia de su cónyuge premuerto (art. 834 CC), pues la titularidad (la nuda propiedad) de tales bienes corresponde ya a los hijos del cónyuge difunto. Tampoco serían reservables los bienes o capital en efectivo que reciba el cónyuge viudo en los supuestos de conmutación de usufructo de los arts. 839 y 840 CC, pues los recibe como legitimario por disposición de la ley, y no por voluntad del cónyuge premuerto.

b) En cuanto a los bienes que haya recibido de los parientes del difunto, el art. 969 CC no limita el grado de parentesco existente, siempre que los bienes se hayan recibido, a través de cualquiera de los títulos a que se refiere el art. 968 CC, por consideración al primer o anterior matrimonio con el difunto. Se incluyen aquí las donaciones por razón de matrimonio, realizadas antes de su celebración a favor de uno o de los dos esposos (art. 1336 CC), o el supuesto de bienes donados conjuntamente a ambos esposos sin especial designación de partes (art. 1353 CC).

c) Son también bienes objeto de reserva aquellos bienes que el cónyuge viudo haya recibido de los hijos comunes a título gratuito, salvo que los hijos tuvieran conocimiento de que ya había tenido lugar el segundo o ulterior matrimonio (art. 970 CC).

Debe destacarse finalmente que, según el art. 968 CC, no son reservables los bienes que el cónyuge viudo reciba por su mitad de gananciales (art. 1344 y 1404 CC) pues esa mitad pertenece al viudo por derecho propio y sobre ella tiene plena libertad de disposición. Tampoco hay obligación de reservar los bienes recibidos a título oneroso (compraventa, permuta, etc.).

2.5. Contenido de la reserva en sus diferentes fases

El contenido de la reserva en sus diferentes fases se recoge básicamente en los arts. 974 a 978 CC, que determinan el margen de actuación del reservista y los derechos de los reservatarios. A estos efectos es habitual diferenciar entre *fase de pendencia de la reserva* (que se produce desde que surge la obligación de reservar hasta que muere el reservista) y *fase de consumación o consolidación de la reserva* (que tiene lugar una vez que se produce la muerte del reservista).

Debe analizarse, no obstante, la situación jurídica existente dentro de lo que podríamos denominar una *fase previa*, que es la que se produce desde el fallecimiento del cónyuge causante hasta el momento en que el cónyuge supérstite contrae nuevas nupcias, o tiene un hijo en estado de viudedad, o adopta a un hijo. Hasta ese momento todavía no ha nacido la obligación de reservar ni se sabe si va a llegar a nacer, por lo que el viudo puede disponer libremente de los bienes.

El CC declara válidas las siguientes enajenaciones: a) Las enajenaciones de bienes *inmuebles* reservables realizadas por el cónyuge supérstite antes de contraer nuevas nupcias, con la obligación, desde que las celebrare, de asegurar el valor de aquéllos a los hijos y descendientes del primer matrimonio (art. 974 CC). b) Las enajenaciones de los bienes *muebles* realizadas antes o después de contraer nuevas nupcias, que serán válidas aunque con la obligación de indemnizar (art. 976 CC). Tal obligación se traduce en entregar el precio, si la enajenación se hizo a título oneroso, o su valor, si le enajenación lo fue a título gratuito.

2.5.1. Fase de pendencia de la reserva

Comienza cuando nace la obligación de reservar. Esta fase se puede iniciar en diferentes momentos: a) En el momento de la celebración del segundo o ulterior matrimonio (arts. 968 y 979 CC). b) Cuando el cónyuge supérstite en estado de viudedad tenga un hijo no matrimonial. c) Cuando el viudo adopte a otra persona, salvo que el adoptado sea hijo del consorte fallecido (art. 980 CC).

No obstante, el nacimiento de la obligación de reservar puede surgir también durante lo que hemos denominado fase previa cuando, antes del fallecimiento del cónyuge causante, el futuro viudo ha tenido un hijo extramatrimonial (art. 980.1° CC). En este caso la obligación de reservar surge desde el momento del nacimiento del hijo no matrimonial.

En cualquiera de los supuestos, desde que nace la obligación de reservar el reservista debe adoptar las medidas que sean necesarias para asegurar la recepción de los bienes o su valor por los reservatarios cuando se produzca su fallecimiento (el del reservista).

Los reservatarios no ostentan ningún derecho sobre los bienes reservables durante la fase de pendencia, por lo que tienen tan solo una expectativa sobre los bienes objeto de reserva. Lo único que pueden hacer es exigir el cumplimiento de ciertas medidas tendentes a asegurar en el futuro la percepción de los bienes reservables o su valor, si es que llega a consumarse la reserva. Tales medidas se contienen en los arts. 977 y 978 CC.

— El reservista está obligado a hacer, con intervención judicial, un inventario y una tasación o valoración de todos los bienes sujetos a reserva. Además, si existen bienes inmuebles reservables, debe inscribirlos a su nombre, si no lo estuvieren, y en todo caso hacer constar en el Registro de la Propiedad la calidad de bienes reservables (art. 184 LH y arts. 259 y 265 RH).

— Además, el reservista está obligado a garantizar con hipoteca cada una de las partidas a que se refiere el art. 978 CC. Así, tanto si conserva los bienes reservables como si dispuso de ellos, los reservatarios pueden exigirle que asegure con hipoteca el valor de los bienes muebles reservables y el de los bienes inmuebles de los que se dispuso antes de que naciera la obligación de reservar.

El art. 978 CC contempla un supuesto de hipoteca legal expresa. Con la constitución de la misma se garantiza a los reservatarios: a) La restitución de los bienes muebles no enajenados en el estado que tuvieren al tiempo de la muerte. b) El abono de los deterioros ocasionados o que se ocasionen por su culpa o negligencia. c) La devolución del precio que hubiese recibido por los bienes muebles enajenados o la entrega del valor que tenían al tiempo de la enajenación, si esta se hizo a título gratuito. d) El valor de los bienes inmuebles válidamente enajenados.

Así, si el reservista enajenó bienes cuya calidad de bienes reservables *no consta en el Registro de la Propiedad*, los reservatarios pueden dirigirse contra la herencia del reservista para obtener el precio recibido con la enajenación gracias a la garantía que proporciona la hipoteca de los bienes reservables.

Por el contrario, si el reservista enajenó bienes inmuebles cuya calidad de reservables *sí consta en el Registro de la Propiedad*, los reservatarios podrán resolver los negocios que sean posteriores a la anotación a que se refiere el art. 977 CC.

En definitiva, el reservista *puede* disponer de los bienes reservables *inter vivos*, a título oneroso o gratuito, pero se trata de actos sujetos a una posible resolución a la espera de que se consolide la reserva. Por ello, el art. 975 CC dispone que la enajenación de los bienes inmuebles subsistirá únicamente si a su muerte no quedan hijos ni descendientes del primer matrimonio (es decir, si no existen reservatarios en el momento de consumación de la reserva), «sin perjuicio de lo dispuesto en la Ley Hipotecaria». Ello significa que un tercero adquirente, protegido por el art. 34 LH, será mantenido en su adquisición, salvo que se demuestre su mala fe por conocer el carácter de bienes reservables [SSTS (1ª) 16 junio 1961 (ECLI:ES:TS:1961:69) y 14 marzo 1963 (ECLI:ES:TS:1963:62)]. De ahí la importancia de hacer constar en el Registro de la Propiedad el carácter reservable de los bienes inmuebles, pues ello permite enervar la eficacia de la fe pública registral a favor de los reservatarios.

Según la STSJ de Baleares de 25 mayo 2010 (ECLI:ES:TSJBAL:2010:441): «La constancia registral de la cualidad de reservables de los bienes equivale a la publicación de una causa resolutoria que determina que los adquirentes no ostenten la cualidad de terceros hipotecarios y no se consolide su adquisición, lo que permitiría a los que tuviesen derecho a los bienes reservables hacerlo valer, tanto frente a los terceros adquirentes como frente a otros posibles reservatarios».

No puede, en cambio, el reservista disponer *mortis causa* de los bienes reservables, por estar destinados legalmente a los reservatarios en el momento de consumación de la reserva, es decir, cuando muere el reservista. Como excepción, que será analizada seguidamente, el art. 972 CC permite al reservista mejorar a cualquiera de los hijos o descendientes del primer matrimonio, es decir, distribuir *entre los reservatarios* los bienes reservables de manera desigual.

2.5.2. *Fase de consumación o consolidación de la reserva*

Tiene lugar una vez que se produce el fallecimiento del reservista. Si en ese momento existen hijos o descendientes del matrimonio anterior se dice que la reserva se consolida, por lo que los reservatarios tienen derecho a recibir los bienes reservables o su valor. En dicho momento se produce la delación o el llamamiento hereditario a los reservatarios.

Los reservatarios suceden al cónyuge reservista, no al cónyuge de donde proceden los bienes objeto de la reserva. Por ello el art. 973 CC establece que en esta sucesión se seguirán las reglas de la sucesión intestada en línea recta descendente. Tales reglas se aplican, como veremos, aunque los reservatarios hubieran heredado de manera diferente al cónyuge premuerto o hubieran repudiado su herencia. No obstante, si el reservista hizo testamento tiene libertad para distribuir de manera desigual los bienes reservables entre los reservatarios, con el único límite de respeto a las legítimas (art. 972 CC).

Así pues, el derecho a los bienes reservables se traducirá en la sucesión en los bienes concretos objeto de la reserva, si los hubiere. Y si fueron enajenados antes de contraer nuevo matrimonio o de haber tenido hijos no matrimoniales o de haberlos adoptado, los reservatarios tienen derecho a su equivalente con las indemnizaciones que procedan por los daños o deterioros imputables al reservista (art. 974 a 976 CC).

a) *Facultad de mejorar a los reservatarios:*

Dispone el art. 972 CC que, a pesar de la obligación de reservar, podrá el padre o madre, casado por segunda vez, mejorar en los bienes reservables a cualquiera de los hijos o descendientes del primer matrimonio, conforme a lo dispuesto en el art. 823 CC. La facultad de mejorar está reconocida legalmente, pero no está clara cuál debe ser la extensión o el *quantum* de esta facultad de mejorar. Lo discutible es, pues, la proporción de bienes reservables respecto de la que el reservista tiene facultades de distribución *mortis causa* entre los reservatarios, y en concreto si la facultad se extiende al tercio de libre disposición.

Las posturas mantenidas son las siguientes: a) La STS (1ª) 17 junio 1967 (ECLI:ES:TS:1967:3769) interpreta literalmente el art. 972 CC y considera que sólo se puede desigualar a los reservatarios en el tercio de mejora. b) Algunos autores extienden el poder de distribución del reservista a dos tercios (tanto el tercio de mejora, como el de libre disposición), debiendo ser de reparto igualitario exclusivamente el tercio de legítima estricta. c) Otros autores, sobre la base de la expresión «*en todo* o en parte» que utiliza el art. 973 CC, consideran que *todos* los bienes reservables son de libre distribución entre los reservatarios.

b) *Reglas aplicables cuando no se utiliza la facultad de mejorar:*

Según el art. 973 CC, si el padre o la madre no han usado, en todo o en parte, de la facultad que le concede el art. 972 CC, los hijos y descendientes del primer matrimonio «*sucederán en los bienes sujetos a reserva, conforme a las reglas prescritas para la sucesión en línea descendente, aunque a virtud de testamento hubiesen heredado desigualmente al cónyuge premuerto o hubiesen repudiado su herencia*». Se impone, pues, el reparto igualitario de los bienes reservables entre los reservatarios por el viudo, con independencia de que, como descendientes del cónyuge premuerto, hubieran heredado desigualmente a éste, o incluso hubieran repudiado su herencia: no se pierde el derecho a los bienes reservables por el hecho de haber repudiado la herencia del cónyuge premuerto.

c) *Desheredación de un reservatario:*

Según el ap. 2º del art. 973 CC, el hijo desheredado justamente por el padre o por la madre perderá todo derecho a la reserva, pero si tuviere hijos o descendientes, se estará a lo dispuesto en el art. 857 CC y en el art. 164.2 CC. En principio quien puede desheredar es el reservista, pero doctrinalmente se admite también que lo pueda hacer el cónyuge premuerto, dado que la reserva se basa en la voluntad presunta del causante de que sus bienes queden en manos de sus descendientes, y no pasen a extraños.

En caso de desheredación justa, la condición de reservatario del desheredado pasa a sus hijos o descendientes por derecho de representación. Lo mismo debe aplicarse en caso de indignidad. Cuando los hijos o descendientes del desheredado o del indigno son menores de edad, por aplicación del art. 164 CC, los bienes reservables serán administrados por la persona designada por el causante y, en su defecto por un administrador judicial especialmente nombrado.

2.6. Extinción de la reserva

La reserva vidual se extingue en los siguientes supuestos:

1) Cuando en el momento de consumación de la reserva no hay reservatarios o estos no sobreviven al reservista (art. 971 y 975 CC).

2) Cuando a la muerte del reservista solo queden reservatarios desheredados con justa causa o indignos para suceder, y no tengan descendientes con derecho de representación (art. 857 y 973.2 CC).

3) En caso de renuncia de todos los reservatarios. Para que la renuncia sea válida es preciso que se realice de manera expresa y una vez nacida la reserva, es decir, después de celebrarse el segundo matrimonio, el nacimiento de un hijo no matrimonial o desde la adopción de una persona (art. 970 CC).

Se trata de una renuncia abdicativa, por lo que debe efectuarse de una forma clara, inequívoca y derivada de actos concretos que demuestren la voluntad del sujeto. No es posible entender como renuncia a la reserva la simple renuncia por el reservatario a las medidas de seguridad que garantizan el cumplimiento de la obligación del reservista.

Así se destaca en la STS (1ª) 22 junio 1995 (ECLI:ES:TS:1995:3660): «la doctrina hace la distinción entre la renuncia a las medidas de seguridad que garantizan el cumplimiento de la obligación de reservar, y la concreta y especifica renuncia a la reserva. La primera renuncia puede entenderse producida de una forma presunta, pues como su finalidad consiste en la exigencia de ciertas garantías que aseguren la obligación de reservar que la Ley impone al bínubo, si los hijos del primer matrimonio entienden que en su padre o madre concurren esas garantías, sin necesidad de su constitución formal, hay que presumir la existencia de la renuncia a las mismas, en aquellos casos en que el progenitor no las presta ni ellos las exigen; mucho más cuando estas garantías se refieren a unos concretos bienes, y el derecho de reserva tiene más bien una naturaleza obligacional referida al valor de los mimos. Cosa distinta es la posición que legal y doctrinalmente debe tomarse en relación con la renuncia a la reserva, entendida esta como la sujeción o limitación inter vivos y mortis causa del reservista, tanto en su ámbito personal como real. Literalmente la disposición legal exige que la renuncia sea «expresa»; prácticamente la totalidad de la doctrina científica opina en el mismo sentido, pues tratándose de una renuncia abdicativa, necesita que se efectúe de una forma clara, inequívoca y derivada de actos concretos que demuestren la voluntad del sujeto».

4) Si hay dispensa de los familiares transmitentes de los bienes, presumiéndose la dispensa si la transmisión es posterior al segundo o ulterior matrimonio. A ello se refiere el art. 970 CC al disponer que cesa la obligación de reservar «*cuando se trate de cosas dadas o dejadas por los hijos a su padre o a su madre, sabiendo que estaban segunda vez casados*».

Esta causa de extinción exige la concurrencia de un doble requisito: a) Conocimiento efectivo de las nuevas nupcias del reservista [teniendo en cuenta lo dispuesto en el art. 969 CC, el mismo efecto tiene el conocimiento de la existencia de un hijo extramatrimonial o de la adopción por el reservista de un nuevo hijo]. b) Que, en caso de sucesión *mortis causa*, el título por el que se reciben los bienes tenga su origen en la voluntad del descendiente causante. No puede considerarse que exista dispensa si los bienes se reciben por disposición de la ley (sucesión intestada) y no por voluntad expresa del descendiente.

5) Si existe dispensa de la obligación de reservar realizada en su momento por el cónyuge premuerto.

3. LA RESERVA LINEAL DEL ARTÍCULO 811 DEL CÓDIGO CIVIL

3.1. Supuesto de hecho y fundamento

La reserva lineal, también denominada troncal, se regula en el art. 811 CC, que establece lo siguiente: «*El ascendiente que heredare de su descendiente bienes que éste hubiese adquirido por título lucrativo de otro ascendiente, o de un hermano, se halla obligado a reservar los que hubiera adquirido por ministerio de la ley a favor de los parientes que estén dentro del tercer grado y pertenezcan a la línea de donde los bienes proceden*». Según las SSTS (1ª) 11 octubre 1989 (ECLI:ES:TS:1989:9894), 13 marzo 2008 (ECLI:ES:TS:2008:1328) y 21 octubre 2010 (ECLI:ES:TS:2010:7702) su finalidad es evitar el peligro de que los bienes poseídos secularmente por una familia pasen bruscamente a título gratuito a manos extrañas, por el azar de los enlaces y muertes prematuras. Se trata, por tanto, de evitar que ciertos bienes se desvíen de su línea familiar de procedencia.

Este es el motivo por el que se introdujo este precepto en el CC, precisamente para evitar el cambio de línea sucesoria de determinados bienes. El supuesto se planteó con motivo del fallecimiento de la duquesa de Medinaceli, casada con un aristócrata inglés, con un único hijo menor de edad, de delicada salud. Ante el temor de que el hijo falleciera sin descendientes, surgía el peligro de que le sucediera su padre, un extranjero que podría dilapidar la fortuna en su país de origen. Para evitar que los bienes de la duquesa pasasen a manos de su esposo, se redactó el art. 811 CC, impidiendo con ello que los bienes fueran a parar a otra línea distinta a la de su procedencia. Con ello se evita que bienes que han pertenecido durante mucho tiempo a una determinada familia salgan de ella, debido al juego de las reglas sucesorias derivadas de vínculos matrimoniales. Lo cual no deja de ser paradójico en la actualidad, pues se trata de una institución sustentada en prerrogativas patrimoniales familiares que limita la libertad de disposición del causante, suficientemente limitada ya con el sistema de legítimas y con la propia reserva vidual que acabamos de analizar. En cualquier caso, según la STS (1ª) 13 marzo 2008 (ECLI:ES:TS:2008:1328) la reserva lineal debe ser objeto de interpretación restrictiva.

Siguiendo la opinión de Serrano García, en la reserva lineal se dan tres transmisiones sucesivas de unos mismos bienes, que adquieren la condición de bienes reservables.

a) Una primera transmisión a título gratuito (*inter vivos* o *mortis causa*), de un ascendiente a un descendiente, o de un hermano a otro hermano. Esta primera transmisión es la que origina la reserva. El descendiente o hermano que recibe los bienes es el *causante de la reserva.*

b) Una segunda transmisión de ese descendiente o hermano (causantes de la reserva) a favor de un ascendiente, que es el *reservista* u obligado a reservar los bienes. Esta transmisión se debe producir «por ministerio de la ley», expresión en la que están incluidas tanto la sucesión intestada como la sucesión forzosa [STS (1ª) 25 septiembre 2006 (ECLI:ES:TS:2006:5690)]. A partir de este momento nace el denominado *derecho expectante de la reserva* a favor de determinados parientes.

c) Una tercera y última transmisión, que se produce con el fallecimiento del ascendiente reservista, a favor de los parientes más próximos del causante de la reserva que estén dentro del tercer grado, y pertenezcan a la línea de donde proceden los bienes. Estos parientes con derecho a recibir en último lugar los bienes reservables son los *reservatarios*. El parentesco de los reservatarios a que se refiere el art. 811 CC es el parentesco con el descendiente causante de la reserva: a partir de éste debe computarse el tercer grado [SSTS (1ª) 9 noviembre 1906 (ECLI:ES:TS:1906:532), 24 mayo 1945 (ECLI:ES:TS:1945:159), 1 julio 1955 (ECLI:ES:TS:1955:276) y 2 marzo 1956 (ECLI:ES:TS:1956:124)].

El derecho a la reserva nace después de la segunda transmisión, en el momento en el que los bienes son adquiridos por el ascendiente reservista. En ese momento se inicia la denominada fase de *reserva pendiente*, que se prolonga mientras viva el reservista.

Cuando muere el reservista se produce la *consumación de la reserva* a favor de los reservatarios que existan en ese momento. Algunos ejemplos pueden aclarar la situación.

— La abuela materna (Ana) dona a su nieta Belén una finca rústica. Belén fallece sin haber hecho testamento. Belén tiene dos hermanos (Carlos y Diego), no tiene cónyuge, ni descendientes, por lo que le hereda abintestato su padre. Dicha finca rústica está sujeta a reserva. La causante de la reserva es Belén. El reservista es el padre de Belén, que está obligado a reservar la finca rústica a favor de los hermanos de Belén, al ser parientes dentro del tercer grado y pertenecer a la línea de donde procede el bien.

— Alicia hereda de su hermana Berta una vivienda. Al cabo de unos años Alicia fallece sin testamento, soltera y sin descendientes, heredando su padre. La causante de la reserva es Alicia, y su padre es el reservista. Cuando fallezca el padre habrá que fijar quiénes son los reservatarios: parientes en tercer grado de Alicia, que pertenezcan a la línea de la que procedan los bienes.

— Veamos otro ejemplo ilustrado con una serie de cuadros en los que constan las transmisiones realizadas, la línea de la que proceden los bienes reservables, así como quiénes tienen la condición de reservista y de reservatarios.

Andrés tiene tres hijas, Belén, Carmen y Diana. Zulema tiene dos hijos, Jorge y Óscar. Diana y Jorge contraen matrimonio y tienen una hija: Laura. Andrés le hace una donación de una bodega a su nieta Laura.

Diana y Andrés fallecen en un accidente y, con posterioridad, fallece su hija Laura, sin testamento. De acuerdo con las reglas de la sucesión intestada (art. 937 CC), sucede en toda la herencia de Laura su padre (Jorge).

Como se puede ver, existe una primera transmisión a título gratuito de un ascendiente (el abuelo Andrés) a un descendiente (su nieta Laura).

1ª TRANSMISIÓN

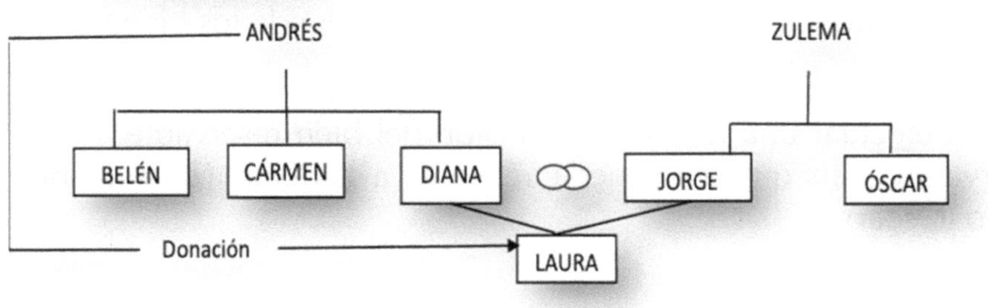

Tras el fallecimiento de Laura, se produce una segunda transmisión por ministerio de la ley de un descendiente (Laura) a un ascendiente (su padre Jorge). En este caso, Laura es la *causante de la reserva,* y su padre, Jorge, es el *reservista,* y es quien tiene la obligación de reservar dicho bien (la bodega) a favor de los reservatarios.

2ª TRANSMISIÓN

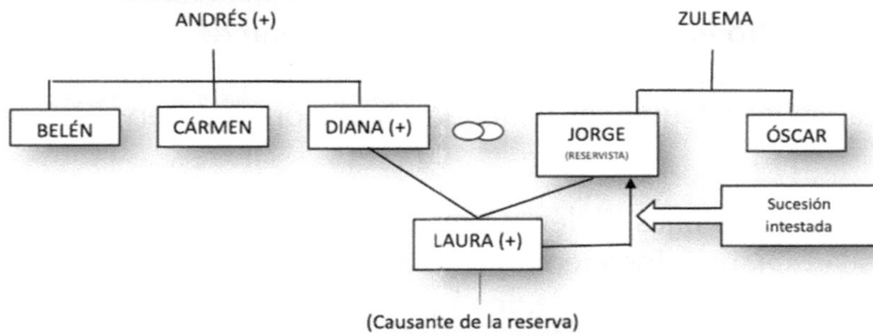

Reservatarios son las personas con derecho a recibir los bienes reservables, y son los parientes que pertenezcan a la línea de donde proceden los bienes, que se encuentren dentro del tercer grado, contando desde el descendiente causante de la reserva (Laura). Por tanto, en este caso, dado que la donación que origina la reserva procede de Andrés, son reservatarias Belén y Carmen, tías de Laura, que guardan con ésta un parentesco en tercer grado en línea colateral (y pertenecen «a la línea de donde los bienes proceden»).

Estas reservatarias deben sobrevivir al reservista (Jorge), que queda obligado a efectuar una tercera transmisión del bien reservable a favor de las reservatarias, sin que se lo pueda transmitir a su madre (Zulema) ni a su hermano (Óscar).

3ª TRANSMISIÓN

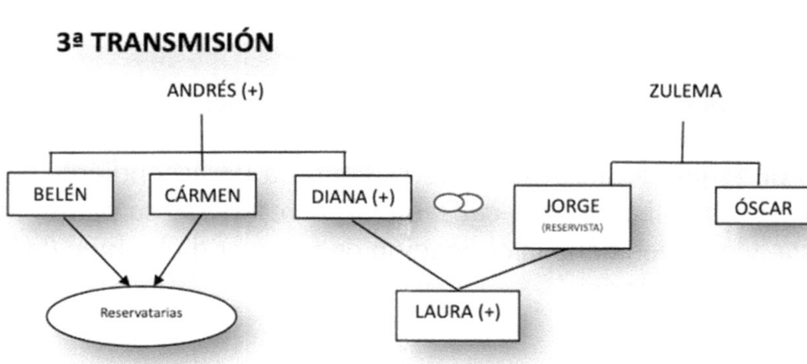

Debemos destacar, finalmente, que existe una cierta incongruencia entre los arts. 811 y 944 CC. La Ley 11/1981 antepuso al cónyuge viudo a los colaterales en la sucesión intestada (art. 944 CC), pero no modificó el art. 811 CC, en el que se refleja una clara preferencia de los colaterales respecto a determinados bienes. Antes de 1981 el cambio de línea se producía necesariamente a través de un descendiente, pero en la actualidad, al anteponerse el cónyuge a los colaterales, el cambio de línea se puede producir por heredar el cónyuge abintestato antes que los colaterales, lo que puede perjudicar a los hermanos y otros colaterales del causante de la línea de la que proceden los bienes.

Ejemplo: Muere el marido, que tiene hermanos, y hereda abintestato su esposa, que a su vez tiene hermanas, los bienes procedentes de la familia del marido. Cuando muera la esposa heredarán sus hermanas tales bienes, en vez de pasar a los hermanos del marido, desviando los bienes de su línea de procedencia. No se aplica el art. 811 CC pues el cónyuge no está obligado a reservar al no haber recibido los bienes de un descendiente: el cónyuge no es en este ejemplo ascendiente de un supuesto causante de la reserva.

Aparte de lo anterior, pensamos que también repercute en la posible aplicación del art. 811 CC el cambio de criterio jurisprudencial que supone asumir la teoría de la adquisición directa, en cuanto al funcionamiento del derecho de transmisión del art. 1006 CC (Lección 4, § 4.2). En caso de matrimonio con un hijo, parece claro que si fallece el padre (P) y hereda el hijo (H), tras aceptar la herencia, y posteriormente éste fallece y le hereda su madre (M), estamos ante el supuesto del art. 811 CC. Pero si el hijo fallece sin aceptar ni repudiar la herencia de su padre, lo que la madre hereda no son los bienes sujetos a reserva, sino el *ius delationis* referido a la herencia de su esposo (P). Y en caso de aceptar, adquiere directamente de este, y no de su hijo (H). Siguiendo la teoría clásica de la doble transmisión, sí se aplicaría el art. 811 CC porque habría dos transmisiones: una de (P) a (H), y otra de (H) a (M). La teoría moderna de la adquisición directa impide el juego del art. 811 CC, pues (M) adquiere directamente de (P) y no recibe los bienes de su descendiente (H).

3.2. Sujetos de la reserva: reservista y determinación de los reservatarios

En la reserva lineal existen varios sujetos implicados, que conviene delimitar para explicar la situación en la que se encuentran. Estos sujetos son el reservista y los reservatarios.

La reserva tiene su origen en una primera transmisión a título gratuito (*inter vivos* o *mortis causa,* es decir, por herencia, legado o donación), de un ascendiente a un descendiente, o de un hermano a otro hermano. Este descendiente o hermano que recibe los bienes es el *causante de la reserva.*

La jurisprudencia ha insistido en que no es necesario indagar la procedencia de los bienes que se reciben del ascendiente o de un hermano, porque esta reserva no se basa en un verdadero principio de troncalidad, sino que constituye tan sólo un beneficio otorgado, por consideraciones familiares, exclusivamente en favor de determinadas personas. Por tanto, no es preciso indagar la procedencia de los bienes susceptibles de tal reserva más allá de la persona de quien los hubo el descendiente a quien se hereda [STS (1ª) 22 marzo 1986 (ECLI:ES:TS:1986:1492)].

Según STS (1ª) 23 marzo 1992 (ECLI:ES:TS:1992:2514) el ascendiente o hermano del que proceden los bienes puede emitir una declaración de voluntad expresa excluyendo la aplicación del art. 811 CC. En caso contrario los bienes quedan sometidos a la limitación que le impone la imposibilidad de pasar la reserva del tercer grado familiar.

a) *Reservista:*

Es el ascendiente que hereda de su descendiente (causante de la reserva) bienes que éste ha adquirido por título lucrativo de otro ascendiente, o de un hermano. Para que el ascendiente se convierta en reservista no hay limitación de grados (padres, abuelos, bisabuelos...). El reservista tiene la obligación de reservar los bienes o su valor, para que a su muerte, pasen a ser propiedad de los reservatarios, que son los beneficiados por la reserva.

b) *Reservatarios:*

Son las personas con derecho a recibir los bienes reservables, concretamente los parientes que pertenezcan a la línea de donde proceden los bienes y que se encuentren dentro del tercer grado, contando desde el descendiente causante de la reserva que fallece. Es decir, el inicio del cómputo se realiza a partir del descendiente fallecido, por ser quien origina la obligación de reservar. Evidentemente los parientes, para poder heredar los bienes reservables tienen que estar vivos, en el momento de la muerte del ascendiente reservista.

Si a la muerte del reservista existen *varios parientes dentro del tercer grado,* el CC no establece ninguna regla de preferencia, pero aplicando las reglas generales de nuestro Derecho sucesorio, debe considerarse preferentes siempre a los parientes más próximos del descendiente dentro del tercer grado, y a igualdad de grado se dará preferencia a la línea recta sobre la colateral. Si hay *varios reservatarios del mismo grado* habrá que aplicar las reglas de la sucesión intestada (art. 939 a 942 CC), y podrá darse el derecho de representación siempre y cuando el que representa no supere el tercer grado de parentesco.

Si el reservista otorga testamento puede mejorar a los descendientes comunes, y distribuir los bienes entre los reservatarios como quiera, no exigiéndose una distribución igualitaria [SSTS (1ª) 9 enero 1991 (ECLI:ES:TS:1991:52) y 13 marzo 2008 (ECLI:ES:TS:2008:1328)]. La obligación de reservar debe entenderse como una prohibición de disponer de dichos bienes en favor de personas extrañas, o de que puedan pasar a manos de parientes distintos de los reservatarios, pero no impone una distribución igualitaria entre estos [SAP Asturias (Secc. 4ª) 23 febrero 2000 (ECLI:ES:APO:2000:729)].

3.3. Fases de la reserva

Como hemos destacado, los bienes objeto de reserva pueden ser tanto los muebles como los inmuebles, que haya recibido el ascendiente reservista por ministerio de la ley de un descendiente, y que a su vez éste hubiera adquirido a título gratuito de otro ascendiente o de un hermano.

Al igual que sucede en la reserva vidual, en la lineal existen dos fases. Una primera fase, denominada de *pendencia*, que se inicia al morir el descendiente y pasar los bienes a su ascendiente. Ese ascendiente se convierte en reservista, terminando esta primera fase cuando fallece dicho ascendiente. En segundo lugar, estaría la fase de *consumación de la reserva*, en la que los bienes pasarían a los reservatarios que sobrevivan al reservista.

3.3.1. Fase de pendencia

Se inicia con la muerte del descendiente al pasar los bienes a su ascendiente. El ascendiente reservista tiene la propiedad de los bienes reservables hasta su muerte. Debe entenderse que esta propiedad está sometida a la condición resolutoria de que, a su fallecimiento, existan reservatarios, es decir, personas con derecho a los bienes reservables.

Como propietario puede disponer de los bienes reservables, incluidos los inmuebles. Aplicando el mismo criterio que recoge el art. 975 CC para la reserva vidual, la enajenación de los mismos estará sujeta a la misma condición resolutoria que su derecho de dominio, de modo que las enajenaciones realizadas por el reservista «subsistirán» si a su muerte no le sobrevive ninguno de los reservatarios.

Ahora bien, si existen reservatarios, tales enajenaciones quedarán ineficaces, para lo cual ha de darse la adecuada publicidad en el Registro de la Propiedad (art. 975 CC, *in fine*). Para proteger la expectativa de los reservatarios durante la fase de pendencia, el reservista debe inventariar todos los bienes sujetos a reserva, anotar en el Registro de la Propiedad la calidad de reservables de los inmuebles con arreglo a lo dispuesto en la LH y tasar los muebles (art. 977 CC). Además, los reservatarios puede exigir que se asegure con hipoteca el valor de los bienes muebles reservables y el de los inmuebles válidamente enajenados (art. 184 LH y art. 978 CC). Aplicando el criterio del art. 978 CC las enajenaciones que haya realizado el reservista de los bienes muebles serán válidas, salva siempre la obligación de indemnizar.

Según los ap. 2º y 3º del art. 265 RH, en tanto los reservistas no hagan constar expresamente el carácter reservable de los bienes, los Registradores se abstendrán de asignarles este carácter al practicar los correspondientes asientos; y a efectos registrales no serán suficientes para reputarlos reservables, los datos o indicaciones que resulten de los documentos presentados o de anteriores inscripciones. Con posterioridad a la inscripción, la cualidad de reservables de los bienes, cuando proceda, se hará constar por nota marginal.

Durante la fase de pendencia, es decir, mientras viva el reservista, los reservatarios, tienen una mera expectativa (que es objeto de la protección analizada), pero no son titulares de ningún derecho sobre los bienes reservables. Este derecho únicamente llega a nacer si se cumple la condición (que para ellos es suspensiva) de sobrevivir al reservista [STS (1ª) 25 septiembre 2006 (ECLI:ES:TS:2006:5690)].

Como titulares de una expectativa jurídica no pueden impugnar las enajenaciones de los bienes reservables mientras viva el reservista: únicamente se encuentran facultados para exigir de éste el cumplimiento de las obligaciones que la ley le impone para asegurar la efectividad de la reserva, es decir, para solicitar las medidas de aseguramiento previstas en los art. 977 y 978 CC, y si se trata de bienes inmuebles, las recogidas en los arts. 184 y ss. de la LH.

3.3.2. Fase de consumación de la reserva

Se produce cuando muere el reservista y se cumplen los presupuestos de la reserva, es decir, que en ese momento existan reservatarios. Quienes sean reservatarios pueden: 1) Reclamar los bienes inmuebles y muebles reservables en el estado en que se hallen al morir el reservista. 2) Exigir el importe de los deterioros ocasionados por culpa o negligencia del reservista. 3) Exigir la entrega del precio recibido por el reservista por los bienes muebles enajenados, o el valor que tenían al tiempo de la enajenación si ésta se hubiera hecho a título gratuito. 4) Exigir una prestación pecuniaria cuyo importe sea equivalente al valor de los bienes inmuebles válidamente enajenados.

3.4. Extinción de la reserva

La reserva lineal se extingue por las siguientes causas: a) Por la renuncia expresa a su derecho por parte de todos los reservatarios durante la fase de pendencia (por aplicación del art. 970 CC). b) Por no existir parientes dentro del tercer grado de la línea de donde proceden los bienes objeto de la reserva en el momento de la muerte del ascendiente reservista. c) Por concurrencia con la reserva vidual, pues si concurren ambas reservas, prevalece la vidual sobre la troncal, para el caso de que existan hijos del primer matrimonio y el supérstite vuelva a contraer nupcias.

3.5. Concurrencia de la reserva vidual y de la reserva troncal

Cuando un mismo supuesto de hecho pueda dar lugar a la aplicación del art. 811 CC y de los arts. 968 y 969 CC, se hace preciso determinar cuál de dichas modalidades de reserva ha de ser considerada como preferente en el supuesto de que ambas pudieran proyectarse sobre los mismos bienes. Según la STS (1ª) 5 junio 2008 (ECLI:ES:TS:2008:2725) debe prevalecer la reserva vidual (arts. 968 y ss. del CC) sobre la reserva lineal (art. 811 CC). Lo cierto es que ello permite al reservista mediante la realización de un acto voluntario (contraer nuevo matrimonio) beneficiar a los hijos o descendientes comunes del primer matrimonio, en perjuicio de los parientes dentro del tercer grado, que pertenezcan a la línea de donde los bienes proceden.

Ejemplo: Aurora tiene dos hijos: Pedro y Fernando. Fernando está casado con Cristina y tienen dos hijos: Alex e Iñaki (Iñaki tiene un hijo: Luis). Fernando muere y hace un legado de una finca a su hijo Alex.

Alex (causante de la reserva) muere intestado transmitiendo la finca a su madre (Cristina), que contrae nuevo matrimonio y se convierte en reservista. Cuando Cristina fallece le ha premuerto su hijo Iñaki y vive su nieto, Luis. La preferencia de la reserva vidual hace que los bienes pasen a Luis, frente a los parientes dentro del tercer grado de la línea de la que procede la finca.

Según se afirma en la STS (1ª) 5 junio 2008 (ECLI:ES:TS:2008:2725), «en el caso de colisión de ambas reservas en la persona de un mismo reservista y respecto de unos mismos bienes, con distintos reservatarios, ha de prevalecer la reserva tradicional, ordinaria o vidual de los arts. 968 y ss. del CC sobre la reserva lineal del art. 811, como ya reconocieron las antiguas sentencias de esta Sala de 4 de enero de 1911 y 21 de enero de 1922, según las cuales, si quedan hijos o descendientes del primer matrimonio del ascendiente reservista, se desvanece o queda inoperante la otra reserva que pudieran pretender los parientes del tercer grado. Ello no sólo porque la reserva ordinaria se establece a favor de parientes que se sitúan en la misma línea y en el grado más próximo de los posibles —hijos del matrimonio anterior—, sino también porque dicha reserva ordinaria es tradicional en nuestro derecho histórico mientras que la lineal se incorporó por primera vez al Código Civil, siendo así que la expresión que encabeza el art. 968 en el sentido de que «además de la reserva impuesta en el art. 811, el viudo o viuda...» no ha de entenderse en el sentido de marcar una relación de subsidiariedad de la reserva ordinaria respecto de la lineal o troncal, sino que responde únicamente al hecho de que, sistemáticamente, la regulación de la lineal precede en el código a las normas propias de la ordinaria».

4. LA RESERVA A FAVOR DEL AUSENTE

4.1. Concepto y sujetos de la reserva

La ausencia legal se produce en virtud de declaración judicial cuando se dan los requisitos previstos en el art. 183 CC. Para proteger y defender el patrimonio del ausente, se nombra un representante, cuyas funciones y obligaciones se recogen en los art. 184 y 185 CC.

A la reserva a favor del ausente se refieren los art. 191 y 192 CC. La situación de ausencia legal supone que no se sabe dónde se encuentra una persona ni si existe, lo cual impediría considerarla apta para suceder. Pero mientras no se le declare fallecido o no se tenga certeza de su muerte, sigue teniendo capacidad para suceder.

La reserva a favor del ausente tiene lugar cuando se abre una sucesión a la que estuviera llamado un ausente una vez que se ha producido la declaración de ausencia. Como no puede probarse la existencia del ausente, surge la duda de si el ausente llamado a la herencia ha sobrevivido o no al causante de la misma. Por ello el art. 191 CC preceptúa que *acrecerá la parte del ausente a sus coherederos, si no hay persona con derecho propio para reclamarla*. Esta expresión alude a sus legitimarios, al sustituto vulgar del ausente designado por el causante, al fideicomisario del ausente que haya designado en su lugar el causante, o quien ostente el derecho de representación.

Por tanto, si no existen estas personas, la porción hereditaria del ausente acrece a los coherederos. Sin embargo, el que adquiere la parte que debería haber correspondido al ausente, se encuentra obligado a reservarla. Ese adquirente sería el *reservista*, y el ausente, de aparecer, el *reservatario*.

4.2. Obligaciones del reservista y finalidad de la reserva

Con la finalidad de garantizar los bienes y derechos a los que haya sido llamado el ausente para el caso de que reaparezca, el reservista está obligado a hacer un inventario de los mismos, con intervención del Ministerio Fiscal. Además, nace la obligación de reservar esos bienes hasta que se produzca la declaración de fallecimiento o muerte del declarado ausente (art. 191 CC).

También está obligado el reservista a hacer constar en el Registro de la Propiedad que los bienes inmuebles que adquiera quedan sujetos a reserva (art. 89.2 RH). Sin embargo, no se exige la constitución de una hipoteca legal en garantía de la devolución de los bienes muebles reservados, lo cual ha sido criticado por la doctrina (SERRANO Y SERRANO).

Asimismo, con estas medidas preventivas se garantiza que la parte de la herencia correspondiente al ausente la adquieran sus herederos para el caso de que se demuestre que éste se encontraba vivo cuando se produjo el llamamiento al ausente, pese a morir con posterioridad.

El art. 192 CC permite que el ausente si se presenta, o si se tiene constancia de su existencia, así como sus herederos, si prueban que existía el ausente al tiempo de abrirse la sucesión, pero habiendo fallecido después, tengan la posibilidad de recobrar los bienes reservados, ejercitando la acción de petición de herencia u otros derechos que le pudieran corresponder, como puede ser el derecho a exigir la extinción y cancelación del usufructo vitalicio, o la acción personal *ex testamento* para pedir el pago de los legados. Estos derechos solo se extinguen por el transcurso del tiempo fijado para la prescripción.

Aunque el art. 192 CC no lo diga expresamente, también pueden ejercitar estos derechos los acreedores del ausente, al ostentar legítimos derechos que traen causa del ausente.

El CC no regula el contenido de la reserva del ausente, pero analógicamente pueden aplicarse en tanto sea posible las normas relativas a la reserva vidual (art. 968 a 980 CC).

BIBLIOGRAFÍA

ÁLVAREZ ÁLVAREZ, Henar, «Comentario a los arts. 184 a 189 LH», EN DOMÍNGUEZ LUELMO, Andrés (Dir.), *Comentarios a La Ley Hipotecaria,* 3ª ed., Thomson Reuters-Aranzadi, Cizur Menor, 2019, págs. 1645-1680.

BUSTO LAGO, José Manuel, «Comentario al art. 968 CC», en BERCOVITZ RODRÍGUEZ-CANO R. (Coord.), *Comentarios al Código Civil,* 5ª ed., Thomson Reuters, Aranzadi, Cizur Menor, 2021, pág. 1233-1235.

DOMÍNGUEZ LUELMO, Andrés (Dir.), *Comentarios al Código civil,* Lex Nova, Valladolid, 2010.

DONADO VARA, Araceli, *La reserva vidual,* Reus, Madrid, 2009.

GONZÁLEZ PORRAS, José Manuel, *Las hipotecas legales por bienes reservables y por los bienes de los hijos no emancipados,* Caja Sur, Obra Social y Cultural, Córdoba, 2003.

GUTIÉRREZ JEREZ, Luis Javier, «Comentario al art. 811 CC», en DOMÍNGUEZ LUELMO, Andrés (Dir.), *Comentarios al Código civil,* Lex Nova, Valladolid, 2010, pág. 929.

JUÁREZ TORREJÓN, Ángel, *Estudios sobre las limitaciones dispositivas mortis causa en el Derecho común. La legítima y las reservas hereditarias,* Aranzadi, Cizur Menor, 2023.

MUNAR BERNAT, Pedro, *La reserva vidual, Colegio de Registradores de la Propiedad y Mercantiles de España,* Madrid, 2009.

MENÉNDEZ MATO, Juan Carlos, «Comentario a los art. 191 y 192 CC» en DOMÍNGUEZ LUELMO, Andrés (Dir.), *Comentarios al Código civil,* Lex Nova, Valladolid, 2010, págs. 327 y 328.

PÉREZ GIMÉNEZ, María Teresa, *La reserva lineal del artículo 811 del Código Civil,* Universidad de Jaén, Jaén, 2005.

SERRANO GARCÍA, Javier, *Reserva troncal del artículo 811 del Código Civil,* J.M. Bosch Editor, Barcelona, 1991.

SERRANO Y SERRANO, Ignacio, *La ausencia en el derecho español,* Pegaso, Madrid, 1943.